普通高等院校土木工程类规划系列教材

工程项目管理

（第2版）

主　编　项　勇　张　璐
副主编　孟　康　唐　艳　王泽彬
参　编　庞　伟　陈　兰　郑惠云
　　　　雷雪莲　唐选坤　周羿清
主　审　李文渊

西南交通大学出版社
·成　都·

图书在版编目（CIP）数据

工程项目管理 / 项勇，张璐主编. —2 版. —成都：西南交通大学出版社，2017.6

普通高等院校土木工程类规划系列教材

ISBN 978-7-5643-5519-7

Ⅰ. ①工… Ⅱ. ①项… ②张… Ⅲ. ①工程项目管理－高等学校－教材 Ⅳ. ①F284

中国版本图书馆 CIP 数据核字（2017）第 143480 号

普通高等院校土木工程类规划系列教材

工程项目管理

（第 2 版）

主编 项 勇 张 璐

责任编辑 杨 勇

特邀编辑 曾荣兵

封面设计 何东琳设计工作室

出版发行 西南交通大学出版社（四川省成都市二环路北一段 111 号 西南交通大学创新大厦 21 楼）

发行部电话 028-87600564 028-87600533

邮政编码 610031

网 址 http://www.xnjdcbs.com

印 刷 四川森林印务有限责任公司

成品尺寸 185 mm × 260 mm

印 张 22

字 数 520 千

版 次 2017 年 6 月第 2 版

印 次 2017 年 6 月第 5 次

书 号 ISBN 978-7-5643-5519-7

定 价 57.00 元

课件咨询电话：028-87600533

第 2 版前言

近年，教育部、住建部联合制定了工程管理专业人才培养和专业评估方面的规范。该规范明确指出，从事工程管理的专业技术人员应掌握土木工程或其他工程领域的技术基础、管理学理论和方法、经济学理论和方法、计算机及信息技术；并在 197 个知识单元和 846 个知识点中明确提出了“工程项目管理”课程教学中必须涉及的知识构架、专业能力。这为“工程管理”教学指出了未来的培养方向和目标，也给《工程项目管理》教材提出了新的要求。

本书第 1 版出版至今已有 4 年，读者反响较好，但在使用过程中也发现了本书内容上的不足之处。针对第 1 版内容上的不足之处与工程项目管理实际发展中提出的新要求，对第 1 版的内容进行了修订和更新，形成《工程项目管理》（第 2 版）。

本次改版主要体现在：内容编写上充分与工程管理相关执业资格考试（造价工程师、一级建造师等）衔接，尽量吸收《建设工程项目管理规范》所涉及的知识要点，同时考虑到工程管理、房地产经营管理、工程造价与土木工程等专业同学知识背景的差异，因此内容上具有一定的灵活性。另外，“工程项目管理”课程在教学上要求注重学生理解能力的培养和提高，因此本书内容上尽量做到理论性和实用性、可操作性相结合，符合应用型人才的培养要求。本书的显著特点是：主要知识点与实际案例紧密结合；充分吸收我国工程项目管理现行规范和工程背景下的专业评估要求；与我国相关执业资格考试内容紧密联系。

本书由项勇、张璐担任主编，并负责修订稿的统筹和指导工作，由孟康、唐艳、王译彬担任副主编。书稿新增内容的整理和全书插图的绘制由张璐负责完成。具体编写分工如下：项勇和唐艳编写第 6、7、8 章；徐姣姣和周羿清编写第 3、9 章；郑惠云、雷雪莲和孟康编写第 4、5、11 章；庞伟和唐选坤编写第 2、10、12 章；陈兰和王译彬编写第 1、13、14 章。成都大学建筑与土木工程学院院长李文渊教授审读了全稿，并提出了诸多宝贵意见。

在本书的修订编写过程中，参考了很多专家、学者的研究成果和相关著作，在此表示由衷地感谢。

由于修订编写时间较为仓促，加之编者水平有限，书中难免存在一些不足之处，敬请各位读者提出宝贵意见，以便及时修正。

项　勇

2016 年 10 月

目　录

第 1 章　工程项目管理概述

【本章重难点】

项目及特征；项目管理定义；工程项目的概念及特征；工程项目管理的概念与内容

1.1　项目管理

项目管理是 20 世纪 60 年代初在西方发达国家发展起来的一种新的管理技术。它考虑了工程项目的多种界面和复杂环境，强调项目的总体规划、矩阵组织和动态控制，由此组成的项目管理系统具有计划、组织和控制等职能。此项技术在工程项目建设中得到广泛应用和发展。我国从 20 世纪 70 年代末开始引进和推广应用此技术，经多年实践证明，在现代建设项目的开发和建设中，项目管理起到了越来越重要的作用。

项目管理是一门新兴的管理科学，是现代工程技术、管理理论与项目建设实践相结合的产物。它经过几十年的发展和完善已日趋成熟，并因有着明显的经济效益而在各工业发达的国家得到广泛应用。实践证明，在经济建设领域中实行项目管理，对于提高项目质量、缩短建设周期、节约建设资金等都有十分重要的意义。我国近几年来在工程建设领域大力推行项目管理，并已取得明显的经济效益。20 世纪 80 年代，我国在大型水利工程鲁布革水电站中首次采用了项目管理的模式，并取得了巨大的成功。

工程项目是最为普遍、最为重要的项目类型，而大型工程项目对于我国经济发展有着重要的影响，如京九铁路、大亚湾核电站、沪宁高速公路、三峡水利枢纽工程等。这些大型工程项目均大力推行项目管理，并取得了明显的经济效益。

1.1.1　项目及特征

1. 项目的概念

关于“项目”，目前还没有公认、统一的定义，不同机构、不同专业从各自的角度出发，对项目有着不同的定义。

美国项目管理权威机构——项目管理协会认为：项目是为完成某一独特的产品或服务所做的一次性努力。

德国 DIN（德国工业标准）69901 认为：项目是指在总体上符合一定条件的唯一性任务。

联合国工业发展组织认为：项目是对一项投资的一个提案，用来创建、扩建或发展某些工厂企业，以便在一定周期内增加货物的生产或社会的服务。

世界银行认为：项目一般系指同一性质的投资，或同一部门内一系列有关或相同的投资，或不同部门内的一系列投资。

《中国项目管理知识体系纲要（2002 版）》中对项目的定义为：“项目是创造独特产品、

服务或其他成果的一次性工作任务。”

综上所述，项目就是指在一定约束条件下（主要是限定资源、限定时间、限定质量），具有特定目标的一次性任务。

2. 项目的特征

（1）项目的特定性。也可以称为单一性或者一次性，是项目最主要的特征。每一个项目均有自己的形成和履行过程，都有自己的目标和相应的内容，均有自己的开始和结束时间。因此，项目只能进行单件性的生产，不具有重复性。通过认识项目的特定性，才能有针对性地根据项目本身的特点和要求，进行科学管理，以确保项目一次性成功。

（2）项目具有明确的目标和约束条件。项目目标分为成果性目标和约束性目标。成果性目标是指项目应达到的功能性要求；而约束性目标是项目的约束条件，凡是项目都有对应的时间、成本和资源等约束条件。项目只有满足约束条件才能成功，因而约束条件是项目成果性目标实现的前提。

（3）项目具有特定的生命期。项目过程的一次性决定了每个项目都有自己的生命周期，任何项目都有其产生时间、发展时间和结束时间，在不同的阶段都有特定的任务、程序和工作内容。如建设项目的生命周期包括项目建议书、可行性研究、设计工作、建设准备工作、施工、竣工验收、用后服务。

（4）项目作为管理对象的整体性。一个项目是一个整体管理对象，在按其需要配置生产要素时，必须以总体效益的提高为标准，做到数量、质量、结构的整体化。由于内部和外部环境的不停变化，导致管理和生产要素配置也是动态的。另外项目中的一切活动都是相关的，构成一个整体。

（5）项目的不可逆性。项目按照一定的程序进行，其过程不可逆转，必须一次成功，失败后不可挽回，因而项目的风险较大，与批量生产过程有着本质区别。

1.1.2 项目管理定义

所谓项目管理，就是项目的管理者在有限的资源约束下，通过项目经理和项目组织的合作，运用系统的观点、方法和理论，对项目涉及的全部工作进行有效的管理。即从项目投资决策开始到项目结束的全过程进行计划、组织、协调、控制，以实现项目的特定目标的管理方法体系。

该定义包括以下几方面的含义：

（1）强调项目管理是一个连续性的过程，在项目的生命周期内对项目进行全过程地动态管理，实现最佳的运行状态。

（2）强调方法的科学性。在项目管理工具方法体系中体现了多学科知识与技能的融合，强调项目管理的“软”技术和“硬”技术相结合。如方案比较法、资金时间价值、工作分解结构、里程碑计划、沟通技巧、组织机构的科学性等。

（3）强调团队精神在项目管理中的重要性。项目是一次性和有生命周期的，因此项目的组织机构具有临时性、灵活性的特点。且随着现代项目的复杂性增强，市场环境具有变化迅速等特点，要求项目组织机构必须具备快速的反应速度，以更好地适应环境。因此为了实现工程项目多目标的需要，项目团队必须凝聚在一起，共同努力，才能实现项目目标。

1.2 工程项目管理

1.2.1 工程项目的概念及特征

1. 工程项目的概念

工程项目是最为常见、最为典型的项目类型，它属于投资项目中最重要的一类，是一种投资行为和建设行为相结合的投资项目。

一般来讲，投资与建设是分不开的，投资是项目建设的起点，没有投资就不可能进行建设；反过来，没有建设行为，投资的目的就不可能实现。建设过程实质上是投资的决策和实施过程，是投资目的的实现过程，是把投入的资金转换为实物资产的经济活动过程。

2. 工程项目的特征

（1）唯一性。世界上没有两个完全相同的工程项目，即使建筑外形相同，但地点、时间、地质、水文、结构、功能等总有若干差别，是无法替代的。所以，工程项目具有唯一性。

（2）一次性。每个工程都有明确的起点和终点。从这个意义上说，每个项目都具有一次性的特点。当一个工程项目的目标已经实现，或者明确该目标不需要或不可能实现时，则该项目已经达到其终点。

（3）项目目标的明确性。工程项目具有明确的目标，用于某种特定的目的。

（4）实施条件的约束性。工程项目都是在一定的资源约束条件下实施的，如三峡工程、2008 年的北京奥运会等，总会受到资金、技术、人员、法律等方面的约束。而项目管理者总是在这些约束条件下，寻求经济效益、社会效益、工期和项目目标的平衡。

（5）建设周期长。一个工程项目要建成往往需要几年，甚至更长的时间。

（6）不确定性因素多。工程项目由于建设周期较长，在建设过程中，可能会涉及来自技术、市场、人员等多方面变化的影响，不确定因素较多。随着工程技术复杂程度的增加和项目规模的日益扩大，工程项目的不确定因素日益增多。

3. 工程项目的分类

（1）按投资的再生产性质，分为新建项目、扩建项目、改建项目、迁建项目、重建项目、技术改造项目、技术引进项目。

（2）按建设规模，分为大型项目、中型项目、小型项目。

（3）按建设阶段，分为预备项目、新开工项目、施工（在建）项目、续建项目、投产项目、收尾项目、停建项目。

（4）按投资建设的用途，分为生产性建设项目、非生产性建设项目。

（5）按资金来源，分为国家预算拨款项目、银行贷款项目、企业联合投资项目、企业自筹项目、利用外资项目。

1.2.2 工程项目管理的概念与内容

1. 工程项目管理的概念

工程项目管理，就是为了使工程项目在一定的约束条件下取得成功，对项目的所有活动实施决策与计划、组织与指挥、控制与协调等一系列工作的总称。

2. 工程项目管理的本质

工程项目管理是项目管理的一个大类，其管理对象是工程项目。工程目管理的内容包括建设项目管理、工程设计项目管理和工程施工项目管理。

工程项目管理的本质是工程建设者运用系统工程的观点、理论和方法，对工程的建设进行全过程和全面的管理，实现生产要素在工程项目上的优化配置，为用户提供优质产品。它是一门综合学科，应用性很强，很有发展潜力。工程项目可分为建设项目、工程设计项目、工程咨询项目和工程施工项目，故工程项目管理分为建设项目管理、工程设计项目管理、工程咨询项目管理和工程施工项目管理，它们的管理者分别是建设单位、设计企业、咨询（监理）企业和施工企业。建设工程项目管理企业可以接受建设单位的委托进行建设项目管理。

3. 工程项目管理的分类

（1）建设项目管理。

建设项目管理是站在项目法人（建设单位）的立场对项目建设进行的综合性管理工作。

建设项目管理是通过一定的组织形式，采取各种措施、方法，对投资建设一个项目的所有工作系统实施过程进行计划、协调、监督、控制和总结评价，以达到保证建设项目质量、缩短工期、提高投资效益的目的。广义的建设项目管理包括投资决策的有关管理工作；狭义的建设项目管理只包括项目立项以后至交付使用的全过程的管理。

（2）工程设计项目管理。

工程设计项目管理是由设计单位自身对参与的建设项目设计阶段的工作进行自我管理。设计单位通过设计项目的质量管理、进度管理、投资管理，对拟建工程的实施在技术上和经济上进行全面而详尽地安排，引进先进的技术和科研成果，形成设计图纸和说明书，并在设计实施的过程中进行监督和验收。所以工程设计项目管理包括以下阶段：设计投标、签订设计合同、设计条件准备、设计计划、设计实施阶段的目标控制、设计文件验收与归档、设计工作总结以及建设实施中的设计控制与监督、竣工验收。由此可见，工程设计项目管理并不仅仅是局限于设计阶段，而是延伸到了施工阶段和竣工验收阶段。

（3）工程施工项目管理。

工程施工项目管理具有以下特征：

① 工程施工项目的管理主体是工程施工企业，建设单位和设计单位都不进行工程施工项目管理。由建设单位或监理单位进行的工程项目管理中涉及的施工阶段的管理仍属于建设项目管理，不能算作工程施工项目管理。

② 工程施工项目管理的对象是工程施工项目。工程施工项目管理的周期也就是工程施工项目的生命期，包括工程投标、签订工程项目施工合同、施工准备、施工、竣工验收及用后服务等。工程施工项目管理的任务包括进度管理、质量管理、成本管理、安全管理、环境管理、合同管理、资源管理、信息管理、沟通管理、风险管理、组织协调等。工程施工项目的特点给工程施工项目管理带来了特殊性，主要包括：生产活动与市场交易活动同时进行；先有交易活动，后有“产成品”（竣工项目）；买卖双方都投入生产管理，生产活动具有复杂的经济关系、技术关系、法律关系、行政关系和人际关系等。基

于以上原因，使得工程施工项目管理中的组织协调工作困难、复杂、多变，必须通过强化组织协调的办法才能保证施工顺利进行。主要强化方法是优选项目经理，建立调度机构，配备称职的调度人员，努力使调度工作科学化、信息化，建立起动态的控制体系。

工程施工项目管理与建设项目管理在管理主体、管理任务、管理内容和管理范围方面都是不同的。第一，建设项目的管理主体是建设单位或受其委托的建设工程项目管理企业；工程施工项目管理的主体是施工企业。第二，建设项目管理的任务是取得符合要求的、能发挥应有效益的固定资产；工程施工项目管理的任务是把项目施工搞好并取得利润。第三，建设项目管理的内容是涉及投资周转和建设的全过程的管理；而工程施工项目管理的内容涉及从投标开始到回访保修为止的全部生产组织管理。第四，建设项目管理的范围是一个建设项目，是由可行性研究报告确定的所有工程；而工程施工项目管理的范围是由工程施工合同约定的承包范围，可以是整个建设项目、单项工程或单位工程施工过程的管理。

（4）工程咨询项目管理。

工程咨询项目是由咨询单位进行中介服务的工程项目。咨询单位是中介组织，它具有相应的专业服务知识与能力，可以接受建设单位的委托进行项目管理，也就是进行智力服务。咨询单位作为政府、市场和企业之间的联系纽带通过智力服务，可提高工程项目的管理水平。在市场经济体制中，由咨询单位进行工程项目管理已经形成了一种国际惯例。

工程监理项目是由监理企业进行管理的工程项目。一般是监理企业受建设单位的委托，双方签订监理委托合同，由监理企业为建设单位对建设项目的施工过程实施监督管理。监理企业也是中介组织，是依法成立的专业化、高智能型的组织，具有服务性、科学性与公正性，按照有关监理法规进行项目管理。监理企业是一种特殊的工程咨询机构。它受建设单位的委托，对设计和施工单位在承包活动中的行为和责权利进行必要的协调与约束，对建设项目进行投资管理、进度管理、质量管理、合同管理、信息管理与组织协调。实行建设监理制度，是我国为了发展生产力、提高工程建设质量和投资效益、建立市场经济、对外开放与加强国际合作的需要。

1.3 项目管理的发展历程

1.3.1 我国古代的项目管理

1. 中国古代的辉煌项目

我国古代工程建设以宫殿、水利工程、道路、城墙、园林工程为主体，如长城、都江堰、运河、故宫等。这些工程的建设过程都是项目。

有项目必然有与之相应的项目管理。在我国古代和近现代都完成过许多大型、特大型项目，它们都有适宜的项目形式和方法。

2. 古代的项目管理

例如：孙子兵法“庙算多者胜”，国家的建设必有“庙算”，即项目计划。北宋皇宫大火后，由丁谓负责建造。他设计和组织建造过程：先在皇宫中开河引水，以河运料，同时以土烧砖；建成后以建筑垃圾填河，最终节约“几万万两白银”。南京明代城墙的质量控制：在砖上刻生产者的名字。

3. 古代项目管理的实施

大型项目的管理者为军人或政府官员，如建筑都江堰的李冰为太守，督建长城的蒙恬和蒙毅为将军。体现了军事化的管理方法。

这种管理组织为独立的或强矩阵的组织形式。

1.3.2 现代项目管理的发展历程

第一阶段：1960 年以前。

通常认为，现代项目管理作为管理学的重要分支，最早出现于 20 世纪 30 年代的美国，是伴随一些大型建设工程的需要逐渐发展起来的。

第二阶段：1960 年—1985 年。

20 世纪 60 年代，美国的阿波罗登月项目通过应用现代项目管理方法，证明了现代项目管理的科学性和使用价值。同时项目管理通过不断用于实践而获得了很大发展，初步确立了它的科学地位。

第三阶段：1985 年—1995 年。

20 世纪 90 年代以后，科学技术飞速发展，在整个管理科学内部出现了知识结构重组和一些新的内部核心，项目管理也以全新的面目出现在很多企业，甚至一些政府部门及其各级组织，都认为项目管理是一门新的管理科学，一种新的管理模式。项目管理越来越多地被各行各业所广泛采用，项目管理也成了一个热门的行业和职业。

第四阶段：1996 年至今。

这一阶段世界已步入知识经济时代。项目管理在非传统项目环境下取得了巨大成功，各种企业和组织纷纷采用项目管理模式。

项目管理各发展阶段及其特点见表 1-1。

表 1-1 项目管理发展阶段及特点

发展阶段	特 点	应用领域
20 世纪 60 年代以前	关注工期和项目的成本，提倡做什么事情都要有计划	主要应用于航空航天领域
20 世纪 60 年代中期到 80 年代	出现了大量优化技术的应用	应用于一些大型项目，像航天项目，建筑项目和一些军事项目等
20 世纪 80 年代中期到 90 年代	突破了人们传统概念上对项目的理解，并开始普及，具有各种不同的模式	制造业、信息产业，IT 行业等
20 世纪 90 年代后半阶段	项目管理在一些非传统的项目环境下应用。如政府部门、学校、金融部门等开始采用	应用于各个领域

1.4 工程项目管理的发展趋势

1. 一体化管理

随着建筑市场竞争的加剧，建筑技术得到进一步提高，项目管理日趋完善，作为买方的业主对建筑业的要求和期望越来越高。业主方更多地希望设计和施工紧密结合，倾向于采用设计加施工的管理模式；希望建筑业提供形成建筑产品的全过程的服务，包括项目前期的策划、开发以及设计、施工，以至物业管理。传统的对工程某个环节的单一承包方式越来越多地被综合承包所取代。

2. 专业化管理

随着社会分工的发展，工程建设领域在技术方面向专业化发展，形成建筑设计专业化和结构设计专业化，之后又逐渐形成各种工程设备设计的专业化，施工专业化的发展形成了各种施工对象的专业化、施工阶段的专业化和施工工种的专业化。由于专业化分工，导致管理工作的复杂性，增加了业主的管理难度和强度。

3. 提倡项目精益建设

目前，发达国家的建设规范正在逐渐向性能化转变。质量管理也从确保可交付实体产品的质量范畴延伸到建设产品的全面性能/功能（Total Performance）和工程项目全过程管理（服务）的质量保证，如可行性研究的质量、设计的质量以及通过资格预审等确保采购的质量、运营和维护管理的质量（如为产品增值），要求对工程项目管理目标的再认识、对整个建设过程的重组以及各专业和各个阶段工作的协调等。

4. 信息技术使用增加

目前，国际上建设工程领域信息技术（IT）的应用已经体现出了标准化、集成化、网络化和虚拟化等特点。随着信息技术和网络技术的发展，其在工程项目管理中的应用也越来越广泛，出现了以下几种新的趋势：① 基于建设产品和建设过程（而非文件）的信息管理，实现建设项目全过程各阶段之间信息的无遗漏、无重复传递和处理。② 加大模拟、虚拟和灵敏度分析技术的应用，利用可视化技术改善各阶段之间的信息/沟通。③ 基于 Internet 的工程项目管理。

5. 重视安全/健康/环境（HSE）管理

经济的发展和社会的进步使得安全、健康与环境问题在世界范围里受到空前关注。工程建设领域由于劳动力密集而使安全和健康问题突出，改变自然状态而对环境产生极大影响。因此工程项目管理中的安全、健康与环境管理正成为一个热点，有关安全与环境的法律法规正在加强，安全与环境管理的保证体系正被越来越多的企业所接受，并被有机集成到工程项目管理流程中。

此外，通过项目管理实践的深化，战略管理将会与项目管理结合在一起，包括全寿命周期在内的项目管理将被广泛应用，项目管理的应用领域也将不断发展。

【复习题】

1. 什么是项目，有何特征？
2. 什么是项目管理，其含义是什么？
3. 什么是工程项目，有何特征？
4. 什么是工程项目管理，其本质是什么？
5. 简述工程施工项目管理与建设项目管理的区别。

参考答案

第 2 章　工程项目参与方的管理

【本章重难点】

项目业主对项目的管理；承包商对项目的管理；项目咨询单位对项目的管理

2.1　项目业主对项目的管理

2.1.1　项目业主管理的目的和特点

1. 项目业主的含义

广义上讲，项目业主是指项目的所有出资人（包括以资金、技术及其他资产入股等）。狭义上讲，项目业主是指项目在法律意义上的所有人，它可能是单一的投资主体（即投资者，是指必须具有资金或资金来源和投资决策权的投资活动主体，可以是自然人、法人或政府），也可能是各投资主体依照一定法律关系组成的法人形式。

业主对工程项目的管理是指项目业主为实现其投资目标，运用所有者的权力组织或委托有关单位对建设项目进行筹划和实施的有关计划、组织、指挥、协调等过程。

2. 业主管理的目的

工程项目业主对工程项目进行管理的主要目的如下：

（1）实现投资主体的投资目标和期望值。投资主体将资金投入到一个有科学依据、投资前景的工程项目中，期望通过项目管理保证工程项目能按预定计划建成和投入使用，实现投资的经济效益与社会效益。

（2）努力使工程项目投资控制在预定或可接受的范围之内。工程项目建设通常需要较长的时间和较大的投入，加上建设过程中不确定的因素很多，如果控制不好，费用很容易突破原来的预算计划。为了保证投资者的预期收益，必须对工程项目投资进行有效的控制。

（3）保证工程项目建成后在项目功能和质量上达到设计标准。不同的工程建设项目都有其各自的功能和质量要求，这是保证工程项目在运营期内有效、安全和高质量运行，实现项目建设目标与业主投资目标的基本前提，因此也是业主对工程项目进行管理的重要目的。

3. 业主管理的特点

工程项目管理中业主管理特点是由业主在工程项目中的特殊地位决定的，主要包括以下几个方面：

（1）业主对工程项目的管理代表了投资主体对项目的要求。它集中反映了各投资主体对工程项目的利益要求，代表各所有者协调一切对外关系，包括与政府和社会各有关单位之间的各项关系。因此，业主在项目管理中一方面要协调各投资主体之间的关系；另一方面要协调项目与社会各方的关系，保证项目建设的顺利进行。

（2）业主是对工程项目进行全面管理的中心。按照“谁投资、谁决策、谁收益、谁承担风险”的原则，业主在国家法规许可的范围内有充分的投资自主权。业主既是工程项目的决策者，又是工程项目实施的主持者；既是未来收益的获得者，也是可能风险的承担者。业主与工程项目之间利害关系的紧密程度是其他任何一方参与者所不能比拟的，业主对项目管理和项目成败负有全面责任。工程项目完成得好，最大与最直接的受益者是项目业主；反之，如果工程项目出现问题，最大与最直接的损失方也是项目业主。

（3）从管理方式上看，在项目建设过程中业主对工程项目的管理大都采用间接而非直接方式。工程项目建设涉及各个领域和诸多专业，业主往往由于自身时间、精力和专业等方面的限制，不可能自己完成全部的管理工作。业主通过各种委托协议和合同，把工程项目的各项任务、管理职责以及各项风险分解到各参与策划和实施的有关机构，项目业主进行总体协调和控制，保证项目如期、按质建成，并尽可能节省投资。

2.1.2 业主管理的主要任务

在工程项目的不同阶段，业主对工程项目管理的主要任务有所不同。

1. 项目决策阶段的主要任务

业主在工程项目决策阶段的主要工作任务是围绕项目策划、项目建议书、项目可行性研究、项目核准、项目备案、资金申请及相关报批工作开展项目的管理工作。具体如下：

（1）对投资方向和内容做初步构想。

（2）选择好咨询机构。择优聘请有资质、信誉好的专业咨询机构对企业或行业、地区等进行深入分析，拟定发展战略或规划，并在此基础上对项目的建设规模、产品方案、工程技术方案等进行研究、比较，根据需要进行项目财务评价、社会评价、国民经济评价和风险评价，编制项目建议书和可行性研究报告，为决策提供科学依据。

（3）组织专家对工程项目建议书和可行性研究报告进行评审，与有关投资者和贷款方进行沟通，并落实项目建设的相关条件。

（4）根据项目建设规模、建设内容和国家有关规定对项目进行决策并报请有关部门审批、核准或备案。

2. 实施准备阶段的主要任务

（1）取得项目选址、资源利用、环境保护等方面的批准文件，与各方进行协商并取得原料、燃料、水、电等供应以及运输等方面的协议文件。

（2）明确勘察设计的范围和设计深度，选择有信誉和合格资质的勘察、设计单位进行勘察、设计，签订合同，并进行合同管理。

（3）及时办理有关设计文件的审批工作。

（4）组织落实项目建设用地，办理土地征用、拆迁补偿及施工场地的平整等工作。

（5）组织开展设备采购与工程施工招标及评标等工作，择优选定合格的承包商，并签订合同。

（6）按有关规定为设计人员在施工现场作业提供必要的生活与物质保障。

（7）选派合格的现场代表，选定符合资质要求的工程监理机构。

3. 项目实施阶段的主要任务

在项目实施阶段，业主的主要任务是按合同规定为项目的顺利实施提供必要的条件，并在实施过程中督促检查并协调有关各方的工作，定期对项目进展情况进行研究分析。具体如下：

（1）由业主出面办理各项批准手续，如施工许可证。施工过程中可能会损坏道路、管线、电力、通信等公共设施，需取得法律、法规规定的施工批准手续等。

（2）协商解决施工所需的水、电、通信线路等必备条件。

（3）解决施工现场与城乡公共道路的通道，以及专用条款约定的应由业主解决的施工场地内的主要交通干道，以满足施工运输的需要。

（4）向承包方提供施工场地的工程地质和地下管线等的资料，并保证资料数据真实。

（5）聘请咨询监理机构，督促监理工程师及时到位履行职责。

（6）协调设计与施工、监理与施工等方面的关系，组织承包方和咨询设计单位进行图纸会审和设计交底。

（7）确定水准点和坐标控制点，以书面形式交给承包方，并进行现场交验。

（8）组织或者委托监理工程师对施工组织设计进行审查。

（9）协调处理施工现场周围的地下管线和邻近建筑物、构筑物，以及有关文物、古树等的保护工作，并承担相应的费用。

（10）督促设备制造商按合同要求及时提供质量合格的设备，并组织运到现场。

（11）督促检查合同执行情况，按合同规定及时支付各项款项，并协调好报告中出现的新问题和矛盾冲突。

4. 竣工验收阶段的主要任务

（1）组织进行试运行。

（2）组织有关方面对施工单位拟交付的工程进行竣工验收和工程决算。

（3）办理工程接收手续。

（4）做好项目有关资料的接收与管理工作。

（5）安排有关管理与技术人员的培训，并及时接管。

（6）进一步明确项目运营后与施工单位、监理单位等各方的关系。

2.2 政府对工程项目的管理

2.2.1 政府管理的作用与特点

1. 政府管理的作用

政府对社会经济活动进行宏观指导和调控的目的是保证社会经济能够健康、有序和持续发展。对工程项目进行管理的主要作用如下：

（1）保证投资方向符合国家产业政策的要求。为保证投资项目符合国家经济社会发展的需要，政府有关部门通过发布在某一时期的中长期发展规划和各项专业规划以及产业政策，明确国家鼓励、限制和禁止类别的项目，同时政府职能部门在审批、核准项目时也依据这一政策进行控制。

（2）保证工程项目符合国家经济发展、社会规划和环境与生态等的要求。除国民经济社会发展规划外，还有一些其他方面的规划，如国土规划、区域规划、城市发展规划等，政府相关部门通过对项目的管理程序保证这些规划能够得到切实执行。

（3）引导投资规模达到合理经济规模。为保证国家经济的健康发展，增强整体经济实力，在对投资项目进行审查时，对某些类型的项目的建设规模进行一定的控制与引导。

（4）保证国家整体投资规模与外债规模在合理的可控制范围内。除了上述几方面的内容外，国家对使用外债的项目还有一定的审批程序，以保证国家总外债规模控制在一个合理的范围内。

（5）保证国家经济安全与公共利益，防止垄断。为维护国家经济安全和合理利用国家资源，对于关键领域的投资或相关重大投资，在投资规模、项目布点、建设时间、资源节约、市场准入等方面采取一定的引导或限制措施。与此同时，国家还要保护公共利益不受侵害，防止为了少数人利益的取得，损害公共利益；通过调整相关政策，创造公平的竞争环境与投资环境，制止不正当竞争，防止垄断。

2. 政府管理的特点

（1）具有较大的权威性。政府的主要职能是保证工程项目有序进行，对工程项目管理具有较大的权威性。人们会以政府对项目的要求为标准，以政府的指令和号召为方向来考虑项目的内容与规模等相关问题。政府对项目管理的权威性要求政府对项目的管理不可随意，任何指令都要慎重，以免产生副作用。

（2）有相当的严肃性。政府是法规的制定者，也是执行的监督者。政府对工程项目的管理可以通过立法、发布命令、制定政策等方式，要求项目单位必须达到某种要求。政府的这些管理活动不能朝令夕改，必须保持相当的严肃性。

（3）可采用的管理手段是最全面的。政府对工程项目管理的手段是多样的，有行政命令等行政手段，也有法律法规等法律手段，还可以使用税收等各种经济手段。总之，在参与工程项目管理的过程中，政府可使用的管理手段是最全面的。

（4）政府在对项目实施管理时，必须保证公平性。保证以同一标准对待所有的项目，对待来自不同地方的投资者，包括国内的、国外的，不能带有任何歧视性。我国已正式加入世界贸易组织（WTO），对于这一条更应严格执行。

（5）政府对工程项目主要是宏观管理，对项目的规模、布局、内容等进行引导与调控，以保证国家经济健康、有序发展。政府不可能也不应该过多地介入工程项目管理的具体环节。

（6）政府在管理中强调发挥中介组织的作用。在充分发挥政府宏观管理作用的同时，发挥行业中介组织的作用，国家支持成立相关协会来实现行业的自我约束与管理。

2.2.2 政府对项目管理的主要方面

1. 制定宏观经济政策与相关发展规划，引导和调控投资项目

政府通过制定各种宏观经济政策来引导和调控工程项目的投资方向和规模，用宏观统率微观。宏观经济政策主要有：货币政策、财政政策、投资政策、产业政策、税收政策、价格管理政策、人口与就业政策、国际收支与管理政策等。

政府制定国民经济与社会发展中长期规划，以及教育、科技、卫生、交通、能源、农业、林业、水利、生态环境、战略资源开发等重要领域的专项规划，明确发展的指导思想、战略目标和总体布局，同时并适时调整国家固定资产投资指导目录、外商投资产业指导目录，明确国家鼓励、限制和禁止的投资项目。

此外，政府还建立科学的行业准入制度，规范重点行业的环保标准、安全标准、能耗水耗标准和产品技术、质量标准，防止低水平重复建设。

国家发展和改革委员会关于实行核准制的《项目申请报告通用文本》中明确要求应有“发展规划、产业政策和行业准入分析”一章，主要内容有：

（1）发展规划分析。拟建项目是否符合国民经济和社会发展总体规划、专项规划、区域规划等的有关要求，项目目标与规划内容是否衔接和协调。

（2）产业政策分析。拟建项目是否符合有关产业政策的要求。

（3）行业准入分析。项目建设单位和拟建项目是否符合相关行业准入标准的规定。

2. 制定相关规定，界定投资管理权限

2004 年 7 月，国务院下发了《国务院关于投资体制改革的决定》，对各类投资主体的管理权作出了明确规定。

（1）企业不使用政府投资建设的项目。

对《政府核准的投资项目目录》（以下简称《目录》）内的企业不使用政府投资建设的项目，政府主要从维护经济安全、合理开发利用资源、保护生态环境、优化重大布局、保障公共利益、防止出现垄断等方面进行核准。企业投资建设实行核准制的项目，仅需向政府提交项目申请报告。

对于外商投资项目，政府还要从市场准入、资本项目管理等方面进行核准。

其他不使用政府投资的建设项目无论规模大小，均实行备案制。

企业使用自有资金投资建设项目的市场前景、经济效益、资金来源和产品技术方案等均由企业自主决策、自担风险，并依法办理环境保护、土地使用、资源利用、安全生产、城市规划等许可手续和减免税确认手续。

对于企业使用政府补助、转贷、贴息投资建设的项目，政府只审批资金申请报告。

基本建立现代企业制度的特大型企业集团，投资建设《目录》内的项目，可以按项目单独申报核准，也可编制中长期发展建设规划，规划经国务院或国务院投资主管部门批准后，规划中属于《目录》内的项目不再另行申报核准，只需办理备案手续。

（2）政府投资项目。

各类政府投资资金，包括预算内投资、各类专项建设基金、统借国外贷款等。政府对项目投资可分别采取直接投资、资本金注入、投资补助、转贷和贷款贴息等方式。

政府以资本金注入方式投入的，要确定出资人代表。

对于政府投资项目，采用直接投资和资本金注入方式的，从投资决策角度只审批项目建议书和可行性研究报告，除特殊情况外不再审批开工报告，同时应严格履行初步设计、概算审批工作；采用投资补助、转贷和贷款贴息方式的，只审批资金申请报告。

3. 加强重要资源的管理

（1）对土地资源使用的管理。

为了保证国家土地资源的合理利用，国家对工程项目中国有土地与集体土地的使用都做了具体的规定。对土地的取得方式及程序、土地使用年限、税收等都有相关规定。为防止土地资源的浪费，对工程建设项目取得开工许可证后，土地的闲置时间也做了具体限制。

（2）对自然资源合理利用的管理。

为了提高自然资源的利用率，对涉及矿产资源开发利用与消耗大量重要自然资源的工程项目，国家制定了相应的审批程序与批准条件，对开采技术的先进程度、资源利用率、资源开发后自然环境恢复等都有明确要求。同时国家还在资金、税收等方面进行政策调整，鼓励资源的节约与综合利用，大力发展循环经济，保证国民经济长期可持续发展。

（3）对资金资源的管理。

为保证国家经济的健康发展，国家对国内资金进行总量平衡，调控信贷规模。

对外资、外债规模与增长速度也必须控制在一定的合理范围内，避免由于外债规模过大，特别是短期外债规模过大而对国民经济的发展产生影响。为此，涉及外资、外债的项目，应根据外资、外债的不同规模与种类报国家有关部门审批。

在国家发展和改革委员会关于实行核准制的《项目申请报告通用文本》中明确规定，《项目申请报告》应有“资源开发及综合利用分析”“节能方案分析”“建设用地、征地拆迁及移民安置分析”等章节。主要内容包括：

① 资源开发方案。

资源开发类项目，包括对金属矿、煤矿、石油天然气矿、建材矿以及水（力）、森林等资源的开发，应分析拟开发资源的可开发量、自然品质、赋存条件、开发价值等，评价是否符合资源综合利用的要求。

② 资源利用方案。

包括项目需要占用的重要资源品种、数量及来源情况；多金属、多用途化学元素共生矿、伴生矿以及油气混合矿等的资源综合利用方案；通过对单位生产能力主要资源消耗量指标的对比分析，评价资源利用效率的先进程度；分析评价项目建设是否会对地表（下）水等其他资源造成不利影响。

③ 资源节约措施。

阐述项目方案中作为原材料的各类金属矿、非金属矿及水资源节约使用的主要措施方案。对拟建项目的资源消耗指标进行分析，阐述在提高资源利用效率、降低资源消耗等方面的主要措施，论证是否符合资源节约和有效利用的相关要求。

④ 用能标准和节能规范。

阐述拟建项目所遵循的国家和地方的合理用能标准及节能设计规范。

⑤ 能耗状况和能耗指标分析。

阐述项目所在地的能源供应状况，分析拟建项目的能源消耗种类和数量。根据项目的特点选择计算各类能耗的指标，与国际国内先进水平进行对比分析，阐述是否符合能耗准入标准的要求。

⑥ 节能措施和节能效果分析。

阐述拟建项目为了优化用能结构、满足相关技术政策和设计标准而采用的主要节能降耗措施，对节能效果进行分析论证。

⑦ 项目选址及用地方案。

包括项目建设地点、占地面积、土地利用状况、占用耕地情况等内容。分析项目选址是否会造成相关不利影响，如是否压覆矿床和文物、是否有利于防洪和排涝、是否影响通航及军事设施等。

⑧ 土地利用合理性分析。

分析拟建项目是否符合土地利用规划的要求，占地规模是否合理，是否符合集约和有效使用土地的要求，耕地占用补充方案是否可行等。

⑨ 征地拆迁和移民安置规划方案。

对拟建项目的征地拆迁影响进行调查分析，依法提出拆迁补偿的原则、范围和方式，制定移民安置规划方案，并对是否符合保障移民合法权益、满足移民生存及发展需要等要求进行分析论证。

4. 维护经济安全

所谓经济安全，是指国家经济在整体上基础稳固，做到健康运行与成长，保证持续发展，使其在国际经济生活中具有一定的自主性、自卫力和竞争力，不致因某些问题的出现和演化使整个经济受到过大的打击和（或）使国民经济利益受到过多的损失，从而能够避免或化解可能发生的局部或全局性的经济危机。为维护国家的经济安全，对关系到国计民生的重大项目的投资，特别是关系到国家关键性战略，如能源战略等，国家在进行建设投资规划与项目审核时予以必要的控制。

在国家发展和改革委员会关于实行核准制的《项目申请报告通用文本》中明确规定，项目申请报告应有“经济影响分析”的章节，主要内容包括：

（1）经济费用效益或费用效果分析。从社会资源优化配置的角度，通过经济费用效益或费用效果分析，评价拟建项目的经济合理性。

（2）行业影响分析。阐述行业现状的基本情况以及企业在行业中所处的地位，分析拟建项目对所在行业及关联产业发展的影响，并对是否可能导致垄断等进行论证。

（3）区域经济影响分析。对于区域经济可能产生重大影响的项目，应从区域经济发展、产业空间布局、当地财政收支、社会收入分配、市场竞争结构等角度进行分析论证。

（4）宏观经济影响分析。投资规模巨大、对国民经济有重大影响的项目，应进行宏观经济影响分析。涉及国家经济安全的项目，应分析拟建项目对经济安全的影响，提出维护经济安全的措施。

5. 优化布局

对关系国家经济与社会安全等的关键性重大项目，应从国家全局的角度进行布局优化，以保证社会资源的合理利用和整体的社会与经济效益更好。这类项目主要包括重大农林水利工程、能源、交通、邮电、通信、大型矿藏开发等。

对于因征地拆迁等可能产生重要社会影响的项目，以及扶贫、区域综合开发、文化教育、公共卫生等具有明显社会发展目标的项目，应从维护公共利益、构建和谐社会、落实以人为本的科学发展观等角度，进行社会影响分析评价。

在国家发展和改革委员会关于实行核准制的《项目申请报告通用文本》中明确规定，《项目申请报告》应有“社会影响分析”的章节。主要内容包括：

（1）社会影响效果分析。阐述拟建项目的建设及运营活动对项目所在地可能产生的社会影响和社会效益。

（2）社会适应性分析。分析拟建项目能否被当地的社会环境、人文条件所接纳，评价该项目与当地社会环境的相互适应性。

（3）社会风险及对策分析。针对项目建设所涉及的各种社会因素进行社会风险分析，提出协调项目与当地社会关系、规避社会风险、促进项目顺利实施的措施方案。

6. 环境保护

为了保护人类生存环境，保证国家可持续发展战略的顺利实施，防止建设项目对环境造成不良影响，促进经济、社会和环境协调发展，国务院制定了《环境保护法》和《建设项目环境保护管理条例》。2004 年 12 月国家环保总局、国家发展和改革委员会下发了《关于加强建设项目环境影响评价分级审批的通知》，对各类建设项目的环境评价工作做出了更加明确的规定。

（1）建设对环境有影响的项目，不论投资主体、资金来源、项目性质和投资规模，应当依照《环境影响评价法》和《建设项目环境保护管理条例》的规定。进行环境影响评价，向有审批权的环境保护行政主管部门报批环境影响评价文件。

（2）实行审批制的建设项目，建设单位应当在报送可行性研究报告前完成环境影响评价文件报批手续；实行核准制的建设项目，建设单位应当在提交项目申请报告前完成环境影响评价文件报批手续；实行备案制的建设项目，建设单位应当在办理备案手续后和项目开工前完成环境影响评价文件报批手续。

（3）由国务院投资主管部门核准或审批的建设项目，或者由国务院投资主管部门报国务院核准或审批的建设项目，其环境影响评价文件原则上由国家环境保护总局审批。

对环境可能造成重大影响，并列入《国家环境保护总局审批环境影响评价的建设项目目录》的建设项目，其环境影响评价文件由国家环境保护总局审批。

对环境可能造成轻度影响，且未列入《国家环境保护总局审批环境影响评价的建设项目目录》的建设项目，其环境影响评价文件由省级环境保护行政主管部门审批。

（4）《国家环境保护总局审批环境影响评价的建设项目目录》以外的其他建设项目的环境影响评价文件的审批权限，由省级环境保护行政主管部门按照建设项目的环境影响程度，结合地方情况提出，报省级人民政府批准。其中，化工、染料、农药、印染、酿造、制浆造纸、电石、铁合金、焦炭、电镀、垃圾焚烧等污染较重或涉及环境敏感区的项目的环境影响评价文件，应由地市级以上环境保护行政主管部门审批。

（5）对国家明令淘汰和禁止发展的耗物耗能高、环境污染严重、不符合产业政策和市场准入条件的建设项目的环境影响评价文件，各级环境保护行政主管部门一律不得受理和审批。

在国家发展和改革委员会关于实行核准制的《项目申请报告通用文本》中明确规定，《项目申请报告》应有“环境和生态影响分析”一章。主要内容包括：

① 环境和生态现状。包括项目场址的自然环境条件、现有污染物情况、生态环境条件和环境容量状况等。

② 生态环境影响分析。包括排放污染物类型、排放量情况分析，水土流失预测，对生态环境的影响因素和影响程度，对流域和区域环境及生态系统的综合影响。

③ 生态环境保护措施。按照有关环境保护、水土保持的政策法规要求，对可能造成的生态环境损害提出治理措施，对治理方案的可行性、治理效果进行分析论证。

④ 地质灾害影响分析。在地质灾害易发区建设的项目和易诱发地质灾害的项目，要阐述项目建设所在地的地质灾害情况，分析拟建项目诱发地质灾害的风险，提出防御的对策和措施。

⑤ 特殊环境影响。分析拟建项目对历史文化遗产、自然遗产、风景名胜和自然景观等可能造成的不利影响，并提出保护措施。

7. 工程安全管理及其他管理

工程项目的安全是指项目在建设期间与将来生产过程中的人身和财产安全。国家对工程项目的建设和运营在安全施工、安全生产、防火、消防等方面制定了相应的安全防护标准，工程项目在进行设计与施工的过程中必须严格贯彻执行这些标准。项目建成后，还必须经有关部门检查，取得许可后方可投入使用。

除上述几方面外，政府还在其他方面对投资项目进行管理。例如，采用对特别技术的进出口药品等特殊产品的生产，防止使用淘汰工艺技术方面，以及工程项目在建设过程中需要使用一些特殊物资，如特殊药品、化学物质等，都必须按国家有关规定报相应部门批准，以保证社会安全和环境安全。

2.3 承包商对项目的管理

2.3.1 承包商对项目管理的目的和特点

1. 承包商对工程项目管理的基本含义

承包商分为两类，一类是指根据工程项目建设的有关规定，由项目业主委托，经双方协商和履行一定的程序后，承接项目的建筑和安装工程建设（有的包括设备安装工程）的公司或其他法人组织，通常称为工程承包商；另一类是按委托合同承接设备生产制造（有的包括设备安装工程）的生产厂家，通常称为设备承包商。本文中的承包商泛指以上两类。

承包商对工程项目的管理是指承包商为完成项目业主对项目建设的委托或设备供货的委托，以自己的施工或供货能力来完成业主委托的任务，在建设阶段对自己所承担的项目中投入的各种资源进行计划、指挥、组织、协调的过程。

2. 承包商管理的目的

承包商是为项目提供工程劳务的组织者或设备制造者，其管理目的主要是在项目建设与设备制造过程中，通过人力资源、物力资源的有效投入到产品输出，来实现相应的收益。具体如下：

（1）保证承包的工程项目或设备制造在进度与质量上达到委托合同规定的要求。承包商按委托合同在规定的时间内完成工程施工或设备制造工作，并符合各项质量指标的要求，这是合同中规定的承包商的主要义务。

（2）追求自身收益的最大化。在完成委托合同规定的工作，并达到合同规定的要求后，承包商有权取得相应的报酬。业主支付费用的具体方式与合同的形式有很大关系。不同的合同形式使承包商的利益与项目成本的联系程度有所不同，所以针对总价合同、单价合同以及成本酬金合同，承包商会采取完全不同的态度来对待项目的成本费用，但根本目的都是保证整体收益最大。

3. 承包商对工程项目管理的特点

承包商对工程项目管理的特点主要有以下几点：

（1）承包商的管理工作都是以固定场地为中心展开的，不同于其他参与方可以不在工地现场进行项目管理。

（2）以委托合同为根本要求。项目承包商在实施管理的过程中，不管委托方的最终目标是什么，对项目的管理与控制完全以合同规定的内容为依据。项目的质量、进度、费用等都以合同规定为标准。

（3）管理直接作用于工程项目实体。承包商管理的对象是完成项目组成部分的行动者、原材料和设备等，所以承包商的管理对项目产生直接作用。

（4）管理过程中资金投入相对巨大。工程项目的真正形成过程在施工阶段。在这一阶段所有的设计都将得到实施，包括主体工程和配套工程等。从厂房的建设到原材料的采购以及机器设备的采购、安装与调试，都需要大量的资金投入。

（5）项目建设风险的最后控制阶段。承包商的管理过程是工程项目风险控制的最后过程。工程项目的风险在项目的不同阶段是不一样的。在项目的前期阶段，项目的未知程度越高，项目决策风险发生的概率就越大，但这时人们对项目的可控制程度也高。到了项目实施阶段，管理风险相对增大，所以在项目施工阶段，承包商必须加强施工管理，业主应委派监理工程师到现场监督，以避免和减少损失。

2.3.2 承包商管理的主要任务

1. 工程承包商的主要任务

（1）制订施工组织设计和质量保证计划，经监理工程师审定后组织实施。

（2）按施工计划组织施工，认真组织好人力、机械、材料等资源的投入，并向监理工程师提供年、季、月工程进度计划及相应进度统计报表。

（3）按施工合同要求在工程进度、成本、质量方面进行过程控制，发现不合格项及时纠正。

（4）遵守有关部门对施工场地交通、施工噪声以及环境保护和安全生产等方面的管理规定，办理相关手续。

（5）按专用条款约定，做好施工现场地下管线和邻近建筑物、构筑物以及有关文物、古树等的保护工作。

（6）保证施工现场清洁，使之符合环境卫生管理的有关规定。

（7）在施工过程中按规定程序及时、主动、自觉接受监理工程师的监督检查；提供业主和监理工程师需要的各种统计数据的报表。

（8）及时向委托方提交竣工验收申请报告，对验收中发现的问题及时进行改进。

（9）负责已完工程的保护工作。

（10）向委托方完整、及时地移交有关工程资料档案。

2. 设备承包商的主要任务

（1）按照合同约定，以规定的价格，在规定的时间、质量和数量条件下提供设备，并做好现场服务，及时解决有关设备的技术、质量、缺损件等问题。

（2）按照合同约定，完成设备的有关运输、保险、包装、设备调试、安装、技术接受、培训等相关工作。

（3）保证提交的设备和技术规范与委托文件的要求一致。

（4）保证业主在使用所提供的设备时，不侵犯第三方的专利权、商标权和工业设计权。

（5）完成合同规定的其他工作。

2.4 项目咨询单位对项目的管理

2.4.1 项目咨询单位的管理

1. 项目咨询单位

以工程咨询服务为专业的工程技术、工程管理等公司的总称。项目咨询单位对项目的管理是指项目咨询单位接受顾客的委托，为保证项目的顺利实施，按照委托规定的工作内容，以项目咨询单位执业标准为尺度，对项目进行有效的组织、指挥、协调、督促、检查与指导。

2. 项目咨询单位对项目管理的目的

（1）保障委托方实现其对工程项目的预期目标。

（2）按合同规定取得合法收入。

（3）为项目咨询单位的自身创造良好的社会声誉。

3. 项目咨询单位对项目管理的特点

（1）项目咨询单位的工作是智力型工作。

（2）项目咨询单位的管理内容视委托情况而变化。

（3）不直接建设工程项目实体。

（4）职业的规范性。

（5）服务的有偿性。

2.4.2 项目咨询单位对项目管理的主要任务

1. 项目决策阶段

（1）对项目拟建地区或企业所在地区以及项目所属行业的情况进行调查分析，对相关产品的市场情况进行研究，完成相应报告。

（2）对项目的建设内容、建设规模、产品方案、工程方案、技术方案、建设地点、厂址布置、污染处理方案等进行比选，形成相应报告。

（3）在项目相关方案研究的基础上，按要求完成项目的融资方案分析、投资估算，以及对财务、风险、社会及国民经济等方面的评价，对项目整体或某个单项提出咨询意见，完成相应报告。

（4）按委托方及有关项目审批方的要求，对项目的可行性研究报告进行评估论证，完成相应报告，交付给委托方。

（5）根据委托，协助完成项目的有关报批工作。

2. 项目准备阶段

（1）直接接受业主委托承担勘察设计工作，或代理业主进行项目的有关勘察设计招标和监理招标工作；

（2）协助业主或按业主委托要求完成项目进度安排、融资方案落实及相应协议的起草工作；

（3）协助业主或接受业主委托进行设备采购、施工招标工作；

（4）协助委托方完成项目的有关设计文件及项目开工等报批工作；

（5）按委托方的要求，向施工单位进行项目设计图纸的技术交底工作；

（6）按委托方的要求和国家有关规定，做好项目设计内容的调整与修改工作；

（7）完成业主委托的其他工作，如征地、周边关系的协调等。

3. 项目实施阶段

（1）根据委托，在资质允许的前提下，代表业主对项目施工进行监督、管理，保证项目在质量、费用和进度等方面满足业主的要求。

（2）根据业主委托开展项目中间评价工作。

（3）及时向业主报告项目的有关进度、质量及费用等方面的情况。

（4）按有关规定对项目施工过程中的有关问题及时、妥善地进行处理。

（5）为工程投产后的运营做好人员培训、操作规程和规章制度的建立等准备工作。

4. 项目竣工验收和总结评价阶段

（1）配合业主做好项目的竣工验收工作。

（2）开展项目的后评价工作，具体包括：

① 过程评价。

② 绩效评价。对照项目评估结论和主要指标，找出变化和差别，并分析原因。

③ 持续性评价。对项目是否能够持续发展进行分析，并在此基础上提出项目可持续发展所需创造的条件。

④ 在评价的基础上提出项目发展的对策、建议。

（3）完成业主委托的其他工作，如一定时期的运营管理等。

2.4.3 咨询项目的组织与实施阶段的主要过程

咨询项目的组织与实施阶段的主要过程如图 2-1 所示。

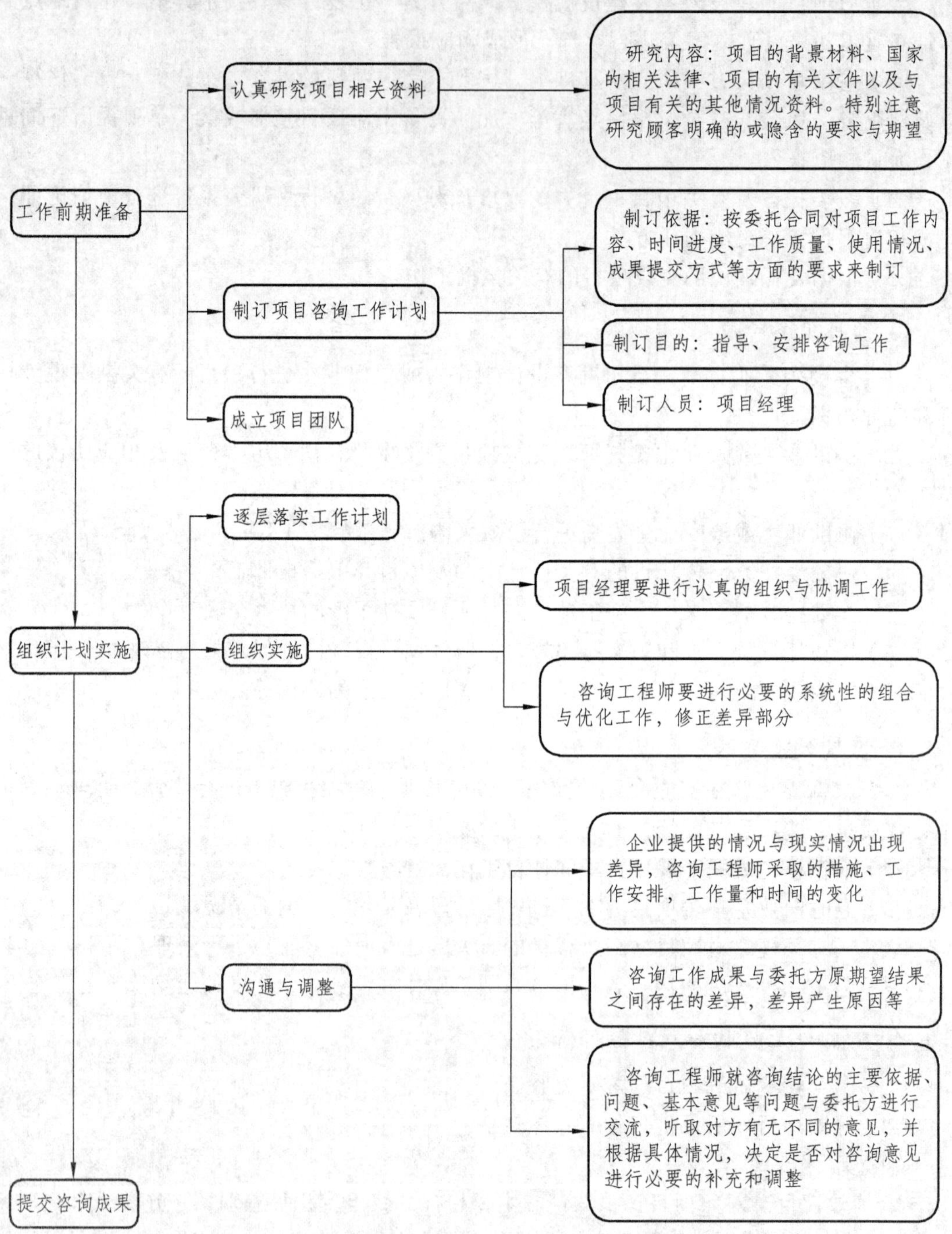

图 2-1 咨询项目的组织与实施阶段的主要过程

2.5 银行对贷款项目的管理

2.5.1 银行对项目管理的目的和特点

1. 银行对贷款项目管理的基本含义

为工程项目提供资金的渠道有很多，本书中的银行是泛指以银行为代表的为工程项目提供贷款的所有金融机构。

为项目提供资金贷款的各金融机构，从其所提供资金的安全性、流动性、收益性等方面考虑，对项目进行了解、评估、分析及控制等，是一种非完全意义上的项目管理。这类管理的重点是对资金投入进行评审和对资金投入与使用进行控制和监督，以及进行风险控制等。

2. 银行对贷款项目管理的目的

银行是工程项目贷款的提供方，是项目部分融入资金的所有者。在银行决定为项目提供资金后，银行就把资金收益的期望寄托于项目上，同时资金损失的风险也相应产生。因此，银行对贷款项目管理的目的主要是确保贷款具有安全性、流动性和效益性。

3. 银行对贷款项目管理的特点

银行对贷款项目的管理实际上是银行信贷管理的一部分，对于工程项目来说，主要涉及资金的投入与回收。银行对贷款项目管理主要有以下特点：

（1）管理的主动权随着资金的投入而降低。

（2）管理手段带有较强的金融专业性。

（3）以资金运动为主线进行管理。

2.5.2 银行对贷款项目管理的主要内容

1. 贷前管理

针对工程项目，银行主要是对贷款项目进行评估。银行对贷款项目的评估与一般意义上的评估有一定的区别：它是以银行的立场为评估的出发点，以提高银行的信贷资产质量和经营效益为目的，为银行贷款提供决策依据。

2. 银行对贷款项目的评估

目前，国内几大银行对贷款项目评估与政府审批时的项目评估都有所不同。贷款企业由于是贷款的承受主体，所以在对贷款项目进行评估时，评估内容一般都超出项目本身，除通常在项目评估中进行的市场分析、建设方案评价、投资估算、财务评价等内容外，往往将借款人的资信评价、财务评价以及贷款项目的评估合在一起进行。与传统项目评估的内容相比，还要进行的评价主要包括以下几个方面：

（1）项目建设的必要性。主要调查项目提出的背景，综合分析项目所在地区的政策环境和发展规模，分析项目的建设目的和社会效益，评价项目建设的必要性。

（2）项目的市场分析与市场定位。分析项目产品的国际、国内市场状况，未来市场供需预测，产品的价格定位、主要销售对象等。

（3）项目建设合法性分析。主要调查项目建设合法性手续，项目的招投标是否符合国家有关部门的规定。

（4）同类竞争项目的比较。

（5）综合分析。

（6）项目市场前景预测。

（7）根据被评估项目的市场前景和市场竞争能力分析，预测项目的销售计划和销售价格，评估影响销售计划实现的风险状况。

（8）建设规模与产品方案、工艺技术、设备与配套设施情况。这方面的评估与传统的项目评估基本相同。

（9）项目开发周期及工程进度计划。主要调查项目从立项、可行性研究、报批、征地拆迁、规划设计、市政配套、开工，直至竣工等整个开发工作的进度安排情况。对已开工项目，要分析形象进度、投资完成情况和各项资金的使用情况。

（10）项目建设条件评价。主要分析项目建设期间的道路、电力、上下水等条件的保障程度，调查项目建成后水、电、热力、燃气、交通、通信等条件的落实情况。

（11）相关单位的资质评价。主要调查项目设计、建设施工、监理等单位的资质等级和专业技术能力，了解其有无不良记录。

【复习题】

1. 什么是项目业主，其进行项目管理主要目的是什么？
2. 简述业主项目实施阶段的主要任务。
3. 政府为什么要参与项目的管理，其特点是什么？
4. 承包商参与工程项目管理的目的和特点是什么？
5. 工程承包商管理的主要任务是什么？
6. 项目咨询单位对项目管理的目的和特点是什么？
7. 项目咨询单位在准备和实施阶段进行管理的主要任务是什么？

参考答案

第 3 章　工程项目的范围管理

【本章重难点】

项目识别；工程项目工作结构分解

3.1　项目识别

3.1.1　把握客户需求

客户的需求多种多样，因此准确把握客户需求是项目成功的前提条件之一。那么怎么把握客户的需求呢？

（1）正确把握市场环境，预测市场趋势

市场环境的变化，会直接影响项目客户的需求。例如，在经济比较景气的时候，英国很多 townhouse 小花园种的是漂亮的花草，而经济危机时，小花园变成了菜地。因此，需要对市场环境进行准确的分析和评价。又如 1998 年动工的某市三环路建设工程，当时专家对三环路究竟应该有几车道争论不休，部分专家认为 80 m 的路宽过宽，可能要二三十年后才能达到其车容量。但十年之后，该市三环路都已变得拥挤，时而出现道路堵塞的情况。因此，准确预测市场趋势，把握市场命脉，也是准确把握客户需求的重要前提条件之一。

（2）正确把握目标客户，满足客户的需求

项目可能面临的客户有多种，不同客户的需求是不同的。以房地产开发为例，为中产阶层修的住房，为富人修的别墅，为中低收入修建的廉租房，其需求内容是完全不同的。因此，需要在准确分析市场环境的基础上，准确把握目标客户，掌握他们需要什么样的产品或服务、有些什么样的要求。

（3）提供客户不知道或不能描述的产品或服务的必备功能

最终需要提供给客户的是客户最想要的产品或服务，但由于受个人认知的限制，客户并不能准确、完整地知道他们的需求。以住房为例，客户并不知道楼房需要足够的消防通道，或者并不知道可以“人车分流”，而项目的设计者则应将这些因素考虑进去。

（4）应考虑环境的制约，充分利用资源和外部条件

每个项目经理都希望自己所负责的项目能最大限度地满足客户的需求，但任何一个项目都要受到各种资源的约束，如投资额、技术、人员的约束等。

通过综合考虑“构思-环境-能力”之间的平衡，以求达到主观和客观的最佳组合，才能正确进行项目的识别，把握客户需求。

3.1.2 确定项目目标

工程项目目标必须明确、可行、具体和可以度量，即具有可评估性和可量化性，不应含混模糊，是可承担、可实现的。工程项目目标是一个多目标系统，而且不同目标之间可能相互冲突，这种协调包括同一层次的多个目标之间的横向协调、总目标与子目标之间的纵向协调以及工程项目目标与组织目标之间的协调等。工程项目目标可以表现为客户满意度、时间、费用、质量、环保、安全等，需要充分利用可获得的资源，在规定的时间和费用内工程项目目标之间的关系如图 3-1 所示。按照一定的质量完成工程项目。因此，在确定项目目标时，必须在多个目标之间寻找平衡点。

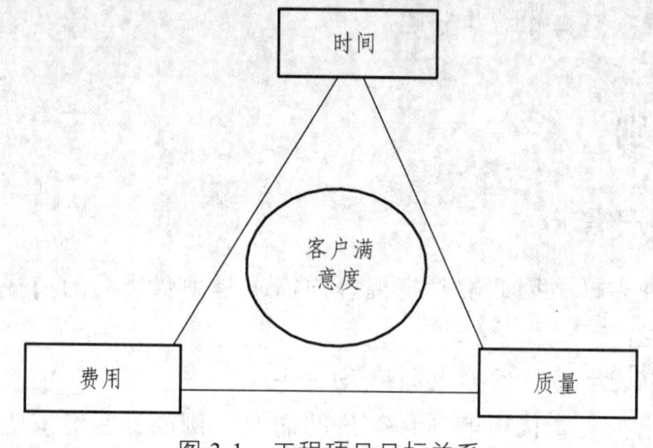

图 3-1 工程项目目标关系

1. 时间目标

工程项目的时间目标就是工期，即在规定时间内交付产品或服务。在项目实施前，项目经理通常会确定一个必须完成的最后期限。在一定程度上，时间与费用、客户满意度成反比，与质量成正比。减少项目完成的时间，意味着项目的成本将增加，但客户的满意度会提高。

2. 质量目标

ISO9000 对质量的定义是：一组固有特性满足要求的程度，这种“要求”包括行业标准、活动结果或客户要求。所以质量目标可以用不同行业的技术标准定义，也可以用生产过程中每一个活动的结果定义。

3. 费用目标

费用目标是确定最终完成需要的费用。费用目标需要考虑三方面的因素：一是要考虑价格的竞争力；二要考虑技术要求；三要考虑时间因素。一般来说，项目经理总是无时无刻不在争取资金。克服费用限制障碍的有效方法是减少资源投入，但那样做，可能会使产品不符合技术标准的要求或者最终产品被客户拒绝。

4. 客户满意度

项目的产品使客户满意，应成为项目经理管理项目的首要目标。满足客户的要求，往往是一件很难的事情。通常情况下，客户希望获得物超所值的产品，即项目能在最短的时间和最低的费用内，生产出最高性能标准的产品。一个项目可以在四维目标所构成的空间内的任何一点结束，结果偏向于哪一个目标要取决于项目。

费用、时间、质量、客户满意度这四大目标之间是对立统一的，如图 3-1 所示。一方面，工程项目管理者都希望能最大限度地提高客户满意度，实现最低的成本核算，最高的质量，最短的时间。但另一方面，工期较短的代价可能就是质量较低或成本较高；而质量好的代价又是工期较大，成本较高。因此，四大目标需要作为一个系统统筹考虑，反复协调和平衡。首先，需要正确理解客户关心的重点及其理由；其次，在把握重点的基础上，达到其他目标的平衡。力求以资源的最优配置实现工程项目目标。

3.2 工程项目范围的理解

1. 工程项目范围的含义

项目起始阶段的一个重要任务就是明确项目目标和项目范围，也就是要明确为什么实施该项目、项目要取得什么样的结果、如何实施该项目、项目工作的具体内容是什么以及如何定义项目完成。

项目范围是项目计划和工作分解结构的基础，是项目概念阶段的一个关键部分，反映了定义项目时的思考过程。项目范围的确定要依据客户对项目结束时交付成果的期望、资源状况以及项目的技术特征，通过了解客户预期的可交付成果、资源状况以及技术规范对项目的要求，确定项目的哪些内容是必要的，哪些内容是不必要的，从而明确界定项目范围。项目范围应能清楚地表明哪些工作属于项目，哪些工作不属于项目。

项目目标和项目范围的确定实际上是为项目实施指明方向，为项目划定具体的活动范围。范围管理保证了项目包含所有要做的工作而且是要求的工作。范围管理的基本内容包括：项目启动、范围计划编制、范围核实、范围变更控制等。确定项目范围就是为项目确定一个界限，划定哪些方面是属于项目应该做的，哪些是不应该包括在项目之内的，并定义项目管理的工作边界，确定项目的目标和主要的项目可交付成果。

2. 项目范围管理的过程

项目启动：启动项目，管理组织开始着手项目下一阶段的工作。

范围计划：写出一份书面报告，作为未来项目决策的基础。

范围界定：把主要的项目工作细目分解成更小、更易管理操作的单元。

范围核实：正式认可这个项目范围。

范围控制：对项目范围的变更进行控制。

3. 项目范围管理的作用

（1）为项目实施提供范围框架

对一个开发项目，项目范围管理将规定项目的功能范围和开发工作的任务，并明确规定这一开发项目究竟需要做哪些工作和不需要开展哪些工作。这为整个工程的项目实施提供了任务范围框架。

（2）对项目实施进行有效控制

对一个项目而言，通过项目范围管理可以对项目的实施工作进行有效的控制，不管是变更项目任务、预算、项工期进度，还是重新配置目资源等，都必须依据项目范围管理的要求做出，以保证项目目标的实现。

4. 项目范围管理的内容

（1）范围定义（项目系统结构分解）。指对项目系统范围进行结构分解（工作结构分解）。范围定义的结果以工作分解结构（WBS）以及相关的说明文件呈现。

（2）实施过程中的范围控制包括：活动控制、落实范围管理的任务、项目实施状态报告、定期或不定期地进行现场访问。

（3）范围变更管理。应建立范围变更控制系统；当变更发生时必须进行有效的控制，合理调整项目范围；调整行动；总结变更管理方面的经验教训。

3.3 工程项目范围的确定

1. 工程项目范围确定的过程

（1）项目目标的分析。

（2）项目环境的调查与限制条件分析。

（3）项目可交付成果的范围和项目范围的确定。

（4）对项目进行结构分解（WBS）工作。

（5）项目单元的定义。

（6）项目单元之间界面的分析，包括界限的划分与定义、逻辑关系的分析、实施顺序的安排。

最后将全部项目单元还原成一个有机的项目整体。这是进行网络分析、项目组织设计的基础工作。

2. 工程项目范围确定的依据

（1）项目目标的定义和批准的文件。

（2）项目产品描述文件。

（3）环境调查资料。

（4）项目的其他限制条件和制约因素。

（5）其他。如其他项目的相关历史资料，特别是关于过去同类项目的经验教训的资料。

3. 确定工程项目范围的影响因素

按照项目的定义，工程项目的范围就是工程项目所有活动的组合，工程项目由目标形成可交付的成果，由可交付的成果决定项目的范围。工程承包项目范围确定的主要因素包括：最终应交付成果的确定；合同条款；因环境制约产生的活动。

（1）最终应交付成果的确定。工程承包项目的最终可交付成果与合同有关：

① 对单价合同，业主在招标文件中提供比较详细的图纸、工程说明（规范）、工程量表以及合同文件等。相应的承包工程项目的可交付成果由两方面的因素确定：一是工程量表；二是技术规范。

② 对“设计-施工-供应”（EPC）总承包合同，在招标文件中业主提出“业主要求”，主要描述业主所要求的最终交付工程的功能，相当于工程的设计任务书。

（2）合同条款。工程承包合同文件既确定了施工项目范围，又确定了约束条件，如预算费用、开工日期。

（3）因环境制约产生的活动。

3.4 项目工作分解结构（WBS）

3.4.1 里程碑计划

1. 里程碑计划的含义

里程碑计划是针对性项目的策划性计划。里程碑计划是针对项目的策略性计划，是一个稳定且具有阶段目标的工作框架，规定了项目的中间产品或中间交付物。

首先，里程碑计划是策略性计划，只需要描述出项目的中间产品。例如建造一幢大楼，需要经过可研、设计、招标、施工等过程。在这些过程中，就可能产生可研报告、设计图纸、中标单位、竣工验收等楼房的中间产品（结果）。因此，可以说里程碑计划是稳定的、较明确的工作框架，保证了工作内容的完整性。

其次，里程碑计划只能是策略性的计划，不能涉及太多细节、太多人。里程碑计划只是描述在每个阶段要实现的可交付成果以及如何通过中间产品形成项目最终产品的途径，而不是描述怎么去做或涉及具体的方法和因素。

最后，里程碑计划应是一种控制工具。里程碑计划应是明确的，应当用定量和定性的方法言简意赅地表述出来。表 3-1 所示为某项目的里程碑计划。

表 3-1 某项目里程碑计划

项目计划	时间安排											备注
	1	2	3	4	5	6	7	8	9	10	11	
初步设计	▬											依据目标和技术标准
施工图设计		▬										通过审核的设计图纸
招标			▬									按《招标法》进行
施工准备			▬									确保正常施工
施工				▬	▬	▬	▬	▬	▬			工作应符合相关技术规定
竣工验收										▬	▬	通过竣工验收

2. 工作包的含义

工作包是实现项目里程碑所做的工作内容的集合。一个项目的里程碑数量要根据项目的大小来确定，而里程碑的数量决定了工作包的大小。一个里程碑数量越多，工作包越小；反之，数量越少，工作包越大。如果里程碑数量太少，则工作包大，不能提供一个清晰的工作框架；如果里程碑数量太多，则工作包小，计划就会变得过于繁杂，不利提供一个清晰、明了的计划。

3. 里程碑计划的编制

编制里程碑计划最好是由项目的关键管理者和关键项目关系人召开项目启动专题会

议共同讨论和制定，不应由一个或者少数几个人来确定，且里程碑目标一定要明确。这种集体参与的方式比项目经理独自制订里程碑计划并强行要求项目组执行要好，可以使里程碑计划获得更大范围的支持。一般启动专题会议参与人数不应超过 6 人，人太多不利于意见的统一。编制里程碑计划的具体步骤一般如下：

（1）认可最终的里程碑：要求参会人员一致认可最终的里程碑，并取得共识。这项工作在准备项目定义报告时就应完成。

（2）集体讨论所有可能的里程碑：集体讨论所有可能的里程碑，与会成员通过头脑风暴法将观点一一记录在活动挂图上，以便选择最终的里程碑。

（3）审核备选里程碑：在得到的所有备选里程碑中，有的是另一个里程碑的一部分；有的则是活动，不能算是里程碑，但这些活动可以帮助与会人员明确认识一些里程碑。在整理这些里程碑之间的关系时，应该记录每个判断结果，尤其是对于那些具有包含关系的里程碑的判定结果。

（4）对各结果路径进行实验：把结果路径写在白板上，把每个里程碑分别写在一片“便事贴”上，按照它们的发生顺序进行适当地调整和改变。

（5）用连线表示里程碑之间的逻辑关系：用连线表示里程碑之间的逻辑关系是从项目最终产品开始，用倒推法画出它们的逻辑关系。这个步骤有可能会导致重新考虑里程碑的定义，也有可能添加新的里程碑、合并里程碑，甚至会改变结果路径的定义。

（6）确定最终的里程碑计划，提供给项目重要关系人审核和批准，然后把确定好的里程碑以图表的形式张贴在项目管理办公室，以便相关人员及时能掌握。

通过以上 6 个步骤，即可确定最终的里程碑。将最终的里程碑纳入计划，则里程碑计划编制工作即告完成。

以上是编制里程碑计划常用的步骤，但项目具有唯一性和独特性的特点，在实践中不能拘泥于形式，应灵活运用。

3.4.2 工作分解结构（WBS）

1. 工作分解结构的概念和目的

（1）工作分解结构的概念

工作分解结构是一种层次化的树状结构，是以可交付成果为对象，将项目划分为较小的和便于管理的项目单元，直到将可交付成果分解成里程碑、工作包、任务、活动，每下降一个层次意味着需对项目工作作更详细的说明。通过控制项目单元的费用、进度和质量目标，使它们之间的关系协调一致，从而实现控制整个项目的目标。

（2）工作分解结构的目的

工作分解结构把主要的项目可交付成果分解成较小的、更易管理的单元，其目的是保证项目所有活动被识别，使项目的参与者明确所要做的事情。这样既可以明确表示具体活动与任务、工作包、里程碑和总目标之间的关系，又可以提高项目管理者对成本、时间及资源估算的准确性，同时也可为绩效测量与控制定义一个基准计划，以便于进行明确的、可管理的职责分配。工作分解结构是在项目范围确定后进行选择的，以项目范围说明书和里程碑计划为依据，是项目范围管理的继续和细化，是一项非常重要的工作，在很大程度上决定了项目能否成功。

不同的可交付成果会有不同层次的分解，为了达到易于管理的目的，有些可交付成果可能只需分解到第二层次，有些则需要分解到更多层次。

例如，对于大型工程项目，在实施阶段的工作内容相当多，其工作分解结构通常可以分解为六级：一级为工程项目；二级为单项工程；三级为单位工程；四级为分部分项工程；五级为工作包；六级为作业或工序。

第一级工程项目由多个单项工程组成，这些单项工程之和构成整个工程项目。每个单项工程又可以分解成单位工程（第二级），这些单位工程之和构成该单项工程。以此类推，一直分解到第六级（或认为合适的等级）。

一般地，前三级由业主做出规定，更低级别的分解则由承包商完成并用于对承包商的施工进度进行控制。工作分解结构中的每一级都有其重要目的：第一级一般用于授权，第二级用于编制项目预算，第三级用于编制里程碑事件进度计划，这三个级别是复合性的工作，与具体的职能部门无关。再往下的三个级别则用于承包商的施工控制，其中，工作包或工作应分派给某个人或某个作业队伍，由其唯一负责。

2. 工作分解结构的特点

（1）为层状结构；

（2）应包括项目涉及的所有工作；

（3）逐级细分，细分程度根据管理的需要确定；

（4）由上到下逐级细化，由下到上逐级汇总；

（5）分类具有明确的目的；

（6）同一个项目内实现标准化；

（7）没有统一的模式。

3.4.3 工作分解结构的分解类型

工作分解结构是将项目按照其内在结构或实施过程的顺序进行逐层分解而形成的结构示意图表。它将整个工作分解成若干足够小的部分，便于个人承担，而且有足够的确切程度，能够估计工作量和需要的时间。

（1）基于可交付成果的划分：

① 上层，一般为可交付成果为导向。

② 下层，一般为可交付成果的工作内容。

如图 3-2 所示。

（2）基于工作过程的划分：

① 上层，按照工作的流程分解。

② 下层，按照工作的内容划分。

如图 3-3 所示。

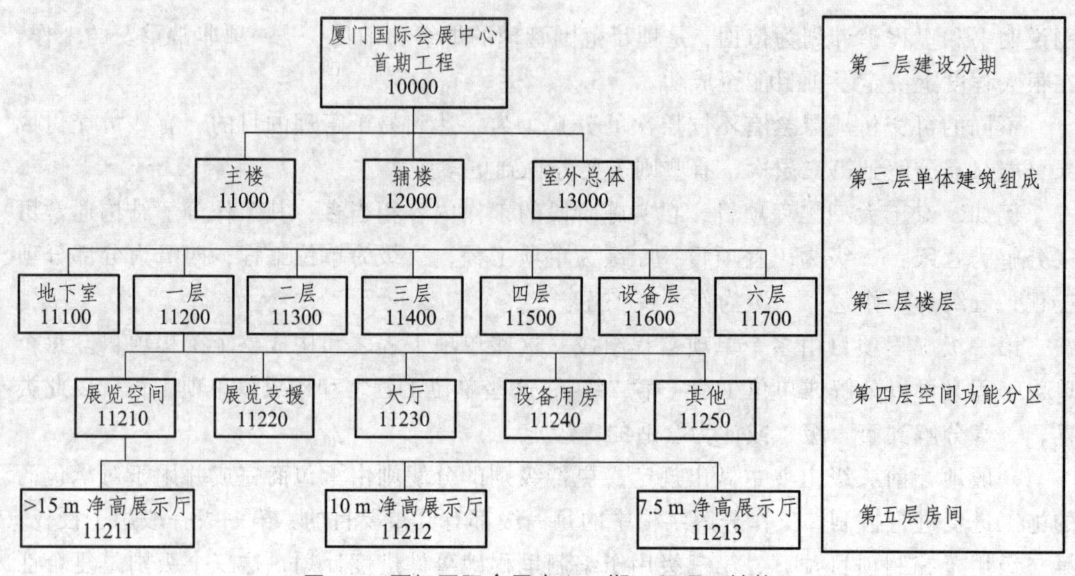

图 3-2　厦门国际会展中心一期工程项目结构

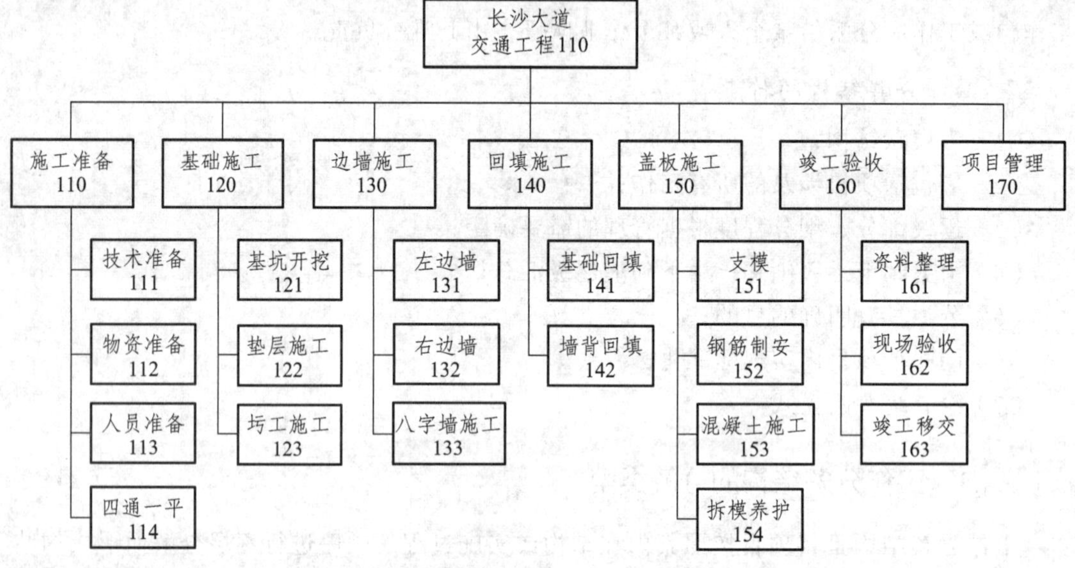

图 3-3　某交通涵工程项目工作分解结构

3.5　工程项目工作分解结构的结果

工作分解结构可以满足各个级别的项目参与者的需要。工作分解结构可与项目组织结构有机地结合在一起，有助于项目经理根据各个项目单元的技术要求，赋予项目各部门和各职员相应的职责。同时，项目计划人员也可以对 WBS 中的各个单元进行编码，以满足项目控制的各种要求。

例如，大型工程项目在实施阶段的工作内容相当多，其工作分解结构通常可以分解为六级：一级为工程项目；二级为单项工程；三级为单位工程；四级为任务；五级为工作包；六级为工作或活动。

第一级工程项目由多个单项工程组成，这些单项工程之和构成整个工程项目。每个单项工程又可以分解成单位工程（第三级），这些单位工程之和构成该单项工程。以此类推，一直分解到第六级（或认为合适的等级）。

一般，前三级由业主做出规定，更低级别的分解则由承包商完成并用于对承包商的施工进度进行控制。工作分解结构中的每一级都有其重要作用：第一级用于授权，第二级用于编制项目预算，第三级用于编制里程碑事件进度计划。这三个级别是复合性的工作，与特殊的职能部门无关。再往下的三个级别用于承包商的施工控制，其中，工作包或工作应分派给某个人或某个作业队，由其唯一负责。

工作分解结构将项目依次分解成较小的项目单元，直到满足项目控制需要的最低层次，这就形成了一种层次化的树状结构。这一树状结构将项目合同中规定的全部工作分解为便于管理的独立单元，并将完成这些单元工作的责任赋予相应的具体部门或人员，从而在项目资源与项目工作之间建立一种明确的目标责任关系，这就形成了一种职能责任矩阵，如图 3-4 所示。

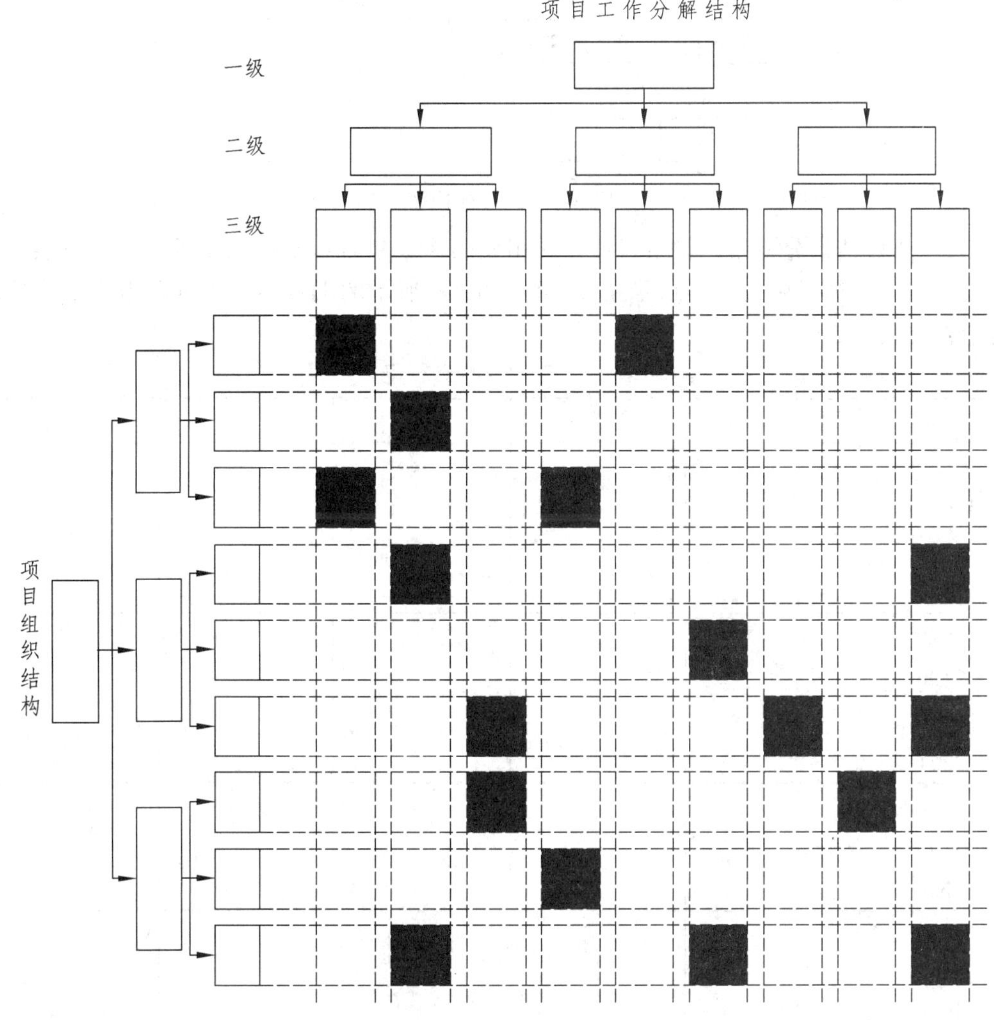

图 3-4　矩阵管理方法示意图

这种结构或框架具有层次性，简单的项目只需分成三层，即项目、子项目、工作；复杂的或大型的项目，为清晰起见，则分成五至六层。工作分解结构中，每下降一级表示项目单元的描述进一步得到细化。

工程项目结构分解结果的表示形式如下：

（1）树形结构图。常见的工程项目的树形结构可见图 3-5。

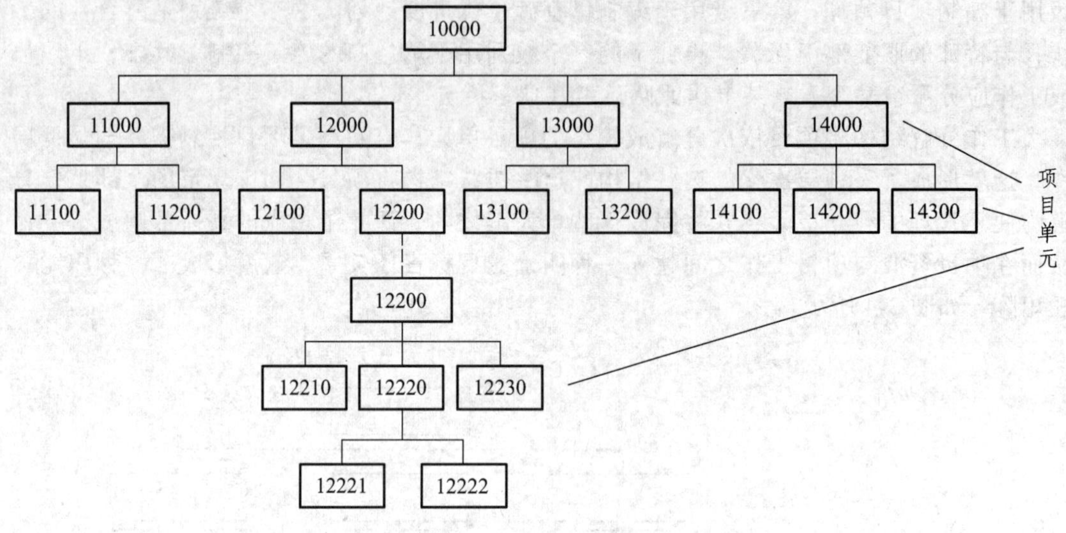

图 3-5　树形结构图

（2）项目结构分析表。将项目结构图用表的形成来表示则形成项目结构分析表。它的结构类似于计算机中文件的目录路径。例如图 3-6 所示的项目结构图可以用一个简单的表表示，见表 3-2。

表 3-2　项目结构分析表

编码	名称	负责人	成本	××	××
1000 11000 11100 11200					
12000 12100 12220 12221					
13000 13100 13200					
14000 14100 14200 14300					

3.6 工程项目结构分解方法

1. 对技术系统的结构分解

对技术系统的分解是指，假设对已经建成的工程进行分解。

（1）按功能区间的分解

功能是工程建成后应具有的作用，工程不同的区位有不同的作用，项目的运行是工程所属的各个功能的综合作用的结果。

以产品结构进行分解：

新建一个汽车制造厂，可将整个项目分解成发动机、轮胎、壳体、底盘、组装、油漆、办公区、库房（或停车场）等几个大区或分厂。

按平面或空间位置进行分解，如一栋办公楼，可分为办公室、展览厅、会议厅、停车场、交通、公用区间等。

（2）按要素进行分解

要素是指功能面上有专业特征的组成部分。要素一般不能独立存在，各要素必须通过有机组合构成功能。

例如：一个办公区的功能面上可能有建筑、结构、给排水、供暖、通风、清除垃圾、电器设施、器具、交通设备、办公设备等。

有些要素还可以进一步分解为子要素。

例如：结构可分解为基础、柱、墙体、屋顶及饰面等；电气设施可分为供电系统和照明系统等。

2. 按实施过程分解

整个工程、每一个功能作为一个相对独立的部分，必然经过项目实施的全过程。只有按实施过程进行分解才能得到项目的实施活动。

例如：常见的建设工程项目分为如下实施过程：

设计和计划（初步设计、技术设计、施工图设计，实施计划等）；

招标投标；

实施准备（现场准备、技术准备、采购订货、供应等）；

施工（土建、机械和电器安装、装饰工程）；

试生产/验收；

投产/保修；

运行等。

按实施过程进行分解并非在项目结构图的最低层上，通常在第二层或第三层上。例如，某工程项目为建设一栋办公楼，任务包括一栋楼和楼外工程的建设，其分解图式如图 3-6 所示。

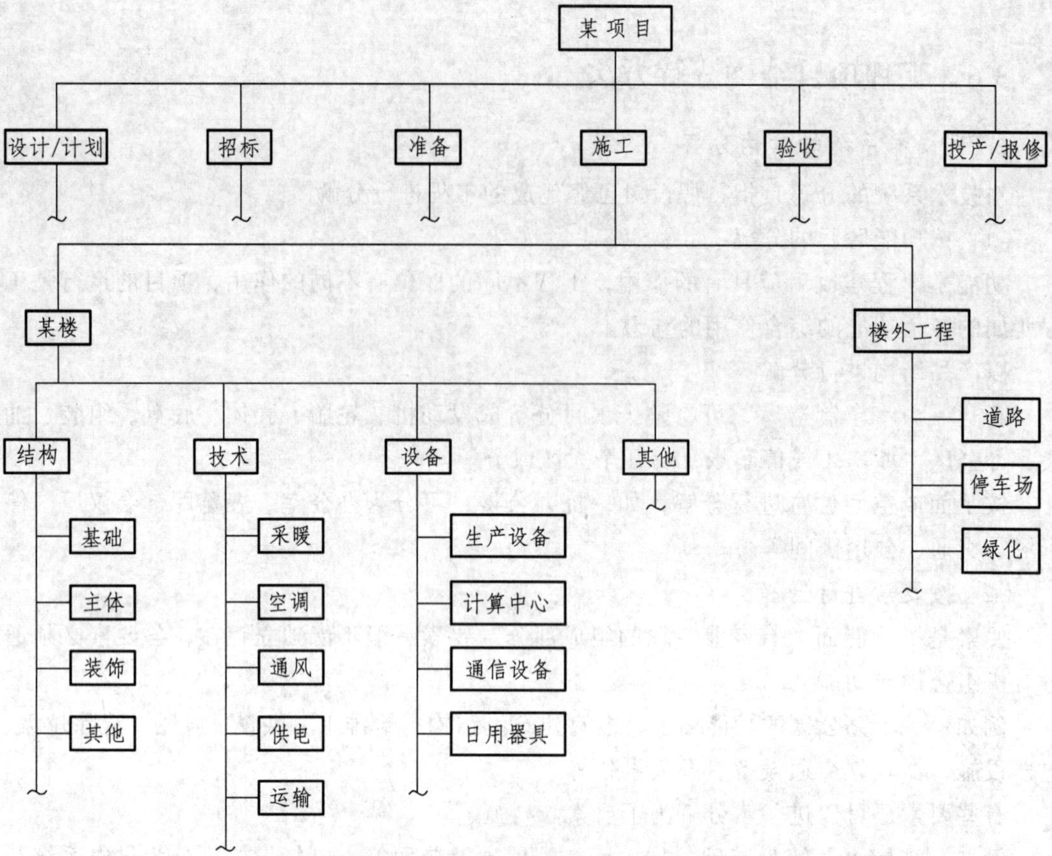

- 某项目
  - 设计/计划
  - 招标
  - 准备
  - 施工
    - 某楼
      - 结构
        - 基础
        - 主体
        - 装饰
        - 其他
      - 技术
        - 采暖
        - 空调
        - 通风
        - 供电
        - 运输
      - 设备
        - 生产设备
        - 计算中心
        - 通信设备
        - 日用器具
      - 其他
    - 楼外工程
      - 道路
      - 停车场
      - 绿化
  - 验收
  - 投产/报修

图 3-6　某办公楼建设实施过程分解图

【复习题】

1. 针对工程项目，如何把握客户需求？
2. 简述费用、时间、质量、客户满意度这四大目标之间的关系。
3. 什么是工程项目范围，有何作用？
4. 简述项目范围管理的内容。
5. 简述工程项目范围的影响因素。
6. 什么是里程碑计划，如何进行编制？
7. 什么是工作分解结构，有何特点？
8. 针对某办公楼工程项目，绘制其 WBS 分解结构图。
9. 针对某办公楼工程项目的建筑给排水部分，绘制工作结构分解图。

参考答案

第 4 章　工程项目承发包模式与组织形式

【本章重难点】

设计-建造模式、(EPC)/交钥匙总承包、项目管理承包(PMC)模式、工程项目施工总承包与平行承发包模式、CM 管理模式、工程项目代建制、Partnering 模式、项目总控模式的评价和特点；工程项目各种组织形式的评价及适用范围

4.1　工程项目承发包模式

4.1.1　设计-建造模式

传统的项目管理模式即“设计-建造”(Design-Build，DB)模式，将设计、施工分别委托给不同的单位承担。该模式的核心组织为“业主-咨询工程师-承包商。”传统项目管理模式一般适用于房屋建筑工程，很少涉及复杂设备的采购和安装，如图 4-1 所示。

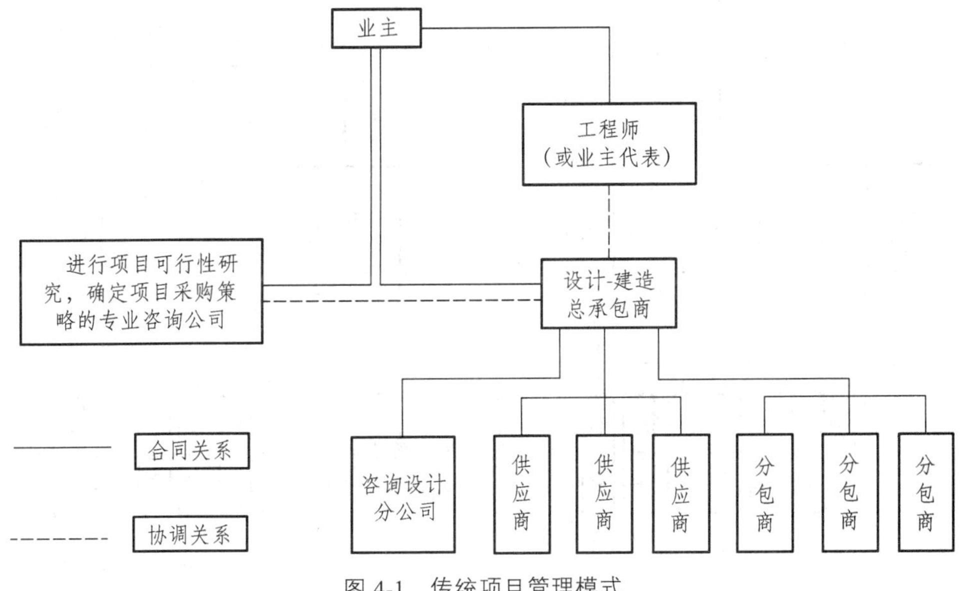

图 4-1　传统项目管理模式

1. DB 模式的特点

(1)项目初期选定承包商项目组成员，连续性好，项目责任单一；

(2)总价包干，业主可得到早期的成本保证；

(3)可对分包采用阶段发包方式，缩短了工期；

(4)承包商对整个工程承担责任和风险。

2. DB 模式的优缺点

（1）优点：

① 管理方法成熟，各方对有关程序熟悉；

② 业主可自由选择设计人员，可控制设计要求，施工阶段也比较容易提出设计变更；

③ 可自由选择监理人员监理工程；

④ 可采用各方均熟悉的标准合同文本，有利于合同管理和风险管理。

（2）缺点：

① 项目设计-建造周期较长，监理工程师不易控制项目的工期；

② 管理和协调工作较复杂，业主支付的管理费较高，前期投入较高；

③ 不易控制工程总投资，特别在设计过程中对“可施工性”考虑不够时，容易产生变更，从而引起较多的索赔；

④ 出现质量事故时，设计和施工双方容易互相推诿责任。

3. DB 模式的实现形式

（1）业主与设计-管理公司和施工总承包商分别签订合同，由设计-管理公司负责设计并对项目的实施进行管理，如图 4-2（a）所示。

（2）业主只与设计-管理公司签订合同，由设计公司分别与各个承包商和供应商签订分包合同。常常向承包商或分包商采用阶段发包的方式以加快工程进度，如图 4-2（b）所示。

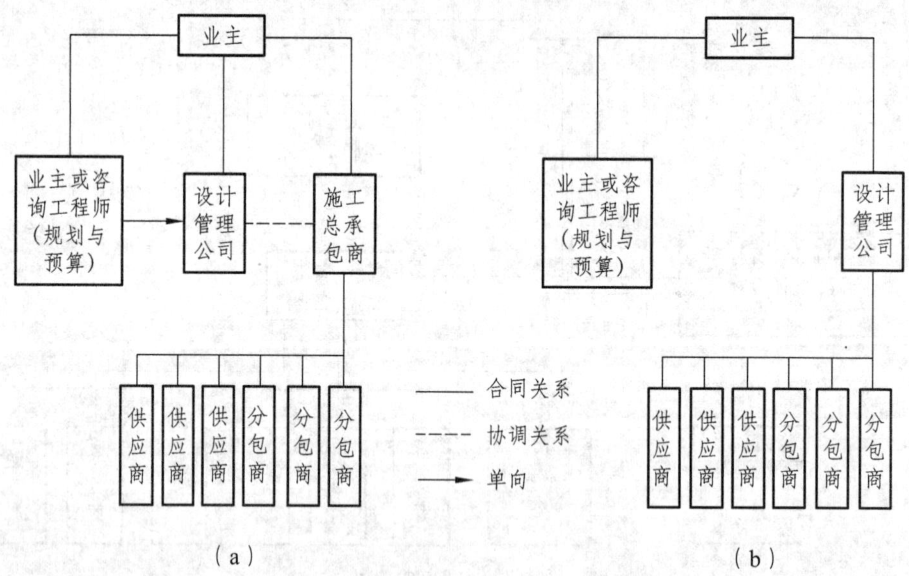

图 4-2　设计-建造模式的实现形式

4. DB 模式的适用范围

（1）结构比较简单，设计、施工工作量和项目费用容易确定的项目。

（2）对于复杂的大中型建筑工程，业主与设计-施工总承包商可以分阶段签订合同，即第一阶段签订设计合同，待初步技术和设计完成后，并通过业主和有关部门组织的设计审查，确定了工程项目投资以后，再签订施工承包合同。

4.1.2　设计、采购、施工（EPC）/交钥匙总承包

EPC总承包（Engineering Procurement Construction，EPC）又称交钥匙总承包，指工程总承包企业按照合同约定，承担工程项目的设计、采购、施工、试运行服务等工作，并对承包工程的质量、安全、工期、造价全面负责，使业主获得一个现成的工程，由业主“转动钥匙”就可以运行，如图4-3所示。应当注意的是，Engineering一词在翻译时除了含有“设计”的意思以外，还有“项目规划”、“工程策划”等概念在里面。EPC工程管理模式代表了现代西方工程项目管理的主流。

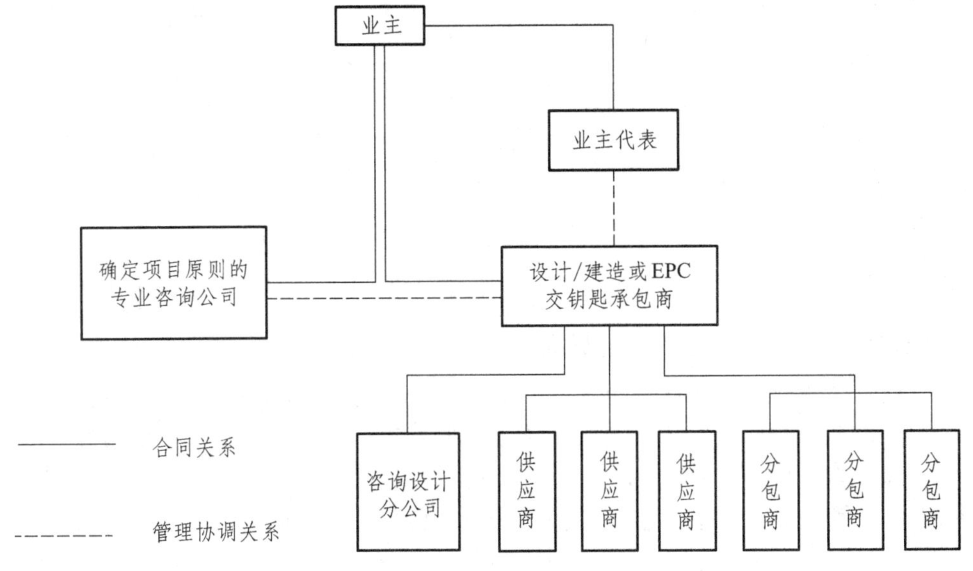

图4-3　EPC工程管理模式

1. EPC模式的工作范围

（1）设计（Engineer）。除包括设计计算书和图纸外，还需根据“业主的要求”中列明的设计工作，即项目可行性研究，配套公用工程设计、辅助工程设施的设计以及结构/建筑设计等。

（2）采购（Procure）。包括获得项目和施工期的融资，购买土地，购买包括工艺设计中所需的各类工艺、专利产品以及设备和材料等。

（3）施工（Construct）。一般包括全面的项目施工管理，如施工方法，安全管理，费用控制，进度管理及设备安装调试、工作协调等。

2. EPC模式的特点

（1）业主的投资比较明确且易于控制；

（2）项目功能具有很大的确定性；

（3）独立、单一的总承包商全过程参与；

（4）EPC对承包商的监管很弱，业主的参与力度也很小；

（5）有利于设计、采购、施工进度上合理深度交叉，可降低成本、缩短工期。

EPC 模式主要适用于化工、冶金、电站、铁路等大型基础设施工程，包括涉及机电设备采购和安装的工程项目等。

3. EPC 模式评价

（1）优点：

① 项目责任单一，简化了合同组织关系，有利于业主管理；

② EPC 项目属于总价包干，业主的投资成本在早期即可得到保证；

③ 可以采用阶段发包方式以缩短工程工期；

④ 将工艺设计与设备采购及安装结合，有利于提高项目的综合效益；

⑤ 业主方承担的风险较小。

（2）缺点：

① 能够承担 EPC 大型项目的承包商数量较少；

② 承包商承担的风险较大，项目的效益、质量与承包商的经验及水平密切相关；

③ 工程的造价可能较高。

4. 适用情况

以交钥匙方式提供工艺或动力设备的工厂、大型土木工程、基础设施工程。

5. EPC 交钥匙总承包的变通形式

（1）设计-采购-施工管理（EPCm，m-management）指 EPCm 总承包商负责工程项目的设计、采购和施工管理，不负责组织施工，但对工程的进度、质量全面负责。

（2）设计-采购-施工监理（EPCs，s-superintendence）指 EPCs 总承包商负责工程项目的设计、采购和施工监理。业主和施工承包商另外签订合同。

（3）设计-采购-施工咨询（EPCa，a-advisory）指 EPCa 总承包商负责工程项目的设计、采购和施工阶段向业主提供施工咨询服务，但不负责施工的管理和监理。

4.1.3　项目管理承包（PMC）模式

项目管理承包（Project Management Contracting）是指业主聘请一家公司（一般为具备相当实力的工程公司或咨询公司）代表业主进行项目全过程或若干阶段的管理或服务如图 4-4 所示。PMC 承包商由于在项目的设计、采购、施工、调试等阶段的参与程度和职责范围不同，因此 PMC 模式有较大的灵活性。

1. PMC 的工作类型

一是代表业主管理项目，同时还承担一些界外及公用设施的设计/采购/施工（以下简称总承包模式/EPC）工作。这种工作方式对 PMC 来说，风险高，相应的利润、回报也较高。

二是作为业主管理队伍的延伸，管理 EPC 承包商而不承担任何 EPC 工作。这种 PMC 模式相应的风险和回报都较上一类低。

三是作为业主的顾问，对项目进行监督、检查，并将未完成的工作及时向业主汇报。这种 PMC 模式风险最低，接近于零，但回报也低。

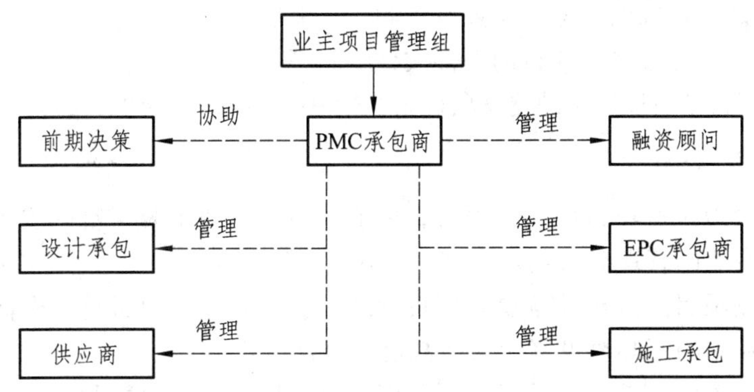

图 4-4　PMC 承包商与项目各参与方的关系

2. PMC 单位的性质及工作任务

（1）在项目前期策划阶段，代表或协助建设项目的业主主要进行以下工作：

① 主持或参与项目的可行性研究论证；

② 为项目的决策、立项提供相关服务；

③ 代表或协助业主完成需要向政府部门申报的有关工作；

④ 提供项目融资方案，协助建设项目业主完成融资工作；

⑤ 进行项目实施资源评价（技术、人力、资金、材料）；

⑥ 编制建设项目管理总体方案；

⑦ 进行风险分析并制定风险管理策略。

（2）在项目设计阶段，代表或协助建设项目业主主要进行以下工作：

① 确定项目定义及设计要求；

② 提出项目统一遵循的标准、规范和规定；

③ 完成项目总体（或方案）设计；

④ 完成装置基础设计；

⑤ 完成项目初步设计；

⑥ 完成项目施工图设计；

⑦ 对设计过程和设计成果进行管理。

（3）在项目招标投标阶段，代表或协助建设项目业主主要进行以下工作：

① 制定工程发包和设备材料采购策略；

② 对建设项目总承包单位（如有）、施工或供货单位进行资格预审；

③ 编制建设项目总承包单位（如有）、施工或供货招标文件；

④ 主持或参与招投标和评标组织工作；

⑤ 协助建设项目业主与建设项目总承包单位（如有）、施工或供货中标单位进行合同谈判与签约。

（4）在项目实施阶段，代表或协助建设项目业主主要进行以下工作：

① 编制并发布建设项目统一的管理制度、工作流程、信息流程等；

② 对建设项目总承包单位（如有）、施工和供货单位进行全面管理；

③ 配合建设项目业主进行生产准备；

④ 参加调试、装置性能考核（如有）和竣工验收；

⑤ 向建设项目业主移交项目的全部文件资料。

（5）项目保修期阶段，协助建设项目业主处理遗留问题，为项目的运营提供相关服务。

3. PMC 模式的特点

（1）能有效地规避项目风险。项目管理承包商可以利用其丰富的工程经验进行风险识别，并结合专业的管理能力制定合理、有效的风险对策。

（2）对控制项目投资至关重要。项目管理承包商通过对项目进行全面的可研和决策分析，可避免业主的不必要投资，保证其投资的合理性。

（3）有利于缩短工期。项目管理承包商负责管理施工前阶段和施工阶段的工作，有利于减少设计变更；可方便地采用阶段发包，有利于缩短工期。

（4）可以实现对项目全寿命周期的有效管理。

4.1.4 工程项目施工总承包与平行承发包模式

1. 工程项目施工总承包模式

施工总承包是目前广泛采用的工程项目承包方式。采用这种承包模式时，由项目业主、监理工程师、总承包商三个经济上独立的单位来共同完成工程的建设任务。

工程项目施工总承包模式：业主将工程设计、施工、材料和设备采购等发包给一个总承包商，要求总承包商承担其中主体工程或其中大部分工程的施工任务。经业主同意，总承包商可以把一部分专业工程或子项工程分包给分包商。总承包商向业主承担整个工程的施工责任，并接受监理工程师的监督管理。分包商和总承包商签定分包合同，与业主没有直接的经济关系。总承包商除组织好自身承担的施工任务外，还要负责协调各分包商的工作，起总协调和总监督的作用。

在这种项目管理模式下，业主首先委托咨询、设计单位进行可行性研究和工程设计，并交付整个项目的施工详图，然后组织施工招标，最终选定一个施工总承包商，与其签订施工总承包合同，如图 4-5 所示。

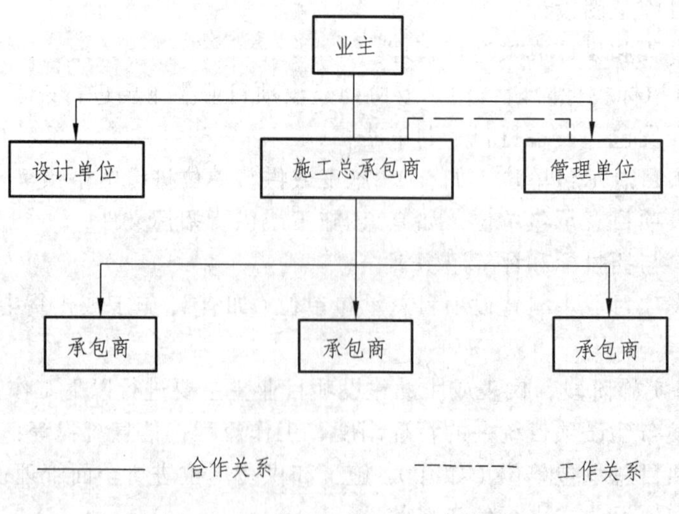

图 4-5 工程项目施工总承包模式

工程项目施工总承包模式具有下列特点：

① 施工合同单一，业主与承包商之间的界面简单，协调和管理的工作量小。

② 设计深度要求高，设计周期长，设计变更多。

③ 承包商的管理成本、风险成本增加，合同价增大。

2. 工程项目平行承发包模式

（1）平行承发包模式理解。

业主将设计、施工、材料和设备采购等任务以公开或邀请招标的方式，分别直接发包给若干个设计单位、施工承包商以及材料和设备供应商，并分别与各承包商签订合同，各承包商之间的关系是平等的。

采用这种发包方式，业主在可行性研究的基础上，首先要委托设计单位进行工程设计，与设计单位签订委托设计合同。设计单位按业主提出的分项招标进度计划要求，分项组织招标设计或施工图设计，业主据此分期分批组织采购招标。各个中标签约的承包商先后进行施工，每个直接承包的承包商对业主负责，并接受监理工程师的监督；经业主同意，直接承包的承包商也可进行分包，如图 4-6 所示。

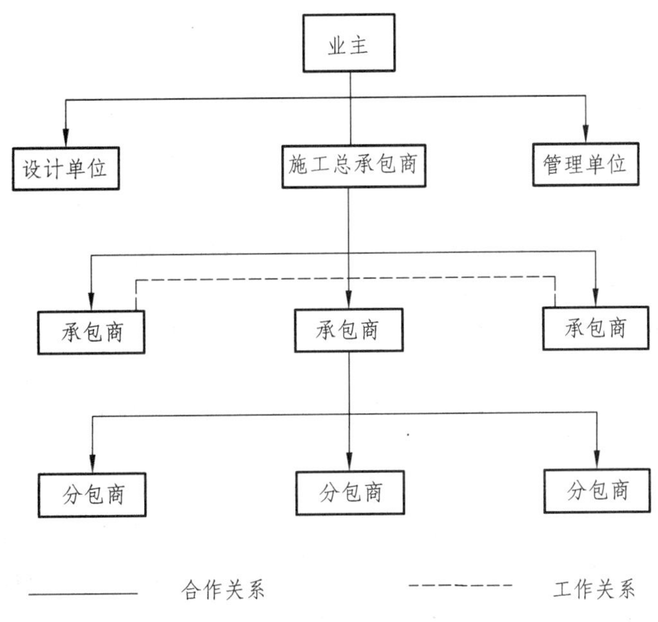

图 4-6　工程项目平行承发包模式

（2）施工平行承发包的特点。

① 费用控制。

a. 每一部分工程施工任务的发包都以施工图设计为基础，投标人进行投标报价较有依据，工程的不确定性程度降低了，合同双方的风险也相对降低；

b. 每一部分工程的施工，发包人都可以通过招标选择合适的施工单位承包，对降低工程造价有利；

c. 对业主来说，要等最后一份合同签订后才知道整个工程的总造价，对投资的早期控制不利。

② 进度控制。

a. 某一部分施工图完成后，即可开始这部分工程的招标，开工日期提前，可以边设计边施工，使建设周期缩短；

b. 由于要进行多次招标，业主用于招标的时间较多；

c. 工程总进度计划和控制由业主负责；由不同单位承包的各部分工程之间的进度计划及其实施的协调工作由业主负责（业主直接管理各个施工单位似乎控制力度大，但矛盾集中，业主的管理风险大）。

③ 质量控制。

a. 符合质量控制上的“他人控制”原则，对业主的质量控制有利；

b. 合同交界面比较多，应重视各合同之间界面的定义，否则对质量控制不利。

④ 合同管理

a. 业主要负责所有施工承包合同的招标、合同谈判、签约，招标及合同管理工作量大，对业主不利；

b. 业主在每个合同中均约定有相应的责任和义务，签订的合同越多，业主的责任和义务就越多；

c. 业主要负责多个施工承包合同的跟踪管理，合同管理工作量较大。

⑤ 组织与协调

a. 业主直接控制所有工程的发包，可确定所有工程的承包商；

b. 业主要负责所有承包商的管理及组织协调，承担类似于总承包管理的角色，工作量大，对业主不利；

c. 业主方可能需要配备较多的人力和精力进行管理，管理成本高。

（3）平行承发包模式的选择

① 当项目规模很大，不可能选择一个施工单位进行施工总承包或施工总承包管理，也没有一个施工单位能够进行施工总承包或施工总承包管理。

② 由于项目建设的时间要求紧迫，业主急于形势，来不及等所有的施工图全部出齐，只有边设计、边施工。

③ 业主有足够的经验和能力应对多家施工单位。

④ 将工程分解发包，业主可以尽可能多地照顾各种关系。对施工任务的平行发包，发包方可以根据建设项目的结构进行分解发包，也可以根据建设项目施工的不同专业系统进行分解发包。

4.1.5 CM 管理模式

CM（Construction Management）模式，在工程开始阶段业主就与具有施工经验的 CM 单位签订合同，让 CM 单位参与到工程实施过程中来，为设计人员提供施工方面的建议；但 CM 单位的工作重点是负责管理施工过程。

CM 单位是承包商，而不是咨询单位，它可以直接参与施工活动，但又不同于普通的承包商。CM 承包是管理型承包。

优点：

可以缩短工程建设周期，节约投资，降低投资风险；

CM 经理早期即介入设计管理，可以改进设计的可建造性，节省投资；

边设计边竞争性招标，并及时施工，因而设计变更较少。

缺点：

分项招标可能导致承包费用较高；

业主方在项目完成前无法控制和确定项目的总造价。

CM 模式有咨询型 CM（CM/Agency）和承包型 CM（CM/Non-Agency）两种形式。采用 CM 模式的关键及前提条件是有丰富的施工经验和高水平的 CM 单位。

（1）承包型 CM

承包型 CM 单位是以总承包商的身份工作，可以直接进行分包的发包，并直接与分包商签订分包合同，但需获得业主的确认，如图 4-7 所示。

CM 经理相当于一个总承包商，与各专业承包商之间有着直接的合同关系；所关心的主要是利润，这与代理型 CM 经理有很大不同。

承包型 CM 模式的特点如下：

① 业主与 CM 单位签订 CM 合同，与大部分分包商和供应商没有直接的合同关系；

② CM 合同与承包合同不同；

③ CM 单位与设计单位之间没有合同关系，但为了实现有效的“Fast Track”方式，以缩短项目工期，必须与设计单位紧密协调与合作，CM 单位与设计单位的关系有时需要业主进行协调；

④ 原则上业主与分包商或供应商之间没有合同关系，但业主可保留和分包商或供应商签约的权利。

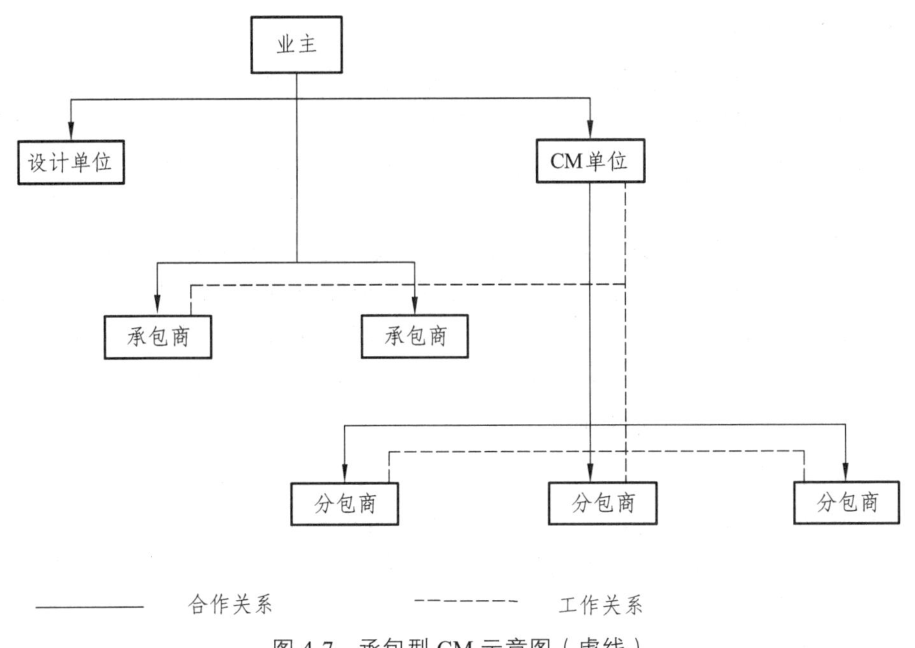

图 4-7　承包型 CM 示意图（虚线）

（2）咨询型 CM。

咨询型 CM 单位仅以业主代理人的身份参与工作，可以帮助业主进行分项施工招标，业主与各承包商签订施工合同，CM 单位与承包商没有合同关系，如图 4-8 所示。

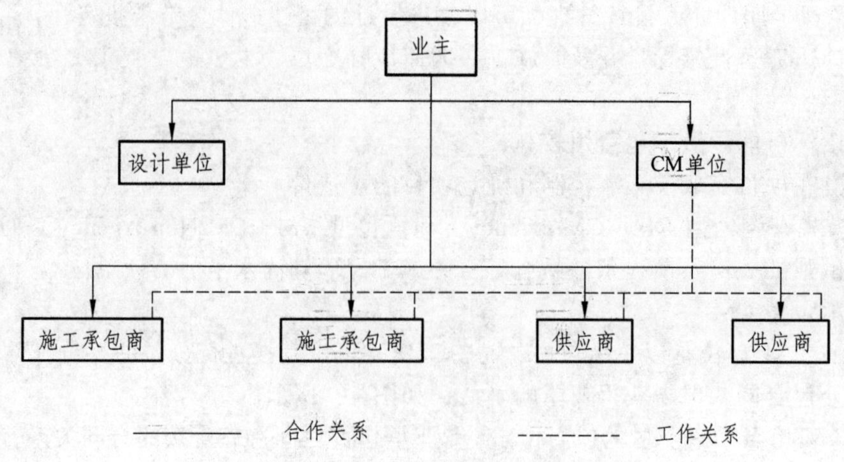

图 4-8 咨询型 CM 示意图（虚线）

咨询型模式中业主和 CM 经理的服务合同是以固定酬金加管理费的形式签订。

优点：业主可自由选定建筑师/工程师；招标前可确定完整的工作范围和项目原则；完善的管理与技术支持。

缺点：CM 经理不对进度和成本作出保证；可能索赔与变更的费用较高，即业主方的风险很大。

4.1.6 工程项目代建制

1. 代建制的理解

2004 年 7 月 16 日，国务院正式批准的《关于投资体制改革的决定》指出：对非经营性政府投资项目加快推行“代建制”，即通过招标等方式，选择专业化的项目管理单位负责建设实施，严格控制项目投资、质量和工期，竣工验收后移交给使用单位，如图 4-9 所示。

“代建制”是指投资方经过规定的程序，委托或者聘用具有相应资质的工程管理公司或具备相应工程管理能力的其他企业，代理投资人或建设单位组织和管理项目建设的模式。“代建制”是一种特殊的项目管理方式。“代建制”除项目管理的内容外，还包括策划、报批、办理规划、土地、环评、消防、市政、人防、绿化、开工等手续，以及采购施工承包商和监理服务单位等内容。

2.“代建制”运行模式

（1）政府专业机构管理模式——深圳、安徽、珠海等地实行。

由政府成立具有较强经济实力的代建管理机构，按事业单位管理，对所有政府投资项目进行代理建设。

（2）项目管理公司竞争模式（见图 4-10）——北京、重庆、浙江等地实行。

由政府设立准入条件，按市场竞争原则，批准若干家具有较强经济和技术实力，有良好建设管理业绩并可承担投资风险的项目管理公司参与项目代建的竞争，由政府通过公开招标择优选取。

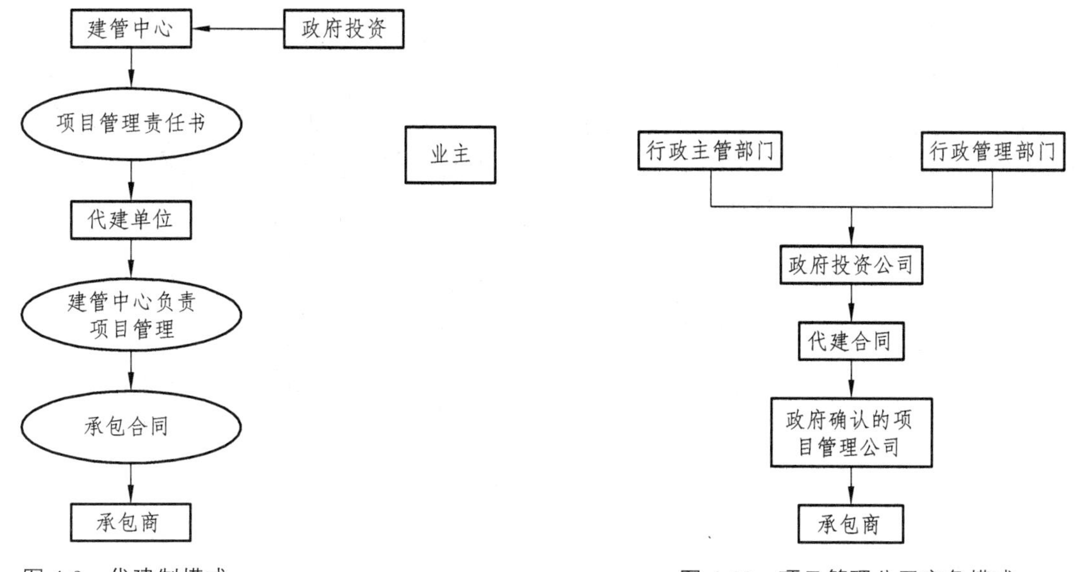

图 4-9 代建制模式

图 4-10 项目管理公司竞争模式

（3）政府指定代建公司模式（见图 4-11）——上海、武汉等地实行。

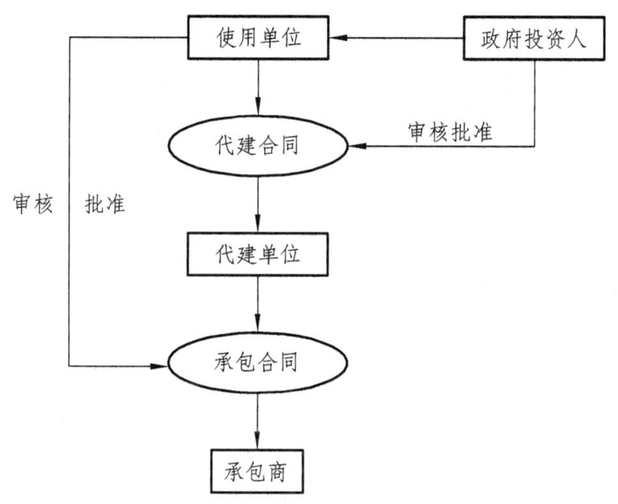

图 4-11 政府指定代建公司模式

由政府指定若干家具备较强实力的国有建设公司、咨询公司或项目管理公司，对指定项目实行代理建设，按企业经营管理。

几类“代建制”运行模式的比较见表 4-1。

3. 代建制的分类

（1）全过程代建。

即委托单位根据批准的项目建议书，面向社会招标选择代建单位，由代建单位根据批准的项目建议书，从项目可研报告开始介入，至竣工验收的管理。

（2）两阶段代建。

① 前期代建。由投资人直接委托或通过招标选择前期代理单位，协助编制可研报告，

完成项目报批手续，通过招标选定设计单位，办理并取得规划许可证和土地使用证，协助完成土地使用拆迁工作。

② 工程代建。授权代建人办理开工申请报告，办理并取得施工许可证，通过招标选定施工单位，组织管理、协调工程的施工建设，履行工程如期竣工验收和交付使用的职责，负责保障工程项目在保修期内的正常使用。

表 4-1 “代建制”运行模式比较

名 称	优 点	缺 点
政府专业机构管理模式	1.政府机构便于协调各种问题 2.便于政府的监督与管理 3.代建费用可以相对较低	1.新设机构，增加政府的财政支出 2.对建设资金的节约意识不强 3.项目过多易导致管理力度和水平下降
项目管理公司竞争模式	1.引入竞争，提高项目管理的专业化水平，与国际接轨 2.可降低投资，节约资金	1.对于政府监管强度要求较大，并要求较高专业技术能力 2.使用单位的合理变更通过行政审批手段较难实现
政府制定代建公司模式	1.政府意愿可以较好地得到实现 2.市场化运作使代建单位积极性较高 3.有利于代建方严格控制资金使用	1.具有垄断性，不利于竞争 2.合同约束力不强

4.1.7 Partnering 模式

1. Partnering 模式的定义及特点

定义：两个或两个以上的组织，为了满足特定的商业利益，最大限度地利用每个参与方的资源所达成的长期约定。在这种模式中，信任、承诺、共享是三大基本要素，其中信任是最重要的要素。

Partnering 管理模式的特点：相互信任——Partnering 模式最重要的基础；共同的目标——对各参与方的一个限制；资源共享——不影响商业机密的基础上，最大限度地共享信息资源；承诺——长期的协议能降低合同的对抗性以及冲突发生的可能性；争议的解决——基于 Partnering 的研讨会，改善各方的关系。

2. Partnering 模式评价

优点：

（1）伙伴式合作关系。把各参与方的合同关系转变为相互合作关系。

（2）突破了传统的组织界限。通过设定共同的组织目标，共同解决问题，避免诉讼方式解决问题。

缺点：

（1）最重要的核心——信任，难量化控制的部分。

（2）适用范围较小，不利于迅速发展。

（3）权责划分容易产生盲区。

（4）难以形成有效的合作交流机制。

（5）初期投入高，风险高。

3. Partnering 模式的两种类型

（1）单项的 Partnering。

指在单独的一项特定建设项目中采用 Partnering 模式。

基于特定项目的 Partnering 模式要从战术层出发确定项目范围，强调在业主、承包商、咨询监理方等主体间建立合作互信和双赢的关系，不仅要求满足基本的项目时间、资源和约束，还要通过价值工程、优良的后续服务等技术或手段提高业主的满意度。该模式适用于一般的大型项目，但由于此类工程缺乏一定的持续周期且比较注重费用，因此模式形成的各方联盟具有一定的时限性。

（2）长期的 Partnering 模式。

该模式的实施既要考虑特定项目的生命周期，也要考虑参与企业的自身发展。

长期的 Partnering 与企业的战略发展紧密相关，比较适用于大型、超大型工程项目或有连续项目需求的情况。相对来说，大型或超大型项目业主重视项目的社会效益多于经济效益，参与企业除了可以通过长期联盟不断提升效能以获得更多的经济利益外，还可以获取更多的声誉。此外，较长的建设和运营维护周期也为参与企业形成长期合作关系提供了必要的时间。

4. Partnering 模式的组织结构

组织结构是一切协调活动的前提和基础，由项目参与各方人员共同组成。Partnering 管理小组打破了传统的组织界限，其组织结构如图 4-12 所示。

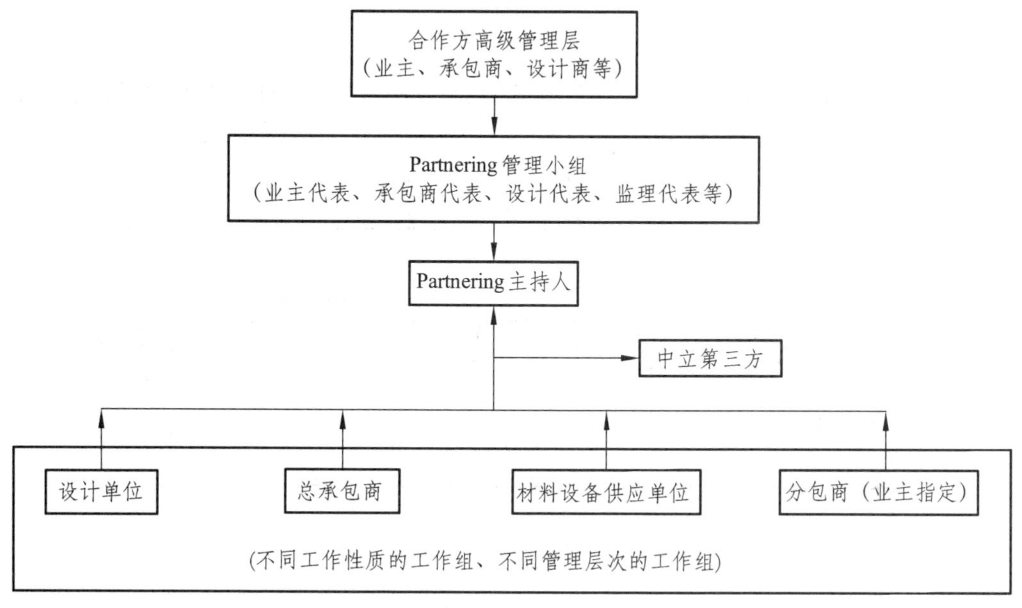

图 4-12　Partnering 模式组织结构

高级管理层是指各方的最高领导决策层，领导决策层将从各方选出高级管理人员组成 Partnering 管理小组，作为 Partnering 组织的代表，负责订立组织的共同目标，进行整个 Partnering 的组织设计，并对项目的投资、进度、质量目标进行复核、论证等。

主持人是由参与各方共同指定的，负责整个 Partnering 模式建立和实施的人员。其主要任务是组织参与各方讨论制定 Partnering 协议并付诸实施，在项目进展过程中，通过召开 Partnering 会议对参与各方起协调作用，但并不具有指令性的权利。

第三方——聘请都能接受的第三方自愿组织者。在项目实施过程中可以由中立的第三方来参与解决不能协调解决的争议。

项目管理层是负责项目具体实施并反馈工作情况的管理层，由不同工程性质、不同管理层次的工作组构成。工作组则由合作方相关的负责人员组成，负责项目的具体操作与实施。

5. Partnering 模式适用范围

（1）政府投资项目或商业连锁项目。

可以保证项目的连续性，项目各参与方进行长期合作，彼此加深信任，积累长期合作的经验，更好地实施 Partnering 管理模式。

（2）复杂的不确定因素比较多的项目。

如组成复杂、技术复杂、参与单位复杂等的项目，尤其是技术复杂、施工的不确定因素较多的项目，难免会产生种种纠纷和争议，采用伙伴式项目管理模式，能有效地减少争议，避免诉讼，从而也能较好地解决索赔问题。

（3）军方、国防工程。

Partnering 模式就起源于军方，可满足保密性的要求。

4.1.8 项目总控模式

1. 项目总控模式概念

项目总控（Project Controlling）是以现代信息技术为手段，对大型建设工程进行信息的收集、加工和传输，用经过处理的信息流指导和控制项目建设的物质流，支持项目决策者进行策划、协调和控制的管理组织模式，如图 4-13 所示。

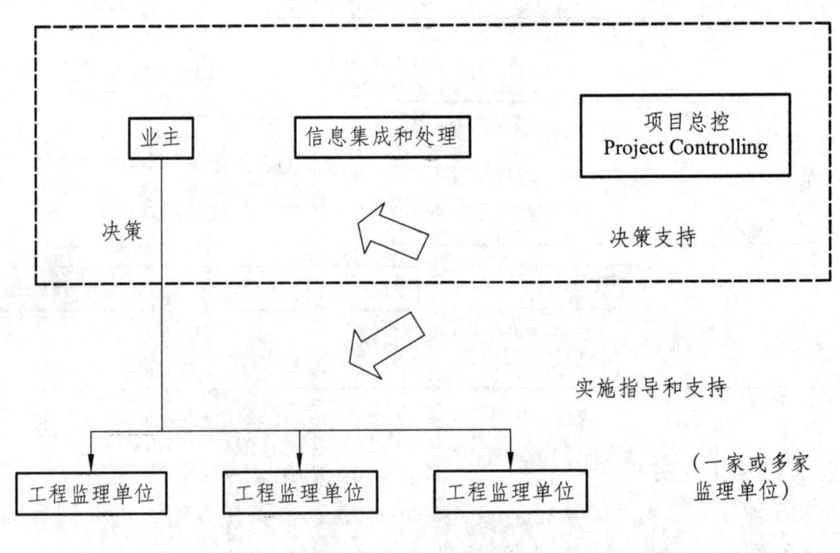

图 4-13 项目总控模式

2. 项目总控工作特点

（1）人员组成：高层次的人员。

（2）服务对象：业主方的高级领导和决策层。

（3）工作范围：投资、进度、质量、合同、资金、组织、信息。

（4）工作方法：深入技术，深入管理、深入经济、深入合同。

（5）责任：不负责处理具体的事务性工作，日常工作是信息的收集和处理，对目标进行宏观分析、规划和控制。

3. 项目总控的控制功能

项目总控的控制功能见图 4-14。

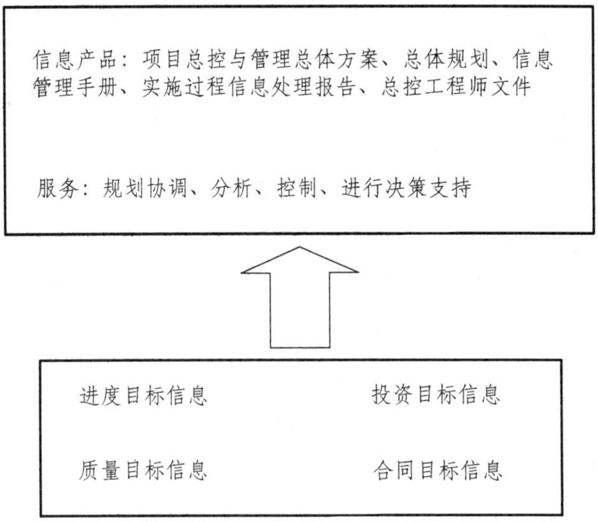

信息产品：项目总控与管理总体方案、总体规划、信息管理手册、实施过程信息处理报告、总控工程师文件
服务：规划协调、分析、控制、进行决策支持
进度目标信息
投资目标信息
质量目标信息
合同目标信息

图 4-14 项目总控的控制功能

4. 项目总控模式的组织构成

总控班子部分人员的职责分工如下（见图 4-15）：

项目总控经理
项目总控策划组
高级策划工作人员
项目管理专家
高级技术人员
高级经济工作人员
项目总控工程师办公室
项目管理专家
高级技术人员
高级经济工作人员
信息技术工作人员
项目总控信息处理中心
信息工程师
策划工程师

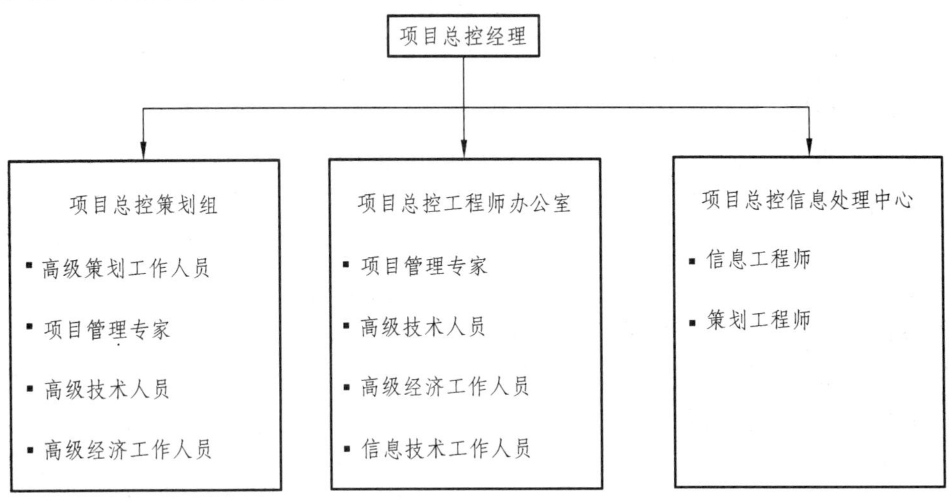

图 4-15 项目总控模式的组织构成

项目总控经理：全面负责项目总控班子工作等。

项目总控总工程师：全面负责项目总控班子技术、经济管理工作等；

信息处理中心主任：组织编制、修改项目总控规；

专业控制工程师：负责本专业内的信息采集、处理工作，并起草本专业项目控制的各种函件、报表等。

4.2 工程项目组织形式及选择

4.2.1 工程项目组织的相关知识

1. 组织及其构成因素

（1）组织。

组织是指为了实现某种既定目标，通过明确分工和协作关系，通过不同层次的权利、责任、利益制度而构成的能够一体化运行的人的系统。因此，对组织的理解可以是：

① 组织是人们有共同目标的集合体。

② 组织是人们通过某种形式的结构关系而共同工作的集合体。

③ 组织是人们运用不同的知识技术和系统，是人们相互影响的社会心理系统。

④ 组织表现为组织结构形式，即按照一定的体制、部门设置、层次划分及职责分工而构成的有机体。

⑤ 表现为组织管理过程，即为达到一定目标，运用组织所赋予的权力，对所需的资源进行合理配置。

（2）组织结构的构成因素。

组织结构是组织的实体，即组织各要素相互作用的方式或形式，是执行管理任务的体制，通常用组织系统图表示。组织系统图的基本表现形式有：组织结构、职位描述、工作流程图等。

构成项目组织结构的因素有管理层次、管理跨度、管理部门、管理职责等，它们相互联系、相互制约。在进行组织结构设计时，应考虑它们之间的相互关系。

2. 工程项目组织的特点

（1）项目组织的临时性。工程项目具有一次性的特点，并具有开始和结束的时间，是临时的，这使得工程项目组织也具有临时性的特点，即项目负责人是临时的，成员是临时的，组织也是临时的。

（2）项目组织的动态变化性。项目组织在不同的实施阶段，工作内容不同，项目的参与者不同；同一参与者，在项目的不同阶段任务也不同。如在一个工程项目中，前期决策阶段会有很多咨询师参与进来，设计阶段会有很多设计师参与进来，而施工阶段则是施工队伍参与进来，他们各自在不同的阶段发挥着重要作用，项目结束后，项目组织也就解散了。

（3）项目组织的柔性。项目受环境的影响，环境发生变化，项目获得资源的手段、方式要改变，项目的生产方式或技术标准可能也会发生变化，项目成员也可能进行相应的调整。因此，组织要有能迅速适应环境变化的能力。

（4）项目组织的复杂性。在工程项目的实施过程中，因参与主体较多，在项目的实施中形成不同的任务、目标，进而形成不同的组织形式，不同的组织形式组成复杂的组织结构体系。但是要完成项目的共同目标，这些不同的组织形式应相互适应，同时工程项目组织还要与企业自身的组织形式相适应，因此增加了项目组织的复杂性。

（5）项目组织与企业组织关系的密切性。项目组织因项目而组建，但依据企业而产生，构成企业组织的一部分；同时企业是项目组织的外部环境，项目组织人员来自于企业，并回归企业；企业的经营目标、企业文化、企业资源、利益分配均影响到项目的组织效率。

4.2.2 项目组织形式及选择

1. 职能式的组织形式

（1）概念。

职能式组织是按照职能原则建立的项目组织，也称部门控制式项目组织。在进行项目运作时，原企业各职能部门不变，各职能部门根据项目的需要承担本职能范围内的相应工作，项目组织成员没有脱离原来的职能部门，项目工作具有暂时工作的性质。

项目职能式组织形式是目前最基本的、使用比较广泛的项目组织形式。职能式项目管理组织模式有两种表现形式：一种是将一个大的项目按照公司行政、人力资源、财务、各专业技术、营销等职能部门的特点与职责，分成若干个子项目，由相应的各职能单元完成对应的工作。另一种就是对于一些中小型项目，在人力资源、专业等方面涉及较少的情况下，根据项目专业特点，直接将项目安排在公司某一职能部门内部进行，在这种情况下项目团队成员主要由该职能部门人员组成，这种形式目前在国内各咨询公司中经常见到，其结构如图 4-16 所示。

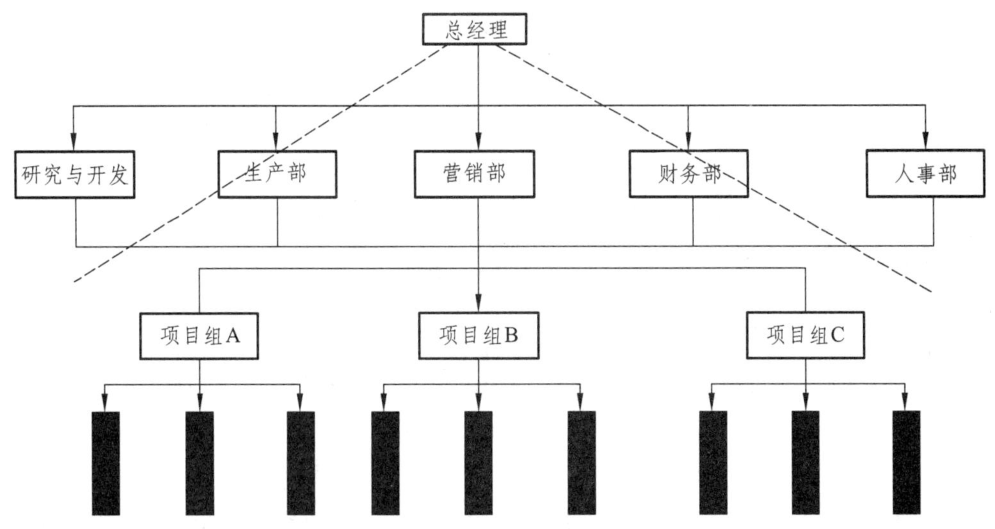

图 4-16 职能式组织结构

职能式组织形式适合于生产、销售标准产品的企业。采用职能型组织结构的公司有时也进行项目工作，但主要用于公司内部项目，而不是为外部客户服务，如新产品开发、公司管理信息系统开发、新办公室装修、公司规章制度完善等。

（2）职能式组织的优点：

① 项目团队中各成员无后顾之忧。各项目成员由于来自各职能部门，在项目工作期间所属关系没有发生变化，项目成员不会为将来项目结束时的去向担忧，因而能客观地为项目考虑和工作。

② 在项目人员使用上有很大的灵活性。各职能部门可以在本部门工作与项目工作任务的平衡中去安排力量，当项目团队中的某一成员因故不能参加时，其所在的职能部门可以重新安排人员予以补充。

③ 项目团队的成员有同一部门的专业人员做技术支撑，有利于各成员发挥专业特长和项目专业技术问题的解决，也有利于积累项目管理经验，同时也可提高人力资源的利用效率。

④ 有利于公司项目发展与管理的连续性。由于是以各职能部门作基础，所以项目管理不会因项目团队成员的流失而有过大影响。

（3）职能式组织的缺点：

① 项目管理权威性差，没有职权。项目团队成员由于分散于各职能部门，团队成员受职能部门与项目团队的双重领导，而相对于职能部门来说，项目团队的约束力差，不利于项目整合管理。

② 项目团队中的成员不易产生事业感与成就感。团队中的成员会将项目的工作视为额外工作，对项目的工作不容易激发更多的热情，也不会主动承担责任和风险。这对项目的质量与进度都会产生较大的影响。

③ 项目团队成员沟通与合作困难。项目团队成员来自于不同的职能部门，横向联系少，成员之间缺乏交流与沟通。

④ 项目组织适应性差，不能以客户为中心，不注重客户，因此对客户的需求和环境的变化反应缓慢。

2. 项目型的组织形式

（1）概念。

项目型管理组织形式也称工作队组织形式，是从原企业组织中选拔所需要的各种人员组成项目组织。先聘任项目经理，再由项目经理负责从企业内部抽调或者外部招聘人员组成项目组织，项目结束后项目组织解散，人员返回原部门，其结构见图 4-17。

项目型管理组织形式适合于经营业务是项目，不生产标准产品的企业。该组织形式广泛应用于建筑业、航空航天业等价值高、周期长的大型项目，也能应用到非营利机构，如募捐活动的组织、小镇百年庆祝活动、大型聚会等。

（2）项目型组织的优点：

① 项目经理是真正意义上的项目负责人。项目经理对项目及公司负责，团队成员对项目经理负责，项目经理可以调动团队内外各种有利因素，保证项目的顺利实施。

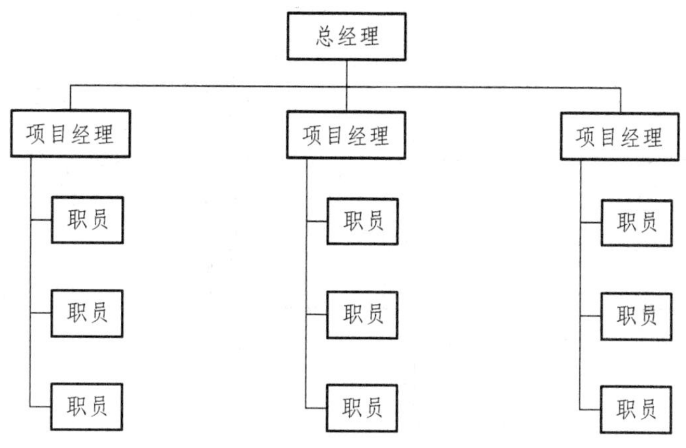

图 4-17 职能式组织形式

② 团队成员工作目标比较单一。独立于原职能部门之外，成员避免了多头领导，可以全身心地投入到项目工作中去，也有利于团队精神的形成和发挥。

③ 项目管理层次相对简单，项目团队内部沟通渠道通畅，使项目管理的决策速度、响应速度变快。

④ 各个部门是基于项目组建的，增强了组织对环境的适应性，对客户的需求反应速度快。

（3）项目型组织的缺点：

① 容易出现配置重复、资源浪费的问题。如果一个公司多个项目都按项目型进行管理组织，资源不能共享，那么在资源安排上很可能出现项目内部利用率不高，而项目之间重复与浪费的现象。

② 项目组织构成相对封闭，公司管理与对策在项目管理组织中的贯彻可能遇到阻碍；项目团队与公司之间的沟通基本上依靠项目经理，容易出现沟通不够和交流不充分的问题。

③ 各项目组往往只注重自身项目中所需的技术，不同项目之间缺乏技术交流，阻碍了公司在新技术和创新能力方面的提高，尤其当外部竞争激烈时，公司可能会面临比较严峻的挑战。

④ 项目团队成员在项目后期没有归属感。团队成员不得不为项目结束后的工作投入相当的精力进行考虑，影响项目的后期工作。

3. 矩阵型的组织形式

矩阵式组织是按职能划分的纵向部门与按项目划分的横向部门结合起来，在职能式组织的垂直层次结构上，叠加了项目组织的水平结构。用矩阵式组织形式对项目进行管理，既发挥职能部门的纵向优势，又发挥项目组织的横向优势。

在矩阵型组织结构中，明确项目经理和职能经理的任务和管理职能分工很重要。项目矩阵型组织结构是职能型组织结构和项目型组织结构的混合。它既有项目型组织结构注重项目和客户的特点，也保留了职能型组织结构的职能特点，其结构见图 4-18。

矩阵型组织形式适合于需要同时承担多个规模及复杂程度不同的工程项目管理的企业。

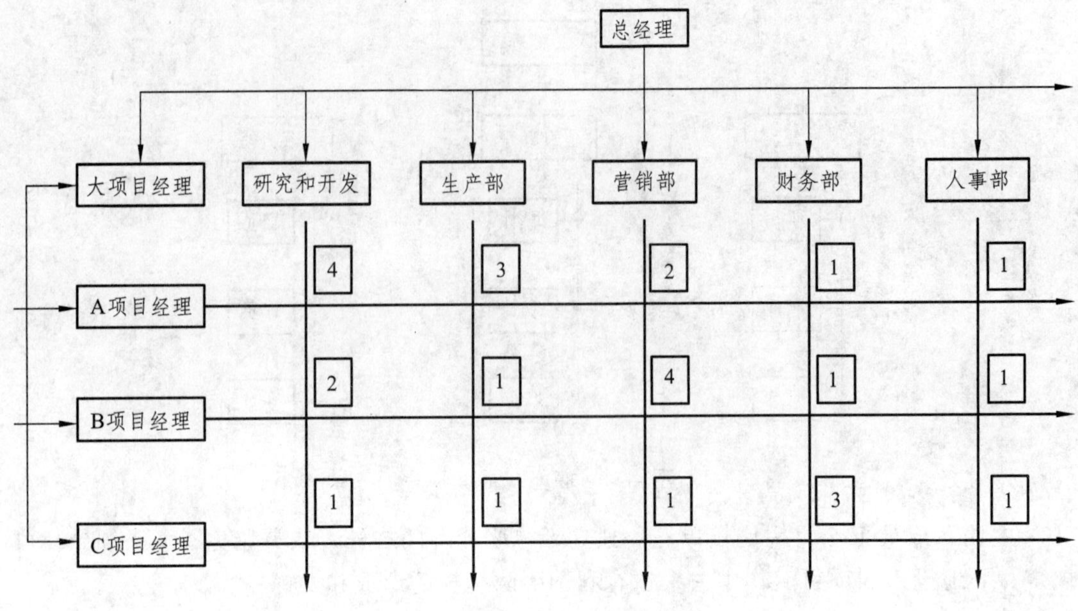

图 4-18　矩阵型组织形式结构

优点：

（1）强调集体和个人在项目管理中的作用，能有效整合企业资源，优化资源配置，减少项目型组织的资源浪费。

（2）团队成员无后顾之忧。项目结束后他们会回到原来的职能部门。

（3）项目部和职能部能发挥各自优势，项目部负责组织项目实施，职能部负责提供资源和技术支持。

（4）以项目目标完成为中心，可调动团队成员的积极性，提高工作效率与反应速度。

缺点：

（1）项目管理权力平衡困难。矩阵型组织结构中项目管理的权力需要在项目经理与职能部门之间取得平衡，这种平衡在实际工作中难以实现。

（2）信息回路比较复杂。在该模式下，信息回路比较多，既要在项目团队中进行，还要在相应的部门中进行，必要时在部门之间还要进行，所以易出现交流、沟通不够的问题。

（3）项目成员处于多头领导的状态。项目成员正常情况下至少要接受两个方向的领导，即项目经理和所在部门的负责人，当他们的命令发生冲突时，会使项目成员无所适从。

4.2.3　项目组织形式的选择

每一种组织形式都有其优点和缺点，每一个工程项目都具有不同的特征。因此，选择组织结构形式要根据工程项目的特点和企业的资源，并考虑项目的性质以及各种组织形式的特征等，综合评价后，才能确定。

1. 影响选择组织形式的因素

（1）工程项目影响因素的不确定性。

（2）技术的难易和复杂程度。

（3）工程的规模和工期。

（4）工程建设的外部条件。

（5）工程内部的依赖性等。

2. 项目组织结构形式选择的方法

（1）应掌握各种不同类型的项目组织形式的特点，对未来的组织形式，应使其特点符合项目管理需要。

（2）分析具体项目的特征，了解项目的生产特点和管理要求，考察项目所处的环境状况，明确客户对项目的真正要求。

（3）结合自身的情况确定组织形式。项目经理要将组织特点、项目特征与管理者的知识、经验、管理特点、个性相结合进行综合分析，确定适合的组织形式。

4.3 项目经理与项目经理部

工程项目的项目经理是工程项目承担单位的法定代表在该工程项目上的授权委托代理人。项目经理根据法人代表授权的时间、内容和范围，负责项目组织、计划及实施过程，处理有关的内外关系，进行项目实施全过程、全面的管理，保证项目目标的实现，是项目的直接领导者与组织者。

在工程建设活动中，项目经理部是项目组织的核心，而项目经理领导项目经理部（项目团队）工作，所以项目经理居于整个项目的核心地位，对整个项目经理部以及对整个项目起着举足轻重的作用。

4.3.1 工程项目经理

1. 项目经理责任制

项目经理责任制是以项目经理为责任主体的项目管理目标责任制度，并以此确保项目履约，确立项目经理部与企业、职工三者之间的关系。即项目经理依据项目目标责任书，对工程项目全面负责，以创优质工程为目标，以求得项目成果的最佳经济效益为目的，实行一次性的全过程的管理。

（1）项目经理责任制特点：

① 全面负责制。以项目为对象，对建筑产品形成过程实行一次性、全过程的管理。

② 经理负责制。实行经理负责，全员管理，指标考核，标价分离，项目核算，强调项目经理个人的主要责任。

③ 目标责任制。以保证工程质量、缩短工期、降低成本、保证安全和文明施工等各项目标为内容的全过程目标责任制。

④ 风险责任制。项目经理责任制充分体现了“指标突出，责任明确、利益直接、考核严格”的基本要求，其最终结果与项目经理、成员等个人利益挂钩，经济利益与责任风险同在。

（2）项目经理责任制的作用：

① 明确企业、项目经理、职员三者之间的关系。

② 促使项目经理采用经济手段，强化工程项目的法制管理。

③ 促使项目经理对工程项目的规范化、科学化管理和提高产品质量。

④ 有利于提高企业项目管理的经济效益和社会效益。

建立项目经理责任制，全面组织生产优化配置的责任、权力、利益和风险机制，更有利于对施工项目工期、质量、成本、安全等各项目标实施强有力的管理，使项目经理有动力和压力，也有法律依据。

2. 项目经理的地位与作用

项目经理是工程项目实施阶段全面负责的管理者，明确项目经理的地位是做好项目管理的关键。

（1）项目经理是企业法人代表在项目上的全权委托代理人，是项目管理的第一责任人。从企业内部看，项目经理是项目实施过程中所有工作的总负责人；从对外方面看，项目经理是履行合同义务、执行合同条款、承担合同责任、处理合同变更、行使合同权利的最高合法人。项目经理是项目目标的全面实现者，既要对建设单位的成果性目标负责，也要对企业的效益性目标负责。

（2）项目经理是协调各方关系，使之相互紧密协作配合的桥梁和纽带。项目经理对项目管理目标的实现承担全部责任，在工程项目实施过程中要组织和协调各方关系，共同承担履行合同的责任。

（3）项目经理对项目实施进行控制，对各种信息进行管理、运用，使项目取得成功。

（4）项目经理是项目实施阶段的责任主体，是项目权力的主体，是项目利益的主体，是项目目标的最高责任者。

3. 项目经理的素质与能力

（1）知识结构。

① 专业知识。项目经理应接受过大学以上良好的专业教育，必须具有专业技术知识，且受过项目管理的专门培训或再教育，掌握项目管理的知识，同时具有综合性的、广阔的知识面，能够对所从事的项目迅速设计出解决问题的方法、程序，能抓住问题的关键，把握技术和实施过程逻辑上的联系，具有工程的系统知识。

② 实践经验。项目管理过程中存在大量的不确定性因素以及可能遇到的各种复杂问题，要求项目经理必须具有丰富的实践阅历和解决实际问题的技能，既是管理专家又是专业技术上的内行。

（2）素质。

① 品德素质。项目经理应当遵守国家的法律法规，服从企业的领导和监督；具有高度的事业心和责任感、坚忍不拔、开拓进取；具有良好的道德品质和团队意识，诚实信用、公道正直、以身作则，正确处理各方的利益关系等。

② 身体素质。繁重的管理任务、艰苦的工作与生活条件，要求项目经理必须具有健康的身体、充沛的精力、宽阔的心胸、坚强的意志。

（3）能力。

① 创新能力。项目管理是创新的工作，富有挑战性，所以项目经理在项目管理活动中，应具有创新的精神、务实的态度，有强烈的管理信心和愿望，勇于挑战，勇于决策，

勇于承担责任和风险，并努力追求工作的完美，追求高的目标，不安于现状。

② 决策能力。决策能力是项目经理根据外部经营条件和内部经营实力，构建多种建设管理方案并选择合理方案，确定建设方向的能力；是项目组织生命机制旺盛的主要因素；也是检验其领导水平的一个重要标志。

③ 组织能力。项目经理为了实现项目目标，运用组织理论指导项目建设活动，有效地、合理地组织各个要素的能力。组织能力主要包括：组织分析能力、组织设计能力和组织变革能力。

④ 领导能力。项目经理下达命令的单一性和指导的多样性的统一，是项目经理指挥能力的基本内容。

⑤ 控制能力。自我控制能力是指项目经理通过检查自己的工作，进行自我调整的能力；差异发现能力是对执行结果与预期目标之间产生的差异能及时测定，并与实际结果进行比较的能力。

⑥ 协调能力。协调能力是指项目经理解决各方面的矛盾，使各个部门以及全体职工为实现项目目标密切配合、统一行动的能力。现代大型工程项目的管理，除了需要依靠科学的管理方法、严密的管理制度之外，很大程度上要依靠项目经理的协调能力。协调主要是协调人与人之间的关系。协调能力具体表现在：解决矛盾的能力、沟通的能力、鼓动和说服的能力。

4. 项目经理的职责与任务

（1）项目经理的职责与任务。

项目经理的职责因项目管理目标而异，一般应当包括以下各项内容：

① 组建项目经理部，确定项目管理组织机构并配备相应人员。

② 制订岗位责任制等各项规章制度，以有序地组织项目、开展工作。

③ 制订项目管理总目标、阶段性目标以及总体控制计划，并实施控制，保证项目管理目标的全面实现。

④ 及时、准确地做出项目管理决策，严格管理，保证合同的顺利实施。

⑤ 协调项目组织内部及外部各方面的关系，并代表企业法人在授权范围内进行有关签证。

⑥ 建立完善的内部和外部信息管理系统，确保信息畅通无阻，保障工作高效进行。

（2）项目经理职责。

① 贯彻执行国家和地方政府法律、法规和政策，执行企业各项管理制度，维护企业的整体利益和经济利益。

② 组织制定项目经理部各类管理人员的职责和权限、各项管理制度，并认真贯彻执行。

③ 签订和组织履行“项目管理目标责任书”，执行企业与业主签订的《工程项目承包合同》中应由项目经理负责履行的各项条款。

④ 对工程项目施工进行有效控制，执行有关技术规范和标准，积极推广应用新技术、新工艺、新材料和项目管理软件集成系统，确保工程质量和工期，实施安全、文明生产，努力提高经济效益。

⑤ 编制施工管理规划及目标实施措施，编制施工组织设计并组织实施。

⑥ 根据项目总工期的要求编制年度进度计划，组织编制施工季（月）度施工计划，包括劳动力、材料、构件及机械设备的使用计划，签订分包及租赁合同并严格执行。

⑦ 严格财务制度，加强成本核算，积极组织工程款回收，正确处理国家、企业和项目及其个人的利益关系。

⑧ 科学地组织施工和加强各项管理。做好建设单位、监理和各分包单位之间的协调工作，及时解决施工中出现的问题。

⑨ 做好内、外层各种关系的协调工作，为施工创造优越的施工条件。搞好与企业各职能部门的业务联系和经济往来，接受公司的宏观控制。

⑩ 做好工程竣工结算、资料整理归档，接受企业审计并做好项目经理部解体与善后工作。

5. 项目经理的权力

授权既是项目经理履行职责的前提，又是项目取得成功的保证。为了确保项目经理完成所担负的任务，必须授予相应的权力。项目经理应当有以下权力：

（1）参与企业进行的施工项目投标和签订施工合同等工作。

（2）用人管理权。项目经理应有权决定项目经理部的设置、选择、聘任成员，对任职情况进行考核监督、奖惩，乃至辞退。

（3）财务管理权。在企业财政制度规定的范围内，根据企业法定代表人的授权和施工项目管理的需要，决定资金的投入和使用，决定项目经理部的计酬办法。

（4）物资采购管理权。按照企业物资分类和分工，对采购方案、目标、到货要求以及对供货单位的选择、项目现场存放等进行决策和管理。

（5）进度计划控制权。根据项目进度总目标和阶段性目标的要求，对项目建设的进度进行检查、调整，并在资源上进行调配，从而对进度计划进行有效的控制。

（6）技术质量决策权。根据项目管理实施规划或施工组织设计，有权批准重大技术方案和重大技术措施，必要时召开技术方案论证会，把好技术决策关和质量关，防止技术上的决策失误，主持处理重大质量事故。

（7）现场管理协调权。代表公司协调与施工项目有关的内外部关系，有权处理现场突发事件，事后及时报公司主管部门。

4.3.2 项目经理部

工程项目经理部是为实现一个具体的工程项目目标而组建的协同工作团队，是具有高度凝聚力和团队精神的群体，也是工程项目组织的核心，更是实现项目目标的基本组织保障。项目经理部需要精心组织建设，在工程项目实施过程中不断发展、完善。

当企业签订工程项目合同，进入工程项目建设实施阶段，企业会依据工程项目的性质和规模聘任项目经理，同时抽调或招聘相应的工程技术人员组成项目经理部。

1. 项目经理部的特点

（1）工程项目经理部具有明确的目的性。

项目经理部是为实现具体工程项目目标而设立的专门组织，其任务就是实现项目目标。因此，项目经理部具有明确的目的性。

（2）工程项目经理部是非永久性组织。

工程项目是一次性的任务，因而为完成工程项目组建的项目经理部也是一种非永久性的组织。当工程项目完成后，项目经理部的任务随之完成，即可解散。

（3）工程项目经理部具有团队精神。

项目经理部成员之间的相互平等、相互信任、相互合作是高效完成项目目标的前提和基础；项目管理任务的多元性，要求项目经理部具有高度凝聚力和团队精神。

（4）工程项目经理部是动态的组织。

工程项目经理部是动态的组织，是指项目经理部成员的人数和人员结构是动态变化的，随着工程项目的进展和任务的展开，成员的人数及其专业结构也会作出相应地调整。

2. 项目经理部职责

（1）项目经理部领导的职责。

① 实现项目经理部的目标。

项目经理部的领导，应通过以下过程保证项目目标得以实现：选择适当的人选；制订计划；召开项目经理部会议，对项目经理部目标进行分解、细化；负担起代表整个项目经理部的责任。

② 保证项目经理部的效率。

确保所有成员明确他们的职责与任务，并尽职尽责地完成；监督项目经理部工作以确保成员齐心协力，高效率地工作。

（2）项目经理部成员的职责。

① 项目经理部成员要明确自己的职责，要有责任感。

② 项目经理部成员做好本职工作，尽其所能地完成分配给自己的任务。

③ 为了使项目经理部能共同工作，将项目经理部职责放在第一位。

3. 项目经理部的形成

一个工程项目经理部从建立到解体，具有一定的发展规律。依据组织行为学理论，项目经理部的成长过程可划分为初期建立阶段、试运作阶段、正常运作阶段、高效运作阶段和末期解散阶段。这五个阶段是项目经理部从建立、发展、壮大到解散的过程。工程项目经理部的各成长阶段具有如下特点：

（1）初期建立阶段。

在这个阶段，工程项目经理部成员刚组合在一起，处于一种新的工作环境之中，都有一种积极向上的愿望，并急于展示自己的工作才能；但对自己的职责及岗位、工程项目的目标与自身工作关系比较模糊，还处于一种茫然和摸索的阶段。项目经理应及时为每个项目经理部成员确定职责和岗位，使每位成员明确项目目标和任务、工程项目的质量标准、预算及进度计划的要求、标准和限制，顺利通过项目经理部的组建阶段。

（2）试运作阶段。

项目经理部成立之后，成员对项目的目标有所了解，并明确了自己的职责与岗位，开始按照分工进行初步的合作，并逐步产生一些矛盾与问题，如人际关系不融洽，工作环境、工作待遇等与个人当初的设想不一致，个人感到工作任务繁重或困难、难以完成等。项目经理部可能出现信心不足、士气低下、消极地对待工作等现象。

项目经理应针对出现的各种问题和矛盾，尽快地解决。要创造一些聚会的机会来协调项目经理部成员之间的人际关系，加深相互间的了解、增进友谊、提高相互间的认知度，使每位成员抛开个人利益与恩怨，全身心地投入到工作中去。

（3）正常运作阶段。

通过前期磨合考验后，项目经理部成员之间的关系理顺了，各成员的个人情绪也得到较好的调整，并熟悉和接受了现有的工作环境和条件，项目经理部凝聚力开始形成，成员合作意识增强，并能积极提出各种建议，积极参与项目管理工作。在此阶段，成员可以自由地、建设性地表达他们的情绪及评论意见，项目经理部进入健康发展阶段。

（4）高效运作阶段。

在此阶段，项目经理部成员在工作中相互帮助，在生活中相互扶持；同时每位成员的工作能力得到了长足的锻炼和发展，创造能力得到充分发挥，集体感和荣誉感增强。项目经理部成员已经具有合作互助、开放坦诚的团队精神，项目经理部工作进入高绩效阶段。

（5）末期解散阶段。

随着项目目标的实现，项目经理部进入解散阶段。此时，项目经理部成员间的认知度、满意度较高，相互间产生深厚的工作和私人友谊，并且怀念在项目经理部曾经的工作，但同时开始考虑个人今后的工作，使项目经理部出现人心涣散的情况。项目经理最好能够帮助项目经理部成员安排好新的工作，必须改变工作方式才能完成最后的各项具体任务。

4. 工程项目经理部的建设

高效能的项目经理部的标志：项目经理部成员有着共同的价值观和明确的共同目标，具有完成项目目标所需的基本能力和素质，相互尊重、相互信任，人际关系融洽。能够共享知识、经验和信息，愿意采纳外界意见，对项目工作富有激情和信心，齐心协力和默契合作共同完成项目目标。

高效能的项目经理部需要精心建设才能形成，这需要进行大量的工作。其基本工作如下：

（1）员工培训。根据项目经理部成员的情况，制订培训计划实施培训，提高项目经理部成员的管理能力和素质；同时通过培训来影响和改变经理部成员的思维模式，使其成为具有挑战精神、敢于面对风险和承担责任的人。

（2）明确目标。项目经理部成员应明确工程项目目标及其各自的工作职责，各司其职，并保证每个环节的目标得到实现；同时，项目经理还要善于授权，因为有责无权，项目经理部成员根本无法开展工作，只有责、权、利统一，才能有效地提高项目经理部成员的积极性，高效率地完成任务。

（3）沟通与激励。创造机会让经理部成员相互了解，只有在此基础上项目经理部成员才能就某些重要的问题或信息进行沟通、处理。因此，沟通是项目经理部中进行合作和控制的前提条件。

同时调动项目经理部成员的积极性和创造精神，应针对不同成员的不同主观需要，采取多元化的激励手段，例如让事业心强的人到一个责任比较重的岗位，充分发挥其聪明才智；或者企业组织承诺在项目中表现突出者将有可能获得晋升的机会；或者对工作表现突出者给予通报表扬和树立为榜样等。只有这样才能适应项目经理部成员的多元化需要，激发每个成员的工作热情。

【复习题】

1. 设计-建造模式有什么特点？并对其进行评价。

2. 对设计、采购、施工（EPC）模式进行评价，并说明其适用范围。

3. 简述 PMC 模式的特点。

4. 如何进行平行承发包模式的选择？

5. 什么是 CM 管理模式？有何优、缺点？

6. 评价工程项目代建制的政府专业机构管理模式、项目管理公司竞争模式、政府指定代建公司模式的优点和缺点。

7. 什么是 Partnering 模式？并对其进行评价。

8. 什么是项目总控模式，其特点是什么？

9. 简述工程项目组织的特点。

10. 对职能型的组织形式进行评价。

11. 矩阵式组织形式的优、缺点是什么？

参考答案

第 5 章　工程项目目标控制基本原理

【本章重难点】

动态控制的基本原理及其应用；PDCA 循环原理及其应用；进度、质量、投资控制的基本措施。

5.1　项目目标控制的基本方法

项目管理的核心是投资目标、进度目标和质量目标三大目标控制，目标控制的核心是计划、控制和协调，即计划值与实际值比较，而计划值与实际值比较的方法是动态控制原理。项目目标的动态控制是项目管理最基本的方法，是控制论的理论和方法在项目管理中的应用，因此，目标控制最基本的原理就是动态控制原理，如图 5-1 所示。

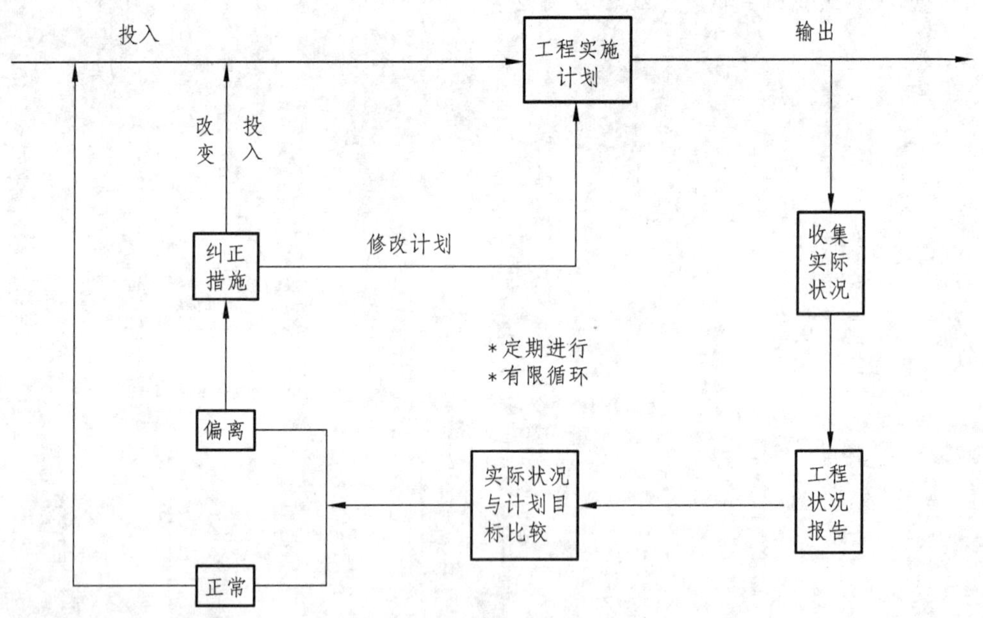

图 5-1　控制的基本原理

5.1.1　动态控制的基本原理

所谓动态控制，是指根据事物及周边的变化情况，实时实地进行控制。项目在实施过程中有时并不能够按照预定计划顺利地执行，因此必须实施控制。项目管理领域有一条重要的哲学思想：变是绝对的，不变是相对的；平衡是暂时的，不是永恒的；有干扰是必然的，没有干扰是偶然的。因此，在项目实施过程中必须随着情况的变化进行项目目标的动态控制。

项目目标动态控制是一个动态循环过程。项目进展初期，随着人力、物力、财力的投入，项目按照计划有序开展。在这个过程中，有专门人员陆续收集各个阶段的动态实际数据，经过搜集、整理、加工、分析之后，与计划值进行比较。如果实际值与计划值没有偏差，则按照预先制订的计划继续执行；如果产生偏差，就要分析偏差原因，采取必要的控制措施，以确保项目按照计划正常进行。在下一阶段工作的开展过程中，按照此工作程序动态循环跟踪。

项目目标动态控制中的三大要素是目标计划值、目标实际值和纠偏措施。目标计划值是目标控制的依据和目的，目标实际值是进行目标控制的基础，纠偏措施是实现目标的途径。

项目目标的计划值是项目实施之前，以项目目标为导向制订的计划，其特点是项目的计划值不是一次性的，随着项目的进展计划值也需要逐步细化。因此，在项目实施各阶段都要编制计划。在项目实施的全过程中，不同阶段所制订的目标计划值也需要比较，因此需要对项目目标进行统一的目标分解结构，以有利于目标计划值之间的对比分析。

目标控制过程中的关键一环，是通过目标计划值和实际值的比较分析，以发现偏差，即项目实施过程中项目目标的偏离趋势和大小。这种比较是动态的、多层次的；同时，目标的计划值与实际值是相对的。例如，投资控制贯穿于项目实施的全过程，初步设计概算相对于可行性研究报告中的投资匡算是“实际值”，而相对于施工图预算是“计划值”。项目进展的实际情况，即真正的实际投资、实际进度和实际质量数据的获取必须准确，如实际投资不能漏项，要完整地反映真实投资情况。

要做到计划值与实际值的比较，前提条件是各阶段计划数据与实际值要有统一的分解结构和编码体系，相互之间的比较应该是分层次、分项目的比较，而不单纯是总值之间的比较，只有各分项对应比较，才能找出偏差，分析产生偏差的原因并及时采取纠偏措施。

5.1.2 PDCA 循环原理

美国数理统计学家戴明博士最早提出的 PDCA 循环原理（又称为“戴明环”），也是被广泛采用的目标控制基本方法之一。PDCA 循环是能使任何一项活动有效进行的一种合乎逻辑的工作程序，特别是在质量管理中得到了广泛的应用。

PDCA 循环包括计划、执行、检查和处置四个基本环节。

（1）P（Plan，计划），计划可以理解为明确目标并制订实现目标的行动方案。

（2）D（Do，执行），执行就是具体运作，实现计划中的内容。

（3）C（Check，检查），检查指对计划实施过程进行各类检查。

（4）A（Action，处置），处置是指对检查中所发现的问题及时地进行原因分析，采取必要的措施予以纠正，保持目标处于受控状态。

策划—实施—检查—处置是使用资源将输入转化为输出的活动或一组活动的一个过程，必须形成闭环管理，四个环节缺一不可。应当指出，PDCA 循环中的 A（处置）是关键环节。如果没有此环节，已取得的成果无法巩固（防止问题再发生），也提不出上一个PDCA 循环的遗留问题或新的问题。PDCA 循环过程是循环前进、阶梯上升的，如图 5-2所示。

在质量管理体系中，PDCA 循环是一个动态的循环，可以在组织的每一个过程中展开，也可以在整个过程的系统中展开。它与产品实现过程及质量管理体系其他过程的策划、实施、控制和持续改进有密切的关系。

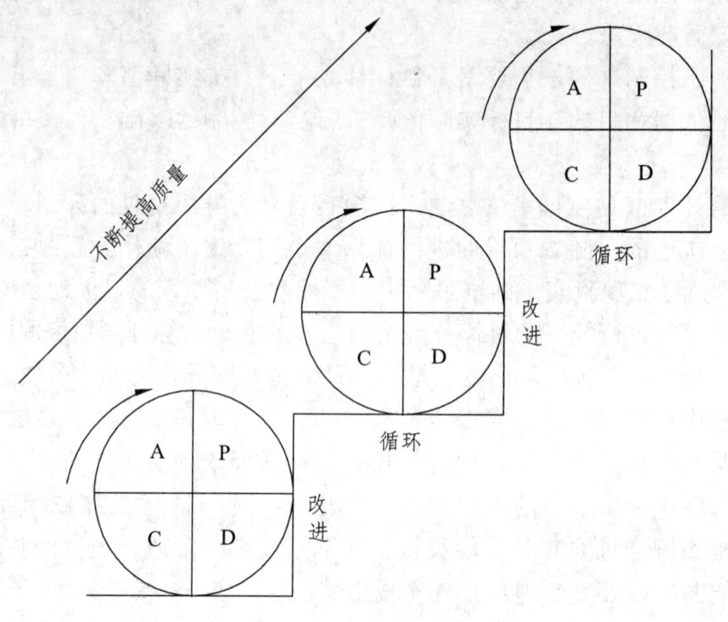

图 5-2 PDCA 循环原理

5.2 动态控制原理在项目目标控制中的应用

5.2.1 动态控制原理在项目投资控制中的应用

投资控制是项目管理的一项重要任务，是项目管理的核心工作之一。工程项目项目投资控制的目标是使项目的实际总投资不超过项目的计划总投资。工程项目项目投资控制贯穿于工程项目项目管理的全过程，即从项目立项决策直至工程竣工验收，在项目进展的全过程中以动态控制原理为指导，进行计划值和实际值的比较，发现偏离并及时采取纠偏措施。

投资控制方法的核心是投资计划值与投资实际值的比较，投资分解结构和编码是项目投资控制的基础和前提。为进行计划值与实际值的比较，有效地控制项目投资，在从事投资控制工作之前，首先要求对项目的总投资进行分解，将总投资逐层由粗而细地划分成若干块，并进行编码，这样就能够掌握每一项投资费用发生在总投资的哪一部分，以及哪一部分的实际投资超过了计划投资，从而分析超额原因，采取纠偏措施，如图 5-3所示。

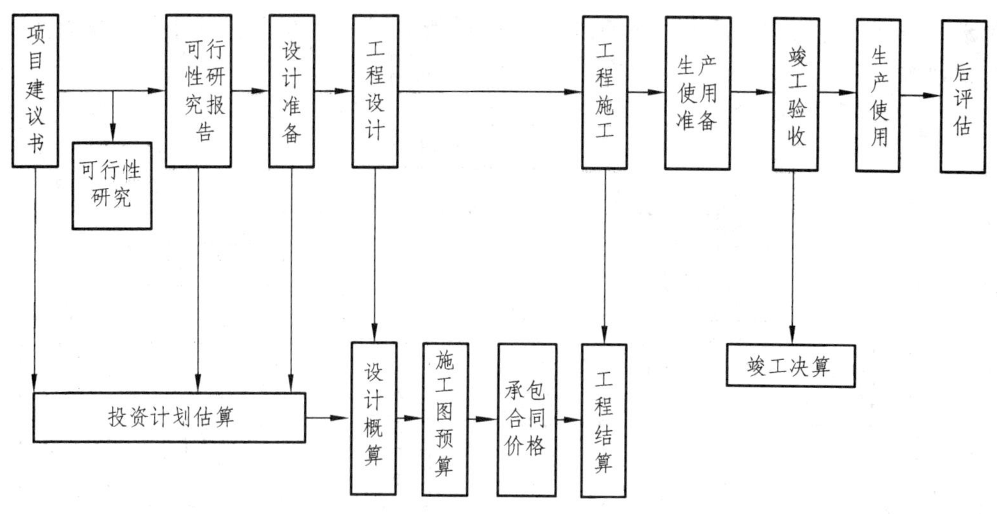

图 5-3　建设程序和各阶段投资费用的确定流程图

1. 投资分解方法

投资分解可采取多种方法进行，如按基本建设投资费用组成分解，按项目结构组成分解按年、季、月等时间进程分解，按项目划分阶段分解等，也可将几种方法综合起来分解。具体分解方法如下：

（1）按项目不同阶段投资分解结构，如图 5-4 所示。

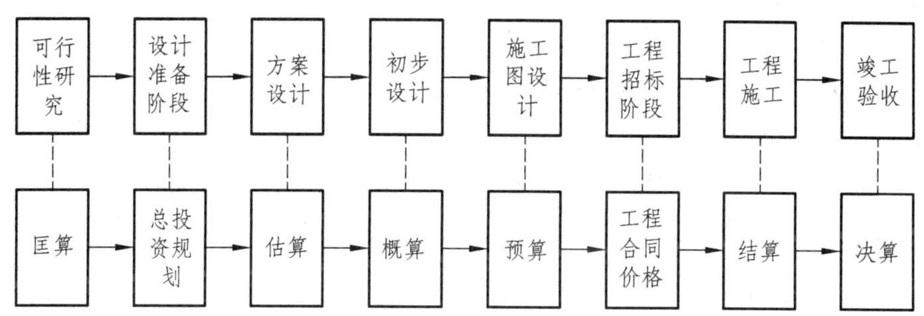

图 5-4　按项目不同阶段投资分解结构

（2）按基本建设投资费用组成分解，如图 5-5 所示。

（3）按项目/费用组成分解。

由于不同阶段的投资分解结构的标准不同，所套用的定额不同，费用分解结构没有完全按照项目分解结构划分。因此，为了使项目投资控制的计划值与实际值能够在统一的结构上比较，需要将项目分解结构与费用分解结构通盘综合考虑，并在项目分解结构中综合考虑合同分解结构，在细部划分统一的基础上得出投资分解结构。

总投资根据项目分解结构分成主体工程投资、室外工程投资、辅助工程投资。其中，主体工程投资根据费用分解结构分成建安工程投资、设备工器具投资、其他投资，建安工程投资包括基础、土方、地下工程、地上工程等，设备工器具投资包括强电、弱电、给排水、空调、电梯等，其他投资包括征地拆迁费、甲方管理费、设计费、监理费、项目管理费等。

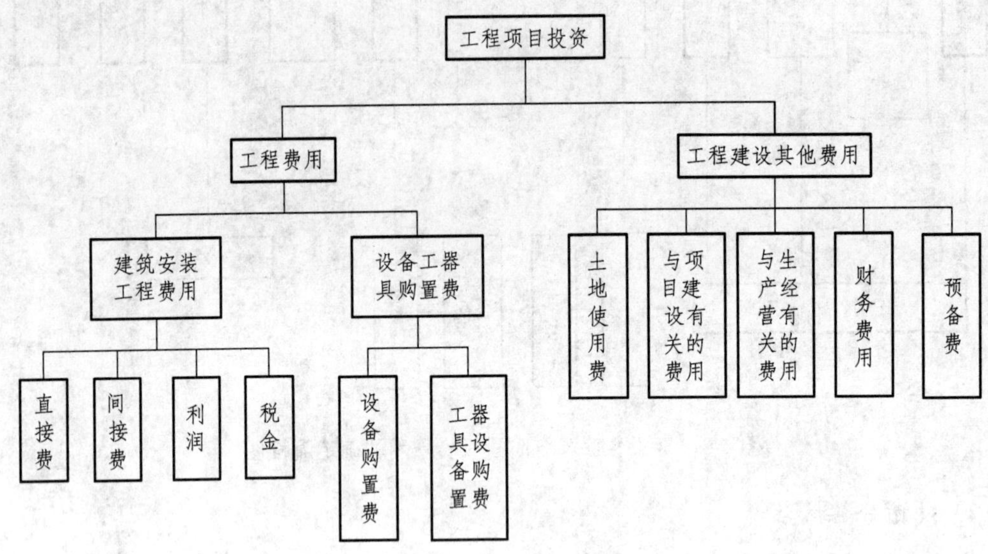

图 5-5　按基本建设投资费用组成分解图

投资分解应当掌握以下几个原则：

① 灵活性原则；

② 与标准编码相联系或对应；

③ 有利于投资计划值与投资实际值的采集；

④ 有利于投资或费用数据的分解和综合；

⑤ 与项目管理组织具有一致性；

⑥ 有利于项目全过程的投资数据比较分析；

⑦ 简明、清晰，易于掌握。

2. 投资计划值与投资实际值的比较

投资控制工作必须贯穿于项目建设全过程和面向整个项目。各阶段的投资控制以及各子项目的投资控制作为项目投资控制子系统，相互连接和嵌套，共同组成项目投资控制系统。图 5-6、图 5-7 表示项目实施各阶段投资目标计划值和实际值比较的主要关系，从中也可以看出各阶段投资控制子系统的相互关系。

为实现工程投资动态控制，项目管理人员的工作主要包括以下内容：

（1）确定工程项目投资分解体系，进行投资切块；

（2）确定投资切块的计划值（目标值）；

（3）收集、汇总和分析对应投资切块的实际值；

（4）进行投资目标计划值和实际值的比较；

（5）发现偏差，采取纠偏措施或调整目标计划值；

（6）编制相关投资控制报告。

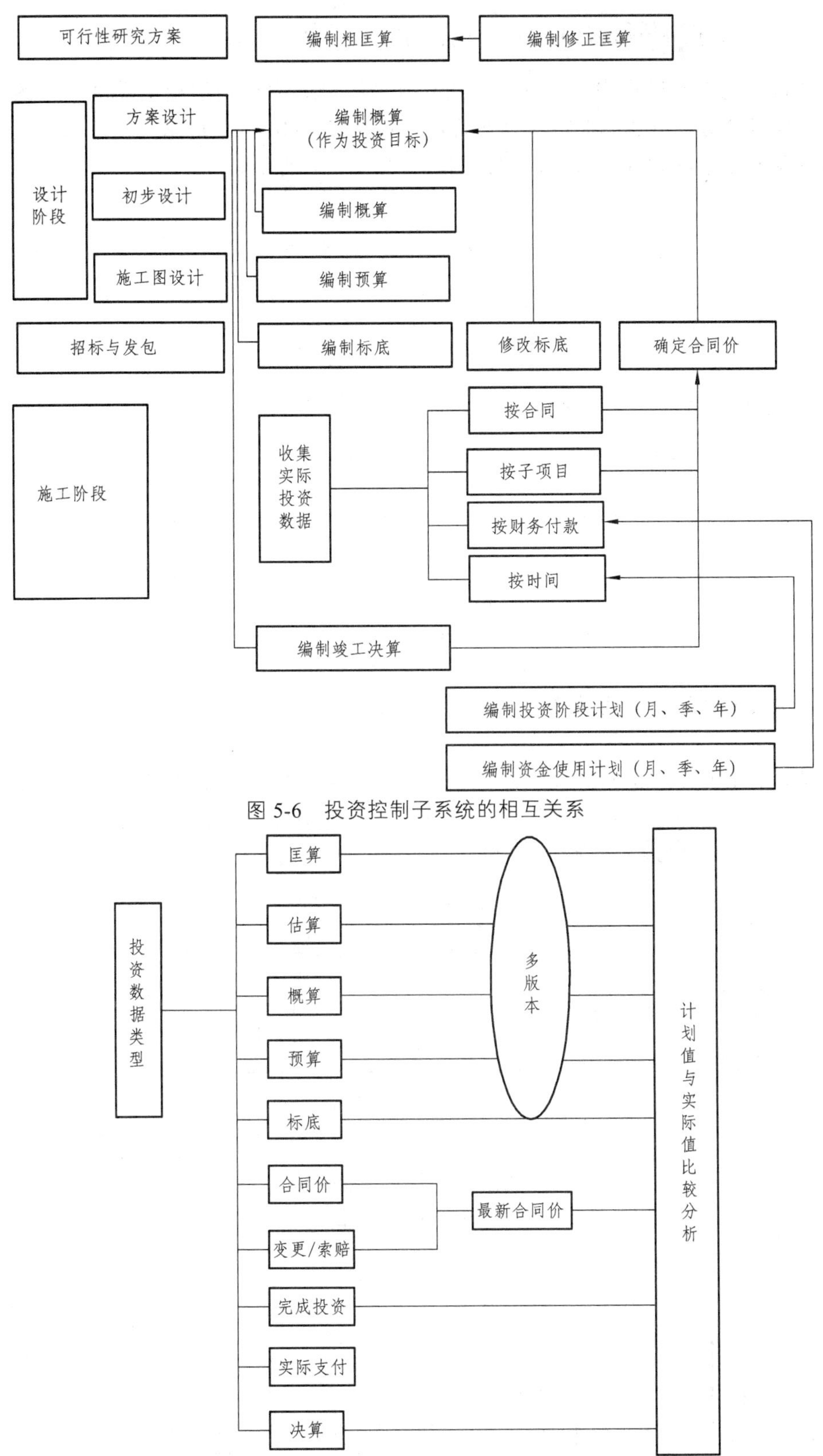

图 5-6　投资控制子系统的相互关系

图 5-7　投资目标计划值和实际值比较的主要关系

5.2.2　动态控制原理在项目进度控制中的应用

在项目实施的全过程中，应逐步地由宏观到微观、由粗到细编制深度不同的进度计划，包括项目总进度纲要（在特大型工程项目中可能采用）、项目总进度规划、项目总进度计划以及各子系统和各子项目进度计划等，如图 5-8 所示。

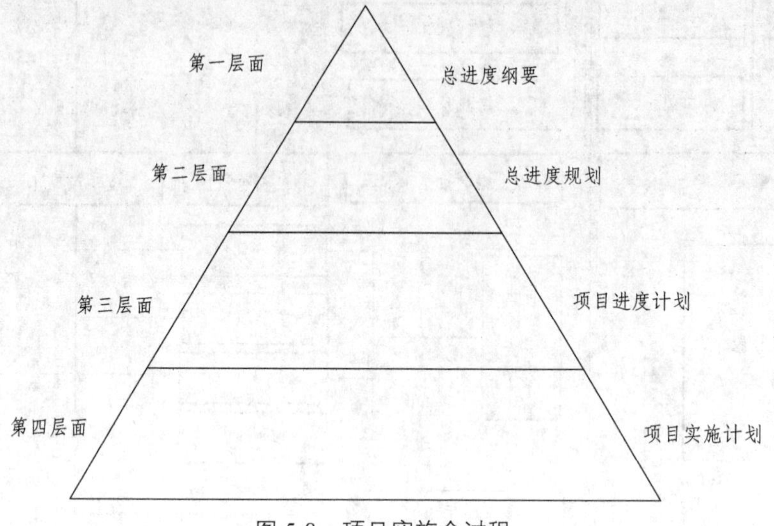

图 5-8　项目实施全过程

编制项目进度计划运用的方法和技术包括横道图法、网络计划技术、流水作业图、垂直图表法等。

编制项目总进度纲要（见图 5-9）和项目总进度规划时，要分析和论证项目进度目标实现的可能性，并对项目进度目标进行分解，确定里程碑事件的进度目标。里程碑事件的进度目标可作为进度控制的重要依据。

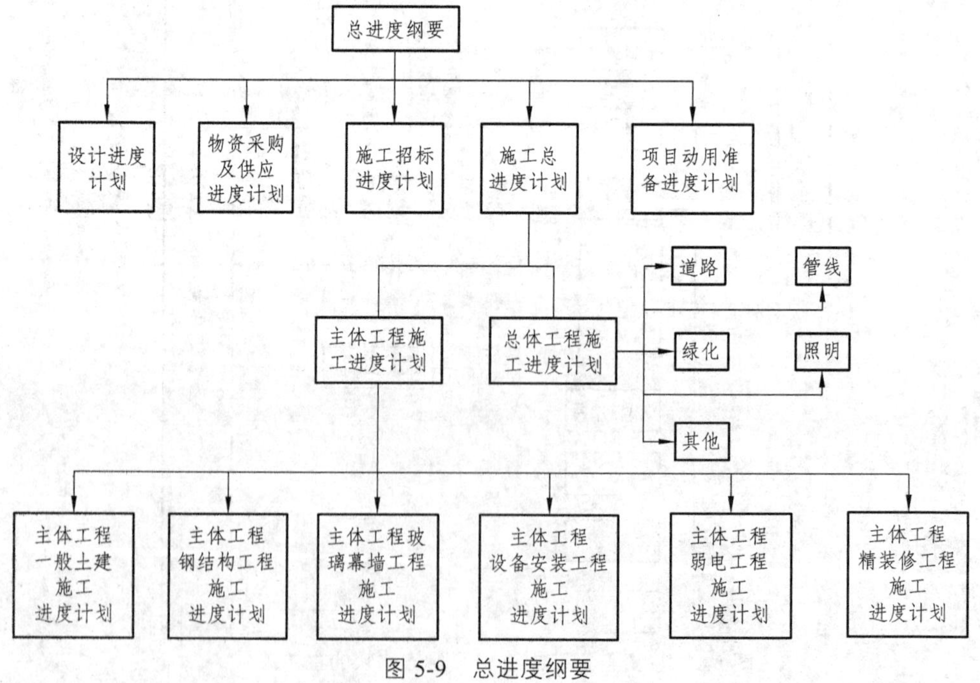

图 5-9　总进度纲要

在工程实践中，往往以里程碑事件（或基于里程碑事件的细化进度）的进度目标值作为进度的计划值。进度实际值是对应于里程碑事件（或基于里程碑事件的细化进度）的实际进度。进度的计划值和实际值的比较应是定量的数据比较，并应注意两者内容的一致性。

工程进度计划值和实际值的比较，一般要求定期进行，其周期应视项目的规模和特点而定。

工程进度计划值和实际值比较的成果是进度跟踪和控制报告，如编制进度控制的旬、月、季、半年和年度报告等。

经过进度计划和实际进度的比较，如发现偏差，则应采取措施纠正偏差或者调整进度目标。在业主方项目管理过程中，进度控制的主要任务是根据进度跟踪和控制报告，积极协调不同参与单位、不同阶段、不同专业之间的进度关系。

5.2.3 动态控制原理在项目质量控制中的应用

质量控制是质量管理的一部分，致力于满足质量要求的一系列相关活动。项目质量控制是在明确的质量目标和具体的条件下，通过行动方案和资源配置的计划、实施、检查和监督，进行质量目标的事前预控、事中控制和事后纠偏控制，实现预期质量目标的系统过程。项目质量控制的内容包括质量目标、质量计划、项目实施阶段质量控制任务、全面质量管理和质量管理体系。

项目质量目标可以分解为设计质量、施工质量、材料质量和设备质量。各质量子目标还可以进一步分解，如施工质量可以按单项工程、单位（子单位）工程、分部（子分部）工程、分项工程和检验批进行划分。工程项目的项目质量目标包括建设要求、有关技术规范和标准等方面，体现在设计、设备、材料、土建施工和设备安装、其他等多个环节。

项目质量目标本身构成系统，如图 5-10 所示。

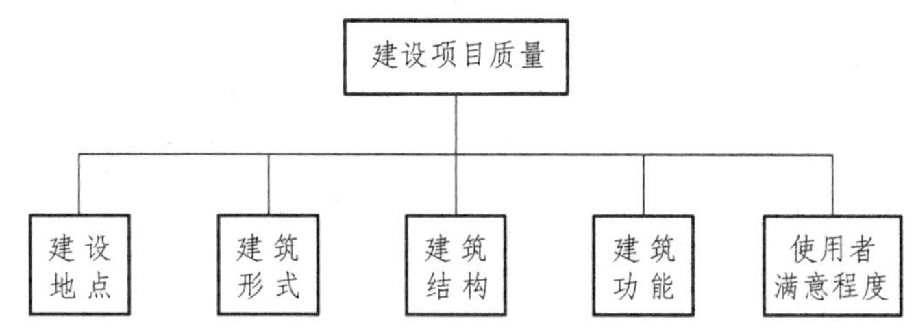

图 5-10　项目质量目标本身构成系统

质量控制工作贯穿于项目全过程和面向整个项目。图 5-11 所示为表示项目各阶段质量目标计划值和实际值比较的主要关系，从中也可看出各阶段质量控制子系统的相互关系。

质量目标计划值和实际值的比较，需要对质量目标进行分解，形成可比较的子项。质量目标计划值和实际值的比较是定性比较和定量比较的结合，如专家审核、专家验收、现场检测、试验和外观评定等。

质量控制的对象可能是工程项目设计过程、单位工程、分部分项工程或检验批。

以一个分部分项工程为例，动态控制过程的工作主要包括以下几个方面：

（1）确定控制对象应达到的质量要求；

（2）确定所采取的检验方法和检验手段；

（3）进行质量检验；

（4）分析实测数据和标准之间产生偏差的原因；

（5）采取纠偏措施；

（6）编制相关质量控制报告等。

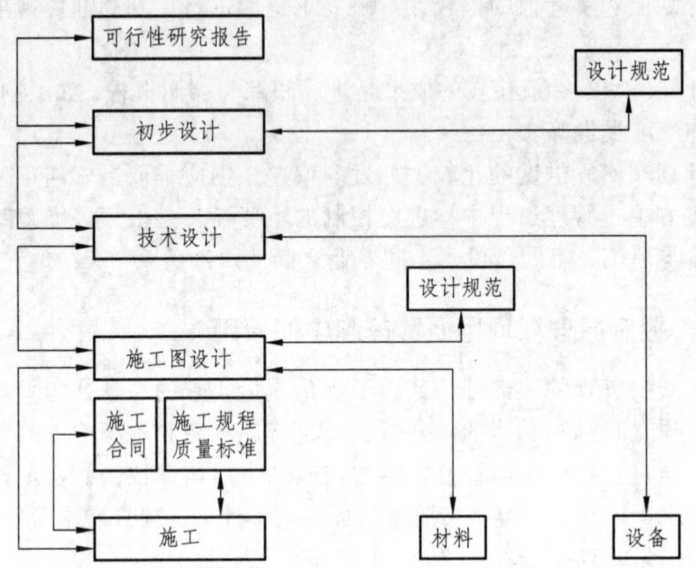

图 5-11　各阶段质量目标值和实际值比较的主要关系

5.3　目标控制中的纠偏措施

项目目标动态控制的纠偏措施主要包括组织措施、管理措施（包括合同措施）、经济措施和技术措施等。

（1）组织措施。

组织措施用于分析由于组织的原因而影响项目目标实现的问题，如调整项目组织结构、任务分工、管理职能分工、工作流程组织和项目管理班子人员等，并采取相应的措施。

（2）管理措施（包括合同措施）。

管理措施用于分析由于管理的原因而影响项目目标实现的问题，如调整进度管理的方法和手段、改变施工管理和强化合同管理等，并采取相应的措施。

（3）经济措施。

经济措施用于分析由于经济的原因而影响项目目标实现的问题，如落实加快工程施工进度所需的资金等，并采取相应的措施。

（4）技术措施。

技术措施用于分析由于技术（包括设计和施工的技术）的原因而影响项目目标实现的问题，如调整设计、改进施工方法和改变施工机具等，并采取相应的措施。

当项目目标失控时，人们往往首先思考的是采取什么技术措施，而忽略可能或应当采取的组织措施和管理措施。组织论的一个重要结论是：组织措施是目标能否实现的决定性因素。应充分重视组织措施对项目目标控制的作用。

项目目标动态控制的核心是：在项目实施的过程中定期地进行项目目标的计划值和实际值的比较，发现项目目标偏离时采取纠偏措施。为避免项目目标偏离的发生，还应重视事前的主动控制，即事前分析可能导致项目目标偏离的各种影响因素，并针对这些影响因素采取有效的预防措施，如图 5-12 所示。是否采取主动控制要进行成本与效益分析，对于一些目标偏离可能性很小的情况，采取主动控制并不一定是经济的选择。在项目理过程中，应根据管理目标的性质、特点和重要性，运用风险管理技术等进行分析评估，主动控制和动态控制相结合。

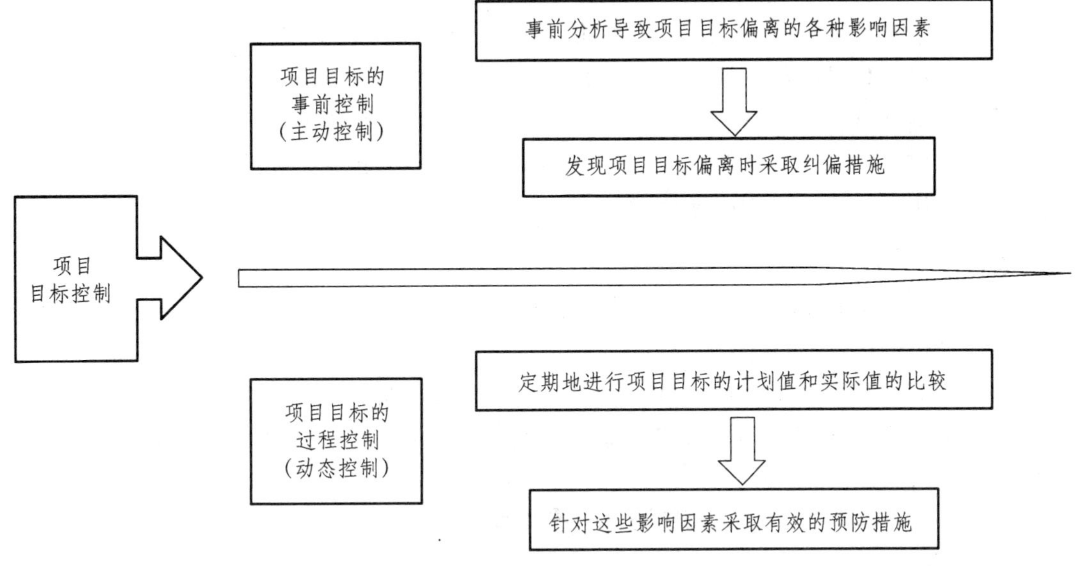

图 5-12　项目目标控制

5.3.1　进度目标控制中的纠偏措施

进度控制的目的就是通过控制实现工程的进度目标，即项目实际建设周期不超过计建设周期。进度控制所涉及的时间覆盖范围从项目立项至项目正式动用，所涉及的项覆盖范围包括与项目动用有关的一切子项目，所涉及的单位覆盖范围包括设计、科研、材料供应、购配件供应、设备供应、施工安装单位及审批单位等。因此影响进度的因素相当多，进度控制中的协调量也相当大。在项目的实施过程中经常出现进度偏差，即实际进度偏离计划进度，需要采取相关措施进行纠偏。进度纠偏措施主要包括组织措施、管理措施（包括合同措施）、经济措施和技术措施。

1. 组织措施

组织措施是目标能否实现的决定性因素，因此编制进度纠偏措施时应重视相应的组织措施。进度纠偏的组织措施主要包括以下内容：

（1）健全项目管理的组织体系。

（2）在项目组织结构中应有专门的工作部门和符合进度控制岗位资格的专人负责进控制工作。

（3）对于相关技术人员和管理人员，应尽可能加强教育和培训，工作中采用激励机制。

（4）进度控制的主要工作环节包括进度目标的分析和论证、编制进度计划、定期跟踪度计划的执行情况、采取纠偏措施以及调整进度计划。

（5）编制项目进度控制的工作流程。

（6）进度控制工作包含了大量的组织和协调工作，而会议是组织和协调的重要手段。

2. 管理措施

工程项目进度控制纠偏的管理措施涉及管理的思想、管理的方法、管理的手段、承发包模式、合同管理和风险管理等。

进度纠偏的管理措施主要包括以下几个方面：

（1）采用工程网络计划方法进行进度计划的编制和实施控制。

（2）应选择合理的合同结构。

（3）分析影响工程进度的风险，并在分析的基础上采取风险管理措施。

（4）利用信息技术辅助进度控制。

3. 经济措施

工程项目进度控制的经济措施主要涉及资金需求计划、资金供应的条件和经济激励措施等。经济措施主要包括以下几项内容：

（1）编制与进度计划相适应的资源需求计划（资源进度计划）。

（2）资金供应条件包括可能的资金总供应量、资金来源（自有资金和外来资金）以及资金供应的时间。

（3）在工程预算中还要考虑加快工程进度所需要的资金。

4. 技术措施

工程项目进度控制的技术措施涉及对实现进度目标有利的设计技术和施工技术的选用。

不同的设计理念、设计技术路线、设计方案会对工程进度产生不同的影响，在设计工作的前期，特别是在设计方案评审和选用时，应对设计技术与工程进度的关系作分析比较。

施工方案对工程进度有直接的影响，在选用时，不仅应分析技术的先进性和经济合理性，还应考虑其对进度的影响。

5.3.2 投资目标控制中的纠偏措施

项目投资控制并不是越省越好，而是通过控制实现项目既定的投资目标。项目投资目标控制的作用是使该项目的实际总投资不大于该项目的计划投资（业主所确定的投资目标值），即要在计划投资的范围内，通过控制的手段，以实现项目的功能、建筑的造型和设备材料质量的优化等。

投资控制的基本方法是在项目实施全过程，以控制循环理论为指导，进行计划值与实际值的比较（分目标比较），发现有偏离时，及时采取纠偏措施。投资控制并不属于纯经济工作范畴，应从多方面采取措施，同时应尽可能借助计算机进行辅助投资控制。

当投资计划值与实际值比较出现偏差时，需要对偏差出现的原因进行分析，这是项目投资控制工作的核心；然后根据偏差分析的结果，采取适当的纠偏措施，这是项目投资控制工作最具实质性的一步。纠偏的措施包括组织措施、管理（合同）措施、经济措施、技术措施。在项目的不同阶段，纠偏措施也不尽相同，如表 5-1 所示。以下将主要从业主方角度出发，对项目实施各阶段投资控制的主要纠偏措施进行概要分析。

表 5-1　项目实施各阶段投资控制的纠偏措施

项目阶段	组织措施（A）	管理（合同）措施（B）	经济措施（C）	技术措施（D）
设计准备阶段Ⅰ	A-Ⅰ	B-Ⅰ	C-Ⅰ	D-Ⅰ
设计阶段Ⅱ	A-Ⅱ	B-Ⅱ	C-Ⅱ	D-Ⅱ
工程发包与设备材料采购阶段Ⅲ	A-Ⅲ	B-Ⅲ	C-Ⅲ	D-Ⅲ
施工阶段Ⅳ	A-Ⅳ	B-Ⅳ	C-Ⅳ	D-Ⅳ

5.3.3　质量目标控制中的纠偏措施

1. 影响质量目标的因素

工程项目质量比一般产品的质量更难控制，出现质量问题进行纠偏也更加复杂。综合起来看，影响工程项目质量目标的因素主要包括以下几个方面：

（1）人的因素；（2）管理因素；（3）技术因素；（4）社会因素；（5）环境因素。

2. 质量控制中的纠偏措施

由于影响质量目标的因素有多种，也很复杂，因此质量纠偏措施也有多种，从总体上可分为组织措施、管理措施（包括合同措施）、经济措施和技术措施等。

（1）组织措施。

组织是进行质量问题纠偏首要考虑的因素，主要采取以下措施：

① 建立合理的组织结构模式；② 明确与质量控制相关部门和人员的任务分工和管理职能分；③ 选择符合质量控制工作岗位的管理人员和技术人员；④ 制定质量控制工作流程和工作制度，审查工作流程和工作制度是否有效并得到严格执行。

（2）管理措施（包括合同措施）。

在理顺组织的前提下，质量控制中的纠偏措施还应着重采取相应的管理措施，主要包括进行质量贯标、多单位控制、采用相关管理技术方法、采取必要的合同措施、加强项目文化建设以及利用信息技术辅助质量控制和纠偏等。

（3）经济措施。

工程项目质量控制系统的活力在于它的运行机制，而运行机制的核心是动力机制，动力机制又来源于利益机制。因此在进行质量控制和质量纠偏时，除了采取一定的合同措施外，还应采取一定的经济措施。

（4）技术措施。

质量问题纠偏的技术措施有很多，在实施过程中可以结合工程实际情况，采用下列两种措施处理质量问题：① 整修与返工；② 综合处理方法。

【复习题】

参考答案

1. 什么是动态控制的基本原理，其原理循环过程是什么？
2. 什么是 PDCA 循环原理，其循环过程如何体现？
3. 利用动态控制原理进行项目投资控制，其分解原则是什么？
4. 在工程实践中，如何利用动态控制原理进行进度控制？
5. 简述工程项目目标控制中的纠偏措施。

第 6 章　工程项目投资管理

【本章重难点】

工程项目资本成本的理解；价值工程进行设计方案优选的方法；工程项目投资结算的计算；工程预付款的计算及抵扣

6.1　工程项目资金的筹集

1. 建设项目资金构成

按照不同的投资主体的投资范围和项目的基本情况，可以将建设项目分为三类。公益性项目：主要由政府拨款建设，如国防、科研、文教、卫生等非赢利性无偿还能力的建设项目；基础性项目：加强政府政策性融资的同时，加重地方和企业的投资责任，引入民间资本；竞争性项目：企业作为投资主体，主要向市场融资。

（1）自由资金。

企业的自由资金是指企业有权支配使用，按规定可以用于固定资产投资和流动资产投资的资金，即在项目资金总额中投资者缴付的出资额，包括资本金和资本溢价。

① 资本金：新建项目设立企业时在工商行政管理部门登记的注册资金。根据投资主体的不同，资本金可以分为国家资本金、法人资本金、个人资本金和外商资本金。

② 资本公积金：企业接受捐赠、财产重估增资本折算差额和资本溢价等形成的公积金。

（2）借入资金。

是指以企业名义从金融机构和资金市场借入，需要偿还的用于固定资产投资的资金，包括国内银行贷款、国际金融机构贷款、外国政府贷款、各种贸易及发行债券等。

2. 建设项目资金来源

（1）财政预算（利用税收、财政信用、举借外债资金）投资。

① 公益性项目：由于该类项目没有偿还能力，其资金由预算拨款解决。通常由投资计划部门安排和管理。拨款投资使用单位必须加强管理，明确投资责任，资金的使用情况及项目建设进度必须及时向计划部门报告。有关经办银行加强监督，审计部门要定期检查资金使用情况。

② 基础性项目：政府集中必要的财力、物力，通过经济实体进行投资。关系国计民生的重大基础设施、重大工业项目和水利工程等项目建设由中央政府投资主体主承担，地方性的基础设施项目由项目所在地政府投资主体承担。当下对基础设施项目采取的是 BOT、TOT、PPP 模式引入民间资本或者是外资。

（2）企业自有资金的融通。

企业自有资金是指企业拥有支配使用，但必须偿还的资金。改扩建项目和技术改造项目的企业自有资金主要来源于新产品试制基金、生产发展基金、职工福利基金和基本折旧基金、大修理基金等，以及各种形式的社会集资。新建项目自有资金的筹集可以采取国家投资、各方集资或者发行股票的方式。投资者可以用现金、实物和无形资产等进行投资。

（3）国内银行的贷款。

① 中央银行：银行的银行、发行货币的银行、监督和管理整个金融业的银行，我国中央银行是中国人民银行。

中央银行不直接对工商企业发放政策性贷款，它的主要职能有：一是发行货币，调节货币流通；二是作为政府金融货币方面的代理人，管理政府资金，对政府提供信用，代理国库；三是通过贷款、存款准备金和再贴现等市场业务对其他银行和金融机构进行管理，制定货币政策。

② 政策性银行。

a. 国家开发银行：一家以国家重点建设为主要融资对象的政策性投资银行。重点建设项目包括：一是制约经济发展的“瓶颈”项目；二是直接增强综合国力的支柱产业项目；三是重大高新技术在经济领域中应用的项目；四是跨地区的重大政策性项目。这些项目自身效益低，贷款期限长，投资风险较大，需要在利率上给予优惠。

b. 中国农业发展银行：主要承担国家粮棉油储备、农副产品合同收购、农业开发等方面的政策性贷款，代理财政支农资金的拨付和使用。

c. 国家进出口银行：主要是为大型成套设备进出口提供信贷，为成套机电产品出口信贷提供贴息及出口信用担保。

政策性银行是具有独立法人的经济实体，实行独立核算、自主经营、自担风险。资本金由财政拨入，另外的资金有向金融机构发行金融债券。它不经营商业性信贷业务，不以盈利为目的，实行保本经营，不与商业银行进行业务竞争，业务接受中国人民银行的监督。

③ 商业性银行。

商业性银行通俗的将就是以经营存、放款为主要业务，并以盈利性、安全性和流动性为主要经营原则的信用机构，在整个金融体系中是唯一能够接受活期存款的银行，通过发放贷款，创造存款货币。

商业性银行的资金由于来源于居民储蓄和企业存款，这就要求银行额度贷款必须有借有还，周转使用，还本付息。因此，银行在贷款发放时要结合企业的生产经营状况进行严格审查。

我国的商业银行体系中，除了国有商业银行（工商银行、建设银行、中国银行、农业银行）外，还有商业性银行（交通银行、中信实业银行、光大银行、招商银行、深圳发展银行、上海浦东发展银行等）。目前，我国竞争性项目投资的重要来源是商业银行贷款。

（4）国外贷款。

① 外国政府贷款。

是指外国政府通过财政预算每年拨出一定款项，直接向我国政府提供的贷款。这种贷款的特点是利率较低（年利率通常为 2%～3%），期限较长（平均为 20～30 年），但数额有限，且具有双边援助性质，一般都限定用途，并要从贷款国进口机器设备。这种贷款方式比较适用于项目建设周期长、金额较大的低收益项目，如发电站、铁路及能源开发项目。

② 国际金融组织贷款。

是指联合国的专门金融机构（如国际货币基金组织、世界银行团、国际开发协会）以及其他地区性的国际金融机构（如亚洲开发银行、非洲开发银行等）。一般是根据成员国申请，经检查批准后提供贷款。

国际货币基金组织贷款年限一般为 3～5 年，利率为 4.375%～6.375%，有 0.5%的手续费。

国际复兴开发银行目前主要向亚、非、拉欠发达国家提供开发性贷款，贷款年限较长，有的可以达到 20～30 年，宽限期为 5～10 年，利率比市场利率略低。

国际开发协会贷款对象为发展中国家，贷款不计息，只收 0.75%的手续费和 0.5%承诺费，贷款期限一般为 35～40 年，宽限期平均为 10 年。

国际金融公司服务对象是私人部门，贷款利率一般在伦敦同业拆放率之上加一定的百分点，贷款期限最长可为 10～14 年，宽限期为 2～4 年。

③ 国外商业银行贷款。

包括国外开发银行、投资银行、长期信用银行等金融公司向我国提供的贷款，它们可以单独向我国提供贷款，也可以由几家共同向我国提供贷款，即银团贷款。建设项目投资主要向国外银行筹集中长期贷款，一般通过中国银行、国际信托投资公司办理。

这种贷款的特点为可以筹集大额资金，借入资金可以由借款人自由支配，但贷款条件较为苛刻，贷款利率相对较高，贷款期限较短，另外还要收取承诺费、手续费等各种费用。

④ 在国际市场上发行债券。

在国外发行债券，使用外国货币作为面值，偿付期限长，一般在 7 年以上，发行额一次可以在一亿美元左右；筹集的款项可以自由使用，且可以连续发行。但手续比较复杂，发行地政府往往还有限制规定，债券利率加上发行费率一般会高于商业银行贷款利率。这种贷款适用于金额不大，资金运用要求自由的项目。

（5）国外资金直接投资。

① 合资经营。

指共同投资，联合经营，并按出资比例分配利润和承担风险而建立的企业。这类企业由于是按照投资比例来分取利益，又称为股权式合营企业。合资经营企业在我国境内是具有独立资产的法人实体。

② 合作经营。

指某一国（地区）厂商与其他国家（地区）厂商根据东道国的有关法律，通过签订合同而建立的企业。这类企业由于是按照合同规定比例来分取利益，又称为契约式合营企业。

③ 合作开发。

主要是针对海上石油和其他资源的合作勘探开发。一般是：第一阶段主要进行地球物理勘探，一切费用由外国工资支付，勘探结束后，我国可以取得一套完整的地质资料，了解资源前景；第二阶段根据勘探结果选出部分地区进行招标，签订合同，合作勘探开发，双方按合同规定分享产品（利润）。

④ 外资经营。

为外国投资者独资投资和经营的企业形式。按照我国的相关规定，外国投资者可以在经济特区、开发区及其他经我国政府批准的地区开办独资企业。

3. 工程项目资本成本

（1）资本成本的概念。

资本成本是指企业为筹集和使用资金而付出的代价。从广义上讲，企业筹集和使用任何资金，不论短期的还是长期的，都要付出代价。狭义的资本成本仅指筹集和使用长期资金（包括自有资本和借入长期资金）的成本。长期资金也被称为资本，所以长期资金的成本也称为资本成本。

资本成本包括资金筹集费和资金占用费两部分。资金筹集费指在资金筹集过程中支付的各项费用，如发行股票、债券支付的印刷费、发行手续费、律师费、资信评估费、公证费、担保费、广告费等。资金占用费是指占用资金支付的费用，如股票的股息、银行借款和债券利息等。相比之下，资金占用费是筹资企业经常发生的，而资金筹集费通常在筹集资金时一次发生，因此在计算资本成本时可作为筹资金额的一项扣除。资本成本可有多种计量形式。在比较各种筹集方式中，使用个别资本成本，包括普通股成本、留存收益成本、长期借款成本、债券成本；在进行资本结构决策时，使用加权平均资本成本；在进行追加筹资决策时，则使用边际资本成本。

资本成本是重要概念。首先，资本成本是企业的投资者（包括股东和债权人）对投入企业的资本所要求的收益率；其次，资本成本是投资本项目的机会成本。

资本成本的概念广泛运用于企业财务管理的许多方面。对于筹资方来讲，资本成本是选择资金来源、确定筹资方案的重要依据，力求选资本成本最低的筹资方式。对于投资方来讲，资本成本是评价投资项目、决定投资取舍的重要标准。资本成本还可用作衡量项目经营成果的尺度，即经营利润率应高于资本成本，否则表明业绩欠佳。

（2）决定资本成本高低的因素。

在市场经济环境中，多方面因素的综合作用决定着企业资本成本的高低，其中主要的因素有：总体经济环境、证券市场条件、企业内部的经营和融资状况、项目融资规模。

总体经济环境决定了整个经济中资本的供给和需求，以及预期通货膨胀的水平。总体经济环境变化的影响，反映在无风险报酬率上。显然，如果整个社会经济中的资金需求和供给发生变动，或者通货膨胀水平发生变化，投资者也会相应改变其所要求的收益率。具体说，如果货币需求增加，而供给没有相应增加，投资人便会提高其投资收益率，企业的资本成本就会上升；反之，则会降低其要求的投资收益率，使资本成本下降。如果预期通货膨胀水平上升，货币购买力下降，投资者也会提出更高的收益率来补偿预期的投资损失，导致企业资本成本上升。

证券市场条件影响证券投资的风险证券市场条件包括证券的市场流动难易程度和价格波动程度。如果某种证券的市场流动性不好，投资者想买进或卖出证券相对困难，变现风险增大，要求的收益率就会提高；或者虽然存在对某证券的需求，但其价格波动较大，投资的风险大，要求的收益率也会提高。

企业内部的经营和融资状况，指经营风险和财务风险的大小。经营风险是企业投资决策的结果，表现在资产收益率的变动上；财务风险是企业筹资决策的结果，表现在普通股收益率的变动上。如果企业的经营风险和财务风险大，投资者便会有较高的收益率要求。

融资规模是影响企业资本成本的另一个因素。企业的融资规模大，资本成本较高，比如，企业发行的证券金额很大，资金筹集费和资金占用费都会上升，而且证券发行规模的增大还会降低其发行价格，由此也会增加企业的资本成本。

6.2 设计阶段的投资管理

1. 设计方案竞选

（1）实行设计方案竞选的建设项目应具备的条件：

① 有经过审批的项目建议书和可行性研究报告。

② 有规划部门确定的项目建设地点、规划控制文件、设计要点和建设用地红线图。

③ 有符合要求的地形图：建设场地工程地质、水文地质初勘资料和市政道路、交通方面的基础资料。

（2）组织竞选单位的条件：

① 具有法人资格。

② 有相应的工程技术和经济管理人员，并有组织编制方案竞选文件的能力。

③ 有组织方案竞选和评定的能力。

（3）参加竞选的条件：

① 单位名称、法人代表、地址，单位性质、隶属关系。

② 设计证书复印件及证书副本，设计收费证书及营业执照复印件。

③ 单位简历、主要技术力量及装备情况。

④ 方案签字者的一级注册建筑师资格证书；没有一级注册建筑师的单位，可以与有一级注册建筑师的设计单位联合参加竞选。

（4）设计方案竞选的评定。

评定小组由组织竞选的单位和有关专家组成，人数为 7 ~ 11 人，其中技术专家人数占 2/3 以上，参加竞选的单位和方案设计者不能参加评定小组。评定小组在公证机关下当众宣布平定办法，公布相关内容。

从评定会议后至确定中选单位的期限一般不超过 15 天。确定中选单位后，组织竞选单位应于 7 天内发出中选通知书，同时抄送个未中选单位，未中选单位于 7 天内取回资料。中选通知书发出 30 天内，建设单位与中选单位签订工程设计承发包合同。

对未中选单位设计方案的处理：

采用公开竞选方式的，是否给付补偿费由组织竞选活动者决定；采用邀请竞选方式的，应付给未中选单位补偿费，如果设计方案达到《城市建筑方案设计文件编制深度规定》要求，一般补偿金额不低于该项目方案设计费的 40%。补偿费在工程设计费中列支。

中选单位完成方案设计后，如果建设单位另选择设计单位承担初步设计和施工图设计，则应付给中选单位方案设计费，金额不低于该项目标准设计费的30%。

2. 设计阶段的限额设计

（1）限额设计的理解。

按照批准的可行性研究报告及投资估算控制初步设计，按照批准的初步设计总概算控制技术设计和施工图设计，同时各专业在保证达到使用功能的前提下，按分配的投资限额控制设计，严格控制不合理的变更，保证总投资限额不被突破。

投资分解和工程量控制是实行限额设计的有效途径和主要方法。

限额设计是将总结算设计审定的投资限额和工程量先分解到各专业，然后再分解到各单位工程和分部工程。

（2）限额设计的主要内容：

① 投资决策阶段要提高投资估算的准确性，合理确定设计限额目标。

可行性研究报告是国家主管部门核准投资限额的重要依据，一经批准的投资总额是下一阶段进行限额设计控制投资的目标。为适应限额设计的要求，应加深可行性研究的深度，认真进行多方案的技术经济分析和论证，择优确定最佳方案。

② 初步设计阶段重视设计方案的比选，把设计概算造价控制在批准的投资估算限额内。

初步设计开始时，项目总设计师应将可行性研究报告的设计原则、建设方针和各项控制经济指标向设计人员交底，对主要建筑、各种费用等提出技术经济方案比选。研究可行性研究报告中投资限额的可行性，如果超支，及时提出解决办法。

③ 在施工图设计阶段要认真进行技术经济分析，使施工图设计预算控制在设计概算造价内。

施工图设计是设计单位的最终产品，是指导工程建设的文件，是施工企业进行施工的依据，设计单位发出的施工图及预算造价要严格控制在批准的概算造价范围内。为此，施工图设计阶段应注意：

a. 必须严格按照批准的初步设计所确定的原则范围、内容、项目和投资额进行；

b. 由于初步设计深度不同和外部条件的变化，可以在已确认的设计概算造价允许的范围内进行调整，但必须经设计负责人和建设方认可；

c. 当建设规模、产品方案或者设计方案发生重大变化时，必须重新编制或修改初步设计及概算，并报原主管部门审批。

④ 加强设计变更管理。

对非发生不可的变更，应尽量提前实现。变更发生得越早，损失就越小。如在设计阶段变更，只需修改图纸，其他费用尚未发生，损失有限；如在采购阶段变更，不仅要修改图纸，还必须重新采购设备材料；若在施工中变更，除上述费用之外已施工的工程还得拆除或者修正，势必造成重大损失。

⑤ 限额设计中树立动态管理的观念。

为了在工程建设过程中体现物价指数变化引起的价差因素，在设计概算中引入“原值”、“现值”和“终值”三个不同时间概念。为了排除价格上涨对限额设计的影响和有利于政府的宏观调控，限额设计指标均以原值为主，设计概算、预算的计算均采用投资估算或造价指标所依据的同年价格。

（3）限额设计的不足。

① 限额设计的本质是投资控制的主动性，其重要的一环是在初步设计和施工图设计前实施，一旦设计完成发现超支的情况，则会使投资控制处于被动地位，同时降低了设计的合理性。

② 突出强调设计限额的重要性，使价值工程中的 $F\uparrow\uparrow/C\uparrow=V\uparrow$方法不能使用，限制了设计人员在这方面的创造性。

③ 对投资估算、设计概算、设计预算的限额，均是指建设项目的一次性投资，而对建成后的维护费等使用中的支出考虑较少，会出现项目限额设计效果好，但项目的寿命周期费用不经济的现象。

3. 设计阶段投资控制的基本方法——价值工程原理

（1）价值工程的理解。

价值工程（Value Engineering，VE），是以最小的寿命周期成本实现一定的产品或作业的必要功能，而致力于功能分析的有组织的活动。

价值工程这一定义，涉及价值工程的三个基本概念，即价值、功能和寿命周期成本。

① 价值。

价值工程中的“价值”是指对象所具有的功能与获得该功能的全部费用之比，它不是对象的使用价值，也不是对象的交换价值，而是对象的比较价值。设对象（如产品、工艺、劳务等）的功能为 F，其成本为 C，价值为 V，则可利用下列公式计算价值：$V=F/C$。

价值的大小取决于功能和成本。产品的价值高低表明产品合理、有效利用资源的程度和产品物美价廉的程度。产品价值高就是好产品，其资源利用程度就高；价值低的产品表明其资源没有得到有效利用，应设法改进和提高。由于“价值”的引入，产生了对产品新的评价形式，即把功能与成本、技术与经济结合起来进行评价。提高价值是广大消费者利益的要求，也是企业和国家利益的要求。因此，企业应当尽可能地提高产品的价值，创造物美价廉的产品。

价值的提高取决于功能和费用两个因素，所以提高价值可以通过以下途径实现：

提高功能，降低成本，大幅度提高价值。这是提高价值的最理想途径，即：$F\uparrow/C\downarrow=V\uparrow\uparrow$。

功能不变，降低成本，提高价值。即：$F\rightarrow/C\downarrow=V\uparrow$。

成本不变，提高功能，提高价值。即：$F\uparrow/C\rightarrow=V\uparrow$。

成本稍有增加，功能大幅度提高，即：$F\uparrow\uparrow/C\uparrow=V\uparrow$。

功能稍有降低，成本大幅度降低。即：$F\downarrow/C\downarrow\downarrow=V\uparrow$。

② 功能。

价值工程中的功能是对象能够满足某种需求的一种属性。具体来说，功能就是效用。任何产品都具有功能，如住宅的功能是提供居住空间，建筑物基础的功能是承受荷载，等等。

功能是产品最本质的东西，正因为产品具备了功能才能得以使用和存在下去。人们购买产品实际上是购买这个产品所具有的功能。例如，人们需求住宅，实质是需求住宅的“提供生活空间”的功能。价值工程的特点之一就是研究并切实保证用户要求的功能。

功能可以分为：

a. 基本功能和辅助功能。

基本功能是决定产品性质和存在的基本因素。辅助功能是为了更有效地实现基本功能而附加的因素。一般来说，基本功能是必要的功能；辅助功能有些是必要的功能，有些可能是多余的功能。例如，承重外墙的基本功能是承受荷载，室内间壁墙的基本功能是分隔空间，而隔声、隔热等则是墙体的辅助功能。

b. 使用功能和美观功能。

功能按其性质可分为使用功能和美观功能。建筑产品的使用功能一般要求具备可靠性、安全性和维修性等。建筑产品的美观功能一般包括造型、色彩、图案等。不论是使用功能还是美观功能，它们都是通过基本功能和辅助功能来实现的。建筑产品构配件的使用功能和美观功能要根据产品的特点而有所侧重。有的产品应突出其使用功能，如地下电缆、地下管道、燃料、能源等；有的应突出其美观功能，如塑料墙纸、陶瓷壁画等；也有一些产品二者功能兼而有之，如家具、灯具。应当特别指出，美观功能由于能直接影响使用者的视觉、感觉和情绪，直接影响产品使用效果，刺激购买，激起消费，提高产品的市场竞争能力，正越来越受到设计人员的重视。

c. 必要功能和不必要功能。

必要功能是指对象为满足使用者的需求所必须具备的功能，或者说是用户要求对象具有的功能。不必要功能是指对象所具有的、与满足使用者的需求无关的功能，或者说是用户完全不需要的功能。

③ 寿命周期费用。

建筑产品在整个寿命周期过程中所发生的全部费用，称为寿命周期费用。它包括建设费用和使用费用两部分。建设费用是指建筑产品从筹建直到竣工验收为止的全部费用，包括勘察设计费、施工建造费等。使用费用是指用户在使用过程中所发生的各种费用，包括维修费用、能源消耗费用、管理费用等。对于用户来说，建筑产品寿命周期费用 C 是建设费用 C_1 和使用费用 C_2 之和，即：$C=C_1+C_2$。

建筑产品的寿命周期费用与建筑产品的功能有关。从图 6-1 所示费用构成可以看出，随着建筑产品的功能水平提高，建筑产品的使用费用降低，但是建设费用增高；反之，使用费用增高，建设费用降低。一座精心设计施工的住宅，其质量得到保证，使用过程中发生的维修费用就比较低；相反，粗心设计并且施工中偷工减料，建造的住宅质量一定低劣，使用过程中的维修费用就较高。建设费用、使用费用与功能水平的变化规律决定了寿命周期费用呈图 6-1 所示的马鞍形变化，决定了寿命周期费用存在最低值。建设费用 C_1 的曲线和使用费用 C_2 的曲线的交点所对应的寿命周期费用才是最低的，最低寿命周期费用 $C_{\min}$ 所对应的功能水平 F_0 是从费用方面考虑的最为适宜的功能水平。

（2）价值工程进行方案选择的过程。

第一步：计算工程权重系数。

首先把构成产品成本或总成本的构配件排列起来，然后按构配件功能的重要程度作一比一的比较（0—1 法：重要的得一分，次要的得 0 分；0—4 法；环比法），然后把各构配件得分累计起来，再除以全部构配件的得分总数，得到的值叫作该构配件的功能重要性系数，其计算公式为

$$功能重要性系数=\frac{某构配件的功能重要性得分}{全部构配件的功能重要性得分}$$

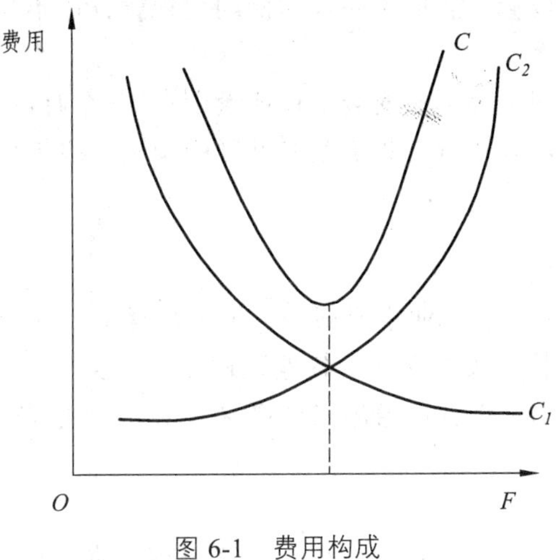

图 6-1　费用构成

第二步：计算成本系数。

成本系数指每个构配件的现实成率在产品总成本中所占的比例，其计算公式：

成本系数=某构配件的现实成本÷产品现实总成本

第三步：计算方案的价值系数。

价值系数是指某构配件的功能重要性系数与其成本系数之比，其计算公式：

价值系数=某构配件的功能重要性系数÷该构配件的成本系数

第四步：利用价值系数进行方案选择或者方案各部分的功能改进。

方案选择：通常情况下选择价值系数最大的方案作为最优方案。

方案部分功能改进顺序：

① 价值系数小于 1 的产品或部件，说明其重要程度小而成本高。若选为 VE 工作对象，可以用降低成本或提高重要程度方法来提高产品价值。

② 价值系数大于 1，说明产品或部件重要，成本低。也可以选为 VE 工作对象，进一步提高该产品或部件的质量，增大价值。

③ 价值系数等于 1，说明该产品或部件的重要程度和成本相当。因此不再选为 VE 工作对象。

④ 价值系数等于 0，表明构配件不重要，可以取消或合并。

6.3　工程项目实施过程中的投资管理

1. 工程价款的结算方式

（1）按月结算。

每月结算一次工程款，根据本月时间完成工程量，由业主支付单位工程款。通常是旬末或者月中预支，月终结算。跨年度工程，在年终进行工程盘点，办理年度结算。

（2）分段结算。

当年开工当年不能竣工的单项工程或者单位工程按照工程形象进度，划分不同阶段进行结算，结算部位完成后付总造价一定比例的工程款，可不受月度限制。

（3）竣工后一次结算。

建设项目或单位工程全部建筑安装工程建设期在 12 个月以内，或者工程承包合同价值在 100 万元以下的，可以实行工程价款每月月中预支，竣工后一次计算。

2. 工程预付款

（1）工程预付款的理解。

按照合同规定，在开工前，业主要预付一笔工程材料、预制构件的备料款给承包商。实际工作中，工程预付款的额度通常由各地区根据工程类型、施工工期、材料供应状况确定，一般为当年建筑安装工程产值的 25%左右；对于大量采用预制构件的工程，可以适当增加。

（2）预付款的支付。

我国《建设工程合同文本》规定，甲、乙双方应当在合同专用条款内约定甲方向乙方预付工程款的时间和数额，开工后按约定的时间和比例扣回。

预付款预付时间应不迟于约定开工日期前 7 天。甲方不能按约定预付，乙方在约定时间 7 天后向甲方发出要求预付的通知，甲方收到通知后仍不能按要求预付时，乙方可在发出通知后 7 天停止施工，甲方应从约定应付之日起向乙方支付应付款的贷款利息，并承担违约责任。

《招标文本》规定，工程预付款仅用于乙方支付施工开始时与本工程相关的动员费。如果乙方滥用此款，甲方有权收回。在乙方向甲方提交金额等于预付款数额（甲方认可的银行开出）的银行保函后，甲方按规定的时间和金额向乙方支付预付款，在甲方全部扣回预付款之前，该银行保函一直有效。当预付款被甲方扣回时，银行保函金额相应递减。

（3）工程预付款的扣还。

工程预付款由于是按所占用的储备材料款与建筑安装工程款的比值计算而得的，所以随着工程的进展，材料储备随之减少，相应的材料储备款也减少，因此，预付款应当陆续扣回，直到工程竣工之前扣完。

通常情况下将施工工程尚需的主要材料及构件的价值相当于预付款时作为起扣点。达到起扣点时，从每次结算工程款中按材料比例抵扣预付款。其计算公式为

$$\text{预付款起扣点}=\text{承包工程价款总额}-\frac{\text{预付款}}{\text{主要材料占工程价款的比重}}$$

3. 工程进度款

（1）工程进度款的支付方式。

① 按月完成产值支付。

业主方一般在月底或者月初支付本月完成产值的工程进度款。当工程进度款达到预付款起扣点时，则应从进度款中减去应扣除的预付款数额。支付公式为

$$\text{本期工程进度款}=\text{本期完成产值}-\text{应扣除的预付款}$$

② 按逐月累计完成产值支付。

该方法主要用于国际工程承包，具体做法如下：

a. 业主不支付承包商预付款，工程所需要的备料款全部由承包商自筹或者向银行贷款。

b. 承包商进入施工现场的材料、构配件和设备均可报入当月的工程进度款，由业主负责支付。

c. 工程进度款采取逐月累计，倒扣合同金额法支付。其主要优点在于如果上月累计多支付，即可在下期累计产值中扣回，不会出现长期超支工程款的现象。

d. 支付工程款时，扣除按合同约定的保留金。保留金一般为合同价的 5%，大型工程可以在合同中约定数额。

e. 按逐月累计完成产值支付的计算公式：

$$累计完成产值=本月完成产值+上月累计完成产值$$

$$未完产值=合同总价-累计完成产值$$

（2）工程进度款支付的有关事项。

① 工程量的确认。

a. 乙方按照约定时间向工程师提交已完工程量报告。工程师接到报告后 7 天内按设计图纸核实已完工程量（以下称为计量），并在计量前 24 小时通知乙方，乙方为计量提供便利条件并派人参加。乙方不参加计量的，甲方自行进行，计量结果有效并作为工程价款支付的依据。

b. 工程师收到乙方报告后 7 天内未进行计量的，从第 8 天起，乙方报告中开列的工程量即视为已被确认，作为工程价款支付的依据。工程师不按约定时间通知乙方，使乙方不能参加计量的，计量结果无效。

c. 工程师对乙方超出设计图纸范围或者因承包商自身原因造成返工的工程量，不予以计量。

② 合同收入的组成。

a. 合同中规定的初始收入，即建造承包商与客户在双方签订的合同中最初商定的合同总价格，构成了合同中的基本收入。

b. 合同因变更、索赔、奖励等构成的收入，这部分收入不构成合同双方在签订合同时已在合同中商定的金额，是合同执行过程中形成的追加收入。

③ 工程进度款的支付。

a. 在双方计量确认后 14 天内，甲方应向乙方支付工程款（进度款），包括同期用于工程上的甲方供应材料的价款以及按约定时间甲方应按比例扣回的预付款。

b. 符合规定范围内的合同价款调整，工程变更调整的合同价款及其他条款中约定的追加合同价款，应与工程款（进度款）同期调整。

c. 甲方超过约定时间不支付工程款（进度款），乙方可向甲方发出要求付款通知，甲方收到通知后仍不能按要求付款的，可以与乙方签订延期付款协议，经乙方同意后可以延期支付。协议必须明确延期支付的时间和从甲方计量签字后第 15 天起计算应付款的贷款利息。

d. 甲方不按合同支付工程款（进度款），又没有与乙方达成延期付款协议的，导致工程施工无法进行，乙方可以停止施工，由甲方承担违约责任。

4. 工程竣工结算及审查

（1）工程竣工结算的要求。

① 理解。

施工企业按照合同规定的内容完成全部所承包的工程，经验收质量合格，并符合合同要求之后，向发包单位进行的最终工程价款结算。

② 竣工结算要求。

a. 竣工验收报告经甲方认可后 28 天内，乙方向甲方提供竣工结算报告及完整的结算资料，甲、乙双方按照协议约定的合同价款及专用条款约定的合同价款调整内容，进行工程竣工结算。

b. 甲方收到乙方提供竣工结算报告及完整的结算资料后 28 天内进行核实，给予确认或者提出修改意见。甲方确认竣工结算报告后通知经办银行向乙方支付工程竣工结算价款，乙方收到竣工结算价款后 14 天内将竣工工程交付给甲方。

c. 甲方收到乙方提供竣工结算报告及完整的结算资料后 28 天内无正当理由不支付工程竣工结算价款的，从第 29 天起按乙方同期向银行贷款利率支付拖欠工程款利息，并承担违约责任。

d. 甲方收到乙方提供竣工结算报告及完整的结算资料后 28 天内不支付工程竣工结算价款的，乙方可以催告甲方支付结算价款。甲方收到乙方提供竣工结算报告及完整的结算资料后 56 天内不支付工程竣工结算价款的，乙方可以与甲方协议将该工程折价，也可由乙方申请人民法院依法将该工程拍卖，乙方就该工程折价或者拍卖的价款中优先受偿。

e. 工程竣工验收报告经甲方认可后 28 天内，乙方未能向甲方提交工程竣工结算报告及完整的结算资料，造成工程竣工结算不能正常进行或者工程竣工结算价款不能及时支付，甲方要求乙方交付工程的，乙方应当交付；甲方不要求交付的，乙方承担保管责任。

③ 工程竣工结算的审查。

a. 核对合同条款：首先，竣工工程内容是否与合同条件要求一致，工程是否竣工验收合格，只有按合同要求完成全部工程并验收合格才能列入竣工结算。其次，按合同约定的结算方法、基计价定额、取费标准、主材价格、优惠条款等进行工程审查。

b. 检查隐蔽工程记录：所有隐蔽工程必须经过验收，两人以上签字；实行工程监理的项目应有工程师签证确认。

c. 落实变更设计。设计变更应由原设计单位出具设计变更通知和修改图纸，设计、校审人员签字并加盖公章，经建设单位和监理工程师审查认可。

d. 按图核实工程量。

e. 注意各项费用的计取。

例题：某业主与承包商签订了建筑安装工程项目合同。合同价为 2000 万元，工期 7 个月。承包合同规定：

业主应向承包商支付合同价 20%的工程预付款。

工程预付款从未施工工程尚需的主要材料及构配件价值相当于工程预付款时起扣，每月以允抵工程款的方式陆续扣回；主要材料及构配件按合同价的 60%考虑。

工程质量保修金每月按进度款的 8%比例扣留，直到扣至合同价的 5%为止；保修期 1 年，期满后保修金返还给承包商。

进度款按月结算，1～4 月每月月中预支半月工程款，5～6 月不预支月工程款。

甲供材料在发生的当月的工程款中扣回。

每月工程师签发付款的最低金额为 100 万元。

经业主的工程师代表签认的承包商实际完成工程量及甲供材料情况如表 6-1 所示。

表 6-1　工程量及材料表（单位：万元）

月份	1	2	3	4	5	6	7
实际完成工作量	250	200	350	230	320	370	280
业主供材料价值	25	13	32	21	16	30	8

问题：（1）该工程的预付款是多少？预付款从第几月开始起扣？

（2）各月工程师代表应签证的工程款是多少？应签发付款凭证金额是多少？

（3）工程在竣工半年后，屋面发生漏水，业主应该如何处理此事？

分析：

（1）预付款：2000×20%=400 万元

预付款起扣点：2000−400/60%=1333.33 万元（从第 5 个月开始扣回）

（2）一月：签证工程款：250×（1−8%）=230 万元

签付工程款：230−250/2−25=80 万元（本月不支付）

二月：签证工程款：200×（1−8%）=184 万元

签付工程款：184−200/2−13=71 万元

本月支付：80+71=152 万元

三月：签证工程款：350×（1−8%）=322 万元

签付工程款：322−350/2−32=115 万元

本月支付：115 万元

四月：签证工程款：230×（1−8%）=211.6 万元

签付工程款：211.6−230/2−21=75.6 万元（本月不支付）

五月：签证工程款：320−（2000×5%−20−16−28−18.4）=302.4 万元

签付工程款：302.4−（1360−1333.33）×60%=270.4 万元

本月支付：270.4+75.6=346 万元

六月：签证工程款：370 万元

签付工程款 370×（1−60%）−30=118 万元

本月支付：118 万元

七月：签证工程款：280 万元

签付工程款 280×（1−60%）−8=104 万元

本月支付：104 万元

（3）由于在保修期内，业主应先通知承包商进行维修，费用从维修金中支出；若承包商不能在约定时间内维修，业主可以委托他人维修，费用从保修金中支出。

【复习题】

1. 某房地产开发公司对一写字楼进行开发，征集到相关设计方案，经筛选后对起较为好的方案进行进一步技术经济分析，有关专家从5个方面（$F_1 \sim F_5$）对不同方案的功能进行了评价，并对各功能的重要程度达成了以下共识：$F_1:F_2:F_3:F_4:F_5=6:3:1:4:5$，此后各专家对该4个方案的功能满足程度分别打分，结果见下表。根据造价工程师估算，A、B、C和D四个方案单方造价分别为1420元/平方米、1230元/平方米、1150元/平方米和1360元/平方米。

功能	方案功能得分			
	A	B	C	D
F_1	9	10	9	8
F_2	10	10	8	9
F_3	9	9	10	9
F_4	8	8	8	7
F_5	9	7	9	6

问题：

（1）请用环比平分法计算各功能权重；

（2）用价值系数法选择最佳设计方案。

2. 某工程项目设计人员根据业主的使用要求，提出了 3个设计方案。有关专家决定从5个方面（分别以$F_1 \sim F_5$表示）对不同方案的功能进行评价，并对各功能的重要性分析如下：F_3相对于F_4很重要；F_3相对于F_1较重要；F_2和F_5同样重要；F_4和F_5同样重要。各方案单位面积造价及专家对3个方案满足程度的评分见下表。

方案满足程度评分表

方案	F_1	F_2	F_3	F_4	F_5	单位面积造价
A	9	8	8	7	10	1680
B	8	7	10	6	9	1720
C	9	8	10	8	9	1590

【问题】

（1）使用0~4评分法计算各功能的权重，并填入下表。

各功能权重表

功能	F_1	F_2	F_3	F_4	F_5	得分	权重
F_1	—						
F_2		—					
F_3			—				
F_4				—			
F_5					—		
合计							

（2）选择最佳设计方案。

（3）在确定某一设计方案后，设计人员按限额设计要求，确定建筑安装下程目标成本额为 14 000 万元，然后以主要分部工程为对象进一步开展价值工程分析。各分部工程评分值及目前成本见下表。试分析各功能项目的功能指数、目标成本及应降低额，并确定功能改进顺序。

功能得分及目前成本表

功能项目	±0.00 以下工程	主体结构工程	装饰工程	水电安装工程
功能得分	21	35	28	32
目前成本/万元	3854	4633	4364	3219

确定功能改进顺序表

方案	功能指数	目前成本/万元	目标成本/万元	应降低额/万元	功能改进顺序
A±0.00 以下工程					
B 主体结构工程					
C 装饰工程					
D 水电安装工程					

3. 某工程项目业主与承包商签订了工程施工合同，合同中含 2 个子项工程，估算工程量甲项为 2300 m^3，乙项为 3200 m^3，子项工程实际工程量见下表。经协商合同单价甲项为 180 元/m^3，乙项为 160 元/m^3,。承包合同相关规定如下：

开工前业主应向承包商支付合同价的 20%预付款；

业主自第一个月起，从承包商的工程款中，按 5%的比例扣滞留金；

当子项工程实际累计工程量超过估算工程量的 10%时，可进行调价，调价系数为 0.9；

根据市场情况规定价格调整系数平均按 1.2 计算；

工程师签发月度付款最低金额为 25 万元；

预付工程款在最后 2 个月扣除，每月扣 50%。

子项工程实际工程量

项目	1	2	3	4
甲项	500	800	800	600
乙项	700	900	800	600

问题：

（1）预付工程款是多少？

（2）每个月工程量价款是多少？工程师应签发的工程款是多少？实际签发付款凭证金额是多少？

4. 某工程项目施工合同价为 560 万元，合同工期为 6 个月，施工合同规定：

开工前业主向施工单位支付合同价的 20%预付款；

业主自第一个月起，从施工单位应得的工程款中按 10%的比例扣保留金，保留金限额暂定为合同价的 5%，保留金到第三个月底全部扣完；

预付款在最后两个月扣除，每月扣 50%；

工程进度款按月结算，不考虑调价；

业主供料价款发生在当月工程款中扣回；

若施工单位每月实际完成的产值不足计划产值的 90%，业主可按实际完成产值的 8% 扣留工程进度款，在工程竣工结算时将扣留工程款退还给施工单位。

经业主代表认可的施工进度计划和实际完成产值见下表。

施工进度计划和实际完成产值表　　单位：万元

时间（月）	1	2	3	4	5	6
计划完成产值	70	90	110	110	100	80
实际完成产值	70	80	120			
业主供料价款	8	12	15			

该工程施工进入第四个月时，由于业主资金出现困难，合同被迫终止。为此，施工单位提出了以下费用赔偿要求：(1) 施工现场存放有为本工程购买的特殊材料价值 50 万元；(2) 因设备撤回基地发生的费用 10 万元；(3) 人员遣返费用 8 万元。

问题：

(1) 该工程的工程预付款是多少？应扣保留金是多少？

(2) 从第一个月到第三个月监理工程师签证工程款是多少？应签发的付款凭证金额是多少？

(3) 合同终止时业主已支付给施工单位各类工程款是多少？

(4) 合同终止后，施工单位提出的补偿要求是否合理？业主应该补偿多少？

(5) 合同终止后业主共应向施工单位支付多少工程款？

参考答案

第 7 章　工程项目施工成本管理

【本章重难点】

成本分析的方法：因素分析法、差额法；施工成本偏差的理解和应用；成本控制方法：横道图法、表格法、挣值法；工程成本索赔费用构成、索赔费用分析及计算

7.1　施工成本管理的任务

施工成本是指在建设工程项目实施过程中所发生的全部生产费用的总和，包括所耗的原材料、辅助材料、构配件等的费用，周转材料的摊销及租赁费用，施工机械的使用及租赁费用等，支付给生产工人的工资和奖金等，以及进行施工组织与管理所发生的全部费用支出。建设工程项目施工成本由直接成本和间接成本组成。

直接成本是指施工过程中耗费的构成工程实体或有助于工程实体形成的各项费用支出，是可以直接计入工程对象的费用，包括人工费、材料费、施工机械使用费和施工措施费等。

间接成本是指施工过程中为施工准备、组织和管理施工生产的全部费用支出，是非直接用于也无法直接计入工程对象，但为进行工程施工所必须发生的费用，包括管理人员工资、办公费和差旅费等。

施工成本管理就是在保证工期和质量满足要求的情况下，利用组织措施、经济措施、技术措施、合同措施把成本控制在计划范围内，并进一步最大限度地节约成本。施工成本管理的任务主要包括：成本预测、成本计划、成本控制、成本核算、成本分析和成本考核。

1. 施工成本预测

施工成本预测就是根据成本信息和施工项目的具体情况，运用一定的方法，对未来的成本水平及其可能的发展趋势作出科学的估计，尤其是在工程施工以前对成本进行的估算。通过成本预测，可以在满足项目业主和本企业要求的前提下，选择成本低、效益好的最佳成本方案，并能够在施工项目成本形成过程中，针对薄弱环节，加强成本控制，克服盲目性，提高预见性。因此，施工成本预测是施工项目成本决策与计划的依据。施工成本预测，通常是对施工项目计划工期内影响其成本变化的各个因素进行分析，比照近期已完工施工项目或将完工施工项目的成本（单位成本），预测这些因素对工程成本中有关项目（成本项目）的影响程度，预测出工程的单位成本或总成本。

2. 施工成本计划

施工成本计划是以货币形式编制施工项目计划在内的生产费用、成本水平、成本降

低率以及降低成本所采取的主要措施和规划的书面方案。它是建立施工项目成本管理责任制，开展成本控制和核算的基础。一般来说，一个施工项目成本计划应包括从开工到竣工所必需的成本，它是该施工项目降低成本的指导文件，是设立目标成本的依据。可以说，成本计划是目标成本的一种形式。

（1）施工成本计划应满足的要求：

① 合同规定的项目质量和工期要求；

② 组织对项目成本管理目标的要求；

③ 以经济合理的项目实施方案为基础的要求；

④ 有关定额及市场价格的要求；

⑤ 类似项目提供的启示。

（2）施工成本计划的具体内容。

① 编制说明。

指对工程的范围、投标竞争过程及合同条件、承包人对项目经理提出的责任成本目标、施工成本计划编制的指导思想和依据等的具体说明。

② 施工成本计划的指标。

施工成本计划的指标应经过科学的分析预测确定，可以采用对比法、因素分析法等方法来进行测定。

施工成本计划一般情况下有以下三类指标：

a. 成本计划的数量指标，如：

按子项汇总的工程项目计划总成本指标；

按分部汇总的各单位工程（或子项目）计划成本指标；

按人工、材料、机械等各主要生产要素计划成本指标。

b. 成本计划的质量指标，如施工项目总成本降低率，可采用：

设计预算成本计划降低率 = 设计预算总成本计划降低额/设计预算总成本；

责任目标成本计划降低率 = 责任目标总成本计划降低额/责任目标总成本。

c. 成本计划的效益指标，如工程项目成本降低额：

设计预算成本计划降低额 = 设计预算总成本-计划总成本；

责任目标成本计划降低额 = 责任目标总成本-计划总成本。

③ 按工程量清单列出的单位工程计划成本汇总表。

④ 按成本性质划分的单位工程成本汇总表，根据清单项目的造价分析，分别对人工费、材料费、机械费、措施费、企业管理费和税费进行汇总，形成单位工程成本计划表。

成本计划应在项目实施方案确定和不断优化的前提下进行编制，因为不同的实施方案将导致直接工程费、措施费和企业管理费的差异。成本计划的编制是施工成本预控的重要手段，因此应在工程开工前编制完成，以便将计划成本目标分解落实，为各项成本的执行提供明确的目标、控制手段和管理措施。

3. 施工成本控制

施工成本控制是指在施工过程中，对影响施工成本的各种因素加强管理，并采取各种有效措施，将施工中实际发生的各种消耗和支出严格控制在成本计划范围内。通过随时揭示并及时反馈，严格审查各项费用是否符合标准，计算实际成本和计划成本之间的差异并进行分析，进而采取多种措施消除施工中出现的损失、浪费现象。

建设工程项目施工成本控制应贯穿于项目从投标阶段开始直至竣工验收的全过程，它是企业全面成本管理的重要环节。施工成本控制可分为事先控制、事中控制（过程控制）和事后控制。在项目的施工过程中，需按动态控制原理对实际施工成本的发生过程进行有效控制。

合同文件和成本计划是成本控制的目标，进度报告和工程变更与索赔资料是成本控制过程中的动态资料。

成本控制的程序体现了动态跟踪控制的原理。成本控制报告可单独编制，也可以根据需要与进度、质量、安全和其他进展报告结合，提出综合进展报告。

成本控制应满足下列要求：

（1）要按照计划成本目标值来控制生产要素的采购价格，并认真做好材料、设备进场数量和质量的检查、验收与保管。

（2）要控制生产要素的利用效率和消耗定额，如任务单管理、限额领料、验工报告审核等。同时要做好不可预见成本风险的分析和预控，包括编制相应的应急措施等。

（3）控制影响效率和消耗量的其他因素（如工程变更等）所引起的成本增加。

（4）把施工成本管理责任制度与对项目管理者的激励机制结合起来，以增强管理人员的成本意识和控制能力。

（5）承包人必须有一套健全的项目财务管理制度，按规定的权限和程序对项目资金的使用和费用的结算支付进行审核、审批，使其成为施工成本控制的一个重要手段。

4. 施工成本核算

施工成本核算包括两个基本环节：一是按照规定的成本开支范围对施工费用进行归集和分配，计算出施工费用的实际发生额；二是根据成本核算对象，采用适当的方法计算出该施工项目的总成本和单位成本。施工成本管理需要正确、及时地核算施工过程中发生的各项费用，计算施工项目的实际成本。施工项目成本核算所提供的各种成本信息，是成本预测、成本计划、成本控制、成本分析和成本考核等各个环节的依据。

施工成本一般以单位工程为成本核算对象，但也可以按照承包工程项目的规模、工期、结构类型、施工组织和施工现场等情况，结合成本管理要求，灵活划分成本核算对象。施工成本核算的基本内容包括：

人工费核算；材料费核算；周转材料费核算；结构件费核算；机械使用费核算；措施费核算；分包工程成本核算；间接费核算；项目月度施工成本报告编制。

施工成本核算制是明确施工成本核算的原则、范围、程序、方法、内容、责任及要求的制度。项目管理必须实行施工成本核算制，它和项目经理责任制等共同构成了项目管理的运行机制。组织管理层与项目管理层的经济关系、管理责任关系、管理权限关系，以及项目管理组织所承担的责任成本核算的范围、核算业务流程和要求等，都应以制度的形式作出明确的规定。

项目经理部要建立一系列项目业务核算台账和施工成本会计账户，实施全过程的成本核算，具体可分为定期的成本核算和竣工工程成本核算。定期的成本核算如每天、每周、每月的成本核算等，是竣工工程全面成本核算的基础。

形象进度、产值统计、实际成本归集三者同步，即三者的取值范围应是一致的。形象进度表达的工程量、统计施工产值的工程量和实际成本归集所依据的工程量均应是相同的数值。

对竣工工程的成本核算，应区分为竣工工程现场成本和竣工工程完全成本，分别由项目经理部和企业财务部门进行核算分析，其目的在于分别考核项目管理绩效和企业经营效益。

5. 施工成本分析

施工成本分析是在施工成本核算的基础上，对成本的形成过程和影响成本升降的因素进行分析，以寻求进一步降低成本的途径，包括有利偏差的挖掘和不利偏差的纠正。施工成本分析贯穿于施工成本管理的全过程，尤其是在成本的形成过程中，主要利用施工项目的成本核算资料（成本信息），与目标成本、预算成本以及类似的施工项目的实际成本等进行比较，了解成本的变动情况；同时也要分析主要技术经济指标对成本的影响，系统地研究成本变动的因素，检查成本计划的合理性，并通过成本分析，深入揭示成本变动的规律，寻找降低施工项目成本的途径，以便有效地进行成本控制。成本偏差的控制，分析是关键，纠偏是核心；要针对分析得出的偏差发生原因，采取切实措施，加以纠正。

成本偏差分为局部成本偏差和累计成本偏差。局部成本偏差包括项目的月度（或周、天等）核算成本偏差、专业核算成本偏差以及分部分项作业成本偏差等；累计成本偏差是指已完工程在某一时间点上实际总成本与相应的计划总成本的差异。分析产生成本偏差的原因，应采取定性和定量相结合的方法。

6. 施工成本考核

施工成本考核是指在施工项目完成后，对施工项目成本形成中的各责任者，按施工项目成本目标责任制的有关规定，将成本的实际指标与计划、定额、预算进行对比和考核，评定施工项目成本计划的完成情况和各责任者的业绩，并以此给予相应的奖励或处罚。通过成本考核，做到有奖有惩，赏罚分明，才能有效地调动每一位员工在各自施工岗位上努力完成目标成本的积极性，为降低施工项目成本和增加企业的积累，作出自己的贡献。

施工成本考核是衡量成本降低的实际成果，也是对成本指标完成情况的总结和评价。

成本考核制度包括考核的目的、时间、范围、对象、方式、依据、指标、组织领导、评价与奖惩原则等内容。

以施工成本降低额和施工成本降低率作为成本考核的主要指标，要加强组织管理层对项目管理部的指导，并充分依靠技术人员、管理人员和作业人员的经验和智慧，防止项目管理在企业内部异化为靠少数人承担风险的以包代管模式。成本考核也可分别考核组织管理层和项目经理部。

项目管理组织对项目经理部进行考核与奖惩时，既要防止虚盈实亏，也要避免实际成本归集差错等的影响，使施工成本考核真正做到公平、公正、公开，在此基础上兑现施工成本管理责任制的奖惩或激励措施。

施工成本管理的每一个环节都是相互联系和相互作用的。成本预测是成本决策的前提，成本计划是成本决策所确定目标的具体化。成本计划控制则是对成本计划的实施进行控制和监督，保证决策的成本目标的实现，而成本核算又是对成本计划是否实现的最后检验，它所提供的成本信息对下一个施工项目的成本预测和决策提供基础资料。成本考核是实现成本目标责任制的保证和实现决策目标的重要手段。

7.2 施工成本计划

7.2.1 施工成本计划的类型

对于一个施工项目而言，其成本计划是一个不断深化的过程。在这一过程的不同阶段形成深度和作用不同的成本计划，按其作用可分为三类：

1. 竞争性成本计划

即工程项目投标及签订合同阶段的估算成本计划。这类成本计划是以招标文件中的合同条件、投标者须知、技术规程、设计图纸或工程量清单等为依据，以有关价格条件说明为基础，结合调研和现场考察获得的情况，根据本企业的工料消耗标准、技术和管理水平、价格资料和费用指标，对本企业完成招标工程所需要支出的全部费用的估算。在投标报价过程中，虽也着力考虑降低成本的途径和措施，但总体上较为粗略。

2. 指导性成本计划

即选派项目经理阶段的预算成本计划，是项目经理的责任成本目标。它以合同标书为依据，按照企业的预算定额标准制订的设计预算成本计划，且一般情况下只是确定责任总成本指标。

3. 实施性计划成本

即项目施工准备阶段的施工预算成本计划。它以项目实施方案为依据，落实项目经理责任目标为出发点，采用企业的施工定额通过施工预算的编制而形成的实施性施工成本计划。

施工预算不同于施工图预算。两者虽仅一字之差，但区别较大。

（1）编制的依据不同。

施工预算的编制以施工定额为主要依据，施工图预算的编制以预算定额为主要依据，而施工定额比预算定额划分得更详细、更具体，并对其中所包括的内容如质量要求、施工方法以及所需劳动工日、材料品种、规格型号等均有较详细的规定或要求。

（2）适用的范围不同。

施工预算是施工企业内部管理用的一种文件，与建设单位无直接关系；而施工图预算既适用于建设单位，又适用于施工单位。

（3）发挥的作用不同。

施工预算是施工企业组织生产、编制施工计划、准备现场材料、签发任务书、考核工效、进行经济核算的依据，也是施工企业改善经营管理、降低生产成本和推行内部经营承包责任制的重要手段；而施工图预算则是投标报价的主要依据。

在编制实施性计划成本时要进行施工预算和施工图预算的对比分析，通过“两算”

对比，分析节约和超支的原因，以便提出解决问题的措施，防止工程成本的亏损，为降低工程成本提供依据。“两算”对比的方法有实物对比法和金额对比法。

（1）实物对比法。

将施工预算和施工图预算计算出的人工、材料消耗量分别填入两算对比表进行对比分析，算出节约或超支的数量及百分比，并分析其原因。

（2）金额对比法。

将施工预算和施工图预算计算出的人工费、材料费、机械费分别填入两算对比表进行对比分析，算出节约或超支的金额及百分比，并分析其原因。

“两算”对比的内容如下：

（1）人工量及人工费的对比分析。

施工预算的人工数量及人工费与施工图预算对比，一般要低6%左右。这是由于二者使用不同定额造成的。例如，砌砖墙项目中，砂子、标准砖和砂浆的场内水平运输距离，施工定额按50 m考虑；而计价定额则包括了材料、半成品的超运距用工。同时，计价定额的人工消耗指标还考虑了在施工定额中未包括，而在一般正常施工条件下又不可避免发生的一些零星用工因素，如土建施工中各工种之间的工序搭接所需停歇的时间；因工程质量检查和隐蔽工程验收而影响工人操作的时间；施工中不可避免的其他少数零星用工等。所以，施工定额的用工量一般都比预算定额低。

（2）材料消耗量及材料费的对比分析。

施工定额的材料损耗率一般都低于计价定额，同时，编制施工预算时还要考虑扣除技术措施的材料节约量。所以，施工预算的材料消耗量及材料费一般低于施工图预算。

有时，两种定额之间的水平由于不一致，个别项目也会出现施工预算的材料消耗量大于施工图预算的情况。不过，总的水平应是施工预算低于施工图预算。如果出现反常情况，则应进行分析研究，找出原因，采取措施，加以解决。

（3）施工机械费的对比分析。

施工预算机械费，是根据施工组织设计或施工方案所规定的实际进场机械，按其种类、型号、台数、使用期限和台班单价计算的费用。而施工图预算的施工机械是计价定额综合确定的，与实际情况可能不一致。因此，施工机械部分只能采用两种预算的机械费进行对比分析。如果发生施工预算的机械费大量超支，而又无特殊原因时，则应考虑改变原施工方案，尽量做到不亏损而略有盈余。

（4）周转材料使用费的对比分析。

周转材料主要指脚手架和模板。施工预算的脚手架是根据施工方案确定的搭设方式和材料，施工图预算则综合了脚手架搭设方式，按不同结构和高度，以建筑面积为基数计算的；施工预算模板是按混凝土与模板的接触面积计算的，施工图预算的模板则按混凝土体积综合计算。因而，周转材料宜采用按其发生的费用进行对比分析。

以上三类成本计划互相衔接和不断深化，构成了整个工程施工成本的计划过程。其中，竞争性计划成本带有成本战略的性质，是项目投标阶段商务标书的基础，而有竞争力的商务标书又是以其先进合理的技术标书为支撑的。因此，它奠定了施工成本的基本框架和水平。指导性计划成本和实施性计划成本，都是战略性成本计划的进一步展开和深化，是对战略性成本计划的战术安排。此外，根据项目管理的需要，实施性成本计划又可按施工成本组成、子项目组成、工程进度分别进行编制。

7.2.2 施工成本计划编制依据

施工成本计划是施工项目成本控制的一个重要环节，是实现降低施工成本任务的指导性文件。如果针对施工项目所编制的成本计划达不到目标成本要求，就必须组织施工项目管理班子的有关人员重新研究寻找降低成本的途径，并重新进行编制。同时，编制成本计划的过程也是动员全体施工项目管理人员的过程，是挖掘降低成本潜力的过程，是检验施工技术质量管理、工期管理、物资消耗和劳动力消耗管理等是否有效落实的过程。

编制施工成本计划，需要广泛收集相关资料并进行整理，以作为施工成本计划编制的依据。在此基础上，根据有关设计文件、工程承包合同、施工组织设计、施工成本预测资料等，按照施工项目应投入的生产要素，结合各种因素的变化预测和拟采取的各种措施，估算施工项目生产费用支出的总水平，进而提出施工项目的成本计划控制指标，确定目标总成本。目标总成本确定后，应将总目标分解落实到各个机构、班组，形成便于进行控制的子项目或工序。最后，通过综合平衡，编制完成施工成本计划。

施工成本计划的编制依据包括：

（1）投标报价文件；

（2）企业定额、施工预算；

（3）施工组织设计或施工方案；

（4）人工、材料、机械台班的市场价；

（5）企业颁布的材料指导价、企业内部机械台班价格、劳动力内部挂牌价格；

（6）周转设备内部租赁价格、摊销损耗标准；

（7）已签订的工程合同、分包合同（或估价书）；

（8）结构件外加工计划和合同；

（9）有关财务成本核算制度和财务历史资料；

（10）施工成本预测资料；

（11）拟采取的降低施工成本的措施；

（12）其他相关资料。

7.2.3 施工成本计划编制方式

1. 按施工成本组成编制

施工成本可以分解为人工材料费、施工机械费、措施费和间接费，如图 7-1 所示。

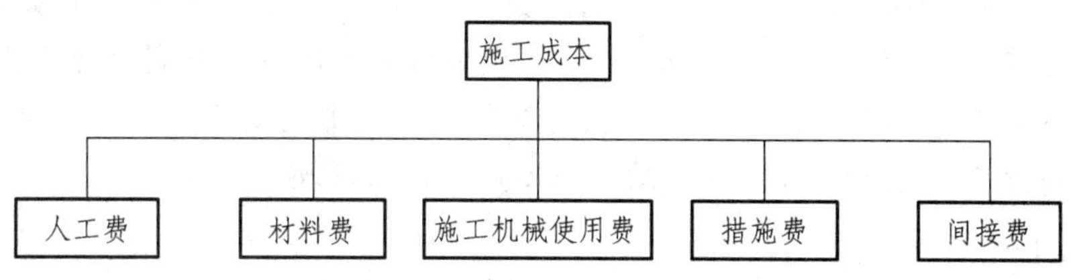

图 7-1 按施工成本编制计划

2. 按子项目组成编制

大中型的工程项目通常是由若干单项工程组成的，而每个单项工程包括多个单位工程，每个单位工程又由若干分部分项工程组成。首先把项目总施工成本分解到单项工程和单位工程中，再进一步分解到分部分项工程，如图 7-2 所示。

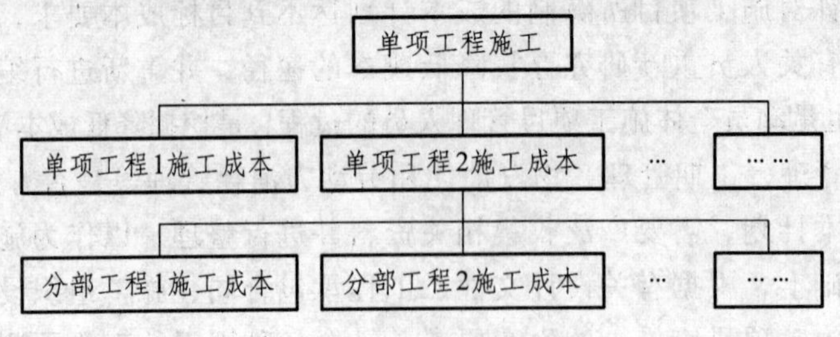

图 7-2　按子项目分解编制成本计划

3. 按工程进度编制

在建立网络图时，一方面确定完成各项工作所花费的时间，另一方面确定完成这一工作的合适的施工成本支出计划。

在实践中，将工程项目分解为既能方便地表示时间，又能方便地表示出施工成本计划的工作是不容易的。因此在编制网络计划时，应在充分考虑进度控制对项目划分要求的同时，还要考虑确定施工成本支出计划对项目划分的要求。

7.3　施工成本分析

7.3.1　施工成本分析的依据

施工成本分析，就是根据会计核算、业务核算和统计核算提供的资料，对施工成本的形成过程和影响成本升降的因素进行分析，以寻求进一步降低成本的途径；另外，通过成本分析，可以从账簿、报表反映的成本现象看清成本的实质，从而增强项目成本的透明度和可控性，为加强成本控制，实现项目成本目标创造条件。

1. 会计核算

会计核算主要是价值核算。会计是对一定单位的经济业务进行计量、记录、分析和检查，做出预测，参与决策，实行监督，旨在实现最优经济效益的一种管理活动。它通过设置账户、复式记账、填制和审核凭证、编制会计报表等一系列有组织、有系统的方法，来记录企业的一切生产经营活动，然后据以提出一些用货币反映的有关各种综合性经济指标的数据。资产、负债、所有者权益、营业收入、成本、利润等会计六要素指标，主要通过会计来核算；至于其他指标，会计核算的记录中也是可以有所反映的，但在反映的广度和深度上有很大的局限性，故一般不用会计来反映。

2. 业务核算

业务核算是各业务部门根据业务工作的需要建立的核算制度，包括原始记录和计算登记表。业务核算的范围比会计、统计核算广。会计和统计核算一般是对已经发生的经济活动进行核算，而业务核算不但可以对已经发生的，而且还可以对尚未发生或正在发生的经济活动能够进行核算，看是否可以做，是否具有经济效果。它的特点是对个别业务进行单项核算，不必提供综合性、总括性指标，核算范围不太固定，方法灵活。

3. 统计核算

统计核算是利用会计核算资料和业务核算资料，把企业生产经营活动客观现状的大量数据按统计方法加以系统整理，表明其规律性。统计核算的计量尺度比会计宽，可以用货币计量，也可以用实物或者劳动计量。它通过全面调查和抽样调查等方法，不仅能提供绝对数指标，还能提供相对数和平均数指标，可以计算当前实际水平，确定变动速度，也可以预测发展趋势。

7.3.2 施工成本分析的方法

1. 成本分析的基本方法

（1）比较法。

又称“指标对比分析法”，是通过技术经济指标对比，检查目标完成情况，分析产生差异的原因，进而挖掘内部潜力的方法。这种方法简单易行，便于掌握，在应用时要注意的是指标之间的可比性。

① 将实际指标与目标指标相对比。以此检查目标完成情况，分析影响目标完成的积极性因素和消极因素，以便采取措施保证成本目标的实现。在进行实际指标与目标指标对比时，还要注意目标本身是否有问题。如果目标本身有问题，则应作出相应的调整。

② 本期实际指标与上期实际指标的对比。通过这种对比，可以看出各项技术经济指标的变动情况，反映施工管理水平的提高程度。

③ 与本行业平均水平、先进水平相比较。通过这种比较，可以反映本项目的技术管理和经济管理与行业的平均水平和先进水平的差距。

（2）因素分析法。

又称连环置换法。这种方法可以用来分析各因素对成本的影响程度。在进行分析时，首先要假定众多因素中一个因素发生变化，而其他因素不发生变化，然后逐个替换，分别比较其计算结果，以确定各个因素的变化对成本的影响程度。基本步骤如下：

① 确定分析对象，并计算出实际数与目标数的差异；

② 确定该指标由哪几个因素组成，并按相互关系进行排序；

③ 以目标数为基数，将各因素的目标数相乘，作为分析替代的基数；

④ 将各因素的实际值按照上面的排列顺序进行替换计算，并将替换后的实际数保留；

⑤ 将每次替换得到的结果与前一次的计算结果相比较，两者之间的差异为该因素对成本的影响程度；

⑥ 各因素的影响程度之和，应与分析对象的总差异相等。

例题：商品混凝土目标成本为 443 040 元，实际成本为 473 697 元，比目标成本增加 30 657 元，资料如表 7-1 所示，分析成本增加的原因。

表 7-1

项目	单位	目标	实际
产量	m^3	600	630
单价	元	710	730
损耗率		4%	3%
成本	元	443 040	473 697

分析过程：

用连环替代法（见表 7-2）计算因素对成本的影响公式为

砖砌体总费用=工程量×红砖单价×每立方米用砖数量

表 7-2

顺序	计算式	差值	原因
目标数	600×710×1.04=443 040		
第一次替换	630×710×1.04=465 192（元）	22 152 元	由于产量增加
第二次替换	630×730×1.04=478 296（元）	13 104 元	由于单价提高
第三次替换	630×730×1.03=473 697（元）	−4599 元	由于损耗率下降
合计	22 152+13 104−4599	30 657 元	总费用超支

（3）差额计算法。

差额法是因素分析法的一种简化形式，它利用各个因素的目标值与实际值的差额来计算其对成本的影响程度。

（4）比率法。

比率法是用两个以上的指标的比例进行分析的方法。其基本特点：先把对比分析的数值变成相对数，再观察其相互之间的关系。

① 相关比率法。经济活动各个方面由于是相互联系、相互依存、相互影响的，因而可以将两个性质不同而又相关的指标加以对比，求出比率，并以此考察经营成果的好坏。例如：产值和工资是两个不同的概念，但它们是投入与产出的关系，一般情况下，都希望以最少的工资支出完成最大的产值。因此，用产值工资率指标来考核人工费的指出水平，就能说明问题。

② 构成比率法。又称比重分析法或结构分析法。通过构成比率，可以考察成本总量的构成情况以及各项成本占成本总量的比重，同时也可以看量、本、利的比例关系（即预算成本、实际成本和降低成本的比例关系）。

③ 动态比率法。将同类指标不同时期的数值进行对比，求出比率，以分析该项指标的发展方向和发展速度，动态比率的计算，通常采用基期指数和环比指数两种方法。

2. 综合成本分析法

所谓综合成本，是指设计多种生产要素，并受多种因素影响的成本费用，如分部分项工程成本、月（季）度成本、年度成本等。这些成本由于都是随着项目施工的进展而逐步形成的，与生产经营有着密切的关系。

（1）分部分项工程成本分析。

分部分项工程成本分析是施工项目成本分析的基础。分部分项工程成本分析的对象为已完成的分部分项工程。分析的方法是：进行预算成本、目标成本和实际成本的“三算”对比，分别计算实际偏差和目标偏差，分析偏差产生的原因。

分部分项工程成本分析的资料来源是：预算成本来自投标报价成本，目标成本来自施工预算，实际成本来自施工任务单位的实际工程量、实耗人工和限额领料单的实耗材料。

（2）月（季）度成本分析。

月（季）度成本分析是施工项目经常性的、定期的中间成本分析。对于具有一次性特点的施工项目来说，有较重要的意义。通过月（季）度成本分析，可以及时发现问题，以便按照成本目标指定的方向进行监督和控制，保证成本目标的实现。

月（季）度成本分析的依据是当月（季）成本报表，分析方法主要有以下几种：

① 通过实际成本与预算成本的对比，分析当月（季）的成本降低水平；通过累计实际成本与累计预算成本的对比，分析累计成本的降低水平，预测实现项目成本目标的前景。

② 通过实际成本与目标成本的对比，分析目标成本的落实情况，以及目标管理中的认识和不足，进而采取措施，加强成本管理，保证成本目标的落实。

③ 通过对各成本项目的成本分析，可以了解成本总量的构成比例和成本管理的薄弱环节。

④ 通过主要技术经济指标的实现与目标对比，分析产量、工期、质量、“三材”节约率、机械利用率等对成本的影响。

⑤ 通过对技术组织措施执行效果的分析，寻求更加节约的途径。

⑥ 分析其他有利条件和不利条件对成本的影响。

（3）年度成本分析。

企业成本要求一年结算一次，不得将本年成本转入下一年。而项目成本则以项目的寿命周期为结算期，要求从开工、竣工到保修期结束连续计算，最后结算出成本总量及其盈亏。由于项目寿命周期一般较长，除进行月（季）度成本核算和分析外，还要进行年度成本的核算和分析。这不仅是为了满足企业汇编年度报表的需要，还要进行年度成本的综合分析，可以总结一年来成本管理的成绩和不足，为今后的成本管理提供经验和教训。

年度成本分析的主要依据是年度成本报表。年度成本分析的内容，除了月（季）度成本分析的六个方面外，重点是要针对下一年度的施工进展情况规划提出切实可行的成本管理措施，以保证施工成本目标的实现。

（4）竣工成本分析。

凡是有几个单位工程而且是单独进行成本核算的施工项目，其竣工成本分析应以各单位工程竣工成本分析资料为基础，再加上项目经理部的经营效益（如资金调度、对外分包所产生的效益）进行综合分析。如果施工项目只有一个成本核算对象（单位工程），就以该成本核算对象的竣工成本资料作为成本分析的依据。

单位工程竣工成本分析包括以下内容：

① 竣工成本分析；

② 主要资源节约超支对比分析；

③ 主要技术节约措施及经济效益分析。

7.4 施工成本控制

7.4.1 施工成本控制的依据

（1）工程承包合同。

施工成本控制要以合同为依据，围绕降低工程成本这个目标，从预算收入和实际成本两个方面，努力挖掘增收节支潜力，以求获得最大的经济效益。

（2）施工成本计划。

施工成本计划是根据施工项目的具体情况指定的施工成本控制方案，既包括预定的具体成本控制目标，又包括实现控制目标的措施和规划，是施工成本控制的指导性文件。

（3）进度报告。

进度报告提供了每一时刻工程实际完成量、工程施工成本实际支付情况等重要信息。施工成本控制工作正是通过实际情况与施工成本计划相比较，找出二者之间的差别，分析偏差原因，从而采取措施以改进以后的工作。此外，进度报告还有助于管理者及时发现问题。

（4）工程变更。

在项目实施过程中，由于各方面的原因，工程变更避免很困难。工程变更一般包括设计变更、进度计划变更、施工条件变更、技术规范和标准变更、工程数量变更等。一旦出现变更，工程量、工程成本、工期都将发生变化，从而使得施工成本控制工作变得复杂。因此，施工管理人员应当通过对变更要求当中的各类数据的计算、分析，随时掌握变更情况，包括已发生的工程量、将要发生的工程量、工期是否拖延等信息，判断变更以及变更可能带来的索赔额度等。

除了上述几种施工成本控制工作的主要依据以外，有关施工组织设计、分包合同文本等也是成本控制的依据。

7.4.2 施工成本控制的步骤

在确定了施工成本计划之后，必须定期进行施工成本计划值与实际值的比较，当实际值偏离计划值时，分析产生偏差的原因，采取适当的纠偏措施，以确保施工成本控制目标的实现。其步骤如下：

（1）比较：按照某种确定的方式将施工成本计划值与实际值逐项进行比较，以发现施工成本是否超支。

（2）分析：在比较的基础上，对比结果进行分析，以确定偏差的严重性及偏差产生的原因。这一步是施工成本控制中的核心，其重要目的在于找出产生偏差的原因，从而采取有针对性的措施，减少或者避免相同原因的再次发生或减少由此造成的损失。

（3）预测：根据项目实施情况估算整个项目完成的施工成本。预测的目的在于为决策提供支持。

（4）纠偏：当工程中的实际施工成本出现偏差时，应当根据工程的具体情况，分析偏差和预测结果，并采取适当措施，以期达到使施工成本偏差尽可能小的目的。纠偏是施工成本控制中最具有实质性的一步。只有通过纠偏，才能达到最终有效控制施工成本的目的。

（5）检查：对工程进展进行跟踪和检查，及时了解工程进展情况以及纠偏措施的执行情况和效果，为今后的工作积累经验。

7.4.3 偏差的概念

1. *以成本表示偏差*

在施工成本控制中，把施工成本的实际值和计划值的差异叫作施工成本偏差，即

施工成本偏差=已完工程实际施工成本−已完工程计划施工成本

式中：已完工程实际施工成本=已完工程量×实际单位成本

已完工程计划施工成本=已完工程量×计划单位成本

结果为正表示施工成本超支，为负表示施工成本节约。但是，需要说明的是，进度偏差对施工成本偏差分析的结果同样有重要的影响，如果不加考虑就不能正确反映施工成本偏差的实际情况。如某一阶段的施工成本超支，可能是由于进度超前导致，也可能是由于物价上涨导致。因此，需要引入进度偏差的概念。

2. *以进度表示的偏差*

进度偏差（Ⅰ）=已完工程实际时间−已完工程计划时间

进度偏差（Ⅱ）=拟完工程计划施工成本−已完工程计划施工成本

所谓拟完工程计划施工成本，是指根据进度计划安排在某一确定时间内所完成的工程内容的计划施工成本，即

拟完工程计划施工成本=拟完工程量（计划工程量）×计划单位成本

进度偏差为正，表示工期拖延；结果为负表示工期提前。

7.4.4 施工成本控制的方法

1. *横道图法*

横道图法是用不同的横道标识已完工程计划施工成本、拟完工程计划施工成本和已完工程实际施工成本，横道的长度与其金额成正比例，如图 7-3 所示。

这种方法具有形象、直观、一目了然等优点，能够准确地表达出施工成本绝对差，而且能直观感受到偏差的严重性。但这种方法反映的信息量少，一般在项目较高管理层中使用。

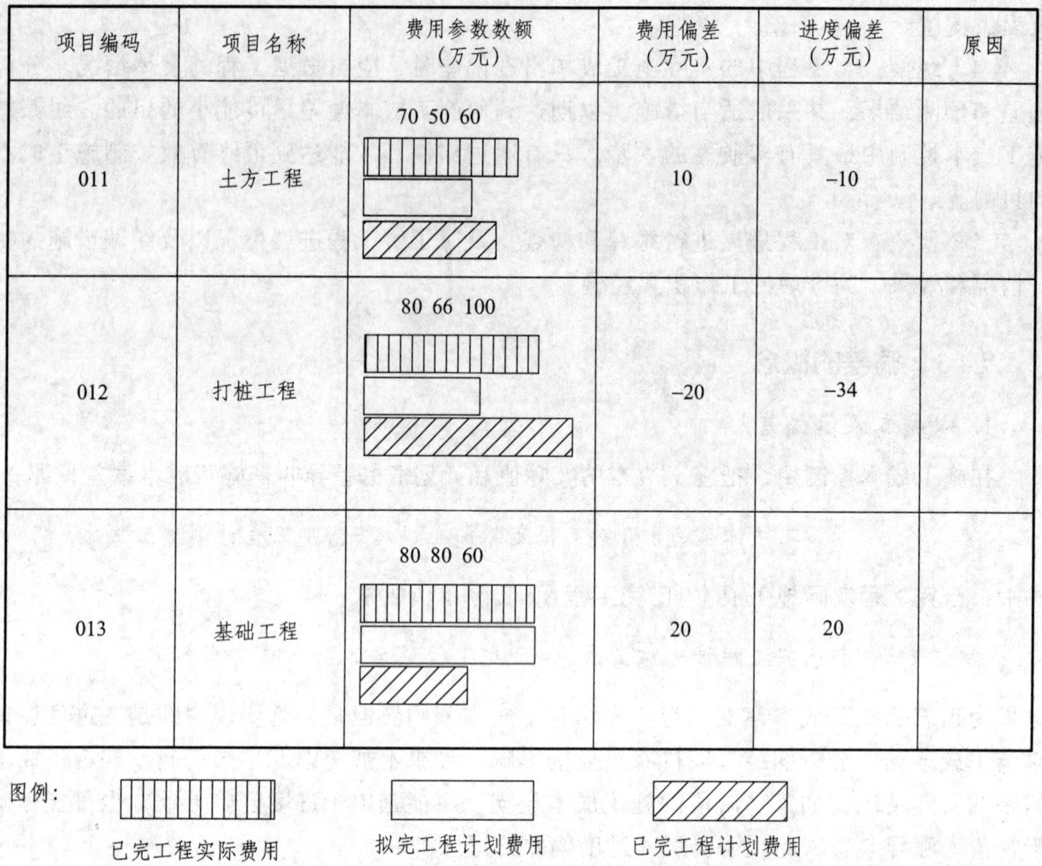

项目编码	项目名称	费用参数数额（万元）	费用偏差（万元）	进度偏差（万元）	原因
011	土方工程	70 50 60	10	–10	
012	打桩工程	80 66 100	–20	–34	
013	基础工程	80 80 60	20	20	

图例：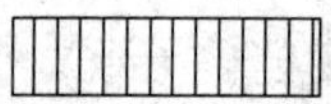 已完工程实际费用  拟完工程计划费用  已完工程计划费用

图 7-3 费用偏差横道图

2. 表格法

表格法是进行偏差分析的一种最常用的方法，它将项目编号、名称、各施工成本参数以及施工成本偏差数综合归纳入一张表格，并直接进行比较，如表 7-3 所示。各偏差参数由于都在表中列示，使施工成本管理者能够综合的了解和处理数据。这种方法灵活、适用性强、信息量大，并可以借助于计算机进行。

表 7-3 费用偏差表格法

项目编码	（1）	041	042	043
项目名称	（2）	木门窗安装	钢门窗安装	铝合金门窗安装
单位	（3）			
计划单位成本	（4）			
拟完工程量	（5）			
拟完工程计划施工成本	（6）=（4）×（5）	30	30	30
已完工程量	（7）			
已完工程计划施工成本	（8）=（4）×（7）	30	40	40
实际单位成本	（9）			
其他款项	（10）			

续表

项目编码	（1）	041	042	043
已完工程实际施工成本	（11）=（7）×（9）+（10）	30	50	50
施工成本局部偏差	（12）=（11）-（8）	0	10	10
施工成本局部偏差程度	（13）=（11）÷（8）	1	1.25	1.25
施工成本累计偏差	（14）=∑（12）			
施工成本累计偏差程度	（15）=∑（11）÷∑（8）			
进度局部偏差	（16）=（6）-（8）	0	-10	0
进度局部偏差程度	（17）=（6）÷（8）	1	0.75	1
进度累计偏差	（18）=∑（16）			
进度累计偏差程度	（19）=∑（6）÷∑（8）			

3. 曲线法（赢值法）

曲线法是用施工成本累计曲线（S 形曲线）来进行施工成本偏差分析。如图 7-4（a）所示，其中 a 表示施工成本实际曲线，b 表示施工成本计划值曲线，两条线之间的竖向距离表示施工成本偏差。

在用曲线法进行施工成本偏差分析时，首先要确定施工成本计划值曲线。施工成本计划值曲线是与确定的进度计划联系在一起的。同时，也考虑实际进度的影响，应当引入三条施工成本参数曲线，即已完工程实际施工成本曲线 a、已完工程计划成本曲线 b 和拟完工程计划施工成本曲线 p。图 7-4（b）中，曲线 a 与曲线 b 的竖向距离表示施工成本偏差，曲线 b 与曲线 p 的水平距离表示进度偏差。

用曲线法进行偏差分析同样具有形象、直观的特点，但这种方法很难直接用于定量分析，只能对定量分析起一定的指导作用。

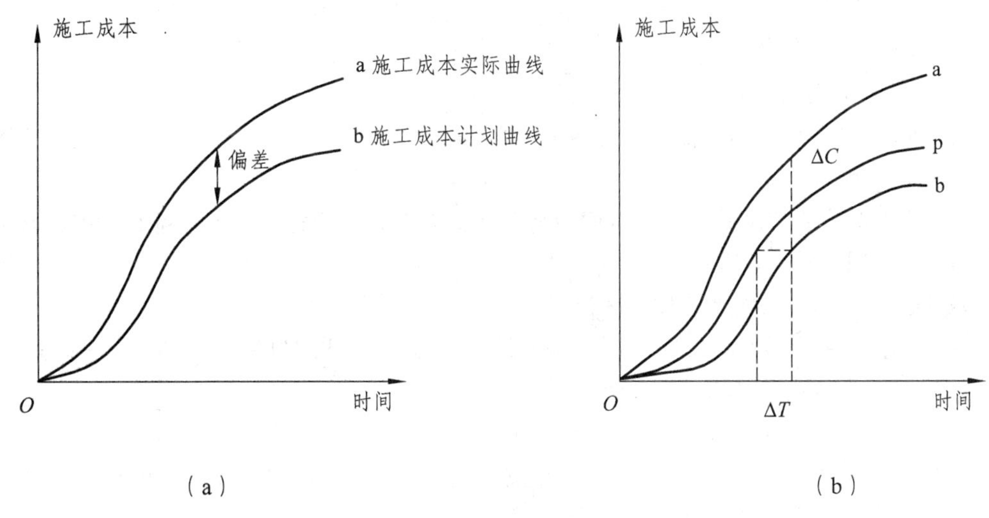

图 7-4　曲线法进度偏差

4. 用挣值法

（1）挣值法的产生背景。

在项目费用控制过程中，仅仅依靠计划费用与实际费用的偏差无法判断费用是否超支或有节余，因此，有必要研究费用偏差和进度项目费用控制过程中，仅仅依靠计划费用与实际费用的偏差无法判断费用是否超支或有节余偏差之间的关系，需引入费用/进度综合度量指标，此即为挣值法。挣值法也称赢得值法，是一种能全面衡量工程费用/进度整体状况的偏差分析方法。挣值法的实质是用价值指标代替实物工程量来测定工程进度的一种项目监控方法。

1967 年，美国国防部针对大型合同的管理，提出了一套成本/进度控制系统标准，这些标准被称为 C/SCSC 或 CS 标准。该标准专注于项目开发时的成本/进度综合绩效评价数据，为此正式引入挣得值的概念。

（2）挣值法的基本理论。

挣值法是通过分析项目目标实施与项目目标期望之间的差异，从而判断项目实施的费用、进度绩效的一种方法。

挣值法主要运用三个费用值进行分析，它们分别是已完成工作预算费用、计划完成工作预算费用和已完成工作实际费用。

① 已完成工作预算费用：

已完成工作预算费用为 BCWP，是指在某一时间已经完成的工作（或部分工作），以批准认可的预算为标准所需要的资金总额。由于业主正是根据这个值为承包商完成的工作量支付相应的费用，也就是承包商获得（挣得）的金额，故称挣得值或挣值。

$$BCWP=\text{已完成工程量}\times\text{预算单价}$$

② 计划完成工作预算费用：

计划完成工作预算费用，简称 BCWS，即根据进度计划，在某一时刻应当完成的工作（或部分工作），以预算为标准所需要的资金总额。一般来说，除非合同有变更，BCWS 在工作实施过程中保持不变。

$$BCWS=\text{计划工程量}\times\text{预算单价}$$

③ 已完成工作实际费用：

已完成工作实际费用，简称 ACWP，即到某一时刻为止，已完成的工作（或部分工作）所实际花费的总额。

在这三个费用值的基础上，可以确定挣值法的四个评价指标，它们也都是时间的函数。

① 费用偏差 CV：$CV=BCWP-ACWP$

② 进度偏差 SV：$SV=BCWP-BCWS$

当 SV 为负值时，表示进度延误，即实际进度落后于计划进度；当 SV 为正值时，表示进度提前，即实际进度快于计划进度。

③ 费用绩效指数 CPI：$CPI=BCWP/ACWP$

当 CPI 小于 1 时，表示超支，即实际费用高于预算费用；当 CPI 大于 1 时，表示节支，即实际费用低于预算费用。

④ 进度绩效指数 SPI：$SPI=BCWP/BCWS$

当 SPI 小于 1 时，表示进度延误，即实际进度比计划进度拖后；当 SPI 大于 1 时，表示进度提前，即实际进度比计划进度快。

（3）预测项目完工时的总费用。

预计完工时的总费用 EAC（Estimate At Completion）是指在检查时刻估算的项目全部工作完成时所需的总费用。

① 未完工程按目前效率进行。

EAC=累计已完工程实际费用+未完工程按目前效率进行时的费用估算，即

$$EAC = \sum_{i=1}^{t} ACWP_i + n(\sum_{j=1}^{n} BCWS_j - \sum_{i=1}^{t} BCWP_i) / CPI$$

②未完工程按原计划效率进行。

EAC=累计已完工程实际费用+未完工程预算费用，即

$$EAC = \sum_{i=1}^{t} ACWP_i + (\sum_{j=1}^{n} BCWS_j - \sum_{i=1}^{t} BCWP_i)$$

③ 重估未完工程所需费用。

EAC=累计已完工程实际费用+未完工程所需费用的重新估算额

④ 偏差百分比分析

设 *SPCI* 表示进度偏差百分比，*CPCI* 表示费用偏差百分比，则

$$SPCI = \sum_{i=1}^{t} BCWP_i / \sum_{j=1}^{n} BCWS_j \text{ , } CPCI = \sum_{i=1}^{t} ACWP_i / \sum_{j=1}^{n} BCWS_j$$

（4）应用挣值分析方法的注意事项

① 应用挣值方法时，当整个项目的成本和进度没有出现偏差时，不等于没有问题（由于是对整个项目使用了累计数据）；

② 各个工作包之间的数据可能存在相互抵消的问题，导致难于发现问题的真正所在；

③ 建议将挣值分析用于所有大的、关键的工作包以及整个项目；

④ 时刻抓住以下三种工作包：偏差大的、近期就要进行的工作和预算成本高的工作。

例题：某项目进展到 21 周后，对前 20 周的工作进行了统计检查，有关情况列于表 7-4。

表 7-4

工作代号	计划完成工作预算费用 *BCWS*/万元	已完成工作量/%	实际发生费用 *ACWP*/万元	挣值 *BCWP*/万元
A	200	100	210	
B	220	100	220	
C	400	100	430	
D	250	100	250	
E	300	100	310	
F	540	50	400	
G	840	100	800	
H	600	100	600	
I	240	0	0	

续表

工作代号	计划完成工作预算费用 BCWS/万元	已完成工作量/%	实际发生费用 ACWP/万元	挣值 BCWP/万元
J	150	0	0	
K	1600	40	800	
L	2000	0	0	
M	100	100	90	
N	60	0	0	
合计				

问题：

（1）简述挣值法的基本理论。

（2）求出前20周每项工作的 *BCWP* 及20周末的 *BCWP*。

（3）计算20周末的合计 *ACWP*、*BCWS*。

（4）计算20周的 *CV* 与 *SV*。

（5）计算20周的 *CPI*、*SPI* 并分析成本和进度状况。

分析与解答：

计算第20周末每项工作的 *BCWP*；20周末总的 *BCWP* 为3820万元，见表7-5。

表 7-5

工作代号	*BCWS*/万元	已完成工作量/%	*ACWP*/万元	*BCWP*/万元
A	200	100	210	200
B	220	100	220	220
C	400	100	430	400
D	250	100	250	250
E	300	100	310	300
F	540	50	400	270
G	840	100	800	840
H	600	100	600	600
I	240	0	0	0
J	150	0	0	0
K	1600	40	800	640
L	2000	0	0	0
M	100	100	90	100
N	60	0	0	0
合计	7500		4110	3820

（3）20周末 *ACWP* 和 *BCWS* 分别为4110万元和7500万元。

（4）$CV=BCWP-ACWP=3820-4110=-290$

由于 CV 为负，说明费用超支。

$SV=BCWP-BCWS=3820-7500=-3680$

由于 SV 为负，说明进度延误。

（5）$CPI=BCWP/ACWP=3820/4110=0.93$

由于 CPI 小于 1，故费用超支。

$SPI=BCWP/BCWS=3820/7500=0.51$

由于 SPI 小于 1，故进度延误。

7.5 工程成本费用变更及索赔

7.5.1 工程价款变更的确定顺序及方法

1. 工程价款变更的确定顺序

合同中的综合单价因工程量变更需要调整时，除合同约定的外，应按照下列办法确定：

（1）工程量清单漏项或设计变更引起的新的工程量清单项目，其综合单价由承包商提出，经发包人确认后作为结算的依据；

（2）由于工程量清单的工程数量有误或设计变更引起的工程量增减，属于合同约定幅度以内的，应执行原有的综合单价；属于合同约定幅度以外的，其增加部分的工程量或减少后剩余部分的工程量的综合单价应由承包人提出，经发包人认可后作为结算的依据。

2. 工程价款变更的确定方法

（1）我国现行工程变更价款的确定方法。

① 合同中已有适用于变更工程的价格的，按合同已有的价格变更合同价款；

② 合同中只有类似于变更工程的价格的，可以参照类似价格变更合同价款；

③ 合同中没有适用或者类似于变更工程的价格的，由承包人提出适当的变更价格，经工程师确认后执行。

（2）FIDIC 合同条件下工程变更的估价。

以下情况对有关工作内容采取新的费率或者价格。

① 第一种情况：

a. 如果此项工作实际测量的工程量比工程量表或其他报表中规定的工程量变动大于 10%；

b. 工程量的变化与该项工作规定的费率乘积超过了中标后的合同金额的 0.01%；

c. 由此工程量变化直接造成该项工作单位成本的变动超过 1%；

d. 该项工作不是合同中规定的“固定费率项目”。

② 第二种情况：

a. 此项工作是依据变更与调整的指标进行的；

b. 合同没有规定此项工作的费率或者价格；

c. 由于该项工作与合同中的任何工作没有类似的性质或不在类似条件下进行，故没有一个规定的费率或价格使用。

每种新的费率或价格应考虑以上描述的有关事项对合同中相关费率或价格加以合理调整后得出；如果没有相关的费率或价格可供推算新的费率或价格，应根据实施该工作的合理成本和合理利润，并考虑其他相关事项后得出。

工程师应在商定或确定适宜费率或价格前，确定于期中付款证书的临时费率或价格。

7.5.2 工程项目索赔费用的组成

索赔费用的主要组成部分，同工程款的计价内容相似。按我国现行规定，建安工程合同价包括直接工程费、间接费、计划利润和税金。我国的这种规定，同国际上通行的做法还不完全一致。按国际惯例，建安工程合同价一般包括直接费、间接费和利润。直接费包括人工费、材料费和机械使用费；间接费包括工地管理费、保险费、利息、总部管理费等。

从原则上说，承包商有索赔权利的工程成本增加，都是可以索赔的费用。这些费用都是承包商为了完成额外的施工任务而增加的开支。但是，对于不同原因引起的索赔，承包商可索赔的具体费用内容是不完全一样的。哪些内容可索赔，要按照各项费用的特点、条件进行分析论证。现概述如下：

1. 人工费

人工费包括施工人员的基本工资、工资性质的津贴、加班费、奖金以及法定的安全福利等费用。对于索赔费用中的人工费部分而言，人工费是指完成合同之外的额外工作所花费的人工费用；由于非承包商责任的工效降低所增加的人工费用；超过法定工作时间加班劳动；法定人工费增长以及非承包商责任工程延误导致的人员窝工费和工资上涨费等。

例：人工费索赔款额的计算。

某承包商对一项 10 000 延长米的木窗帘盒装修工程进行承包，在他的报价书中指明，计划用 2 498 工日，即工效为 2 498 工日/10 000 m=0.249 8 工日/m。每工日工资按 40 元计，共计报价人民币 99 920 元。

在装修过程中，由于业主供应木料不及时，影响了承包商的工作效率，完成 10 000 延长米的木窗帘盒的装修工作实际用 2700 工日，因工期拖延，导致工资上涨，实际支付工资按 43 元/工日计，共实际支付 116 100 元。

在这项承包工程中，承包商遇到了非承包商原因造成的工期延长和工资提高的损失。在索赔报告中，人工费的索赔分析计算如图 7-5 所示。

这项成本增加是业主方面原因造成的，故业主同意予以补偿。

2. 材料费

（1）由于索赔事项材料实际用量超过计划用量而增加的材料费；

（2）由于客观原因材料价格大幅度上涨；

（3）由于非承包商责任工程延误导致的材料价格上涨和超期储存费用。

材料费中应包括运输费、仓储费以及合理的损耗费用。如果由于承包商管理不善，造成材料损坏失效，则不能列入索赔计价。

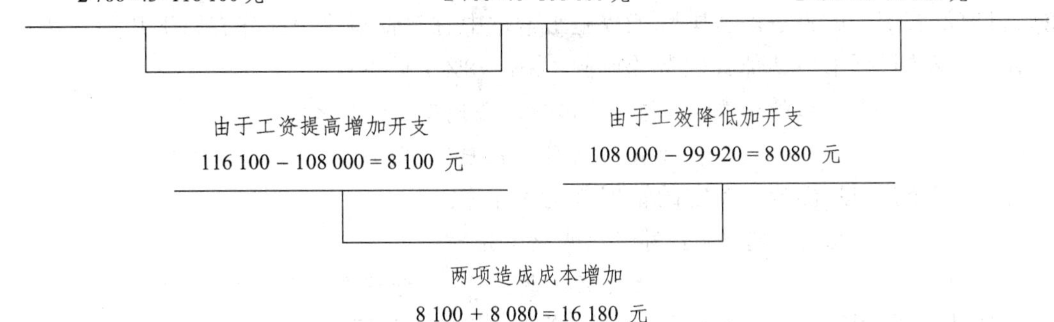

图 7-5　承包商成本增加分析

3. 施工机械使用费

施工机械使用费的索赔包括：

（1）由于完成额外工作增加的机械使用费。

（2）非承包商责任工效降低增加的机械使用费。

（3）由于业主或监理工程师原因导致机械停工的窝工费。窝工费的计算，如系租赁设备，一般按实际租金和调进调出费的分摊计算；如系承包商自有设备，一般按台班折旧费计算，而不能按台班费计算，因台班费中包括了设备使用费。

4. 分包费用

分包费用索赔指的是分包商的索赔费，一般也包括人工、材料、机械使用费的索赔。分包商的索赔应如数列在总承包商的索赔款总额以内。

5. 工地管理费

索赔款中的工地管理费是指承包商完成额外工程、索赔事项工作以及工期延长期间的工地管理费，包括管理人员工资、办公费、通信费、交通费等。但如果对部分工人窝工损失索赔时，因其他工程仍然进行，可能不予计算工地管理费索赔。

6. 利　息

在索赔款额的计算中，经常涉及利息。利息的索赔通常发生于下列情况：

（1）拖期付款的利息；

（2）由于工程变更和工程延期增加投资的利息；

（3）索赔款的利息；

（4）错误扣款的利息。

至于这些利息的具体利率应是多少，在实践中可采用不同的标准。主要有下列几种规定：

① 按当时的银行贷款利率；

② 按当时的银行透支利率；

③ 按中央银行贴现率加 3 个百分点。

7. 总部管理费

索赔款中的总部管理费主要指的是工程延误期间所增加的管理费。这项索赔款的计算，目前没有统一的方法。在国际工程施工索赔中总部管理费的计算有以下几种：

（1）按照投标书中总部管理费的比例（3%～8%）计算：

总部管理费=合同中总部管理费比率（%）×

（直接费索赔款额+工地管理费索赔款额等）

（2）按照公司总部统一规定的管理费比率计算：

总部管理费=公司管理费比（%）×

（直接费索赔款额+工地管理费索赔款额等）

（3）以工程延期的总天数为基础，计算总部管理费的索赔额，计算步骤如下：

对某一工程提取的管理费

=同期内公司的总管理费×该工程的合同额÷同期内公司的总合同额

该工程的每日管理费=该工程向总部上缴的管理费÷合同实施天数

索赔的总部管理费=该工程的每日管理费×工程延期的天数

8. 利　润

一般来说，由于工程范围的变更、文件有缺陷或技术性错误、业主未能提供现场等引起的索赔，承包商可以列入利润。但对于工程暂停的索赔，由于利润通常是包括在每项实施的工程内容的价格之内的，而延误工期并未影响削减某些项目的实施，而导致利润减少。所以，监理工程师一般很难同意在工程暂停的费用索赔中加进利润损失。

索赔利润的款额计算通常与原报价单中的利润百分比保持一致，即在成本的基础上，增加原报价单中的利润率，作为该项索赔款的利润。

例：某高速公路由于业主高架桥修改设计，监理工程师下令承包商工程暂停一个月。试分析在这种情况下，承包商可索赔哪些费用。

可索赔如下费用：

（1）人工费：对于不可辞退的工人，索赔人工费。

（2）材料费：可索赔超期储存费用或材料价格上涨费。

（3）施工机械使用费：可索赔机械窝工费或机械台班上涨费。自有机械窝工费一般按台班折旧费索赔；租赁机械一般按实际租金和调进调出的分摊费计算。

（4）分包费用：由于工程暂停分包商向总承包索赔的费用。总承包向业主索赔应包括分包商向总承包索赔的费用。

（5）工地管理费：由于全面停工，可索赔增加的工地管理费。可按日计算，也可按直接成本的百分比计算。

（6）保险费：可索赔延期一个月的保险费。按保险公司保险费率计算。

（7）保函手续费：可索赔延期一个月的保函手续费。按银行规定的保函手续费率计算。

（8）利息：可索赔延期一个月增加的利息支出。按合同约定的利率计算。

（9）总部管理费：由于全面停工，可索赔延期增加的总部管理费。可按总部规定的百分比计算。如果工程只是部分停工，监理工程师可能不同意总部管理费的索赔。

7.5.3 索赔费用的计算

1. 实际费用法

实际费用法是计算工程索赔费用最常用的一种方法，其计算原则是以承包商为某项工作所支付的实际开支为依据，向业主要求费用补偿。

实际费用法在计算时，在直接费的额外费用部分的基础上，加上应得的间接费和利润，即是承包商应得的金额。实际费用法所依据的由于是实际发生的成本记录或单据，因而，在施工过程中，系统而准确地积累记录资料是非常重要的。

2. 总费用法

当多次发生索赔事件以后，重新计算该工程的实际总费用，实际总费用减去报价时的估算总费用即为索赔金额，即

索赔金额=实际总费用−投标报价总费用

在实际工作中有的不采用这种方法，主要原因在于实际发生的总费用中可能包含了承包商的原因，如施工组织不善而增加的费用等。

3. 修正的总费用法

在总费用计算的原则上，去掉一些不合理的因素，使其合理，修正的内容如下：

（1）将计算索赔款的时间段局限于受到外界影响的时间，而不是整个施工工期；

（2）只计算受影响的时间段内的某项工作所受影响的损失，而不是计算该时间段内所有施工工作所受的损失；

（3）与该项工作无关的费用不列入总费用。

对投标报价费用重新进行核算：接受影响时间段内该项工作的实际单价进行核算，乘以实际完成该项工作的工程量，得出调整后的报价费用。

索赔金额=某项工作调整后的实际总费用−该项工作的报价费用

【复习题】

1. 简述施工成本管理的任务。
2. 施工成本计划的编制依据有哪些？其编制方法可以划分为几类？
3. 简述施工成本控制的依据和步骤？成本控制有哪些方法？
4. 什么是成本偏差？如何理解偏差产生的结果？
5. 我国工程价款变更的确定顺序及方法是什么？

参考答案

6. 简述工程项目人工、材料和机械索赔费用的组成。
7. 某建设项目业主与承包商签订了工程施工承包合同，根据合同及其附件的有关条文，对索赔内容，有如下规定：① 因窝工发生的人工费以 25 元/（工・日）计算，监理方提前一周通知承包方时不以窝工处理，以补偿费支付 4 元/（工・日）。② 机械设备台班费塔吊：300 元/（台・班）；混凝土搅拌机：70 元/（台・班）；砂浆搅拌机：30 元/（台・班）。因窝工而闲置时，只考虑折旧费，按台班费 70%计算。③ 因临时停工一般不补偿管理费和利润。

在施工过程中发生了以下情况：

（1）在 6 月 8 日—6 月 21 日，施工到第七层时因业主提供的模板未到而使一台塔吊、一台混凝土搅拌机和 35 名支模工停工（业主已于 5 月 30 日通知承包方）。

（2）在 6 月 10 日—6 月 21 日，因公用网停电停水使进行第四层砌砖工作的一台砂浆搅拌机和 30 名砌砖工停工。

（3）在 6 月 20 日—6 月 23 日，因砂浆搅拌机故障而使在第二层抹灰的一台砂浆搅拌机和 35 名砌砖工停工。

问题：承包商在有效期内提出索赔要求时，监理工程师认为合理的索赔金额应是多少？

8. 某综合楼工程项目合同价为 1750 万元，该工程签订的合同为可调值合同。合同报价日期为 2015 年 3 月，合同工期为 12 个月，每季度结算一次。工程开工日期为 2015 年 4 月 1 日。施工单位 2015 年第四季度完成产值是 710 万元。工程人工费、材料费构成比例以及相关季度造价指数如下表所示。

项目	人工费	材料费						
		钢材	水泥	集料	砖	沙	木材	不可调直费用
比例（%）	28	18	13	7	9	4	6	15
2015 年第一季度造价指数	100	100.8	102.0	93.6	100.2	95.4	93.4	
2015 年第四季度造价指数	116.8	100.6	110.5	95.6	98.9	93.7	95.5	

在施工过程中，发生了如下几项事件：

（1）2015 年 4 月，在基础开挖过程中，个别部位实际土质与给定地质资料不符造成施工费用增加 2.5 万元，相应工序持续时间增加了 4 天；

（2）2015 年 5 月施工单位为了保证施工质量，扩大基础底面，开挖量增加导致费用增加 3.0 万元，相应工序持续时间增加了 3 天；

（3）2015 年 7 月份，在主体砌筑工程中，因施工图设计有误，实际工程量增加导致费用增加 3.8 万元，相应工序持续时间增加了 2 天；

（4）2015 年 8 月份，进入雨季施工，恰逢 20 年一遇的大雨，造成停工损失 2.5 万元，工期增加了 4 天。

以上事件中，除第（4）项外，其余工序均未发生在关键线路上，并对总工期无影响。针对上述事件，施工单位提出如下索赔要求：① 增加合同工期 13 天；② 增加费用 11.8 万元。

问题：（1）施工单位对施工过程中发生的以上事件可否索赔？为什么？

（2）计算监理工程师 2015 年第 4 季度应确定的工程结算款额。

（3）如果在工程保修期间发生了由施工单位原因引起的屋顶漏水、墙面剥落等问题，业主在多次催促施工单位修理而施工单位一再拖延的情况下，另请其他施工单位维修，所发生的维修费用该如何处理？

9. 某施工项目经理部在某工程施工中，将标准层的商品混凝土的实际成本、目标成本情况进行比较，数据如下表。

项目	单位	计划	实际	差额
产量	m^2	300	310	+10
单价	元	800	820	+20
损耗率		4%	3%	−1%
成本	元	249 600	261 826	12 226

问题：用因素分析法分析成本增加的原因。

第 8 章　工程项目进度管理

【本章重难点】

工期优化、工期-费用优化、源均衡-工期最短优化的过程及注意事项；进度比较的方法原理及应用；进度索赔的分析、计算及实际运用

8.1　工程项目进度管理基础知识

8.1.1　流水施工技术

1. 流水施工的实质

（1）组织流水施工的条件：

① 把建筑物的整个建造过程分解为若干个施工过程。每个施工过程分别由固定的专业队负责实施完成。

② 把建筑物尽可能地划分为劳动量大致相等的施工段（区），也可称为流水段（区）。

③ 确定各施工专业队在各施工段（区）内的工作持续时间。

④ 各专业队按一定的施工工艺，配备必要的机具，依次地、连续地由一个施工段（区）转移到另一个施工段（区），反复地完成同类工作。

⑤ 不同专业队完成各施工过程的时间适当地搭接起来。

不同的专业队之间的关系，关键是工作时间上有搭接。搭接工作的目的是节省时间，也往往是连续施工或工艺上所要求的。要经过计算，使搭接适当，且在工艺技术上可行。

（2）组织流水施工的效果：

① 可以节省工作时间。这里的“节省”是相对于“依次作业”来说的。实现“节省”的手段是“搭接”，“搭接”的前提是分段（区）。

② 可以实现均衡、有节奏地施工。工人按一定的时间要求投入施工，在每段上的工作时间也可以尽量地安排得有规律。综合各专业队的工作，便可以形成均衡、有节奏的特征。“均衡”是指不同时间段的资源数量变化较小，它对组织施工十分有利，可以达到节约使用资源的目的；“有节奏”是指工人作业时间有一定规律性，这种规律性可以带来良好的施工秩序、和谐的施工气氛、可观的经济效果。

③ 可以提高劳动生产率。这是因为，组织流水施工以后，使工人的工作连续，工作面得到充分利用，资源的利用均衡，管理的效果好，必然会在一定时间内生产成果增加的效果，即提高了劳动生产效率。

2. 流水施工的参数

（1）工艺参数。

工艺参数是指一组流水中施工过程的个数。在划分施工过程时，只有那些对工程施工具有直接影响的施工内容才予以考虑并组织在流水之中。施工过程可以根据计划的需要确定其粗细程度。可以是一个个工序，也可以是一项项分项工程，还可以是它们的组合。组织流水的施工过程如果各由一个专业队（组）进行，则施工过程数和专业队数相等。有时由几个专业队负责完成一个施工过程或一个专业队完成几个施工过程，于是施工过程数与专业队数便不相等。

对工期影响最大的，或对整个流水施工起决定性作用的施工过程（工程量大，须配备大型机械），称为主导施工过程。在划分施工过程以后，首先应找出主导施工过程，以便抓住流水施工的关键环节。

（2）空间参数。

空间参数指的是单体工程划分的施工段或群体工程划分的施工区的个数。施工区、段可称为流水段。划分施工段的基本要求如下：

① 当建筑物只有一层时，施工段数就是一层的段数。当建筑物为多层时，施工段数是各层的段数之和。一般情况下各层应有相等的段数和上下垂直对应的分段界限。

② 尽量使各段的工程量大致相等，以便组织节奏流水，使施工连续、均衡、有节奏。

③ 有利于保持结构整体性，尽量利用结构缝及在平面上有变化处，住宅可按单元、楼层划分；厂房可按跨、按生产线划分；线性工程可依主导施工过程的工程量为平衡条件，按长度分段；建筑群可按栋、按区分段。

④ 段数的多少应与主导施工过程相协调，以主导施工过程为主形成工艺组合。多层工程的工艺组合数应等于或小于每层的施工段数。

⑤ 分段大小应与劳动组织相适应，有足够的工作面。以机械为主的施工对象还应考虑机械台班能力的发挥。

（3）时间参数。

① 流水节拍。

流水节拍是指某个专业队在一个施工段上的施工作业时间。

确定流水节拍应注意以下问题：

a. 流水节拍的取值必须考虑到专业队组织方面的限制和要求，尽可能不过多地改变原来的劳动组织状况，以便于对专业队进行领导。专业队的人数应有起码的要求，以使他们具备集体协作的能力。

b. 流水节拍的确定，应考虑到工作面条件的限制，必须保证有关专业队有足够的施工操作空间，保证施工操作安全和能提高专业队的劳动效率。

c. 流水节拍的确定，应考虑到机械设备的实际负荷能力和可能提供的机械设备数量，也要考虑机械设备操作场所安全和质量的要求。

d. 有特殊技术限制的工程，如有防水要求的钢筋混凝土工程，受潮汐影响的水工作业，受交通条件影响的道路改造工程、铺管工程，以及设备检修工程等，都受技术操作或安全质量等方面的限制，对作业时间长度和连续性都有限制或要求，在安排其流水节拍时，应当满足这些限制要求。

e. 必须考虑材料和构配件供应能力对进度的影响和限制，合理确定有关施工过程的流水节拍。

f. 应先确定主导施工过程的流水节拍，并以它为依据确定其他施工过程流水节拍。主导施工过程的流水节拍应是各施工过程流水节拍的最大值，应尽可能是有节奏的，以便组织节奏流水。

② 流水步距。

流水步距是指两个相邻的工作队进入流水作业的最小时间间隔。

流水步距的长度要根据需要及流水方式的类型经过计算确定，计算时应考虑的因素有以下几点：

a. 每个专业队连续施工的需要。流水步距的最小长度，必须使专业队进场以后，不发生停工、窝工的现象。

b. 技术间歇的需要。有些施工过程完成后，后续施工过程不能立即投入作业，必须有足够的时间间歇，这个间歇时间应尽量安排在专业队进场之前，不然便不能保证专业队工作的连续性。

c. 流水步距的长度应保证每个施工段的施工作业程序不乱，不发生前一施工过程尚未全部完成，而后一施工过程便开始施工的现象。有时为了缩短时间，某些次要的专业队可以提前插入，但必须在技术上可行，而且不影响前一个专业队的正常工作。提前插入的现象越少越好，多了会打乱节奏，影响工期均衡。

③ 工期。

工期是指从第一个专业队投入流水作业开始，到最后一个专业队完成最后一个施工过程的最后一段工作退出流水作业为止的整个持续时间。一项工程由于往往由许多流水组组成，所以这里说的是流水组的工期，而不是整个工程的总工期，可用符号“T_t”表示。

3. 流水施工的分类

（1）按流水施工对象的范围分类。

根据流水施工的工程对象范围，可分为细部流水、专业流水、工程项目流水和综合流水。

① 细部流水。指一个专业队利用同一生产工具依次地、连续不断地在各个区段中完成同一施工过程的工作流水（即工序流水）。

② 专业流水（或称工艺组合流水）。把若干个工艺上密切联系的细部流水组合起来，就形成了专业流水。它是各个专业队围绕一个分部工程共同完成的流水，如基础工程流水、结构工程流水、装修工程流水等。

③ 工程项目流水。即为完成单位工程而组织起来的全部专业流水的总和。

④ 综合流水。即为完成工业企业或民用建筑群而组织起来的完整工程项目流水的总和。

（2）按施工过程分解的深度分类。

根据流水施工组织的需要，有时要求将工程对象的施工过程分解得细些，有时则要求分解得粗些，这就形成了施工过程分解深度的差异。

① 彻底分解流水。即经过分解后的所有施工过程都由单一工种完成，故所组织的专业队都应该是由单一工种的工人（或机械）组成。

② 局部分解流水。在进行施工过程的分解时将一部分施工任务适当合并在一起，形成多工种协作的综合性施工过程，这就是不彻底分解的施工过程。这种包含多工种协作

的施工过程的流水，就是局部分解流水。如钢筋混凝土圈梁作为一个施工过程，它包含了支模、扎筋和混凝土浇筑等几项工作。该施工过程如果由一个混合工作队（由木工、钢筋工和混凝土工组成）负责施工，这个流水组就称为局部分解流水。

（3）按流水的节奏特征分类。

① 有节奏流水施工。

有节奏流水施工又分为等节奏流水施工和异节奏流水施工。

a. 等节奏流水施工。指流水组中，每一个施工过程本身在各施工段上的作业时间（流水节拍）都相同，即流水节拍是一个常数，并且各个施工过程的流水节拍相等。

b. 异节奏流水施工。指流水组中，每一个施工过程的流水节拍都相同，但不同施工过程的流水节拍不一定相等。

② 无节奏流水施工。

流水组中各施工过程在各流水段上的作业时间（流水节拍）不完全相等，各施工过程的流水节拍无规律可循。

8.1.2 网络进度管理基本知识

1. 双代号网络基础知识

（1）网络图相关概念。

① 虚工作：在双代号网络图中，不消耗时间和资源，仅仅反映相邻工作之间逻辑关系的虚箭线。

② 紧前工作：在网络图中相对于某项工作而言，紧排在该工作之前的工作。（不考虑中间存在的虚工作）

③ 紧后工作：在网络图中相对于某项工作而言，紧排在该工作之后的工作。（不考虑中间存在的虚工作）

④ 平行工作：在网络图中相对于某项工作而言，可以与该工作同时进行的工作。

⑤ 先行工作：相对于某项工作而言，从网络图的第一个起点（起点节点）开始顺箭头方向经过一系列箭线与节点到达网络图最后一个节点（终点节点）为止各条通路上的所有工作。

⑥ 后续工作：相对于某项工作而言，从该工作之后开始顺箭头方向经过一系列箭线与节点到达该工作为止各条通路上的所有工作。

⑦ 线路：从网络图的起点节点开始，沿箭头方向顺序通过一系列箭线和节点最后到达终点节点的通路。

⑧ 关键线路：在所有线路中，总持续时间最长的线路。

（2）双代号网络的绘制基本原则：

① 必须按照已确定的逻辑关系绘制。

② 网络图中的箭线不应为逆向箭线；严禁出现循环线路。

③ 严禁出现双向箭头或者无箭头的连线。

④ 严禁出现没有箭尾节点的箭线和没有箭头节点的箭线。

⑤ 严禁在箭线上引入或者引出箭线；有多个起点和终点时，采用母线法绘制。

⑥ 尽量避免网络图中出现交叉箭线。

⑦ 网络图中应只有一个起点和一个终点。

⑧ 箭尾节点的标号通常情况下小于箭头节点的标号。

（3）双代号网络时间参数含义：

① 最早开始时间（ES）：在其所有紧前工作完成以后，本工作有可能开始的最早时间。

② 最早完成时间（EF）：在其所有紧前工作完成以后，本工作有可能完成的最早时间。

③ 最迟完成时间（LF）：在不影响整个任务按期完成的情况下，本工作必须完成的最迟时刻。

④ 最迟开始时间（LS）：在不影响整个任务按期完成的情况下，本工作必须开始的最迟时刻。

⑤ 总时差（TF）：在不影响总工期的前提下，本工作可以利用的机动时间。

⑥ 自由时差（FF）：在不影响紧后工作最早开始时间的前提下，本工作可以利用的机动时间。

（4）双代号网络时间参数的计算。

基本规则：所有最早时间从左向右计算（$ES_{i-j} \to EF_{i-j}$）；所有最迟时间从右向左计算（$LF_{i-j} \to LS_{i-j}$）。

① ES_{i-j} 的计算。

当工作为起始工作时：$ES_{i-j}=0$

$$ES_{i-j}=\max\{所有紧前工作的最早完成时间\}$$

② EF_{i-j} 的计算：当工作为中间工作和终结工作时：

$$EF_{i-j}=ES_{i-j}+D_{i-j}=本工作最早开始时间+本工作持续时间$$

③ LF_{i-j} 的计算。

当工作为终结工作时：

$$LF_{i-j}=T_c=计算工期$$

当工作为中间或者起始工作时：

$$LF_{i-j}=\min(所有紧后工作的LS)$$

④ LS_{i-j} 的计算

$$LS_{i-j}=LF_{i-j}-D_{i-j}$$

⑤ EF_{i-j} 的计算

$$TF_{i-j}=LF_{i-j}-EF_{i-j}=LS_{i-j}-ES_{i-j}$$

⑥ FF_{i-j} 的计算

$$FF_{i-j}=\min\{紧后工作的ES-本工作的EF\}$$

（5）关键线路的确定。

① 在网络图中，如果 $T_T=T_C$，则总时差等于 0 的工作为关键工作，由关键工作组成的通路即为关键线路（$TF=0$的工作组成的通路为关键线路）；

② 在网络图中，如果 $T_T \neq T_C$，总时差最小的工作为关键工作，由关键工作组成的通路即为关键线路；

③ 在网络图中，总的持续时间最长的通路即为关键线路。

在有的情况下，没有必要计算 *TF*，用标号法计算 *EF*，从而快速确定关键线路。

2. 时标网络的绘制及时间参数的确定

（1）时标网络的绘制方法。

① 用标号法确定出关键线路和计算工期；

② 在对应的时标轴线点上绘制出关键线路（关键线路上所有箭线全部为实箭线）；

③ 依据双代号网络图中标号法计算出的时点，在对应的时间轴点绘制出节点号码；

④ 依据双代号网络图中的持续时间，从箭线开始节点绘制实线，与箭尾节点不足的时间用波线连接；

⑤ 时标网络图必须为封闭式网络图：一个起点，一个终点；

⑥ 时标网络图中不允许出现斜线、逆向的箭线（实箭线、虚箭线和波箭线）。

（2）时标网络时间参数的确定。

① 关键线路的判断：在时标网络图中，从网络计划的终点开始，逆向进行判定，自始至终不出现波形线的线路即为关键线路。

② 计算工期的判定：终点节点对应的时间点为计算工期。

③ ES_{i-j} 和 EF_{i-j} 的判定：

ES_{i-j}：箭线左端节点所对应的时点为最早开始时间。

EF_{i-j}：当工作箭线中不出现波形线时，箭头节点所对应的时点即为最早完成时间；当工作箭线中出现波形线时，工作箭线实线部分右端点对用的时点为最早完成时间。

④ FF_{i-j} 的判定：

终结工作：自由时差=计划工期（计算工期）-本工作的 *EF*

其他工作：自由时差=波形线对应的水平时段长度

⑤ TF_{i-j} 的判定：

终结工作=计划工期（计算工期）-本工作的 *EF*

其他工作=min（本工作的 *FF*+紧后工作的 *TF*）

$$LS_{i-j}=\text{本工作的}ES+\text{本工作的}TF$$

⑥ 最迟时间的判断：

$$LF_{i-j}=\text{本工作的}EE+\text{本工作的}TF$$

8.2 工程项目进度控制与进度计划系统

建设工程项目管理有多种类型，代表不同利益方的项目管理（业主方和项目参与各方）都有进度控制的任务，但是，其控制的目标和时间范畴并不相同。

建设工程项目是在动态条件下实施的，因此进度控制也就必须是一个动态的管理过程。它包括：

（1）进度目标的分析和论证，其目的是论证进度目标是否合理，进度目标是否可能实现。如果经过科学的论证，目标不可能实现，则必须调整目标。

（2）在收集资料和调查研究的基础上编制进度计划。

（3）进度计划的跟踪检查与调整，包括定期跟踪检查所编制进度计划的执行情况，若其执行有偏差，则采取纠偏措施，并视是否有必要而调整进度计划。

8.2.1 工程项目进度控制的目的

进度控制的目的是通过控制以实现工程的进度目标。如只重视进度计划的编制，而不重视进度计划的必要调整，则进度无法得到控制。为了实现进度目标，进度控制的过程也就是随着项目的进展，进度计划不断调整的过程。

施工方是工程实施的一个重要参与方，许许多多的工程项目，特别是大型重点建设工程项目，往往工期要求十分紧迫，施工方的工程进度压力非常大。数百天的连续施工，一天两班制施工，甚至 24 小时连续施工时有发生。不是正常有序地施工，而盲目赶工，难免会导致施工质量问题和施工安全问题的出现，并且会引起施工成本的增加。因此，施工进度控制不仅关系到施工进度目标能否实现，还直接关系到工程的质量和成本。在工程施工实践中，必须树立和坚持一个最基本的工程管理原则，即在确保工程质量的前提下，控制工程的进度。

为了有效地控制施工进度，尽可能摆脱因进度压力而造成工程组织被动的局面，施工方有关管理人员应深化理解：

（1）整个建设工程项目的进度目标如何确定；

（2）有哪些影响整个建设工程项目进度目标实现的主要因素；

（3）如何正确处理工程进度和工程质量的关系；

（4）施工方在整个建设工程项目进度目标实现中的地位和作用；

（5）影响施工进度目标实现的主要因素；

（6）施工进度控制的基本理论、方法、措施和手段等。

8.2.2 工程项目进度控制的任务

业主方进度控制的任务是控制整个项目实施阶段的进度，包括控制设计准备阶段的工作进度、设计工作进度、施工进度、物资采购工作进度，以及项目动用前准备阶段的工作进度。

设计方进度控制的任务是依据设计任务委托合同对设计工作进度的要求控制设计工作进度，这是设计方履行合同的义务。另外，设计方应尽可能使设计工作的进度与招标、施工和物资采购等工作进度相协调。在国际上，设计进度计划主要是各设计阶段的设计图纸（包括有关的说明）的出图计划，在出图计划中标明每张图纸的名称、图纸规格、负责人和出图日期。出图计划是设计方进度控制的依据，也是业主方控制设计进度的依据。

施工方进度控制的任务是依据施工任务委托合同对施工进度的要求控制施工进度，这是施工方履行合同的义务。在进度计划编制方面，施工方应视项目的特点和施工进度控制的需要，编制深度不同的控制性、指导性和实施性施工的进度计划，以及不同计划周期（年度、季度、月度和旬）的施工计划等。

供货方进度控制的任务是依据供货合同对供货的要求控制供货进度，这是供货方履行合同的义务。供货进度计划应包括供货的所有环节，如采购、加工制造、运输等。

8.2.3 进度控制计划系统的建立

1. 工程项目进度控制计划系统内涵

建设工程项目进度计划系统是由多个相互关联的进度计划组成的系统，是项目进度控制的依据。各种进度计划编制所需要的必要资料由于是在项目进展过程中逐步形成的，因此项目进度计划系统的建立和完善也有一个过程，是逐步形成的。

2. 不同类型的工程项目进度计划系统

根据项目进度控制不同的需要和不同的用途，业主方和项目各参与方可以构建多个不同的建设工程项目进度计划系统，包括：

（1）由多个相互关联的不同计划深度的进度计划组成的计划系统；

（2）由多个相互关联的不同计划功能的进度计划组成的计划系统；

（3）由多个相互关联的不同项目参与方的进度计划组成的计划系统；

（4）由多个相互关联的不同计划周期的进度计划组成的计划系统等。

由不同深度的计划构成进度计划系统，包括：

（1）总进度规划（计划）；

（2）项目子系统进度规划（计划）；

（3）项目子系统中的单项工程进度计划等。

由不同功能的计划构成进度计划系统，包括：

（1）控制性进度规划（计划）；

（2）指导性进度规划（计划）；

（3）实施性（操作性）进度计划等。

由不同项目参与方的计划构成进度计划系统，包括：

（1）业主方编制的整个项目实施的进度计划；

（2）设计进度计划；

（3）施工和设备安装进度计划；

（4）采购和供货进度计划等。

由不同周期的计划构成进度计划系统，包括：

（1）5年建设进度计划；

（2）年度、季度、月度和旬计划等。

3. 建设工程项目进度计划系统中的内部关系

在建设工程项目进度计划系统中各进度计划或各子系统进度计划编制和调整时必须注意其相互间的联系和协调，如：

（1）总进度规划（计划）、项目子系统进度规划（计划）与项目子系统中的单项工程进度计划之间的联系和协调；

（2）控制性进度规划（计划）、指导性进度规划（计划）与实施性（操作性）进度计划之间的联系和协调；

（3）业主方编制的整个项目实施的进度计划、设计方编制的进度计划、施工和设备安装方编制的进度计划与采购和供货方编制的进度计划之间的联系和协调等。

8.2.4 工程项目总进度目标论证的工作内容

建设工程项目的总进度目标指的是整个工程项目的进度目标，它是在项目决策阶段项目定义时确定的，项目管理的主要任务是在项目的实施阶段对项目的目标进行控制。建设工程项目总进度目标的控制是业主方项目管理的任务（若采用建设项目工程总承包的模式，协助业主进行项目总进度目标的控制也是建设项目工程总承包方项目管理的任务）。

在进行建设工程项目总进度目标控制前，首先应分析和论证进度目标实现的可能性。若项目总进度目标不可能实现，则项目管理者应提出调整项目总进度目标的建议，并提请项目决策者审议。

在项目的实施阶段，项目总进度应包括：

（1）设计前准备阶段的工作进度；

（2）设计工作进度；

（3）招标工作进度；

（4）施工前的准备工作进度；

（5）工程施工和设备安装进度；

（6）工程物资采购工作进度；

（7）项目动用前的准备工作进度等。

建设工程项目总进度目标论证应分析和论证上述各项工作的进度，以及上述各项工作进展的相互关系。

在建设工程项目总进度目标论证时，往往还没有掌握比较详细的设计资料，也缺乏比较全面的有关工程发包的组织、施工组织和施工技术等方面的资料，以及其他有关项目实施条件的资料，因此，总进度目标论证并不是单纯的总进度规划的编制工作，它涉及工程实施的条件分析和工程实施策划方面的许多问题。

大型建设工程项目总进度目标论证的核心工作是通过编制总进度纲要论证总进度目标实现的可能性。总进度纲要的主要内容包括：

（1）项目实施的总体部署；

（2）总进度规划；

（3）各子系统进度规划；

（4）确定里程碑事件的计划进度目标；

（5）总进度目标实现的条件和应采取的措施等。

8.2.5 工程项目总进度计划论证步骤

建设工程项目总进度目标论证的工作步骤如下：

（1）调查研究和收集资料；

（2）项目结构分析；

（3）进度计划系统的结构分析；

（4）项目的工作编码；

（5）编制各层进度计划；

（6）协调各层进度计划的关系，编制总进度计划；

（7）若所编制的总进度计划不符合项目的进度目标，则设法调整；

（8）若经过多次调整，进度目标无法实现，则报告项目决策者。

其中，调查研究和收集资料包括如下工作：

① 了解和收集项目决策阶段有关项目进度目标确定的情况和资料；

② 收集与进度有关的该项目组织、管理、经济和技术资料；

③ 收集类似项目的进度资料；

④ 了解和调查该项目的总体部署；

⑤ 了解和调查该项目实施的主、客观条件等。

其中，大型建设工程项目的结构分析是根据编制总进度纲要的需要，将整个项目进行逐层分解，并确立相应的工作目录，如：

① 一级工作任务目录，将整个项目划分成若干个子系统；

② 二级工作任务目录，将每一个子系统分解为若干个子项目；

③ 三级工作任务目录，将每一个子项目分解为若干个工作项。

整个项目划分成多少结构层，应根据项目的规模和特点而定。

其中，大型建设工程项目的计划系统一般由多层计划构成，如：

① 第一层进度计划，将整个项目划分成若干个进度计划子系统；

② 第二层进度计划，将每一个进度计划子系统分解为若干个子项目进度计划；

③ 第三层进度计划，将每一个子项目进度计划分解为若干个工作项。

整个项目划分成多少计划层，应根据项目的规模和特点而定。

项目的工作编码指的是每一个工作项的编码，编码有多种方式。编码时应考虑下述因素：

① 对不同计划层的标识；

② 对不同计划对象的标识（如不同子项目）；

③ 对不同工作的标识（如设计工作、招标工作和施工工作等）。

8.3 工程项目进度管理中的优化

网络计划的优化是指在一定的约束条件下，按既定的目标对网络计划不断进行修改，以寻求最满意的方案，包括工期目标、费用目标和资源目标。根据优化目标不同，网络计划的优化可以分为工期优化、工期-费用优化和资源优化三种。

8.3.1 工期优化

1. 理 解

所谓工期优化，是指网络计划的计算工期不满足要求时，通过压缩关键工作的持续时间以满足要求工期目标的过程。

2. 工期优化的基本方法

其基本方法是在不改变网络计划中的各项工作之间的逻辑关系的前提下，通过压缩关键工作的持续时间达到优化目的。在优化的过程中，按照经济合理的原则，不能将关键工作压缩成非关键工作。此外，当工期优化过程中出现多条关键线路时，必须将各条关键线路的总持续时间压缩相同数值。

3. 工期优化的基本步骤

（1）确定初始网络计划的计算工期和关键线路（通常采用标号法）；

（2）计算要求工期应该压缩的时间：

（3）选择应压缩持续时间的关键工作。选择压缩对象时，对关键工作应考虑的因素有：

① 缩短持续时间对质量和安全影响不大的工作；

② 有充足的资源准备；

③ 缩短持续时间所增加的费用最少的工作。

三个因素综合考虑以优选系数形式体现，优选系数越小越好。

（4）优选系数确定关键工作及压缩时间。

① 当只有一条关键线路时候，选择优选系数最小的工作进行压缩，压缩过程中不能将关键工作压缩为非关键工作。若压缩工作变成了非关键工作，则缩短压缩的时间。

② 当出现多条关键线路的时候，则应考虑组合方案，选择组合方案中的组合优选系数最小的组合工作进行时间压缩。方案组合的必须涉及每一条关键线路，不能同时压缩一条关键线路上的优选系数最小的几个关键工作。同时各组合方案涉及的关键工作压缩时间必须相等。

（5）重复以上的工作，直至网络计划的计算工期满足要求工期。

（6）当所有工作的持续时间达到最短极限仍然不能满足要求工期时，则应对网络计划的原技术方案、组织方案进行调整，或重新审定工期。

4. 工期优化示例

已知某工程双代号网络如图 8-1 所示，图中箭线下方括号外数字为工作的正常持续时间，括号内数字为工作的最短持续时间；图中箭线上方括号内数字为工作的优选系数，合同要求工期为 15 周，则初始网络图是否需要进行工期优化？

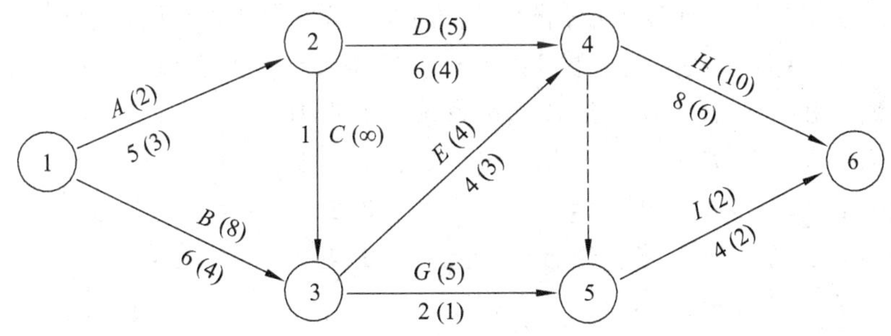

图 8-1　初始网络图

（1）根据各项工作的正常持续时间，用标号法确定网络计划的关键线路和计算工期，得到关键线路为①—②—④—⑥，计算工期 T_C=19 周，如图 8-2 所示。

（2）计算应压缩的时间：19 周-15 周=4 周。

（3）由于只有一条关键线路，选择优选系数最小的作为压缩工作，即 A 工作为优先压缩的对象。

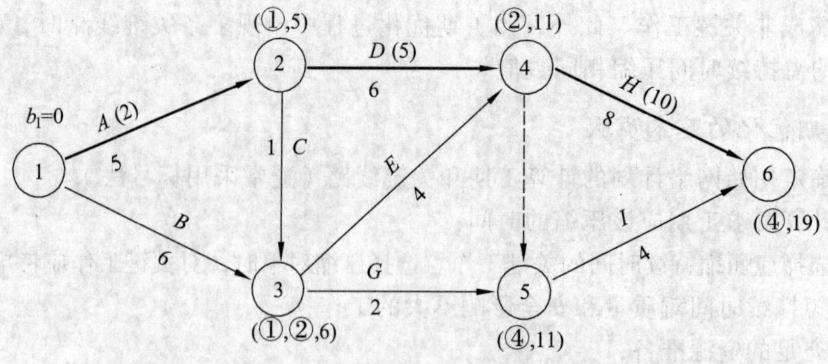

图 8-2　关键线路及计算工期

（4）将 A 工作的时间压缩 2 周，使最短持续时间为 3 周，这时 A 工作被压缩成了非关键工作，因此，A 工作的时间压缩 1 周，使最短持续时间为 4 周，让 A 工作恢复为关键工作，此时的网络如图 8-3 所示。

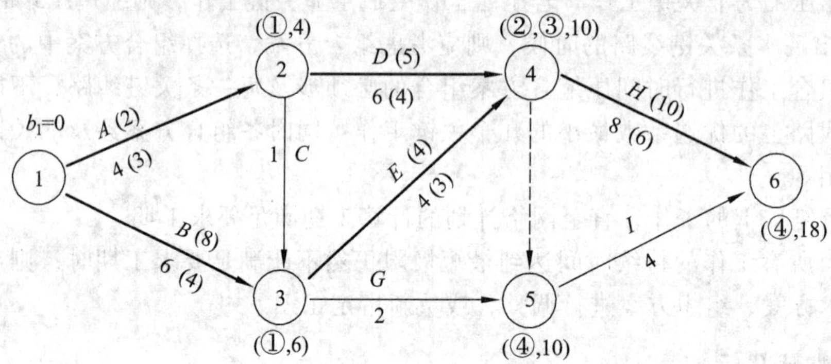

图 8-3　第一次优化后网络图

第一次优化后的网络图的计算工期 T_{C1}=18 周，关键线路为①—②—④—⑥和①—③—④—⑥。

（5）第一次优化后的计算工期仍然大于 15 周，故需要继续进行优化，需要压缩的时间为 18 周−15 周=3 周。从图 8-3 中可以看出，两条关键线路有以下的压缩组合方案：

同时压缩 A 工作和 B 工作，组合优选系数：2+8=10。

同时压缩 A 工作和 E 工作，组合优选系数：2+4=6。

同时压缩 B 工作和 D 工作，组合优选系数：8+5=13。

同时压缩 D 工作和 E 工作，组合优选系数：5+4=9。

压缩 H 工作，优选系数 10。

由于 A 和 E 的组合优选系数最小，故应同时压缩 A 和 E 工作，这两项工作各同时压缩 1 周（因为 A 工作只能压缩 1 周），之后的关键线路没有发生变化，计算工期为 17 周，见图 8-4。

（6）因第二次优化后的计算工期仍然大于 15 周，故需要继续压缩，压缩时间为 2 周。关键线路由于没有发生变化，则组合方案没有安生变化，但因 A 和 E 工作已经达到最短极限，不能再压缩，故其优化系数设为∞，因此，方案组合结果有：

同时压缩 B 和 D 工作，优选系数：8+5=13。

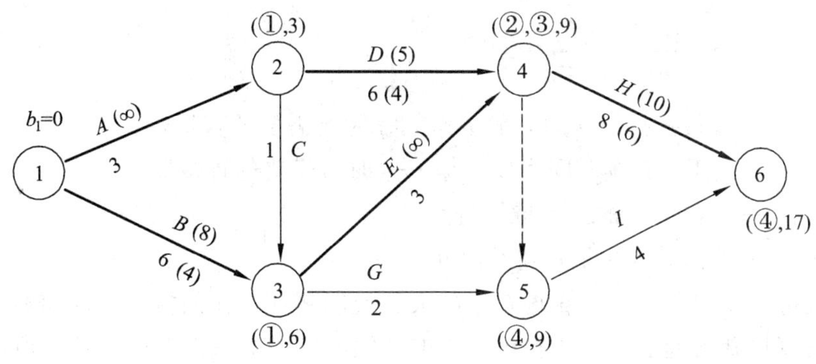

图 8-4　第二次优化后的网络图

压缩 H 工作，优选系数为 10。

则压缩 H 工作，将其持续时间缩短 2 周。

用标号法确定关键线路没有发生变化，工期等于要求工期为 15 周，则不再进行优化，则最后的网络如图 8-5 所示。

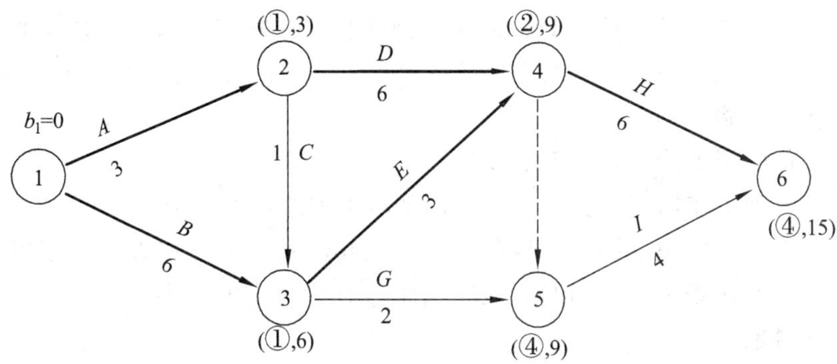

图 8-5　最终优化后的网络图

8.3.2　工期——费用优化

费用优化又称工期成本优化，是指寻求工程总成本最低时的工期安排或者按要求工期寻求最低成本的计划安排。

1. 费用和时间的关系

（1）工程费用和工期的关系。

工程总费用由直接费和间接费组成。直接费由人工费、材料费、机械使用费、其他直接费及现场经费等组成。施工方案不同直接费就不同；如果施工方案一定，工期不同直接费也不同。直接费会随着工期的缩短而增加。间接费包括企业经营管理的全部费用，一般会随工期的缩短而减少。

（2）工作直接费与持续时间的关系。

各项工作持续时间与直接费之间的关系类似于工程费用和工期的关系，工作的直接费会随着工作持续时间的增加而增加，在实际工作中为了计划执行和调整的方便，工作的直接费和持续时间之间的关系被近似的认为是一条直线关系。工作的持续时间每缩短单位时间而增加的直接费称为直接费用率，其计算公式为：

$$\Delta C_{i-j}=\frac{CC_{i-j}-CN_{i-j}}{DN_{i-j}-DC_{i-j}}$$

式中 CC_{i-j}——按最短持续时间完成工作 $i—j$ 时所需要的直接费；

CN_{i-j}——按正常持续时间完成工作 $i—j$ 时所需要的直接费；

DN_{i-j}——工作 $i—j$ 的正常持续时间；

DC_{i-j}——工作 $i—j$ 的最短持续时间。

从上式可以看出，工作的直接费率越大，说明将该工作的持续时间缩短一个时间单位所增加的直接费就越多；反之将该工作的持续时间缩短一个时间单位，所增加的直接费就越少。因此，在压缩关键工作的持续时间达到缩短工期目的的时候，应将直接费用率最小的关键工作作为压缩对象。当有多条关键线路出现而需要同时压缩多个关键工作的持续时间时，应将它们的直接费用率之和的最小者作为压缩对象。

2. 费用优化方法

费用优化的基本思路：不断地在网络计划中找出直接费用率（或者组合直接费用率）最小的关键工作，缩短其持续时间，同时考虑间接费用随工期缩短而减少的数值，最后求得工程总成本最低时的最优工期安排或按要求工期求得最低成本的计划安排。

费用优化的步骤如下：

（1）按工作的正常持续时间确定计算工期和关键线路。

（2）计算各项工作的直接费用率，并计算出工程总成本。

（3）当只有一条关键线路时，应找出直接费用率最小的一项关键工作作为缩短持续时间的对象；当有多条关键线路时，应找出组合直接费用率最小的一组关键工作作为压缩持续时间的对象。

（4）对于选定的压缩对象（一项关键工作或者一组关键工作），首先比较其直接费用率或组合直接费用率与工程间接费用率的大小：

① 如果被压缩对象的直接费用率或组合的直接费用率大于工程的间接费用率，说明压缩关键工作的持续时间会使工程总费用增加（减少一天增加的直接费大于减少一天节约的间接费），此时应停止压缩关键工作的持续时间，在此之前的方案即为优化方案；

② 如果被压缩对象的直接费用率或组合的直接费用率等于工程的间接费用率，说明压缩关键工作的持续时间不会使工程总费用增加（减少一天增加的直接费等于减少一天节约的间接费），此时压缩关键工作的持续时间；

③ 如果被压缩对象的直接费用率或组合的直接费用率小于工程的间接费用率，说明压缩关键工作的持续时间会使工程总费用减少（减少一天增加的直接费小于减少一天节约的间接费），此时压缩关键工作的持续时间。

（5）当需要缩短组合关键工作的持续时间时，其缩短值的确定必须符合以下两条原则：

① 缩短后工作的持续时间不能小于其最短的持续时间；

② 缩短持续时间的工作不能变成非关键工作。

（6）计算关键工作持续时间缩短后的工程总成本。

（7）重复以上工作，直至计算工期满足要求工期或被压缩对象的直接费用率或组合直接费用率都大于工程间接费用率为止。

3. 工期费用优化例题

已知某工程网络计划如图 8-6 所示,图中箭线下方括号外的数字为工作的正常持续时间，括号内的数字为工作的最短持续时间；图中箭线上方括号外的数字为工作按正常持续时间完成使所需的直接费用，括号内的数字为工作按最短持续时间完成使所需的直接费用。该工程的间接费用率为 0.8 万元/天。能否对该网络计划进行优化。

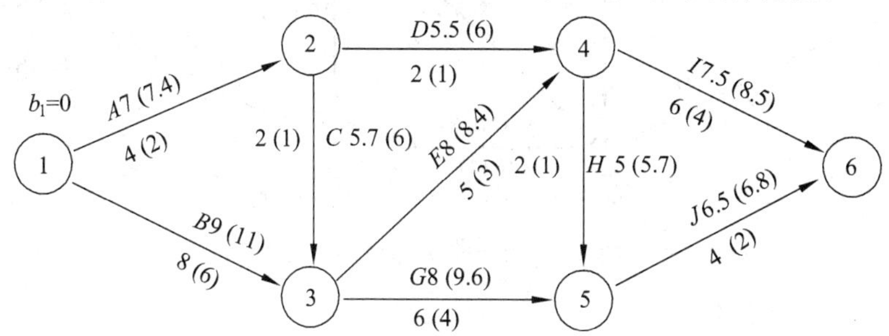

图 8-6 工期费用优化初始网络图

优化过程如下：

（1）根据各工作的正常持续时间，用标号法确定网络计划的关键线路和计算工期：关键线路为①—③—④—⑥和①—③—④—⑤—⑥；T_C 为 19 天。

（2）计算各项工作的直接费用率标注于图 8-7 中。

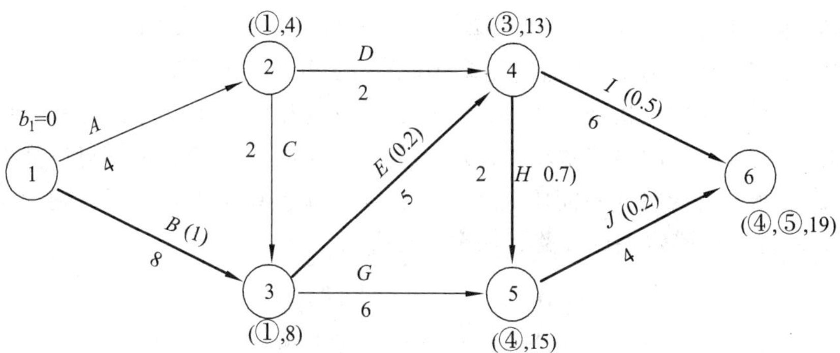

图 8-7 直接费费率网络图

（3）计算工程总费用：

直接费总和=7+9+5.7+5.5+8+8+5+7.5+6.5=62.2（万元）

间接费总和=0.8×19=15.2（万元）

工程总费用=62.2+15.2=77.4（万元）

（4）第一次进行优化：

网络计划有 2 条关键线路，为了同时压缩两条关键线路的总持续时间，有以下组合方案：

① 压缩 B 工作，直接费用率为 1 万元/天；

② 压缩 E 工作，直接费用率为 0.2 万元/天；

③ 同时压缩 H 和 I 工作，直接费用率为 0.7+0.5=1.2 万元/天；

④ 同时压缩 I 和 J 工作，直接费用率为 0.5+0.2=0.7 万元/天。

在以上方案组合中，E 的直接费用率最小，选择 E 为压缩对象。因为 E 的直接费用率是 0.2 万元/天，小于间接费用率 0.8 万元/天，说明压缩 E 工作可使工程总费用降低。

将 E 工作减少 2 天，此时 E 成为非关键工作，故 E 工作减少 1 天，如图 8-8 所示。

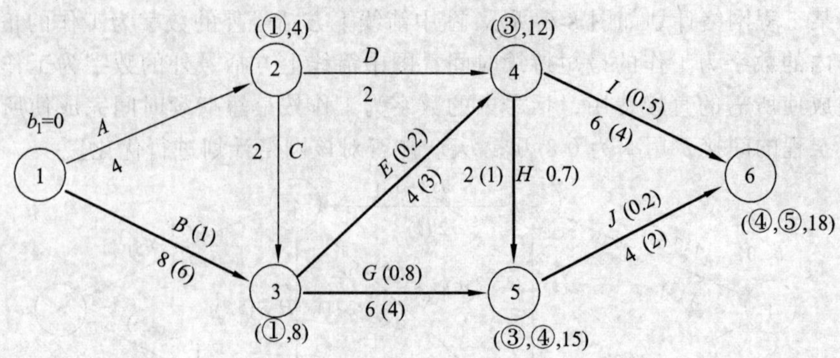

图 8-8　第一次优化后的网络图

（5）进行第二次优化：

第一次优化后的计算工期为 18 天，关键线路有 3 条：①—③—④—⑥、①—③—④—⑤—⑥和①—③—⑤—⑥。同时缩短 3 条关键线路的总持续时间，有以下几个方案：

① 压缩 B 工作，直接费用率为 1 万元/天；

② 同时压缩工作 E 和 G，组合费用率为 0.2+0.8=1 万元/天；

③ 同时压缩工作 E 和 J，组合费用率为 0.2+0.2=0.4 万元/天；

④ 同时压缩工作 G、H 和 I，费用率为 0.8+0.7+0.5=2.0 万元/天；

⑤ 同时压缩工作 I 和 J，组合费用率为 0.5+0.2=0.7 万元/天。

由于工作 E 和 J 的直接费率最小，选择 E 和 J 为压缩对象。工作 E 和 J 的直接费费率为 0.4 万元/天，小于间接费费率 0.8 万元/天，说明同时压缩 E 和 J 可以降低工程总费用。又因 E 工作的持续时间只能压缩 1 天，则 J 工作也只能压缩 1 天，两项工作同时压缩 1 天后，用标号法确定关键线路，如图 8-9 所示。

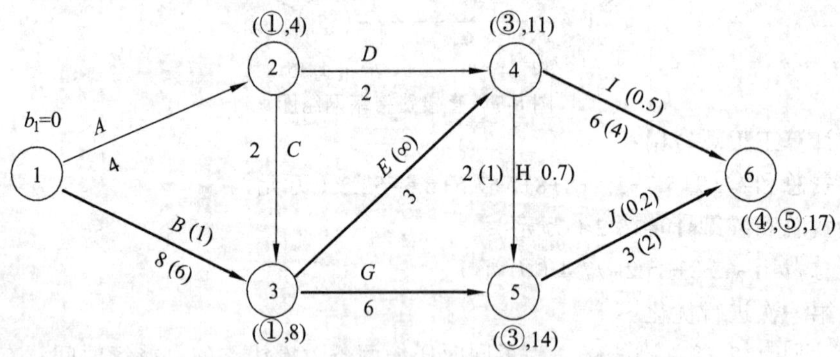

图 8-9　第二次优化后的网络图

（6）第三次优化：

从图 8-9 中可看出，第二次优化之后，关键线路变为 2 条，即①—③—④—⑥和①—③—⑤—⑥，计算工期为 17 天。原来的工作 H 未经压缩而被动的变为非关键工作。E 工作由于已经达到最短的持续时间，不能在压缩，故其直接费率变为无穷大。这时的压缩方案有：

① 压缩 B 工作，直接费用率为 1 万元/天；

② 同时压缩工作 G 和 I，组合费用率为 0.8+0.5=1.3 万元/天；

③ 同时压缩工作 I 和 J，组合费用率为 0.5+0.2=0.7 万元/天。

以上方案中 I 和 J 的直接费率最小并且小于间接费费率 0.8 万元/天，说明同时压缩 I 和 J 可以降低工程总费用。工作 J 的持续时间由于只能压缩 1 天，则 I 工作也只能压缩 1 天。因此工作 I 和 J 同时压缩 1 天。压缩后用标号法重新确定关键线路，如图 8-10 所示。

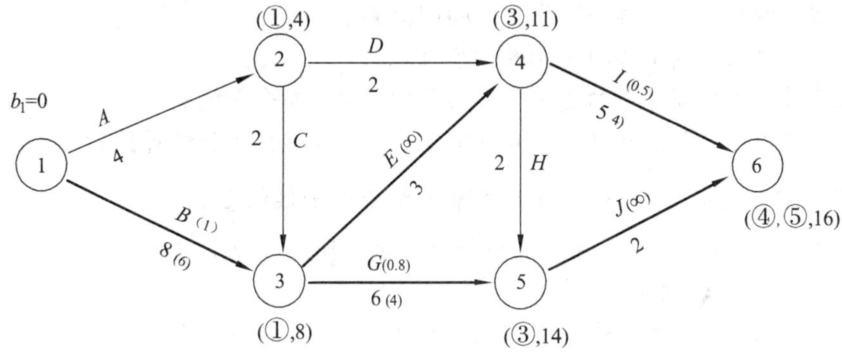

图 8-10　第三次优化后网络图

（7）第四次优化：

从图 8-10 可知，优化后关键线路没有发生变化，计算工期为 16 天。而且 E 和 J 工作已经达到最短持续时间，因此可以压缩的方案有：① 压缩 B 工作，直接费用率为 1 万元/天；② 同时压缩工作 G 和 I，组合费用率为 0.8+0.5=1.3 万元/天。两个方案的直接费率均大于间接费费率 0.8 万元/天，说明压缩工作会使工程总费用增加。

此时优化结束，第三次优化结果为最优结果。

（8）计算优化后的工程总费用：

① 直接费总和=7+9+5.7+5.5+8.4+8+5+8+6.9=63.5（万元）

② 间接费总和=0.8×16=12.8（万元）

③ 工程总费用=63.5+12.8=76.3（万元）

复习题：已知某工程网络计划图如图 8-11 所示，图中箭线下方括号外的数字为工作的正常持续时间，括号内的数字为工作的最短持续时间；图中箭线上方括号外的数字为工作按正常持续时间完成时所需的直接费用，括号内的数字为工作按最短持续时间完成时所需的直接费用。该工程的间接费用率为 0.8 万元/天。能否对该网络计划进行优化？

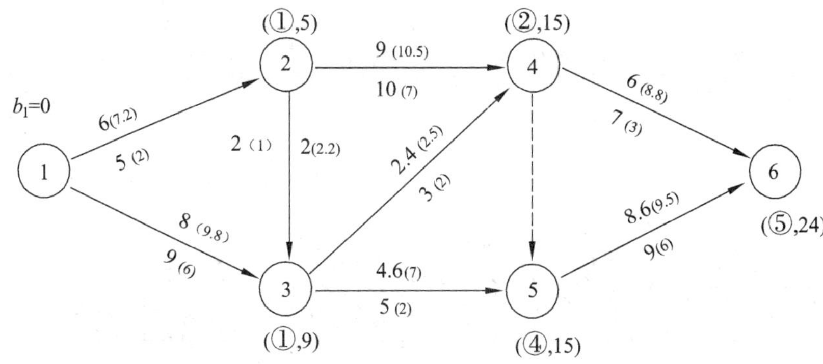

图 8-11　初始网络图

8.3.3 资源均衡——工期最短优化

1. 理　解

通过调整计划安排，在满足资源限制的条件下，使工期延长最少的过程。

2. 资源优化的前提条件

① 不改变网络计划中各项工作之间的逻辑关系；

② 不改变网络计划中各项工作的持续时间；

③ 网络计划中各项工作的资源强度为常数，而且是合理的；

④ 除规定可以中断工作外，不允许中断工作，应保持工作的连续性。

3. 资源供给的优先顺序（如果资源需求量大于供给量）

（1）没有平行工作的情况下，首先保证关键工作的资源供给；

（2）有平行工作的情况下：

① 如果有已经开始的工作，则首先保证已经开始工作的资源供给。

② 如果没有已经开始的工作（资源需求大于供给阶段的工作同时开始），首先保证关键工作的资源供给，其次按照工作的 *TF* 由小到大排列，优先供给 *TF* 最小的工作。

4. 优化过程

① 绘制出早时标网络图，计算每个单位时间的资源需用量；

② 从开始日期起，逐个检查每个时间段（资源需求量相同的持续时间称为一个时间段）的资源量是否超过供给量。若每个时间段资源需要量均小于等于供给量，则已达到优化目的。

③ 如果有的时间段资源需要量均大于等于供给量，则进行优化。假设时间段的资源需要量大于资源供给量，则根据资源供给的有限顺序原则，将不需要优先供给资源的工作向后推迟到 *m* 时点开始。

④ 重复以上工作，直到整个网络计划单位时间的资源需求量均小于等于供给量为止。

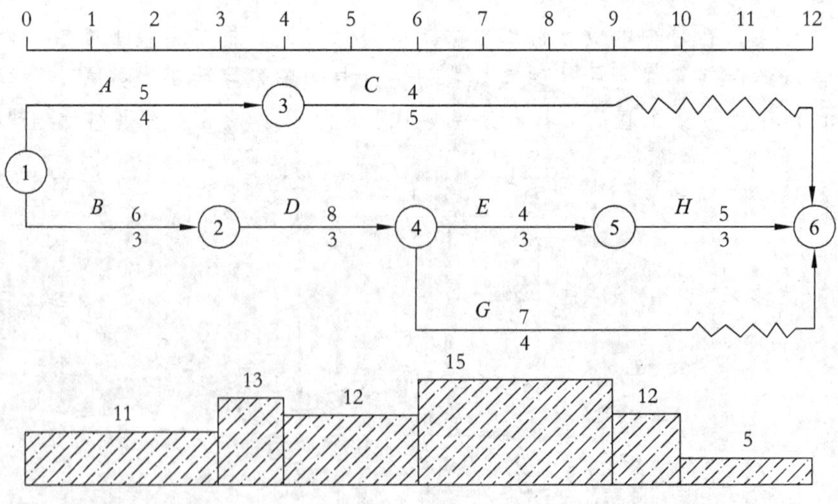

图 8-12　初始早时标网络图

例题：已知某工程的早时标网络如图 8-12 所示，图中箭线上方的数字为工作的资源强度，下方的数字为工作的持续时间（周），若资源供给的最大量为 12 个单位，能否对其进行“资源有限—工期最短”的优化工作。

（1）计算单位时间的资源用量（见图 8-12）。

（2）从计划开始日起，检查资源的实际用量与供给量的比较关系。检查发现[3，4]时段资源需要量大于资源供给量。该时段涉及的工作有：①—③和②—④两项。

由于①—③工作已经开始，不能中断，因此，资源首先保证该工作的供给。则将②—④工作推迟到第 4 周末开始。则调整后的时标网络如图 8-13 所示。

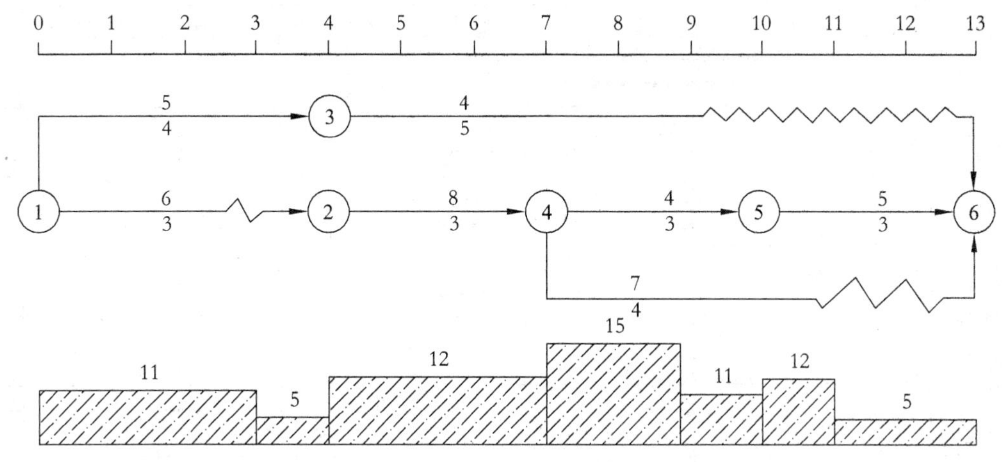

图 8-13　第一次调整后的时标网络图

（3）比较之后各时段资源需要量和供给量，在[7，9]时段资源需要量大于供给量涉及三项工作：③—⑥、④—⑤和④—⑥。

工作中③—⑥工作已经开始，首先供给；④—⑤和④—⑥同时开始，④—⑤的 TF=0 小于④—⑥的 *TF*=2，资源首先供给④—⑤。则将④—⑥推迟到第 9 周末开始。调整后的早时标网络图如图 8-14 所示。

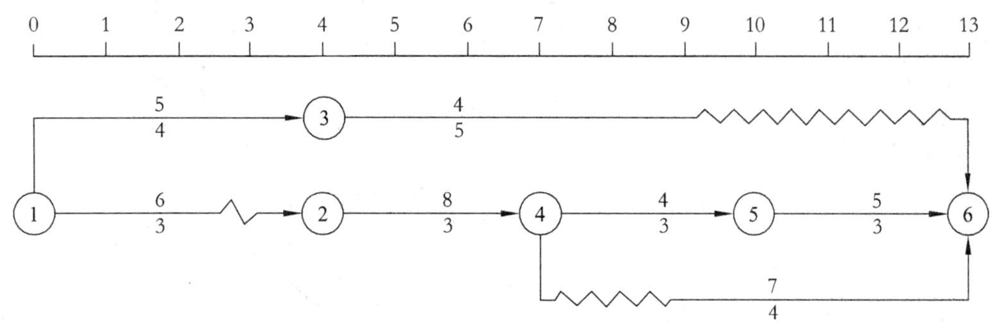

图 8-14　第二次调整后的网络图

（4）继续比较之后各时段的资源需要量和供给量，发现所有时段的资源需要量小于等于供给量，则不再进行优化。

8.4 工程项目进度管理的基本方法

8.4.1 实际进度与计划进度的比较方法

1. 横道图比较法

横道图比较法是将项目实施过程中检查实际进度收集到的数据，经加工整理后直接用横道线平行绘制于原计划的横道处，将实际进度与计划进度比较的方法。采用横道图比较法可以形象、直观地反映实际进度与计划进度的比较情况，如图 8-15 所示。

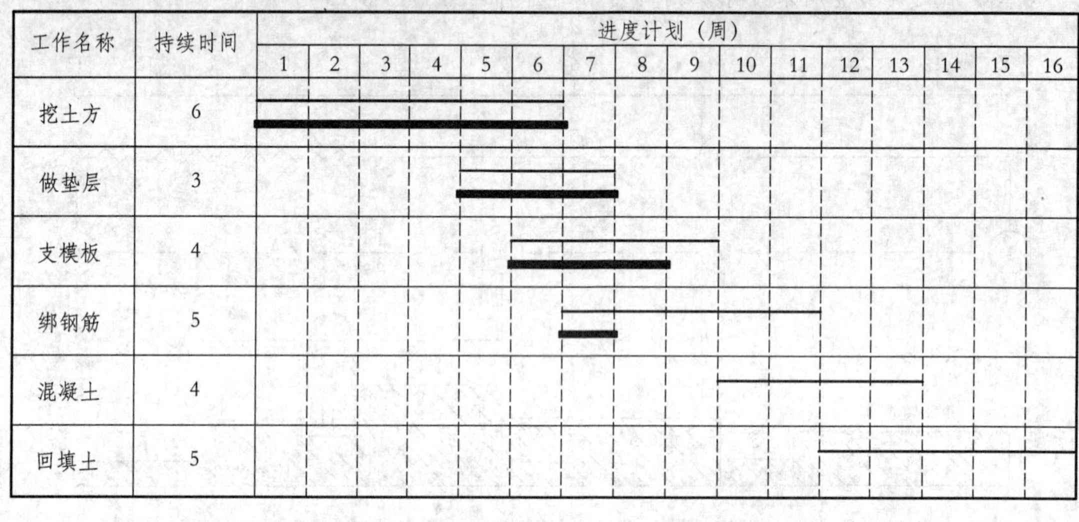

图 8-15　横道图进度比较法

2. S 曲线比较法

S 曲线比较法是以横坐标表示时间，纵坐标表示累计完成任务量，绘制一条按计划时间累计完成任务量的 S 曲线，然后将工程项目实际实施过程各检查时间实际累计完成任务量的 S 曲线也绘制在同一坐标系中，进行实际进度与计划进度比较的一种方法。

从整个工程项目实施进展来看，单位时间投入的资源量一般是开始和结束时较少，中间阶段较多。与其相对应，单位时间完成的任务量也呈同样的变化规律，如图 8-16（a）所示。而随工程进展累计完成的任务量则呈 S 形变化，如图 8-16（b）所示。

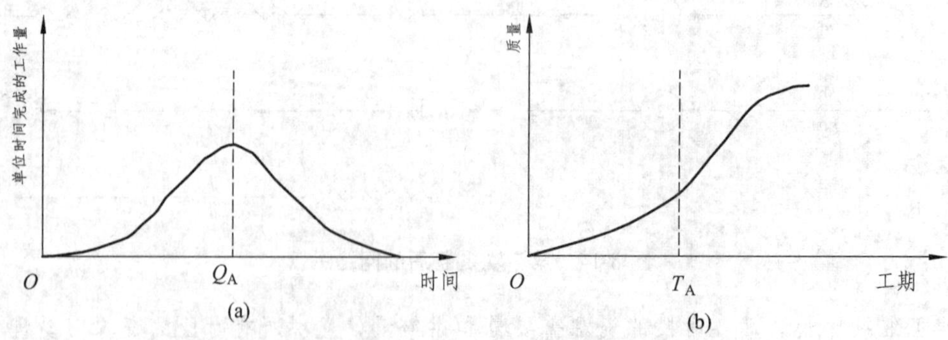

图 8-16　S 形曲线进度比较法

（1）编制方法。

例 1：某混凝土工程浇筑总量为 2000 m^3，按照施工方案，计划 9 个月完成，每个月完成的计划量如下表，绘制混凝土工程的计划 S 曲线。

（1）计算不同时间累计完成量，填入表 8-1。

表 8-1

时间/月	1	2	3	4	5	6	7	8	9
每月完成量/m^3	80	160	240	320	400	320	240	160	80
累计完成量/m^3	80	240	480	800	1200	1520	1760	1920	2000

（2）根据累计完成量绘制 S 形曲线，如图 8-17 所示。

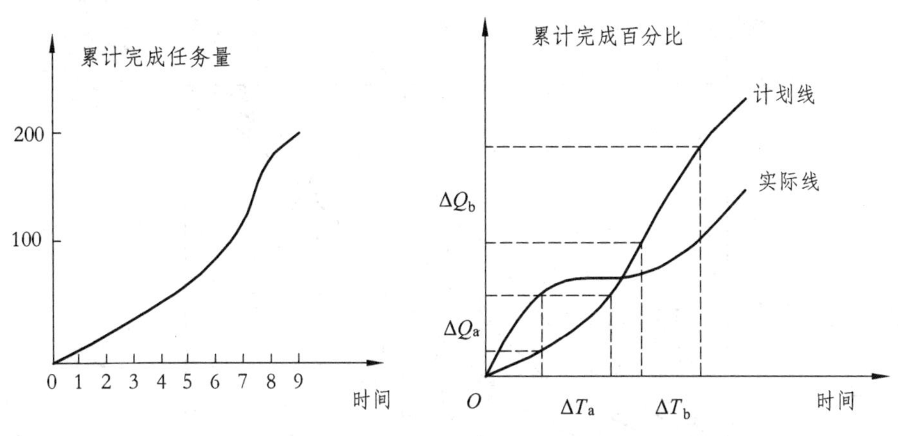

图 8-17　累计完成 S 形曲线图

（2）实际进度与计划进度的比较。

S 形曲线比较法是在图上进行工程实际进度与计划进度的比较，如图 8-17 所示。通过比较实际进度 S 形曲线和计划进度的 S 形曲线，可以得到如下信息：

① 工程项目实际进展情况。

如果工程实际进展点落在计划 S 曲线的左侧，表明实际进度比计划进度超前，如图 8-17 中的 a 点；

如果工程实际进展点落在计划 S 曲线的右侧，表明实际进度比计划进度拖后，如图 8-17 中的 b 点；

如果工程实际进展点落在计划 S 曲线上，表明此时实际进度与计划进度一致。

② 工程项目实际进度超前或者拖后的时间。

$T_a\Delta T_a$ 在 S 曲线比较图中可以直接读出实际进度比计划进度超前或者拖后的时间，如图 8-18 所示各时刻实际进度。

$T_b\Delta T_b$ 超前的时间：图 8-18 所示各时刻实际进度拖延的时间。

③ 工程项目实际进度超前或者拖后的任务量。

$Q_b\Delta Q_b Q_a\Delta Q_a$ 在 S 形曲线图中也可以直接读出实际进度比计划进度超前的或拖欠的任务量。如图 8-18 所示各时刻实际进度超额完成的任务量；图 8-18 中表示各时刻实际进度拖欠的任务量。

④ 工期工程进度预测。

ΔT 如果后期工程进度按原计划进行，则可以做出后期工程计划的S形曲线，如图7-18所示，则可以预测出工期拖延的预测值。

3. 香蕉曲线比较法

香蕉曲线是两条 S 曲线组合而成的闭合曲线。由 S 曲线比较法可知，工程项目累计完成的任务量与计划时间的关系，可以用 S 曲线表示。对于一个工程项目的网络计划来说，如果以其中各项工作的最早开始时间安排进度而绘制 S 曲线，称为 ES 曲线；如果以各项工作的最迟时间安排进度而绘制 S 曲线，称为 LS 曲线。两条 S 曲线具有相同的起点和终点，因此，两条线是闭合的。在一般情况下，ES 上的其余各点均落在 LS 曲线相应的左侧，如图 8-18 所示。

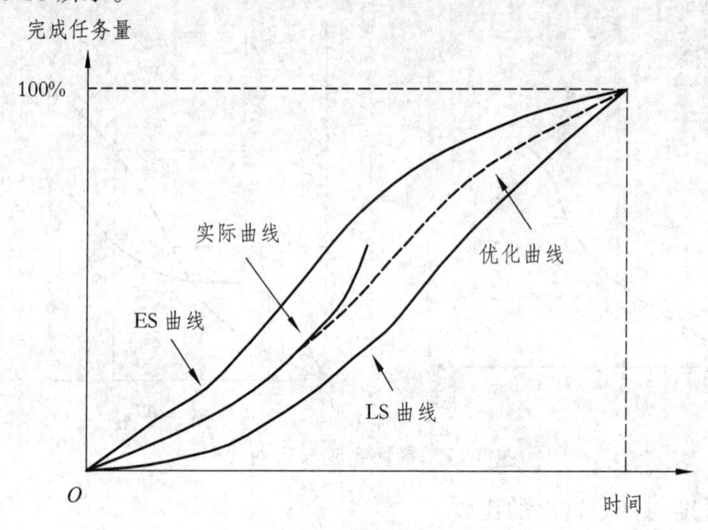

图 8-18　香蕉曲线进度控制

（1）香蕉曲线比较法的作用。

① 定期比较工程项目实际进度与计划进度；

② 预测后期工程进展趋势。

（2）香蕉曲线比较法的绘制方法。

香蕉曲线的绘制方法与 S 曲线的绘制方法基本相同，所不同的地方在于香蕉曲线是以工作按最早开始时间安排进度和按最迟开始时间安排进度分别绘制 S 形曲线组合成的闭合图形。

绘制步骤如下：

① 以工程项目的网络计划为基础，计算各项工作的 ES 和 LS。

② 确定各项工作在各单位时间的计划完成任务量，分别考虑以下两种情况：

按 ES 安排进度计划，确定各项工作单位时间计划完成任务量；

按 LS 安排进度计划，确定各项工作单位时间计划完成任务量。

③ 对所有工作，在各单位时间计划完成的任务量累加求和。

④ 分别根据各项工作的 ES 和 LS 安排的进度计划，确定各工作在单位时间计划完成的任务量，即将各项工作在某一单位时间内计划完成的任务量求和。

⑤ 分别根据各项工作的 ES 和 LS 安排的进度计划，计算不同时间累计完成任务量或任务量的百分比。

⑥ 绘制香蕉曲线。

例题 2：某项工程网络计划如图 8-19 所示，图中箭线上方括号内的数字为各项工作计划完成任务量，箭线下方的数字表示各项工作的持续时间（周）。设定个工作均为匀速进行。试绘制香蕉曲线。

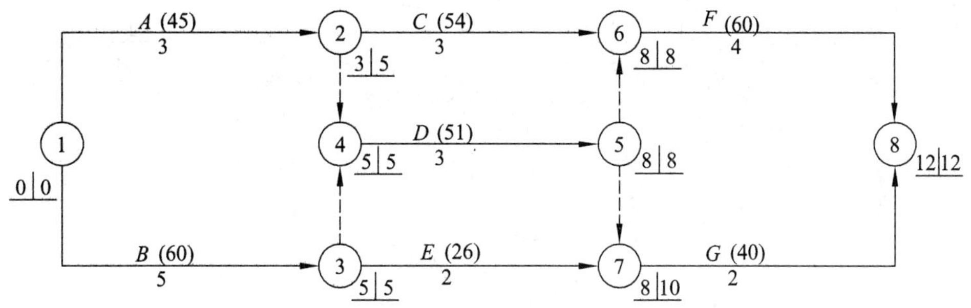

图 8-19　某工程双代号初始网络图

绘制过程如下：

（1）确定各项工作每周的劳动消耗量：

A：45÷3=15；*B*：60÷2=12；

C：54÷3=18；*D*：51÷3=17；

E：26÷2=13；*F*：60÷4=15；

G：40÷2=20

（2）计算工程项目劳动消耗总量：45+60+54+51+26+60+40=336

（3）计算出工作的 ES，并按此进度计划绘制早时标网络图，计算累计劳动消耗量，如图 8-20 所示。

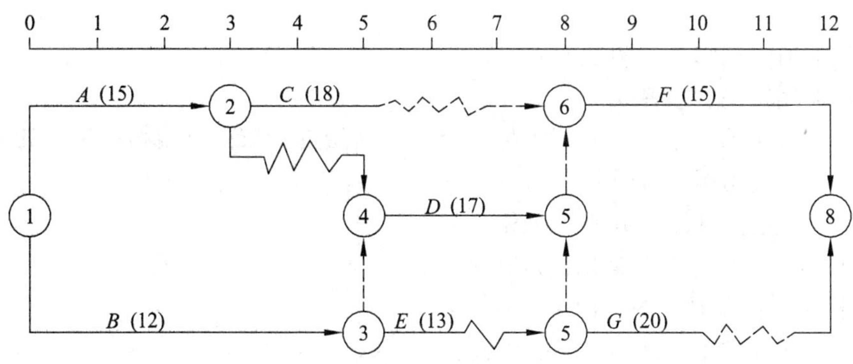

图 8-20　ES 时标网络图

（4）计算出工作的 LS，并按此进度计划绘制迟时标网络图，计算累计劳动消耗量，如图 8-21 所示。

（5）绘制出 ES 和 LS 曲线，如图 8-22 所示。

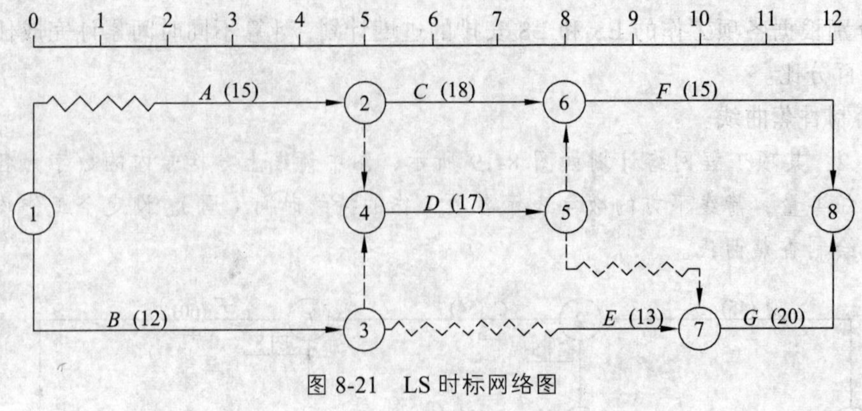

图 8-21　LS 时标网络图

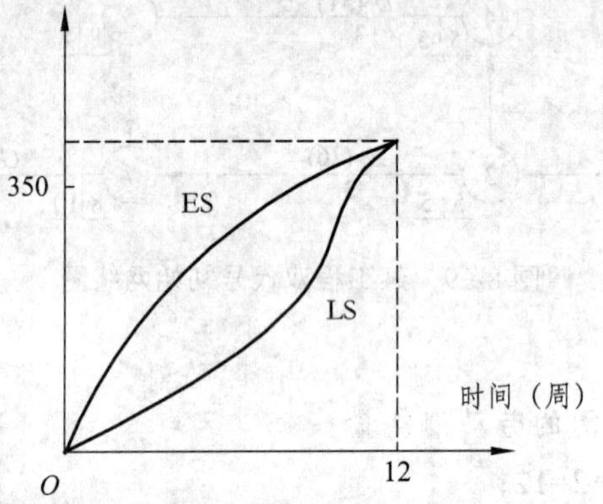

350
ES
LS
时间（周）
O
12

图 8-22　最终香蕉形图形

4. 前锋线法

所谓前锋线，是指在原时标网络计划上，从检查时刻的时点出发，用点画线依次将各项工作的实际进展位置点连接起来形成的折线。

前锋线比较法就是通过实际进度前锋线与原计划中各工作箭线的交点位置来判断工作实际进度与计划进度的偏差，进而判定对后续工作及总工期影响程度的一种方法。基本方法如下：

（1）绘制时标网络计划图。

（2）绘制实际进度前锋线。

一般从时标网络图上方的时间坐标检查日开始绘制，依次连接相邻工作的实际进展点，最后与时标网络图下方时间坐标检查日相连接。

工作实际进展点的表示方法有两种：

① 根据该工作已完任务量比例进行标定；

② 根据尚需作业时间进行标定。

（3）进行实际进度与计划进度的比较。

对具体项工作而言，其实际进度与计划进度之间的关系可以表示为：

① 工作实际进展点位置落在检查日左侧，表明该项工作实际进度拖后，拖后的时间为二者之差；

② 工作实际进展点位置与检查日重合，表明该项工作实际进度与计划进度一致；

③ 工作实际进展点位置落在检查日右侧，表明该项工作实际进度超前，提前的时间

为二者之差。

例 3：某工程时标网络如图 8-23 所示，在计划进行到第 6 周末检查实际进度时，发现 A 和 B 已全部完成，D 和 E 分别完成计划任务量的 20%和 50%，工作 C 需要 3 周完成。试绘制前锋线，并比较实际进度与计划进度。

根据所绘制的前锋线可以看出：①工作 D 实际进度拖后 2 周；②工作 E 实际进度拖后 1 周；③工作 C 实际进度拖后 2 周。

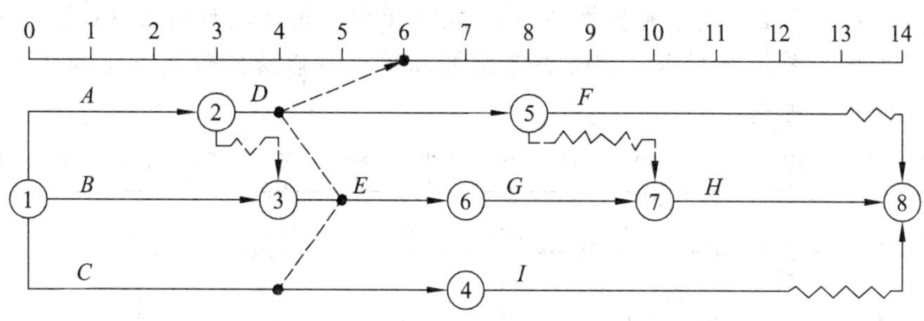

图 8-23　某工程早时标网络图

8.4.2　进度计划实施中的调整方法

1. 分析进度偏差对后续工作及总工期的影响

（1）分析出现进度偏差的工作是否为关键工作。

若出现进度偏差的工作位于关键线路上，即该工作为关键工作，则无论其偏差有多大，都将对后续工作及总工期产生影响；如果出现偏差的工作是非关键工作，则需要分析偏差与总时差和自由时差的关系。

（2）分析进度偏差是否超过总时差。

如果工作的进度偏差大于该工作的 TF,则此进度偏差必将影响其后续工作和总工期；如果该工作的进度偏差未超过 TF, 则此进度偏差不影响总工期。至于对后续工作的影响，应分析偏差与 FF 的关系。

（3）分析进度偏差是否超过自由时差。

如果工作的进度偏差大于该工作的 FF，则此进度偏差必将对后续工作产生影响；如果进度偏差没有超过 FF，则此进度偏差不影响后续工作，不必采取调整措施。

以例 3 题为例：

① 工作 D 实际进度拖后 2 周，其 FF=0，TF=1，将使后续工作 F 的 ES 推迟 2 周，并使总工期延长 1 周。

② 工作 E 实际进度拖后 1 周，其 FF=1，TF=1，不影响总工期，也不影响后续工作。

③ 工作 C 实际进度拖后 2 周，FF=0，TF=0，将使 G、H 和 J 工作的 ES 推迟 2 周，由于工作 G 和 J 时间推迟，则总工期延长 2 周。

2. 进度计划的调整方法——缩短某些工作的持续时间

这种方法的被压缩持续时间的工作是位于关键线路和超过计划工期的非关键线路上的工作。同时，这些工作又是其持续时间可以被压缩的工作。这种调整方法通常可以在网络图上直接进行。

（1）网络计划中的某项工作进度拖延时间已超过其 FF 但没有超过其 TF。

在这种情况下，该项工作的实际进度不会影响总工期，而只对其后续工作产生影响。因此，在进行调整前，需要确定后续工作允许拖延的时间限制，并以此作为进行进度调整的条件。该限制条件的确定常常比较复杂，尤其是当后续工作由多个平行的承包商负责实施时更是如此。后续工作如果不能按计划进行，在时间上产生的任何变化都可能使合同不能正常履行，而导致蒙受损失一方提出索赔。

例题 4：某项工程双代号时标网络如图 8-24 所示，该计划执行到 35 天下班检查时，其实际进度如图中前锋线所示。试分析目前实际进度对后续工作及总工期的影响，并提出相应的进度调整措施。

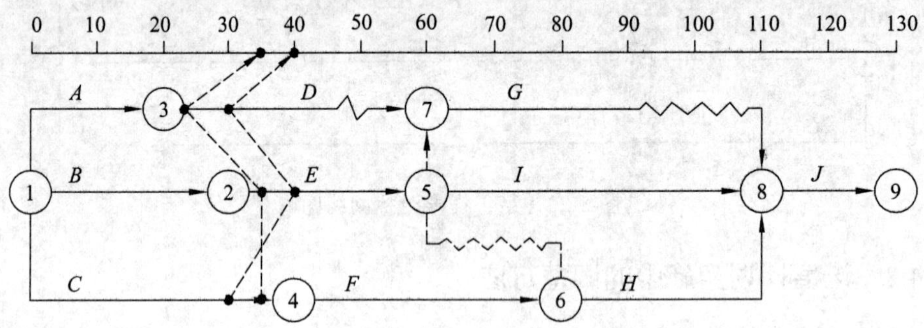

图 8-24　某工程双代号时标网络图

分析过程：

从图 8-24 中可以看出，目前只有工作 D 的开始时间延后了 15 天，而影响其后续工作 G 的最早开始时间，其他工作的实际进度均正常。由于 D 工作的 TF 为 30 天，故实际进度的 D 工作不影响总工期。

该进度计划是否进行调整，取决于工作 D 和 G 之间的限制条件。

① 后续工作拖延时间无限制。

如果后续工作拖延时间完全被允许，可将拖延后的时间参数带入原计划，并化简网络图（去掉已执行的部分，以进度检查日为起点，将实际数据代入，绘制出未实施部分的进度计划），即可调整方案。在本例题中，以检查时刻 35 天为起点，将工作 D 的实际进度数据及 G 被拖延后的时间参数代入原计划（此时工作 D、G 的开始时间分别为第 35 天和第 65 天），则调整后的方案如图 8-25 所示。

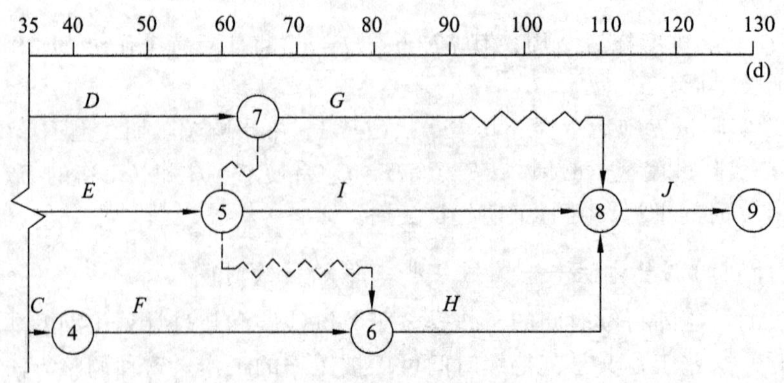

图 8-25　调整后的网络图

② 如果后续工作拖延的时间有限制。

如果后续工作不允许拖延或者拖延的时间有限制，需要根据限制条件对网络计划进行调整，寻求最优方案。在本例题中，如果工作 G 的开始时间不允许超过第 60 天，则只能将其紧前工作 D 的持续时间压缩为 25 天，调整后的网络计划如图 8-26 所示。如果在工作 D 和 G 之间还有多项工作，则可以利用工期优化的原理确定应压缩的工作，得到满足 G 工作的限制条件最优方案。

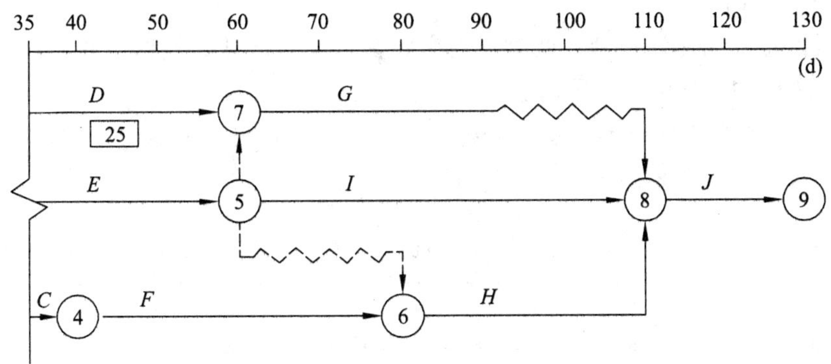

图 8-26　后续工作拖延时间有限制的调整网络图

（2）网络计划中某项工作进度拖延时间超过其 TF。此时进度计划的调整方案可以分为以下情况：

① 项目总工期不允许拖延。

如果工程项目必须按照原计划工期完成，则只能采取压缩关键线路上后续工作的持续时间的方法达到调整计划的目的，这种方法实质上就是工期优化。

例题 5：在计划执行到第 40 天下班是检查，其实际进度如图 8-27 所示。试分析目前实际进度对后续工作和总工期的影响，并提出相应的调整措施。

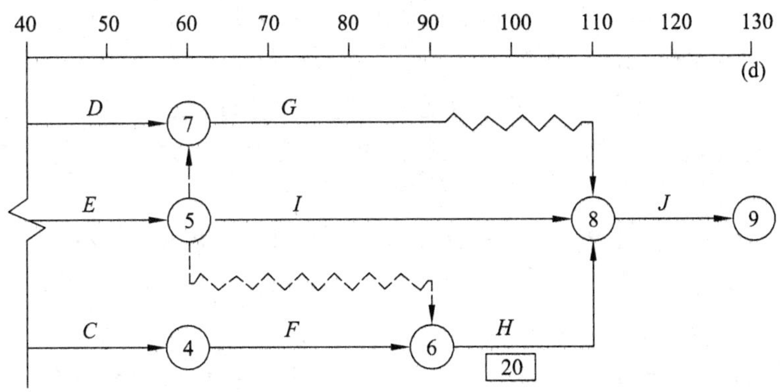

图 8-27　总工期不允许拖延的调整网络图

分析过程：

（1）工作 D 实际进度拖后 10 天，不影响其后续工作和总工期；

（2）工作 E 实际进度正常，不影响总工期和后续工作；

（3）工作 C 实际进度拖后 10 天，由于其为关键工作，故其实际进度将使总工期延长 10 天，并使后续工作 F、H 和 J 的开始时间推迟 10 天。

如果该工程项目总工期不允许拖延，则为了保证其按原计划工期 130 天完成，必须采用工期优化方法压缩关键线路。现假设工作 C 后续工作 F、H 和 J 均可以压缩 10 天，通过比较压缩 H 工作的持续时间所付出的代价最小，故将 H 工作的持续时间由 30 天压缩为 20 天。调整后的网络如图 8-27 所示。

② 项目总工期允许拖延。

如果项目总工期允许拖延，此时只用实际数据取代原计划数据，并重新绘制实际进度检查日期之后的简化网络图即可。

例 6：以例 5 题干假设项目总工期允许拖延，则以检查日第 40 天为起点，调整后的总工期为 140 天，如图 8-28 所示。

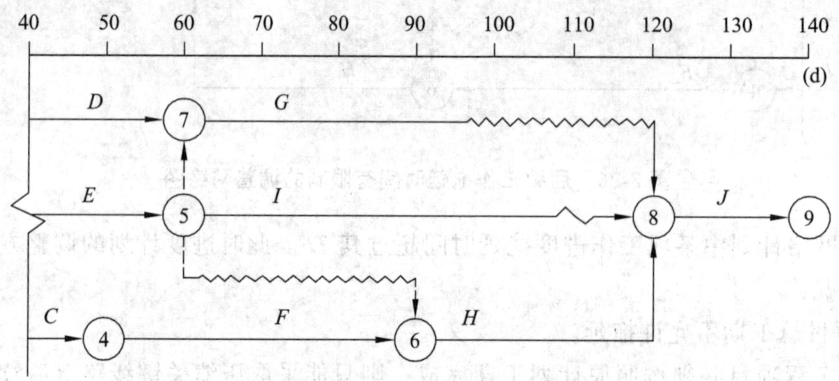

图 8-28　项目总工期允许拖延调整网络图

③ 项目总工期允许拖延的时间有限制。

如果项目总工期允许拖延，但拖延的时间有限制。则当实际进度拖延时间超过此限制时，也需要对网络计划进行调整。

调整方法是以总工期限制时间作为规定工期，对检查日之后尚未实施的网络计划进行工期优化，即通过压缩关键线路上后续工作的持续时间的方法来使总工期满足规定工期要求。

例 7：以例 5 中的前锋线为例，如果项目总工期只允许拖延至 135 天，则可以按以下步骤进行调整：

首先，绘制化简后的网络图。

其次，确定需要压缩的时间。从图 8-28 可以看出，在第 40 天检查实际进度时发现总工期将延长 10 天，该项目至少需要 140 天完成。而总工期只允许延长到 135 天，故需要将总工期压缩 5 天。

最后，对网络计划进行工期优化。从图 8-28 可以看出，此时关键线路上的工作为 C、F、H 和 J。现假设通过比较，压缩关键工作 H 的持续时间所需付出的代价最小，故将其持续时间由原来的 30 天压缩为 25 天，调整后的网络计划如图 8-29 所示。

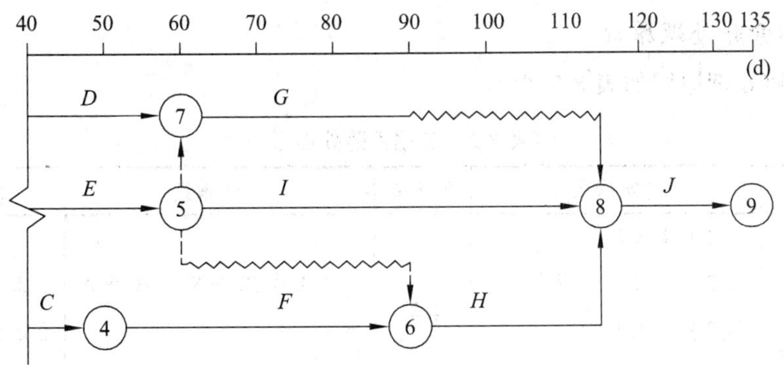

图 8-29　项目总工期拖延有限制调整网络图

8.5　工程项目进度索赔管理

1. 工期索赔的概念

工期索赔，即非承包商自身原因造成拖期的，承包商要求延长工期，推迟竣工日期。

2. 工期索赔的分类。

（1）按延误索赔结果划分。

可原谅可补偿的延误：业主或工程师的错误或失误而造成的工期延误。在这种情况下，承包商不仅可以得到工期延长，还可以得到经济补偿。

可原谅不可补偿的延误：既不是承包商也不是业主的原因，而是由客观原因引起的工期延误。在这种情况下，承包商可获得一定的工期延长作为补偿，但一般得不到经济补偿。

不可原谅的延误：承包商的原因引起的工期延误。在这种情况下，承包商不但不能得到工期延长和经济补偿，而且由这种延误造成的损失全部都要由承包商来负责。

（2）按延误是否处于关键路线上划分。

关键性延误：位于网络进度计划的关键路线上的延误。关键性延误肯定会导致总工期的延长，如果是可原谅的延误应给予承包商工期补偿。

非关键性延误：位于非关键路线上的延误。

一般而言，当延误时间没有超过总时差时，便不会造成总工期的延长，即使是可原谅的延误，只要其延误不造成总工期的延长，承包商也得不到工期补偿；只有超过总时差时，才对其超过部分予以延期。

（3）按照延误发生的时间划分。

单一性延误：在同一时间段内干扰事件独立发生。由于时间单一，其处理的关键在于时间原始责任或风险承担的认定。

共同延误：如果多个索赔事件在一段时段内同时发生，而这些事件又分别属于应由业主、承包商分别承担责任的过错或风险，则称之为共同延误或多事件交叉延误。

两种情况：

① 在同一项工作上同时发生两项或两项以上延误；

② 在不同的工作上同时发生两项或两项以上延误。

3. 工期索赔处理原则

工期索赔处理原则如表 8-2 所示。

表 8-2　工期索赔处理原则

拖期性质	拖期原因	责任者	处理原则	索赔结果
可原谅拖期	（1）修改设计 （2）施工条件变化 （3）业主原因 （4）工程师原因	业主	可准予工期延长和费用补偿	工期延长及费用索赔
	（1）特殊反常的天气 （2）工人罢工 （3）天灾	客观原因	可准予工期延长，是否给予费用补偿要依据合同规定	工期可延长及部分费用索赔
不可原谅拖期	（1）功效不高 （2）施工组织不好 （3）设备材料不足	承包商	不延长工期也不补偿损失，承包商承担误期损害赔偿费	无权索赔

4. 工期索赔的计算方法

（1）网络分析法。

将受干扰作业的持续时间输入网络，重新进行网络分析，得到一新的计划工期。则新计划工期与原计划工期之差即为总工期的影响，即工期索赔值。

某工程的合同实施中，由承包商提供经监理工程师同意的施工进度计划，如图 8-30 所示。经分析知，计划的关键路线为 $A—B—E—K—J—L$ 和 $A—B—G—F—J—L$，计划工期为 23 周。

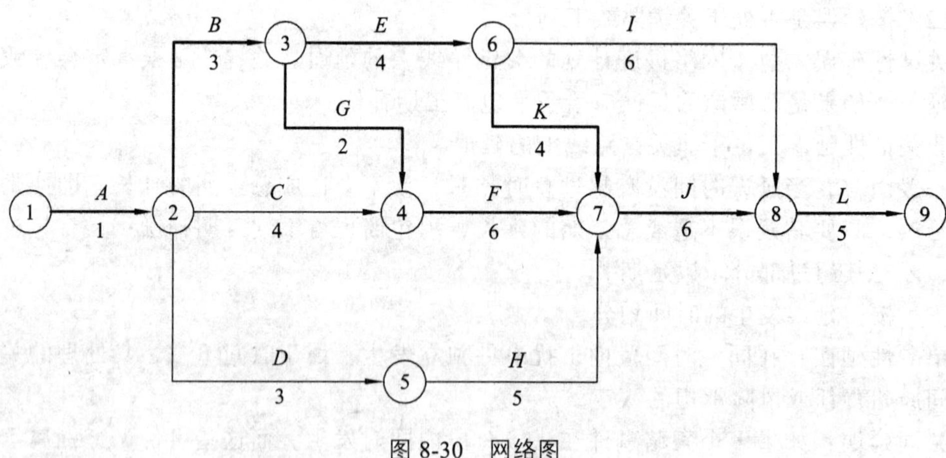

图 8-30　网络图

在计划实施中受到外界干扰，产生如下变化：作业 E 的进度拖延 2 周，即实际上占用 6 周时间完成，作业 H 的进度拖延 3 周，即实际上占用 8 周时间完成，如图 8-31 所示。

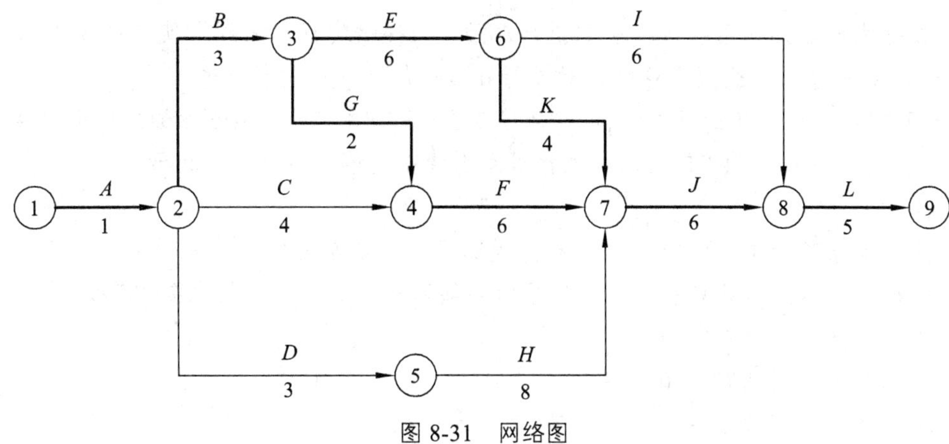

图 8-31　网络图

（2）按实分析法。

按现场实际工程记录为证据提出索赔。

某一工程，合同规定工程师应于 2008 年 3 月 31 日前向承包商提供施工图纸。但在实施过程中，监理工程师在 2008 年 4 月 30 日前才提供了 70%的图纸资料，其余 30%直到 2008 年 8 月 31 日前才提供。由于图纸提供的推迟，影响了施工进度。承包商的工期索赔值如何计算？

【分析】索赔工期延长时间由下式计算：70%×1 月 + 30%×5 月 = 2.2 月

（3）比例分析法。

如果某些工程无条件采用网络分析法，也可按比例分析法大致计算工期延长值。

在某工程施工中，业主推迟工程室外楼梯设计图纸的批准，使该楼梯的施工延期 5 天，该室外楼梯工程的合同造价为 30 万元，而整个工程的合同造价为 300 万元。承包商的工期索赔值如何计算？

【分析】局部工期延误的时间，并不能代表整个工程的延误时间，可以通过受干扰部分的工程造价与整个工程合同造价的比值，计算出整个工程的索赔时间。采用比例分析法，工期索赔计算如下：30÷300×5=0.5 天，如表 8-3 所示。

表 8-3　工程工期索赔常用计算方法对比汇总表

分析方法	计算依据进度计划的类型				计算手段	方法难易程度	可信度
	原始进度计划	调整进度计划	实际数据进度更新计划	实际进度计划			
比例分析法	√	—	—	—	观察	易	低
按实分析法	√	√	—	√	加载	中	较低
网络图分析法	√	√	√	√	加载	难	高

5. 工期索赔案例分析

案例一：某建设工程系外资贷款项目，业主与承包商按照 FIDIC 施工合同条件签订了施工合同。施工合同《专用条件》规定：钢材、木材、水泥由业主供货到现场仓库，其他材料由承包商自行采购。

当工程施工至第5层框架钢筋绑扎时，因业主提供的钢筋未到，使该项作业10月3日—10月16日停工（该项作业的总时差为0）。

10月7日—10月9日因停电、停水使第3层的砌砖停工（该项作业的总时差为4天）。

10月14日—10月17日因砂浆搅拌机发生故障使第一层抹灰延迟开工（该项作业的总时差为2天）。

为此，承包商于10月20日向工程师提交了一份索赔意向书，并于10月25日送交了一份工期、费用索赔计算书和索赔依据的详细资料。其计算书的主要内容如下：

工期索赔：

（1）框架柱绑扎钢筋：10月3日—10月16日停工，计14天。

（2）砌砖：10月7日—10月9日停工，计3天。

（3）抹灰：10月14日—10月17日延迟开工，计4天。

总计请求顺延工期：21天。

问题：承包商提出的工期索赔是否正确？应予批准的工期索赔为多少天？为什么？

分析：承包商提出的工期索赔不正确。

（1）框架柱绑扎钢筋停工14天，应予工期补偿。因为这是业主原因造成的，且该项作业位于关键路线上。

（2）砌砖停工3天，不予工期补偿。因为该项停工虽属于业主原因造成的，但该项作业不在关键路线上，且未超过该项工作总时差。

（3）抹灰停工，不予工期补偿，因为该项停工属于承包商自身原因造成的。

最终同意工期补偿：14天。

案例二：在非洲某国112 km道路升级项目中，业主为该国国家公路局，出资方为非洲发展银行（ADF），由法国BCEOM公司担任咨询工程师，我国某对外工程承包公司以1713万美元的投标价格第一标中标。该项目旨在将该国两个城市之间的112 km道路由砾石路面升级为行车道宽6.5 m、两侧路肩各1.5 m的标准双车道沥青公路。项目工期为33个月，其中前3个月为动员期。项目采用1987年版的FIDIC合同条件作为通用合同条件，并在专用合同条件中对某些细节进行了适当修改和补充规定，项目合同管理相当规范。在工程实施过程中发生了若干件索赔事件，由于承包商熟悉国际工程承包业务，紧扣合同条款，准备充足，证据充分，索赔工作取得了成功。下面将在整个施工期间发生的五类典型索赔事件进行介绍和分析：

（1）放线数据错误。

按照合同规定，工程师应在6月15日向承包商提供有关的放线数据，但是由于种种原因，工程师几次提供的数据均被承包商证实是错误的，直到8月10日才向承包商提供了被验证为正确的放线数据，据此承包商于8月18日发出了索赔通知，要求延长工期3个月。工程师在收到索赔通知后，以承包商“施工设备不配套，实验设备也未到场，不具备主体工程开工条件”为由，试图对承包商的索赔要求予以否定。对此，承包商进行了反驳，提出：在有多个原因导致工期延误时，首先要分清哪个原因是最先发生的，即找出初始延误，在初始延误作用期间，其他并发的延误不承担延误的责任。而FIDIC合同下的国际工程索赔管理业主提供的放线数据错误是造成前期工程无法按期开工的初始延误。在多次谈判中，承包商根据合同第6.4款“如因工程师未曾或不能在一合理时间内发出承包商按第6.3款发出的通知书中已说明了的任何图纸或指示，而使承包商蒙受误期和（或）招致费用的增加时给予承包商延长工期的权利”，以及第17.1款和第44.1款的相关规定据理力争，此项索赔最终给予了承包商69天的工期延长。

（2）设计变更和图纸的延误。

按照合同谈判纪要，工程师应在8月1日前向承包商提供设计修改资料，但工程师并没有在规定时间内提交全部图纸。承包商8月18日对此发出了索赔通知，由于此事件具有延续性，因此承包商在提交最终的索赔报告之前，每隔28天向工程师提交了同期纪录报告。项目实施过程中主要的设计变更和图纸延误情况记录如下：

① 修订的排水横断面在8月13日下发；

② 在7月21日下发的道路横断面修订设计于10月1日进行了再次修订；

③ 钢桥图纸在11月28日下发；

④ 箱涵图纸在9月5日下发。

根据FIDIC合同条件第6.4款“图纸误期和误期的费用”的规定，“如因工程师未曾或不能在一合理时间内发出承包商按第6.3条发出的通知书中已说明了的任何图纸或指示，而使承包商蒙受误期和招致费用的增加时，则工程师在与业主和承包商作必要的协商后，给予承包商延长工期的权利。”承包商依此规定，在最终递交的索赔报告中提出索赔81个阳光工作日。最终，工程师就此项索赔批准了30天的工期延长。

（3）借土填方和第一层表处工程量增加。

对于第一层表处的工程量增加，根据第44.1款“竣工期限延长”的规定，承包商向业主提出了工期索赔要求，并最终得到业主批复的30天工期延长。

【复习题】

1 某石油管道工程的施工合同工期为17个月，该工程要进行管沟开挖、焊接、敷设、回填、恢复地貌等工作，延续数千米，其初始计划（双代号网络图）如图8-34所示，由于工作 *A*、*I*、*J* 在不同施工段上，又均为土方工程而必须使用同一台挖土机顺序施工，则调整后的施工进度计划如图8-35所示。

问题：（1）该计划是否可行、合理？为什么？挖土机在现场闲置时间为多少？

（2）当该计划执行2个月后，业主提出增加一项新的工作 *P*。根据施工工艺要求，工作 *P* 必须安排在工作 *A* 完成之后开始，并在工作 *I* 开始之前完成。工作 *P* 的持续时间为2个月，试绘制相应的双代号网络计划，并确定计算工期。

（3）根据上述问题2，结合所给条件，因增加工作 *P* 增加挖土机闲置多少时间？作 *G* 拖延半个月，承包商原因使工作 *H* 拖延4个月，公网停电使工作 *I* 拖延1个月，事后承包商立即提出工程延期申请，可批准工程延期多少时间？为什么？

（4）如图8-32、图8-33所示，由于业主原因使工作 *G* 拖延半个月、*H* 拖延4个月，不可抗力公网停电 *I* 使工作时间拖延1个月，可要求工期延长多少时间？

2. 某工程项目施工网络计划图中箭线下方数字为工作的持续活动时间，在实际施工过程中第五周结束时发现 *D* 工作拖后4周，*C* 工作拖后3周，*B* 工作拖后3周，如图8-34所示。

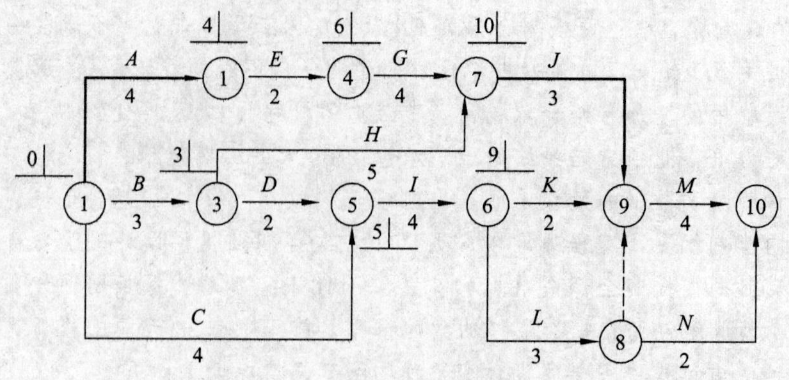

图 8-32　双代号网络图（初始计划）

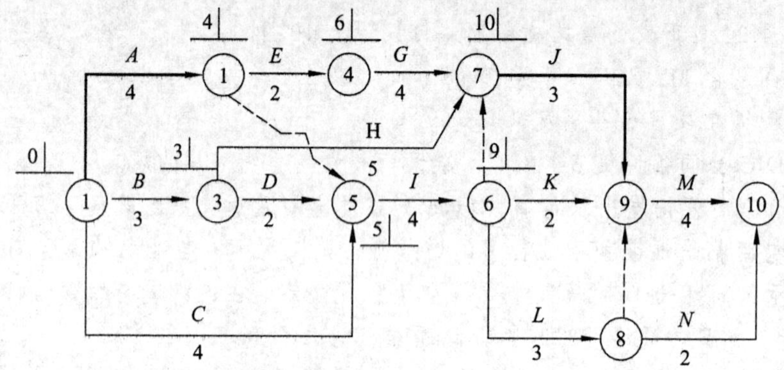

图 8-33　调整后的施工进度计划图

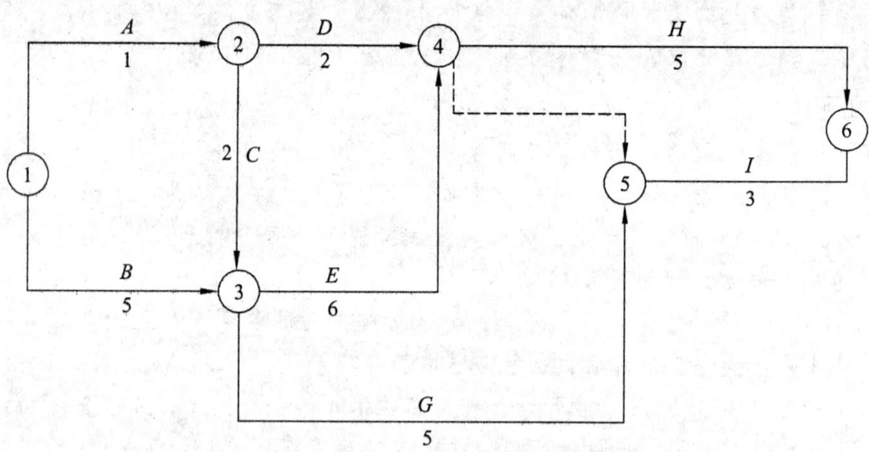

图 8-34　某工程项目施工网络计划图

问题：（1）确定不考虑工期拖延的情况下网络计划中的关键线路和计划工期。

（2）在双代号时标网络图上绘出实际进度的前锋线（早时标），并说明 B、C、D 工作拖延对总工期的影响。

3. 某工程业主在招标文件中规定：工期 T（周）不得超过 80 周，也不应短于 60 周。某施工单位决定参与该工程的投标。在基本确定技术方案后，为提高竞争能力，对其中某项技术措施拟订了三个方案进行比选。方案一的费用为 $C_1=100+4T$；方案二的费用为 $C_2=150+3T$；方案三的费用为 $C_3=250+2T$。

技术措施的三个比选方案对施工网络计划的关键线路均没有影响。各关键工作可压缩时间及相应增加的费用，如表 8-4 所示。假定所有关键工作压缩后不改变关键线路。

表 8-4　各关键工作可压缩时间及相应增加的费用

关键工作	*A*	*C*	*E*	*H*	*M*
可压缩时间/周	1	2	1	3	2
压缩单位时间增加费用/（万元/周）	3.5	2.5	4.5	6.0	2.0

问题：

（1）该施工单位应采用哪种技术方案投标？为什么？

（2）该工程采用问题（1）中选用的技术措施方案时的工期为 80 周，造价为 2653 万元。为了争取中标，该施工单位投标应报工期和报价各为多少？

（3）若招标文件规定，施工单位自报工期小于 80 周时，工期每提前 1 周其总报价降低 2 万元作为经评审的报价，则施工单位的自报工期应为多少？相应的经评审的报价为多少？

（4）如果该工程的施工网络计划图如图 8-35 所示，则压缩哪些关键工作可以改变关键路线？压缩哪些关键工作不会改变关键路线？

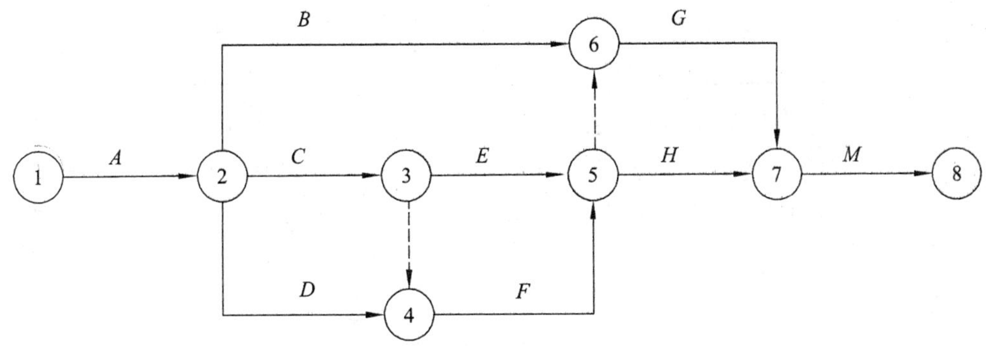

图 8-35　某工程的施工网络计划图

4. 某施工单位编制的某工程网络图如图 8-36 所示。网络进度计划原始方案各工作的持续时间和估计费用如表 8-5 所示。

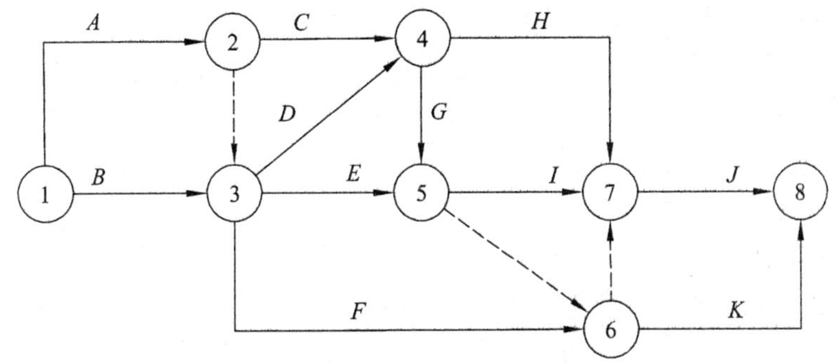

图 8-36　某工程网络图

表 8-5　原始方案各工作的持续时间和估计费用

工作	A	B	C	D	E	F	G	H	I	J	K
持续时间/天	12	26	24	6	12	40	8	28	4	32	16
费用/万元	18	40	25	15	40	120	16	37	10	64	16

问题：

（1）计算出网络进度计划原始方案的各工作的时间参数，确定出关键线路和计算工期。

（2）若施工合同约定：工程工期为 93 天，工期每提前 1 天奖励施工单位 3 万元，每延期 1 天对施工单位罚款 5 万元。计算按网络进度计划原始方案实施时的综合费用。

（3）该网络进度计划各工作可压缩时间及压缩单位时间增加的费用如表 8-6 所示。确定该网络进度计划的最低综合费用和相应的关键线路，并计算调整优化后的总工期（写出优化过程）。

表 8-6　各工作可压缩时间及压缩单位时间增加的费用

工作	A	B	C	D	E	F	G	H	I	J	K
可压缩时间/天	2	2	2	0	1	5	1	2	0	2	2
压缩单位时间增加的费用/万元	2	4	3.5	—	2	2	2	1.5	—	6	2

5. 某建设单位（甲方）与某施工单位（乙方）签订某工程的施工合同。合同规定：采用单价合同，每一分项工程的工程量增减超过 10% 时，需调整工程单价。合同工期为 24 天，工期每提前 1 天奖励 3000 元，每拖后 1 天罚款 5000 元。乙方在开工前及时提交了施工网络进度计划，并得到甲方代表的批准，如图 8-37 所示。

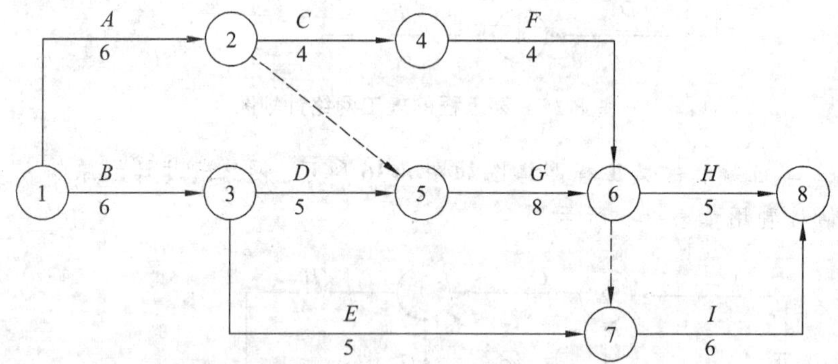

图 8-37　施工网络进度计划图

工程施工中发生如下事项：

事件 1：因甲方提供的电源出现故障造成施工现场停电，使工作 A 和工作 B 的功效降低，作业时间分别拖延 2 天和 1 天，多用人工 8 个工日和 10 个工日；工作 A 租赁的施工机械每天租赁费为 560 元，工作 B 的自有机械每天租赁费 300 元，每天折旧费 280 元。

事件 2：为保证施工质量，乙方在施工中将工作 C 原设计尺寸扩大，增加工作量 16 m^3，该工作综合单价为 87 元/m^3，作业时间增加 2 天。

事件 3：因设计变更，工作 E 的工程量由 300 m^3 增至 360 m^3，该工作原综合单价为 65 元/m^3，经协商调整单价为 58 元/m^3。

事件 4：鉴于该工程工期较紧，经甲方代表同意在工作 C 和工作 H 作业过程中采取了加快施工的技术组织措施，使这两项工作作业时间均缩短了 2 天，该两项加快施工的技术组织措施费用分别为 2000 元和 2500 元。

其余各项工作实际作业时间与费用均与原计划相同。

问题：

（1）上述哪些事件乙方可以提出工期和费用补偿要求？哪些不能？说明理由。

（2）每项事件的工期补偿是多少天？总工期补偿多少天？

（3）该工程实际工期是多少天？工程奖（罚）为多少？

（4）假设人工工日单价为 25 元/工日，应由甲方补偿的人工窝工和降效费用 12 元/工日，管理费用、利润不予以补偿。甲方应给予乙方的追加工程款为多少？

6. 业主与施工单位就某工程签订了施工合同，网络计划已得到业主批准，如图 8-38 所示。合同规定，在施工过程中，如因业主原因造成窝工，则人工窝工费和机械的停工费可按工日费和台班费的 60% 结算支付。工程按网络图进行。在计划执行过程中，先后出现了以下情况，影响部分工作并造成暂时停工（同一工作不同原因引起的停工时间不在同一时间）。

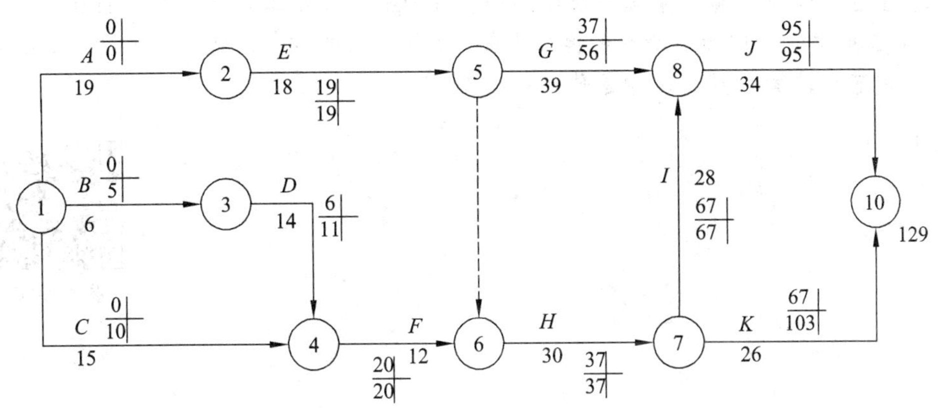

图 8-38 网络图

事件 1：因业主不能及时提供材料，使 E 工作延误 3 天，G 工作延误 2 天，H 工作延误 3 天；

事件 2：因机械发生故障检修，使 E 工作延误 2 天，G 延误 2 天；

事件 3：因业主要求变更设计，使 F 工作延误 3 天；

事件 4：因公网停电，使 F 延误 1 天，I 延误 1 天。

事件发生后，施工单位及向监理工程师提交了索赔申请报告，并附上相关资料、证据和下列要求：

工期顺延：E 停工 5 天，F 停工 4 天，G 停工 4 天，H 停工 3 天，I 停工 1 天，总计要求工期顺延 17 天。

经济损失索赔：

① 机械设备窝工费：

E 工序吊车：（3+2）台班×240 元/台班=1200 元

F 工序搅拌机：（3+1）台班×70 元/台班=280 元

G 工序小型机械：（2+2）台班×55 元/台班=220 元

H 工序搅拌机：3 台班×70 元/台班=210 元

机械设备窝工费合计：1910 元

② 人工窝工费：

E 工序：5 天×30 人×28 元/工日=4200 元

F 工序：4 天×35 人×28 元/工日=3920 元

G 工序：3 天×15 人×28 元/工日=1680 元

H 工序：3 天×35 人×28 元/工日=2940 元

I 工序：1 天×20 人×28 元/工日=560 元

人工窝工费合计：13 300 元

③ 间接费增加：(1910+13 300)×16%=2433.6 元

④ 利润损失：(1910+13 300+2433.6)×5%=882.18 元

经济索赔总额=1910+13 300+2433.6+882.18=18 525.78 元

问题：

（1）上述事件中，施工单位可以就哪些事件向业主提出工期索赔？说明理由。

（2 施工单位索赔申请书提出的停工人数、机械台班数和单价等数据，经审查后属实，则工程师能否批准索赔额，理由是什么？

参考答案

第 9 章　工程项目质量管理

【本章重难点】

全面质量管理思想和方法的应用；项目质量形成过程和影响因素；施工生产要素的质量控制；施工准备工作质量控制；施工过程作业质量控制；施工过程质量验收；竣工质量验收；数理统计方法在施工质量管理中的运用。

9.1　概　述

9.1.1　质量管理与质量控制

1. 质量和质量管理

（1）根据国家标准《质量管理体系基础和术语》（GB/T 19000—2008/ISO 9000：2005）的定义，质量是指一组固有特性满足要求的程度。就工程质量而言，其固有特性通常包括使用功能、寿命以及可靠性、安全性、经济性等特性，这些特性满足要求的程度越高，质量就越好。

（2）质量管理是在质量方面指挥和控制组织的协调的活动。这些活动通常包括制定质量方针和质量目标，以及质量策划、质量控制、质量保证和质量改进等一系列工作。组织必须通过建立质量管理体系实施质量管理：质量方针是组织最高管理者的质量宗旨、经营理念和价值观的反映；在质量方针的指导下，制定组织的质量手册、程序性管理文件和质量记录；进而落实组织制度，合理配置各种资源，明确各级管理人员在质量活动中的责任分工与权限界定等，形成组织质量管理体系的运行机制，保证整个体系的有效运行，从而实现质量目标。

2. 质量控制

（1）根据国家标准《质量管理体系基础和术语》（GB/T 19000—2008/ISO 9000：2005）的定义，质量控制是质量管理的一部分，是致力于满足质量要求的一系列相关活动。这些活动主要包括：

① 设定标准：规定要求，确定需要控制的区间、范围、区域；

② 测量结果：测量满足所设定标准的程度；

③ 评价：评价控制的能力和效果；

④ 纠偏：对不满足设定标准的偏差，及时纠偏，保持控制能力的稳定性。

（2）建设工程项目的质量要求由于是由业主（或投资者、项目法人）提出的，即建设工程项目的质量总目标，是业主的建设意图通过项目策划，包括项目定义及建设规模、系统构成、使用功能和价值、规格档次标准等的定位策划和目标决策来确定的。因此，建设工程项目质量控制在工程勘察设计、招标采购、施工安装、竣工验收等各个阶段，项目参与各方均应围绕着致力于满足业主要求的质量总目标而努力。

（3）质量控制活动涵盖作业技术活动和管理活动。产品或服务质量的产生，归根结底是由作业过程直接形成的。因此，作业技术方法的正确选择和作业技术能力的充分发挥，是质量控制的致力点；而组织或人员具备相关的作业技术能力，只是产出合格的产品或服务质量的前提。在社会化大生产的条件下，只有通过科学的管理，对作业技术活动过程进行科学的组织和协调，才能使作业技术能力得到充分发挥，实现预期的质量目标。

（4）质量控制是质量管理的一部分。质量控制是在明确的质量目标和具体的条件下，通过行动方案和资源配置的计划、实施、检查和监督，进行质量目标的事前预控、事中控制和事后纠偏控制，实现预期质量目标的系统过程。

9.1.2 全面质量管理思想和方法的应用

1. 全面质量管理（TQC）的思想

TQC（Total Quality Control）即全面质量管理，是 20 世纪中期在欧美和日本广泛应用的质量管理理念和方法。我国从 20 世纪 80 年代开始引进和推广全面质量管理方法。这种方法的基本原理就是强调在企业或组织最高管理者的质量方针指引下，实行全面、全过程和全员参与的质量管理。

TQC 的主要特点是以顾客满意为宗旨；领导参与质量方针和目标的制定；提倡预防为主、科学管理、用数据说话等。在当今世界标准化组织颁布的 ISO 9000：2005 质量管理体系标准中，处处都体现了这些重要特点和思想。建设工程项目的质量管理，同样应贯彻“三全”管理的思想和方法。

（1）全面质量管理。

工程项目的全面质量管理，是指建设工程项目参与各方所进行的工程项目质量管理的总称，其中包括工程（产品）质量和工作质量的全面管理。工作质量是产品质量的保证，工作质量直接影响产品质量的形成。业主、监理单位、勘察单位、设计单位、施工总承包单位、施工分包单位、材料设备供应商等，任何一方、任何环节的怠慢疏忽或质量责任不到位都会造成对建设工程质量的不利影响。

（2）全过程质量管理。

全过程质量管理，是指根据工程质量的形成规律，从源头抓起，全过程推进。GB/T19000—2008 强调质量管理的“过程方法”管理原则，要求应用“过程方法”进行全过程质量控制。要控制的主要过程有：项目策划与决策过程；勘察设计过程；施工采购过程；施工组织与准备过程；检测设备控制与计量过程；施工生产的检验试验过程；工程质量的评定过程；工程竣工验收与交付过程；工程回访维修服务过程等。

（3）全员参与质量管理。

按照全面质量管理的思想，组织内部的每个部门和工作岗位都承担着相应的质量职能，组织的最高管理者确定了质量方针和目标，就应组织和动员全体员工参与到实施质量方针的系统活动中去，发挥自己的角色作用。开展全员参与质量管理的重要手段就是运用目标管理方法，将组织的质量总目标逐级进行分解，使之形成自上而下的质量目标分解体系的基本方法。

2. PDCA 循环

从某种意义上说，管理就是确定任务目标，并通过 PDCA 循环来实现预期目标。每一循环都围绕着实现预期的目标，进行计划、实施、检查和处置活动，随着对存在问题的解决和改进，在一次一次的滚动循环中逐步上升，不断增强质量能力，不断提高质量水平。每一个循环的四大职能活动相互联系，共同构成了质量管理的系统过程，如图 9-1 所示。

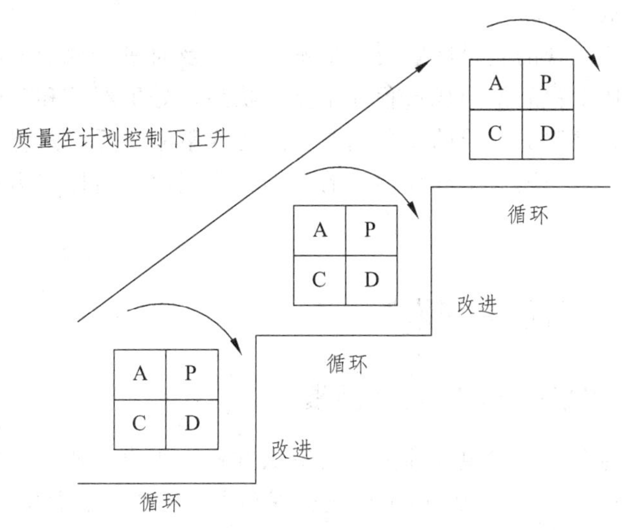

图 9-1　PDCA 循环图

（1）计划 P（Plan）。

计划由目标和实现目标的手段组成，所以说计划是一条“目标—手段”链。质量管理的计划职能，包括确定质量目标和制订实现质量目标的行动方案两方面。实践表明，质量计划的严谨周密、经济合理和切实可行，是保证工作质量、产品质量和服务质量的前提条件。

建设工程项目的质量计划，是由项目参与各方根据其在项目实施中所承担的任务、责任范围和质量目标，分别制订质量计划而形成的质量计划体系。其中，建设单位的工程项目质量计划，包括确定和论证项目总体的质量目标，提出项目质量管理的组织、制度、工作程序、方法和要求。项目其他各参与方，则根据工程合同规定的质量标准和责任，在明确各自质量目标的基础上，制定实施相应范围的质量管理的行动方案，包括技术方法、业务流程、资源配置、检验试验要求、质量记录方式、不合格处理、管理措施等具体内容和做法的质量管理文件；同时，亦须对其实现预期目标的可行性、有效性、经济合理性进行分析论证，并按照规定的程序与权限，经过审批后执行。

（2）实施 D（Do）。

实施的职能在于将质量的目标值，通过生产要素的投入、作业技术活动和产出过程，转换为质量的实际值。为保证工程质量的产出或形成过程能够达到预期的结果，在各项质量活动实施前，要根据质量管理计划进行行动方案的部署和交底。交底的目的在于使具体的作业者和管理者明确计划的意图和要求，掌握质量标准及其实现的程序与方法。在质量活动实施过程中，则要求严格执行计划的行动方案，规范行为，把质量管理计划的各项规定和安排落实到具体的资源配置和作业技术活动中去。

（3）检查 C（Check）。

指对计划实施过程进行各种检查，包括作业者的自检、互检和专职管理者专检。各类检查也都包含两大方面：一是检查是否严格执行了计划的行动方案，实际条件是否发生了变化，不执行计划的原因；二是检查计划执行的结果，即产出的质量是否达到标准的要求，对此进行确认和评价。

（4）处置 A（Action）。

对于质量检查所发现的质量问题或质量不合格，及时进行原因分析，并采取必要的措施予以纠正，保持工程质量形成过程处于受控状态。处置纠偏和预防改进两个方面。前者是采取有效措施，解决当前的质量偏差、问题或事故；后者是将目前质量状况信息反馈到管理部门，反思问题症结或计划时的不周，确定改进目标和措施，为今后类似质量问题的预防提供借鉴。

9.2 工程项目质量控制体系

9.2.1 项目质量形成过程和影响因素

由于建筑产品的多样性和单件性生产的组织方式，决定了各个具体建设工程项目的质量特性和目标的差异，但它们的质量形成过程和影响因素却有共同的规律。

1. 建设工程项目质量的基本特性

建设工程项目从本质上说是一项拟建或在建的建筑产品，它和一般产品具有同样的质量内涵，即一组固有特性满足需要的程度。这些特性是指产品的适用性、可靠性、安全性、经济性以及环境的适宜性等。建筑产品由于一般是采用单件性筹划、设计和施工的生产组织方式，因此，其具体的质量特性指标是在各建设工程项目的策划、决策和设计工程中进行定义的。建设工程项目质量的基本特性可以概括如下：

（1）反映使用功能的质量特性。

建设工程项目的功能性质量，主要表现为反映建设工程使用功能需求的一系列特性指标，如房屋建筑的平面空间布局、通风采光性能，工业建设工程项目的生产能力和工艺流程，道路交通工程的路面等级、通行能力，等等。按照现代质量管理理念，功能性质量必须以顾客关注为焦点，满足顾客的需求和期望。

（2）反映安全可靠的质量特性。

建筑产品不仅要满足使用功能和用途的要求，而且在正常的使用条件下应能达到安全可靠的标准，如建筑结构安全自身安全可靠，使用过程中防腐蚀、防坠、防火、防盗、防辐射，以及设备系统运行与使用安全等。可靠性质量必须在满足功能性质量需求的基础上，结合技术标准、规范（特别是强制性条文）的要求进行确定与实施。

（3）反映文化艺术的质量特性。

建筑产品具有深刻的社会文化背景，历来人们都把建筑产品视同艺术品。其个性的艺术效果，包括建筑造型、立面外观、文化内涵、时代表征以及装修装饰、色彩视觉等，不仅使用者关注，而且社会也关注；不仅现在关注，而且未来的人们也会关注和评价。建设工程项目艺术文化特性的质量来自于设计者的设计理念、创意和创新，以及施工者对设计意图的领会与精益施工。

（4）反映建筑环境的质量特性。

作为项目管理对象（或管理单元）的建设工程项目，可能是独立的单项工程或单位工程甚至某一主要分部工程；也可能是一个由群体建筑或线型工程组成的建设项目，如新建、改建、扩建的工业厂区，大学城或校区，交通枢纽，航运港区，高速公路，油气管线等。建筑环境质量包括项目用地范围内的规划布局、交通组织、绿化景观、节能环保；还要追求其与周边环境的协调性或适宜性。

2. 建设工程质量的形成过程

建设工程项目质量的形成过程，贯穿于整个建设项目的决策过程和各个子项目的设计与施工过程，体现在建设工程项目质量的目标决策、目标细化到目标实现的系统过程。

（1）质量需求的识别过程。

在建设项目决策阶段，主要工作包括建设项目发展策划、可行性研究、建设方案论证和投资决策。这一过程的质量管理职能在于识别建设意图和需求，对建设项目的性质、规模、使用功能、系统构成和建设标准要求等进行策划、分析、论证，为整个建设工程项目的质量总目标以及项目内各个子项目的质量目标提出明确要求。

必须指出，由于建筑产品采取定制式的承发包生产，因此，其质量目标的决策是建设单位（业主）或项目法人的质量管理职能。尽管在建设项目的前期工作中，业主可以采用社会化、专业化的方式，委托咨询机构、设计单位或建设工程总承包企业进行，但这一切并不改变业主或项目法人的决策性质。业主需求和法律法规要求，是决定建设工程项目质量目标的主要依据。

（2）质量目标的定义过程。

建设工程项目质量目标的具体定义过程，首先是在建设工程设计阶段。设计是一种高智力的创造性活动。建设工程项目的设计任务，因其产品对象的单件性，总体上符合目标设计与标准设计相结合的特征。在总体规划设计与单体方案设计阶段是对目标产品的开发设计；总体规划和方案设计经过可行性研究和技术经济论证后，进入工程的标准设计阶段，在这整个过程中实现对建设工程项目质量目标的明确定义。由此可见，建设工程项目设计的任务就在于按照业主的建设意图、决策要点、相关法规和标准、规范的强制性条文要求，将建设工程项目的质量目标具体化。通过建设工程的方案设计、扩大初步设计、技术设计和施工图设计等环节，对建设工程项目各细部的质量特性指标进行明确定义，即确定质量目标值，为建设工程项目的施工安装作业活动及质量控制提供依据。另外，承包方也会为了创品牌工程或根据业主的创优要求及具体情况来确定工程项目的质量目标，形成精品工程的质量控制。

（3）质量目标的实现过程。

建设工程项目质量目标实现的最重要和最关键的过程是在施工阶段，包括施工准备过程和施工作业技术活动过程。其任务是按照质量策划的要求，制定企业或工程项目内控标准，实施目标管理、过程监控、阶段考核、持续改进的方法，严格按设计图纸施工；正确合理地配备施工生产要素，把特定的劳动对象转化成符合质量标准的建设工程产品。

综上所述，建设工程项目质量的形成过程，贯穿于建设工程项目的决策过程和实施过程，这些过程的各个重要环节构成了工程建设的基本程序，它是工程建设客观规律的体现。无论哪个国家和地区，也无论其发达程度如何，只要讲求科学，都必须遵循这样的客观规律。尽管在信息技术高度发展的今天，流程可以再造、可以优化，但不能改变流程所反映的事物本身的内在规律。建设工程项目质量的形成过程，在某种意义上说，也就是在履行建设程序的过程中，对建设工程项目实体注入一组固有的质量特性，以满足人们的预期需求。在这个过程中，业主方的项目管理，担负着对整个建设工程项目质量总目标的策划、决策和实施监控的任务；而建设工程项目各参与方，则直接承担着相关建设工程项目质量目标的控制职能和相应的质量责任。

3. 建设工程项目质量的影响因素

建设工程项目质量的影响因素，主要是指在建设工程项目质量目标策划、决策和实现过程中影响质量形成的各种客观因素和主观因素，包括人的因素、技术因素、管理因素、环境因素和社会因素等。

（1）人的因素。

人的因素对建设工程项目质量形成的影响，取决于两个方面：一是指直接履行建设工程项目质量职能的决策者、管理者和作业者个人的质量意识及质量活动能力；二是指承担建设工程项目策划、决策或实施的建设单位、勘察设计单位、咨询服务机构、工程承包企业等实体组织的质量管理体系及其管理能力。前者是个体的人，后者是群体的人。我国实行建筑业企业经营资质管理制度、市场准入制度、执业资格注册制度、作业及管理人员持证上岗制度等，从本质上说，都是对从事建设工程活动的人的素质和能力进行必要的控制。此外，《建筑法》和《建设工程质量管理条例》还对建设工程的质量责任制度作出明确规定，如规定按资质等级承包工程任务，不得越级、不得挂靠、不得转包，严禁无证设计、无证施工等，从根本上说也是为了防止因人的资质或资格失控而导致质量活动能力和质量管理能力失控。

（2）技术因素。

影响建设工程项目质量的技术因素涉及的内容十分广泛，包括直接的工程技术和辅助的生产技术，前者如工程勘察技术、设计技术、施工技术、材料技术等，后者如工程检测检验技术、试验技术等。建设工程技术的先进性程度，从总体上说取决于国家一定时期的经济发展和科技水平，取决于建筑业及相关行业的技术进步。对于具体的建设工程项目，主要是通过技术工作的组织与管理，优化技术方案，发挥技术因素对建设工程项目质量的保证作用。

（3）管理因素。

影响建设工程项目质量的管理因素，主要是决策因素和组织因素。其中，决策因素首先是业主方的建设工程项目决策；其次是建设工程项目实施过程中，实施主体的各项技术决策和管理决策。实践证明，没有经过资源论证、市场需求预测，盲目建设，重复建设，建成后不能投入生产或使用，所形成的合格而无用途的建筑产品，从根本上是社会资源的极大浪费，不具备质量的适用性特征。同样，盲目追求高标准，缺乏质量经济性考虑的决策，也将对工程质量的形成产生不利的影响。

管理因素中的组织因素，包括建设工程项目实施的管理组织和任务组织。管理组织指建设工程项目管理的组织架构、管理制度及其运行机制，三者的有机联系构成了一定的组织管理模式，其各项管理职能的运行情况，直接影响着建设工程项目质量目标的实现。任务组织是指对建设工程项目实施的任务及其目标进行分解、发包、委托，以及对实施任务所进行的计划、指挥、协调、检查和监督等一系列工作过程。从建设工程项目质量控制的角度看，建设工程项目管理组织系统是否健全、实施任务的组织方式是否科学合理，无疑将对质量目标控制产生重要的影响。

（4）环境因素。

一个建设项目的决策、立项和实施，受到经济、政治、社会、技术等多方面因素的影响，这些因素就是建设项目可行性研究、风险识别与管理所必须考虑的环境因素。对于建设工程项目质量控制而言，直接影响建设工程项目质量的环境因素，一般是指建设工程项目所在地的水文、地质和气象等自然环境，施工现场的通风、照明、安全卫生防护设施等劳动作业环境，以及由多单位、多专业交叉协同施工的管理关系、组织协调方式、质量控制系统等构成的管理环境。对这些环境条件的认识与把握，是保证建设工程项目质量的重要工作环节。

（5）社会因素。

影响建设工程项目质量的社会因素，表现在建设法律法规的健全程度及其执法力度；建设工程项目法人或业主的理性化程度以及建设工程经营者的经营理念；建筑市场包括建设工程交易市场和建筑生产要素市场的发育程度及交易行为的规范程度；政府的工程质量监督及行业管理成熟程度；建设咨询服务业的发展程度及其服务水准的高低；廉政建设及行风建设的状况等。

必须指出，作为建设工程项目管理者，不仅要系统认识和思考以上各种因素对建设工程项目质量形成的影响及其规律，而且要分清对于建设工程项目质量控制来说，哪些是可控因素，哪些是不可控因素。不难理解，对于建设工程项目管理者而言，人、技术、管理和环境因素，是可控因素；社会因素存在于建设工程项目系统之外，一般情形下属于不可控因素，但可以通过自身的努力，尽可能做到趋利去弊。

9.2.2 项目质量控制体系的建立与运作

建设工程项目的实施，涉及业主方、设计方、施工方、监理方、供应方等多方主体的活动，各方主体各自承担不同的质量责任和义务。为了有效地进行系统、全面的质量控制，必须由项目实施的总负责单位，负责建设工程项目质量控制体系的建立和运行，实施质量目标的控制。

1. 建设工程项目质量控制体系的性质、特点和构成

（1）工程项目质量控制体系的性质。

建设工程项目质量控制体系既不是业主方也不是施工方的质量管理体系或质量保证体系，而是建设工程项目目标控制的一个工作系统。该体系具有下列性质：

① 建设工程项目质量控制体系是以工程项目为对象，由工程项目实施的总组织者负责建立的面向项目对象开展质量控制的工作体系；

② 建设工程项目质量控制体系是建设工程项目管理组织的一个目标控制体系，它与项目投资控制、进度控制、职业健康安全与环境管理等目标控制体系，共同依托于同一项目管理的组织机构；

③ 建设工程项目质量控制体系根据工程项目管理的实际需要而建立，随着建设工程项目的完成和项目管理组织的解体而消失，因此，是一个一次性的质量控制工作体系，不同于企业的质量管理体系。

（2）工程项目质量控制体系的特点。

如前所述，建设工程项目质量控制系统是面向项目对象而建立的质量控制工作体系。它与建筑企业或其他组织机构按照（GB/T 19000—2008）族标准建立的质量管理体系相比较，有如下不同点：

① 建立的目的不同。

建设工程项目质量控制体系只用于特定的建设工程项目质量控制，而不是用于建筑企业或组织的质量管理，其建立的目的不同。

② 服务的范围不同。

建设工程项目质量控制体系涉及建设工程项目实施过程中的所有质量责任主体，而不只是某一个承包企业或组织机构，其服务的范围不同。

③ 控制的目标不同。

建设工程项目质量控制体系的控制目标是建设工程项目的质量目标，并非某一具体建筑企业或组织的质量管理目标，其控制的目标不同。

④ 作用的时效不同。

建设工程项目质量控制体系与建设工程项目管理组织系统相融合，是一次性的质量工作体系，并非永久性的质量管理体系，其作用的时效不同。

⑤ 评价的方式不同。

建设工程项目质量控制体系的有效性一般由建设工程项目管理的总组织者进行自我评价与诊断，不需要进行第三方认证，其评价的方式不同。

（3）工程项目质量控制体系的结构。

建设工程项目质量控制体系，一般形成多层次、多单元的结构形态，这是由其实施任务的委托方式和合同结构所决定的。

① 多层次结构。

多层次结构是对应于建设工程项目工程系统纵向垂直分解的单项、单位工程项目的质量控制体系。在大中型工程项目尤其是群体工程项目中，第一层次的质量控制体系应由建设单位的工程项目管理机构负责建立；在委托代建、委托项目管理或实行交钥匙式工程总承包的情况下，应由相应的代建方项目管理机构、受托项目管理机构或工程总承包企业项目管理机构负责建立。第二层次的质量控制体系，通常是指分别由建设工程项目的设计总负责单位、施工总承包单位等建立的相应管理范围内的质量控制体系。第三层次及其以下，是承担工程设计、施工安装、材料设备供应等各承包单位的现场质量自控体系，或称各自的施工质量保证体系。系统纵向层次机构的合理性是建设工程项目质量目标、控制责任和措施分解落实的重要保证。

② 多单元结构。

多单元结构是指在建设工程项目质量控制总体系下，第二层次的质量控制体系及其以下的质量自控或保证体系可能有多个。这是项目质量目标、责任和措施分解的必然结果。

2. 建设工程项目质量控制体系的建立

建设工程项目质量控制体系的建立过程，实际上就是建设工程项目质量总目标的确定和分解过程，也是建设工程项目各参与方之间质量管理关系和控制责任的确立过程。

为了保证质量控制体系的科学性和有效性，必须明确体系建立的原则、内容、程序和主体。

（1）建立的原则。

实践经验表明，建设工程项目质量控制体系的建立，遵循一定的原则对于质量目标的规划、分解和有效实施控制是非常重要的。这些原则包括：

① 分层次规划原则。

建设工程项目质量控制体系的分层次规划，是指建设工程项目管理的总组织者（建设单位或代建制项目管理企业）和承担项目实施任务的各参与单位，分别进行不同层次和范围的建设工程项目质量控制体系规划。

② 目标分解原则。

建设工程项目质量控制系统总目标的分解，是根据控制系统内工程项目的分解结构，将工程项目的建设标准和质量总体目标分解到各个责任主体，明示于合同条件，由各责任主体制订出相应的质量计划，确定其具体的控制方式和控制措施。

③ 质量责任制原则。

建设工程项目质量控制体系的建立，应按照《建筑法》和《建设工程质量管理条例》有关建设工程质量责任的规定，界定各方的质量责任范围和控制要求。

④ 系统有效性原则。

建设工程项目质量控制体系，应从实际出发，结合项目特点、合同结构和项目管理组织系统的构成情况，建立项目各参与方共同遵循的质量管理制度和控制措施，并形成有效的运行机制。

（2）建立程序。

工程项目质量控制体系的建立，一般可按以下环节依次开展：

① 确立系统质量控制网络。

明确系统各层面的建设工程质量控制负责人。一般应包括承担项目实施任务的项目经理（或工程负责人）、总工程师，项目监理机构的总监理工程师、专业监理工程师等，以形成明确的项目质量控制责任者的关系网络架构。

② 制定质量控制制度。

包括质量控制例会制度、协调制度、报告审批制度、质量验收制度和质量信息管理制度等。形成建设工程项目质量控制体系的管理文件或手册，作为承担建设工程项目实施任务各方主体共同遵循的管理依据。

③ 分析质量控制界面。

建设工程项目质量控制体系的质量责任界面，包括静态界面和动态界面。一般来说，静态界面根据法律法规、合同条件、组织内部职能分工来确定；动态界面主要是指项目实施过程中设计单位之间、施工单位之间、设计与施工单位之间的衔接配合关系及其责任划分，必须通过分析研究，确定管理原则与协调方式。

④ 编制质量控制计划。

建设工程项目管理总组织者，负责主持编制建设工程项目总质量计划，并根据质量控制体系的要求，部署各质量责任主体编制与其承担任务范围相符合的质量计划，并按规定程序完成质量计划的审批，作为其实施自身工程质量控制的依据。

（3）建立质量控制体系的责任主体。

根据建设工程项目质量控制体系的性质、特点和结构，一般情况下，建设工程项目质量控制体系应由建设单位或工程项目总承包企业的工程项目管理机构负责建立；分阶段依次对勘察、设计、施工、安装等任务分别进行招标、发包的情况下，该体系通常应由建设单位或其委托的工程项目管理企业负责建立，并由各承包企业根据项目质量控制体系的要求，建立隶属于总的项目质量控制体系的设计项目、施工项目、采购供应项目等分质量保证体系（可称相应的质量控制子系统），以具体实施其质量责任范围内的质量管理和目标控制。

3. 建设工程项目质量控制体系的运行

建设工程项目质量控制体系的建立，为建设工程项目的质量控制提供了组织制度方面的保证。建设工程项目质量控制体系的运行，实质上就是系统功能的发挥过程，也是质量活动职能和效果的控制过程。然而，质量控制体系要有效地运行，还有赖于系统内部的运行环境和运行机制的完善。

（1）运行环境。

建设工程项目质量控制体系的运行环境，主要是指以下几方面为系统运行提供支持的管理关系、组织制度和资源配置的条件：

① 建设工程的合同结构。

建设工程合同是联系建设工程项目各参与方的纽带，只有在建设工程项目合同结构合理，质量标准和责任条款明确，并严格进行履约管理的条件下，质量控制体系的运行才能成为各方的自觉行动。

② 质量管理的资源配置。

质量管理的资源配置，包括专职的工程技术人员和质量管理人员的配置；实施技术管理和质量管理所必需的设备、设施、器具、软件等物质资源的配置。人员和资源的合理配置是质量控制体系得以运行的基础条件。

③ 质量管理的组织制度。

建设工程项目质量控制体系内部的各项管理制度和程序性文件的建立，为质量控制系统各个环节的运行，提供必要的行动指南、行为准则和评价基准的依据，是系统有序运行的基本保证。

（2）运行机制。

建设工程项目质量控制体系的运行机制，是由一系列质量管理制度安排所形成的内在能力。运行机制是质量控制体系的生命，机制缺陷是造成系统运行无序、失效和失控的重要原因。因此，在系统内部的管理制度设计中，必须予以高度重视，防止重要管理制度的缺失、制度本身的缺陷、制度之间的矛盾等现象出现，才能为系统的运行注入动力机制、约束机制、反馈机制和持续改进机制。

① 动力机制。

动力机制是建设工程项目质量控制体系运行的核心机制，它来源于公正、公开、公平的竞争机制和利益机制的制度设计或安排。这是因为建设工程项目的实施过程是由多方主体参与的价值增值链，只有保持合理的供方及分供方等各方关系，才能形成合力，是建设工程项目成功的重要保证。

② 约束机制。

没有约束机制的控制体系是无法使工程质量处于受控状态的。约束机制取决于各主体内部的自我约束能力和外部的监控效力。约束能力表现为组织及个人的经营理念、质量意识、职业道德及技术能力的发挥；监控效力取决于建设工程项目实施主体外部对质量工作的推动和检查监督。两者相辅相成，构成了质量控制过程的制衡关系。

③ 反馈机制。

运行状态和结果的信息反馈，是对质量控制系统的能力和运行效果进行评价，并为及时作出处置提供决策依据。因此，必须有相关的制度安排，保证质量信息反馈及时和准确，坚持质量管理者深入生产第一线，掌握第一手资料，才能形成有效的质量信息反馈机制。

④ 持续改进机制。

在建设工程项目实施的各个阶段，不同层面、不同范围和不同主体之间，应用 PDCA 循环原理，即计划、实施、检查和处置不断循环的方式展开质量控制，同时注重控制点的设置，加强重点控制和例外控制，并不断寻求改进机会、研究改进措施，才能使建设工程项目质量控制系统不断完善和持续改进，不断提高控制能力和控制质量。

9.3 工程项目施工质量控制

建设工程项目的施工质量控制，有两个方面的含义：一是指建设工程项目施工单位的施工质量控制，包括总承包、分包单位，综合的和专业的施工质量控制；二是指广义的施工阶段建设工程项目质量控制，即除了施工单位的施工质量控制外，还包括业主、设计单位、监理单位以及政府质量监督机构在施工阶段对建设工程项目施工质量所实施的监督管理和控制职能。因此，从建设工程项目管理的角度，应全面理解施工质量控制的内涵，掌握建设工程项目施工阶段质量控制的目标、依据与基本环节，以及施工质量计划的编制，施工生产要素、施工准备工作和施工作业过程的质量控制方法。

9.3.1 工程项目施工质量控制目标及基本环节

1. 施工阶段质量控制的目标

工程施工是实现工程设计意图形成工程实体的阶段，是最终形成工程产品质量和项目使用价值的重要阶段。建设工程项目施工阶段的质量控制是整个工程项目质量控制的关键环节，是从对投入原材料的质量控制开始，直到完成工程竣工验收和交工后服务的系统过程，分为施工准备、施工、竣工验收和回访服务四个阶段。

建设工程项目施工质量控制的总目标，是实现由建设工程项目决策、设计文件和施工合同所决定的预期使用功能和质量标准。建设单位、设计单位、施工单位、供货单位和监理单位等，在施工阶段质量控制中的地位和任务、目标不同，从建设工程项目管理的角度来看，都是致力于实现建设工程项目的质量总目标。

施工阶段的质量控制目标可具体表述如下：

（1）建设单位的控制目标。

建设单位在施工阶段，通过对施工全过程、全面的质量监督管理，保证整个施工过程及其成果达到项目决策所确定的质量标准。

（2）设计单位的控制目标。

设计单位在施工阶段，通过对关键部位和重要分部分项工程施工质量验收签证、设计变更控制及纠正施工中所发现的设计问题，采纳变更设计的合理化建议等，保证竣工项目的各项施工成果与设计文件（包括变更文件）所规定的质量标准相一致。

（3）施工单位的控制目标。

施工单位包括施工总承包和分包单位，作为建设工程产品的生产者，应根据施工合同的任务范围和质量要求，通过全过程、全面的施工质量自控，保证最终交付满足施工合同及设计文件所规定的质量标准（含建设工程质量创优要求）的建设工程产品。我国建设工程质量管理条例规定，施工单位对建设工程的施工质量负责；分包单位应当按照分包合同的约定对其分包工程的质量向总承包单位负责，总承包单位与分包单位对分包工程的质量承担连带责任。

（4）供货单位的控制目标。

建筑材料、设备、构配件等供应厂商，应按照采购供货合同约定的质量标准提供货物及其合格证明，包括检验试验单据、产品规格和使用说明书，以及其他必要的数据和资料，并对其产品质量负责。

（5）监理单位的控制目标。

建设工程监理单位在施工阶段，通过审核施工单位的施工质量文件、报告报表，采取现场旁站、巡视、平行检测等形式进行施工过程质量监理；并应用施工指令和结算支付控制等手段，监控施工承包单位的质量活动行为，协调施工关系，正确履行对工程施工质量的监督责任，以保证工程质量达到施工合同和设计文件所规定的质量标准。我国《建筑法》规定，建设工程监理人员认为工程施工不符合工程设计要求、施工技术标准和合同约定的，有权要求建筑施工企业改正。

施工质量的自控和监控是相辅相成的系统过程。自控主体的质量意识和能力是关键，是施工质量的决定因素；各监控主体所进行的施工质量监控是对自控行为的推动和约束。因此，自控主体必须正确处理自控和监控的关系，在致力于施工质量自控的同时，还必须接受来自业主、监理等方面对其质量行为和结果所进行的监督管理，包括质量检查、评价和验收。自控主体不能因为监控主体的存在和监控职能的实施而减轻或免除其质量责任。

2. 施工质量控制的依据

（1）共同性依据。

指适用于施工阶段且与质量管理有关的、通用的，具有普遍指导意义和必须遵守的基本条件。主要包括：工程建设合同、设计文件、设计交底及图纸会审记录、设计修改和技术变更、国家和政府有关部门颁布的与质量管理有关的法律和法规性文件（如《建筑法》、《中华人民共和国招标投标法》(以下简称《招标投标法》和《建设工程质量管理条例》等）。

（2）专门技术法规性依据。

指针对不同的行业、不同质量控制对象制定的专门技术法规文件。包括规范、规程、标准、规定等，如工程建设项目质量检验评定标准，有关建筑材料、半成品和构配件质量方面的专门技术法规性文件，有关材料验收、包装和标志等方面的技术标准和规定，施工工艺质量等方面的技术法规性文件，有关新工艺、新技术、新材料、新设备的质量规定和鉴定意见等。

3. 施工质量控制的基本环节

施工质量控制应贯彻全面、全过程质量管理的思想，运用动态控制原理，进行质量的事前控制、事中控制和事后控制。

（1）事前质量控制。

即在正式施工前进行的事前主动质量控制，通过编制施工质量计划，明确质量目标，制定施工方案，设置质量管理点，落实质量责任，分析可能导致质量目标偏离的各种影响因素，并针对这些影响因素制定有效的预防措施，防患于未然。

事前质量预控必须充分发挥组织的技术和管理方面的整体优势，把长期形成的先进技术、管理方法和经验智慧，创造性地应用于工程项目中。

事前质量预控要求针对质量控制对象的控制目标、活动条件、影响因素进行周密分析，找出薄弱环节，制定有效的控制措施和对策。

（2）事中质量控制。

指在施工质量形成过程中，对影响施工质量的各种因素进行全面的动态控制。事中质量控制也称作业活动过程质量控制，包括质量活动主体的自我控制和他人监控的控制方式。自我控制是第一位的，即作业者在作业过程对自己质量活动行为的约束和技术能力的发挥，以完成符合预定质量目标的作业任务；他人监控是指作业者的质量活动过程和结果，接受来自企业内部管理者和企业外部有关方面的检查检验，如工程监理机构、政府质量监督部门等的监控。

事中质量控制的目标是确保工序质量合格，杜绝发生质量事故；控制的关键是坚持质量标准；控制的重点是工序质量、工作质量和质量控制点的控制。

（3）事后质量控制。

事后质量控制也称为事后质量把关，以使不合格的工序或最终产品（包括单位工程或整个工程项目）不流入下一道工序、不进入市场。事后控制包括对质量活动结果的评价、认定；对工序质量偏差的纠正；对不合格产品进行整改和处理。控制的重点是发现施工质量方面的缺陷，并通过分析提出施工质量改进的措施，保持质量处于受控状态。

以上三大环节不是互相孤立和截然分开的，它们共同构成有机的系统过程，实质上也就是质量管理 PDCA 循环的具体化，在每一次滚动循环中不断提高，实现质量管理和质量控制的持续改进。

9.3.2 施工质量计划的内容与编制方法

按照 GB/T 19000—2008 质量管理体系标准，质量计划是质量管理体系文件的组成内容。在合同环境下，质量计划是企业向顾客表明质量管理方针、目标及其具体实现的方法、手段和措施的文件，体现企业对质量责任的承诺和实施的具体步骤。

1. *施工质量计划的形式和内容*

质量计划是质量管理体系标准中的一个质量术语和职能，在建筑施工企业的质量管理体系中，以施工项目为对象的质量计划称为施工质量计划。

（1）施工质量计划的形式。

目前，我国除了已经建立质量管理体系的施工企业直接采用施工质量计划的形式外，通常还采用在工程项目施工组织设计或施工项目管理实施规划中包含质量计划内容的形式。因此，现行的施工质量计划有三种形式：

① 工程项目施工质量计划；

② 工程项目施工组织设计（含施工质量计划）；

③ 施工项目管理实施规划（含施工质量计划）。

施工组织设计或施工项目管理实施规划之所以能发挥施工质量计划的作用，是因为根据建筑生产的技术经济特点，每个工程项目都需要进行施工生产过程的组织与计划，包括施工质量、进度、成本、安全等目标的设定，实现目标的计划和控制措施的安排等。因此，施工质量计划所要求的内容，理所当然地被包含于施工组织设计或项目管理实施规划中，而且能够充分体现施工项目管理目标（质量、工期、成本、安全）的关联性、制约性和整体性，这也和全面质量管理的思想方法相一致。

（2）施工质量计划的基本内容。

在已经建立质量管理体系的情况下，质量计划的内容必须全面体现和落实企业质量管理体系文件的要求（也可引用质量体系文件中的相关条文），编制程序、内容和编制依据符合有关规定，同时结合实际工程的特点，在质量计划中编写专项管理要求。施工质量计划的基本内容一般应包括：

① 工程特点及施工条件（合同条件、法规条件和现场条件等）分析；

② 质量总目标及其分解目标；

③ 质量管理组织机构和职责，人员及资源配置计划；

④ 确定施工工艺与操作方法的技术方案和施工组织方案；

⑤ 施工材料、设备等物资的质量管理及控制措施；

⑥ 施工质量检验、检测、试验工作的计划安排及其实施方法与接收准则；

⑦ 施工质量控制点及其跟踪控制的方式与要求；

⑧ 质量记录的要求等。

2. 施工质量计划的编制与审批

建设工程项目施工任务的组织，无论业主方采用平行发包还是总分包方式，都将涉及多方参与主体的质量责任。也就是说建筑产品的直接生产过程，是在协同方式下进行的。因此，在工程项目质量控制系统中，要按照谁实施谁负责的原则，明确施工质量控制的主体构成及其各自的控制范围。

（1）施工质量计划的编制主体。

施工质量计划应由自控主体，即施工承包企业进行编制。在平行发包模式下，各承包单位应分别编制施工质量计划。在总分包模式下，施工总承包单位应编制总承包工程范围的施工质量计划；各分包单位编制相应分包范围的施工质量计划，作为施工总承包方质量计划的深化和组成部分。施工总承包方有责任对各分包方施工质量计划的编制进行指导和审核，并承担相应施工质量的连带责任。

（2）施工质量计划涵盖的范围。

施工质量计划涵盖的范围，按整个工程项目质量控制的要求，应与建筑安装工程施工任务的实施范围相一致，以此保证整个项目建筑安装工程的施工质量总体受控；对具体施工任务承包单位而言，施工质量计划涵盖的范围，应能满足其履行工程承包合同质量责任的要求。建设工程项目的施工质量计划，应在施工程序、控制组织、控制措施、控制方式等方面，形成一个有机的质量计划系统，确保实现项目质量总目标和各分解目标的控制能力。

（3）施工质量计划的审批。

施工单位的项目施工质量计划或施工组织设计文件编成后，应按照工程施工管理程序进行审批，包括施工企业内部的审批和项目监理机构的审查。

① 企业内部的审批。

施工单位的项目施工质量计划或施工组织设计的编制与内部审批，应根据企业质量管理程序性文件规定的权限和流程进行。通常是由项目经理部主持编制，报企业组织管理层批准。

施工质量计划或施工组织设计文件的内部审批过程，是施工企业自主技术决策和管理决策的过程，也是发挥企业职能部门与施工项目管理团队的智慧和经验的过程。

② 监理工程师的审查。

实施工程监理的施工项目，按照我国建设工程监理规范的规定，施工承包单位必须填写（施工组织设计（方案）报审表》并附施工组织设计（方案），报送项目监理机构审查。

规范规定项目监理机构“在工程开工前，总监理工程师应组织专业监理工程师审查承包单位报送的施工组织设计（方案）报审表，提出意见，并经总监理工程师审核、签认后报建设单位。”

③ 审批关系的处理原则。

正确执行施工质量计划的审批程序，是正确理解工程质量目标和要求，保证施工部署、技术工艺方案和组织管理措施的合理性、先进性和经济性的重要环节，也是进行施工质量事前预控的重要方法。因此，在执行审批程序时，必须正确处理施工企业内部审批和监理工程师审批的关系。其基本原则如下：

第一，充分发挥质量自控主体和监控主体的共同作用，在坚持项目质量标准和质量控制能力的前提下，正确处理承包人利益和项目利益的关系；施工企业内部的审批首先应从履行工程承包合同的角度，审查实现合同质量目标的合理性和可行性，以项目质量计划向发包方提供可信任的依据。

第二，施工质量计划在审批过程中，对监理工程师审查所提出的建议、希望、要求等意见是否采纳以及采纳的程度，应由负责质量计划编制的施工单位自主决策。在满足合同和相关法规要求的情况下，确定质量计划的调整、修改和优化，并对相应执行结果承担责任。

第三，经过按规定程序审查批准的施工质量计划，在实施过程中如因条件变化需要对某些重要决定进行修改时，其修改内容仍应按照相应程序经过审批后执行。

3. 施工质量控制点的设置与管理

施工质量控制点的设置是施工质量计划的重要组成内容。施工质量控制点是施工质量控制的重点对象。

（1）质量控制点的设置。

质量控制点应选择技术要求高、施工难度大、对工程质量影响大或是发生质量问题时危害大的对象进行设置，如表 9-1 所示。一般选择下列部位或环节作为质量控制点：

① 对工程质量形成过程产生直接影响的关键部位、工序、环节及隐蔽工程；

② 施工过程中的薄弱环节，或者质量不稳定的工序、部位或对象；

③ 对下一道工序有较大影响的上一道工序；

④ 采用新技术、新工艺、新材料的部位或环节；

⑤ 施工质量无把握的、施工条件困难的或技术难度大的工序或环节；

⑥ 用户反馈指出的和过去有过返工的不良工序。

表 9-1　质量控制点的设置

分项工程	质量控制点
工程测量定位	标准轴线桩、水平桩、龙门板、定位轴线、标高
地基、基础（含设备基础）	基坑（槽）尺寸、标高、土质、地基承载力，基础垫层标高，基础位置、尺寸、标高，预埋件、预留洞孔的位置、标高、规格、数量，基础杯口弹线
砌　体	砌体轴线，皮数杆，砂浆配合比，预留洞孔、预埋件的位置、数量，砌块排列
模　板	位置、标高、尺寸，预留洞孔位置、尺寸，预埋件的位置，模板的承载力、刚度和稳定性，模板内部清理及润湿情况
钢筋混凝土	水泥品种、强度等级，砂石质量，混凝土配合比，外加剂比例，混凝土振捣，钢筋品种、规格、尺寸、搭接长度，钢筋焊接、机械连接，预留洞、孔及预埋件规格、位置、尺寸、数量，预制构件吊装或出厂（脱模）强度，吊装位置、标高、支承长度、焊缝长度
吊　装	吊装设备的起重能力、吊具、索具、地锚
钢结构	翻样图、放大样
焊　接	焊接条件、焊接工艺
装　修	视具体情况而定

（2）质量控制点的重点控制对象。

质量控制点的选择要准确，还要根据对重要质量特性进行重点控制的要求，选择质量控制点的重点部位、重点工序和重点的质量因素作为质量控制点的控制对象，进行重点预控和监控，从而有效地控制和保证施工质量。质量控制点的重点控制对象主要包括以下几个方面：

① 人的行为：某些操作或工序，应以人为重点的控制对象，如高空、高温、水下、易燃易爆、重型构件吊装作业以及操作要求高的工序和技术难度大的工序等，都应从人的生理、心理、技术能力等方面进行控制。

② 材料的质量与性能：这是直接影响工程质量的重要因素，在某些工程中应作为控制的重点。如钢结构工程中使用的高强度螺栓、某些特殊焊接使用的焊条，都应重点控制其材质与性能；又如水泥的质量是直接影响混凝土工程质量的关键因素，施工中应对进场的水泥质量进行重点控制，必须检查、核对其出厂合格证，并按要求进行强度和安定性的复验等。

③ 施工方法与关键操作：某些直接影响工程质量的关键操作应作为控制的重点，如预应力钢筋的张拉工艺操作过程及张拉力的控制，是可靠地建立预应力值和保证预应力构件质量的关键过程。同时，那些易对工程质量产生重大影响的施工方法，也应列为控制的重点，如大模板施工中模板的稳定和组装问题、液压滑模施工时支承杆稳定问题、升板法施工中提升量的控制问题等。

④ 施工技术参数：如混凝土的外加剂掺量、水灰比，回填土的含水量，砌体的砂浆饱满度，防水混凝土的抗渗等级，建筑物沉降与基坑边坡稳定监测数据，大体积混凝土内外温差及混凝土冬期施工受冻临界强度等技术参数都是应重点控制的质量参数与指标。

⑤ 技术间歇：有些工序之间必须留有必要的技术间歇时间，如砌筑与抹灰之间，应在墙体砌筑后留 6～10 天的时间让墙体充分沉陷、稳定、干燥，然后再抹灰，抹灰层干燥后，才能喷白、刷浆；混凝土浇筑与模板拆除之间，应保证混凝土有一定的硬化时间，达到规定拆模强度后方可拆除等。

⑥ 施工顺序：对于某些工序之间必须严格控制先后的施工顺序，如对冷拉的钢筋应当先焊接后冷拉，否则会失去冷强；屋架的安装固定，应采取对角同时施焊的方法，否则会由于焊接应力导致校正好的屋架发生倾斜。

⑦ 易发生或常见的质量通病：如混凝土工程的蜂窝、麻面、空洞，墙、地面、屋面工程渗水、漏水、空鼓、起砂、裂缝等，都与工序操作有关，均应事先研究对策，提出预防措施。

⑧ 新技术、新材料及新工艺的应用：由于缺乏经验，施工时应将其作为重点进行控制。

⑨ 产品质量不稳定和不合格率较高的工序应列为重点，认真分析，严格控制。

⑩ 特殊地基或特种结构：对于湿陷性黄土、膨胀土、红黏土等特殊土地基的处理，以及大跨度结构、高耸结构等技术难度较大的施工环节和重要部位，均应予以特别的重视。

（3）质量控制点的管理。

设定了质量控制点，质量控制的目标及工作重点就更加明晰。

首先，要做好施工质量控制点的事前质量预控工作，包括：明确质量控制的目标与控制参数；编制作业指导书和质量控制措施；确定质量检查检验方式及抽样的数量与方法；明确检查结果的判断标准及质量记录与信息反馈要求等。

其次，要向施工作业班组进行认真交底，使每一个控制点上的作业人员明白施工作业规程及质量检验评定标准，掌握施工操作要领；在施工过程中，相关技术管理和质量控制人员要在现场进行重点指导和检查验收。

同时，还要做好施工质量控制点的动态设置和动态跟踪管理。所谓动态设置，是指在工程开工前、设计交底和图纸会审时，可确定项目的一批质量控制点，随着工程的展开，施工条件的变化，随时或定期进行控制点的调整和更新。动态跟踪是应用动态控制原理。

落实专人负责跟踪和记录控制点质量控制的状态和效果，并及时向项目管理组织的高层管理者反馈质量控制信息，使施工质量控制点保持为受控状态。

对于危险性较大的分部分项工程或特殊施工过程，除按一般过程质量控制的规定执行外，还应由专业技术人员编制专项施工方案或作业指导书，经项目技术负责人审批及监理工程师签字后执行。超过一定规模的危险性较大的分部分项工程，还要组织专家对专项方案进行论证。作业前，施工员、技术员做好交底和记录，使操作人员在明确工艺标准、质量要求的基础上进行作业。为保证质量控制点的目标实现，应严格按照三级检查制度进行检查控制。在施工中发现质量控制点有异常时，应立即停止施工，召开分析会，查找原因并采取对策予以解决。

施工单位应积极主动地支持、配合监理工程师的工作，应根据现场工程监理机构的要求，将施工作业质量控制点按照不同的性质和管理要求细分为“见证点”和“待检点”进行施工质量的监督和检查。凡属“见证点”的施工作业，如重要部位、特种作业、专门工艺等，施工方必须在该项作业开始前 24 小时，书面通知现场监理机构到位旁站，见证施工作业过程；凡属“待检点”的施工作业，如隐蔽工程等，施工方必须在完成施工质量自检的基础上，提前 24 小时通知项目监理机构进行检查验收，然后才能进行工程隐蔽或下一道工序的施工。未经过项目监理机构检查验收，不得进行工程隐蔽或下一道工序的施工。

9.3.3 施工生产要素的质量控制

施工生产要素是施工质量形成的物质基础，其质量的含义包括：作为劳动主体的施工人员，即直接参与施工的管理者、作业者的素质及其组织效果；作为劳动对象的建筑材料、半成品、工程用品、设备等的质量；作为劳动方法的施工工艺及技术措施的水平；作为劳动手段的施工机械、设备、工具、模具等的技术性能；施工环境——现场水文、地质、气象等自然环境，通风、照明、安全等作业环境以及协调配合的管理环境。

1. 施工人员的质量控制

施工人员的质量包括参与工程施工各类人员的施工技能、文化素养、生理体能、心理行为等方面的个体素质以及经过合理组织和激励发挥个体潜能综合形成的群体素质。因此，企业应通过择优录用、加强思想教育及技能方面的教育培训，合理组织、严格考核，并辅以必要的激励机制，使企业员工的潜在能力得到充分发挥和最好的组合，使施工人员在质量控制系统中发挥主体自控作用。

施工企业必须坚持执业资格注册制度和作业人员持证上岗制度；对所选派的施工项目领导者、组织者进行教育和培训，使其质量意识和组织管理能力能满足施工质量控制的要求；对所属施工队伍进行全员培训，加强质量意识的教育和技术训练，提高每个作业者的质量活动能力和自控能力；对分包单位进行严格的资质考核和施工人员的资格考核，其资质、资格必须符合相关法规的规定，并与其分包的工程相适应。

2. 材料设备的质量控制

原材料、半成品及工程设备是工程实体的构成部分，其质量是工程项目实体质量的基础。加强原材料、半成品及工程设备的质量控制，不仅是提高工程质量的必要条件，也是实现工程项目投资目标和进度目标的前提。

对原材料、半成品及工程设备进行质量控制的主要内容：控制材料设备的性能、标准、技术参数与设计文件的相符合性；控制材料、设备各项技术性能指标、监测实验指标与标准规范要求的相符合性；控制材料、设备进场验收程序的正确性及质量文件资料的完备性；控制优先采用节能低碳的新型建筑材料和设备，禁止使用国家明令禁用或者淘汰的建筑材料和设备等。

施工单位应在施工过程中贯彻执行企业质量程序文件中关于材料和设备封样、采购、进场检验和抽样检测及质保资料提交等方面明确规定的一系列控制标准。

3. 工艺方案的质量控制

施工工艺的先进合理是直接影响工程质量、工程进度及工程造价的关键因素，施工工艺的合理可靠又直接影响到工程施工安全。因此在工程项目质量控制系统中，制定和采用技术先进、经济合理、安全可靠的施工技术工艺方案，是工程质量控制的重要环节。对施工工艺方案的质量控制主要包括以下内容：

（1）深入、正确地分析工程特征、技术关键及环境条件等资料，明确质量目标、验收标准、控制的重点和难点；

（2）制定合理有效的、有针对性的施工技术方案和组织方案，前者包括施工工艺、施工方法，后者包括施工区段划分、施工流向及劳动组织等；

（3）合理选用施工机械设备和施工临时设施，合理布置施工总平面图和各阶段施工平面图；

（4）选用和设计保证质量和安全的模具、脚手架等施工设备；

（5）编制工程所采用的新材料、新技术和新工艺的专项技术方案和质量管理方案；

（6）针对工程具体情况，分析气象、地址等环境因素对施工的影响，制定应对措施。

4. 施工机械的质量控制

施工机械是指施工过程中使用的各类机械设备，包括运输设备、人货两用电梯、加工机械、操作工具、测量仪器、计量器具以及专用工具和施工安全设施等。施工机械设备是所有施工方案和工法得以实施的重要物质基础，合理选择和正确使用施工设备是保证施工质量的重要措施。

（1）对施工所用的机械设备，应根据工程需要从设备选型、主要性能参数及使用操作要求等方面加以控制，以符合安全、适用、经济、可靠和节能、环保等方面的要求。

（2）对施工中适用的模具、脚手架等施工设备，除按适用的标准定型选用外，一般需按设计及施工要求进行专项设计，对其设计方案和制作质量的控制及验收应作为重点进行控制。

（3）按现行施工管理制度要求，工程所用的施工机械、模板、脚手架，特别是危险性较大的现场安装起重机械设备，不仅要对其设计、安装方案进行审批，而且安装完毕交付使用之前必须经过专门管理部门的验收，合格后方可使用。同时，在使用过程中尚需落实相应的管理制度，以确保安全、正常使用。

5. 施工环境因素的控制

环境因素主要包括施工现场自然环境因素、施工质量管理环境因素和施工作业环境因素。环境因素对工程质量的影响，具有复杂多变和不确定性的特点。要消除其对施工质量的不利影响，主要是采取预测预防的控制方法。

（1）对施工现场自然环境因素的控制。

对地质、水文等方面的影响因素，应根据设计要求，分析工程岩土地质资料，预测不利因素，并会同设计等方面制定相应的措施，采取如基坑降水、排水、加固围护等技术控制方案。

对天气气象方面的影响因素，应在施工方案中制定专项预案，明确在不利条件下的施工措施，落实人员、器材等方面的准备以紧急应对，从而控制其对施工质量的不利影响。

（2）对施工质量管理环境因素的控制。

施工质量管理环境因素主要是指施工单位质量保证体系、质量管理制度和各参建施工单位之间的协调等。要根据工程承发包的合同结构，理顺管理关系，建立统一的现场施工组织系统和质量管理的综合运行机制，确保质量保证体系处于良好的状态，创造良好的质量管理环境和氛围，使施工顺利进行，保证施工质量。

（3）对施工作业环境因素的控制。

施工作业环境因素主要是指施工现场的给水排水条件，各种能源介质供应，施工照明、通风、安全防护设施，施工场地空间条件和通道，以及交通运输和道路条件等。

要认真实施经过审批的施工组织设计和施工方案，落实保证措施，严格执行相关管理制度和施工纪律，保证上述环境条件良好，使施工顺利进行以及施工质量得到保证。

9.3.4 施工准备工作质量控制

1. 施工技术准备工作的质量控制

施工技术准备是指在正式开展施工作业活动前进行的技术准备工作。这类工作内容繁多，主要在室内进行，例如：熟悉施工图纸，组织设计交底和图纸审查；进行工程项目检查验收的项目划分和编号；审核相关质量文件，细化施工技术方案和施工人员、机具的配置方案，编制施工作业技术指导书，绘制各种施工详图（如测量放线图、大样图及配筋、配板、配线图表等），进行必要的技术交底和技术培训。如果施工准备工作出错，必然影响施工进度和作业质量，甚至直接导致质量事故的发生。

技术准备工作的质量控制，包括对上述技术准备工作成果的复核审查，检查这些成果是否符合设计图纸和相关技术规范、规程的要求；依据经过审批的质量计划审查、完善施工质量控制措施；针对质量控制点，明确质量控制的重点对象和控制方法；尽可能地提高上述工作成果对施工质量的保证程度等。

2. 现场施工准备工作的质量控制

（1）计量控制。

这是施工质量控制的一项重要基础工作。施工过程中的计量，包括施工生产时的投料计量、施工测量、监测计量以及对项目、产品或过程的测试、检验、分析计量等。开工前要建立和完善施工现场计量管理的规章制度；明确计量控制责任者和配置必要的计量人员，严格按规定对计量器具进行维修和校验；统一计量单位，组织量值传递，保证量值统一，从而保证施工过程中计量的准确性。

（2）测量控制。

工程测量放线是建设工程产品由设计转化为实物的第一步。施工测量质量的好坏，直接决定工程的定位和标高是否正确，并且制约施工过程有关工序的质量。因此，施工单位在开工前应编制测量控制方案，经项目技术负责人批准后实施。对建设单位提供的原始坐标点、基准线和水准点等测量控制点进行复核，并将复测结果报监理工程师审核，经批准后施工单位才能建立施工测量控制网，进行工程定位和标高基准的控制。

（3）施工平面图控制。

建设单位应按照合同约定并充分考虑施工的实际需要，事先划定并提供施工用地和现场临时设施用地的范围，协调平衡和审查批准各施工单位的施工平面设计。施工单位要严格按照批准的施工平面布置图，科学合理地使用施工场地，正确安装设置施工机械设备和其他临时设施，维护现场施工道路畅通无阻和通信设施完好，合理控制材料的进场与堆放，确保现场具备良好的防洪排水能力以及充分的给水和供电。建设（监理）单位应会同施工单位制定严格的施工场地管理制度、施工纪律和相应的奖惩措施，严禁乱占场地和擅自断水、断电、断路，及时制止和处理各种违纪行为，并做好施工现场的质量检查记录。

3. 工程质量检查验收的项目划分

一个建设工程项目从施工准备开始到竣工交付使用，要经过若干工序、工种的配合施工。施工质量的优劣，取决于各个施工工序、工种的管理水平和操作质量。因此，为了便于控制、检查、评定和监督每个工序和工种的工作质量，就要把整个项目逐级划分为若干个子项目，并分级进行编号，在施工过程中据此来进行质量控制和检查验收。这是进行施工质量控制的一项重要准备工作，应在项目开始施工之前进行。项目划分越合理、明细，越有利于分清质量责任，便于施工人员进行质量自控和检查监督人员检查验收，也有利于质量记录等资料的填写、整理和归档。

根据《建筑工程施工质量验收统一标准》（GB 50300—2001）的规定，建筑工程质量验收应逐级划分为单位（子单位）工程、分部（子分部）工程、分项工程和检验批。

（1）单位（子单位）工程的划分应按下列原则进行：

① 具备独立施工条件并能形成独立使用功能的建筑物或构筑物为一个单位工程；

② 建筑规模较大的单位工程，可将其能形成独立使用功能的部分划为若干个子单位工程。

（2）分部（子分部）工程的划分应按下列原则进行：

① 分部工程的划分应按专业性质、建筑部位确定；

② 当分部工程较大或较复杂时，可按材料种类、施工特点、施工程序、专业系统及类别等划分为若干子分部工程。

（3）分项工程应按主要工种、材料、施工工艺、设备类别等进行划分。

（4）分项工程可由一个或若干个检验批组成，检验批可根据施工及质量控制和专业验收需要按楼层、施工段、变形缝等进行划分。

（5）室外工程可根据专业类别和工程规模划分单位（子单位）工程。一般室外单位工程可划分为室外建筑环境工程和室外安装工程。

9.3.5 施工过程作业质量控制

施工过程作业质量控制，是在工程项目质量实际形成过程中的事中质量控制。

建设工程项目施工是由一系列相互关联、相互制约的作业过程（工序）构成的，因此，施工质量控制，必须对全部作业过程即各道工序的作业质量进行控制。从项目管理的立场看，工序作业质量的控制，首先是质量生产者即作业者的自控，在施工生产要素合格的条件下，作业者能力及其发挥的状况是决定作业质量的关键。其次，是来自作业者外部的各种作业质量检查、验收和对质量行为的监督，也是不可缺少的设防和把关的管理措施。

1. 工序施工质量控制

工序是人、材料、机械设备、施工方法和环境因素对工程质量综合起作用的过程，所以对施工过程的质量控制，必须以工序作业质量控制为基础和核心。因此，工序的质量控制是施工阶段质量控制的重点。只有严格控制工序质量，才能确保施工项目的实体质量。

工序施工质量控制主要包括工序施工条件质量控制和工序施工效果质量控制。

（1）工序施工条件控制。

工序施工条件是指从事工序活动的各生产要素质量及生产环境条件。工序施工条件控制就是控制工序活动的各种投入要素质量和环境条件质量。控制的手段主要有检查、测试、试验、跟踪监督等；控制的依据主要是设计质量标准、材料质量标准、机械设备技术性能标准、施工工艺标准以及操作规程等。

（2）工序施工效果控制。

工序施工效果主要反映工序产品的质量特征和特性指标。对工序施工效果的控制就是控制工序产品的质量特征和特性指标能否达到设计质量标准以及施工质量验收标准的要求。工序施工效果控制属于事后质量控制，其控制的主要途径是实测获取数据、统计分析所获取的数据、判断认定质量等级和纠正质量偏差。

按有关施工验收规范规定，下列工序质量必须进行现场质量检测，合格后才能进入下一道工序。

第一，地基基础工程。

① 地基及复合地基承载力静载检测。

对于地基基础设计等级为甲级或地质条件复杂、成桩质量可靠性低的灌注桩，应采用静载荷试验的方法进行检验，检验桩数不应少于总数的 1%，且不应少于 3 根。

② 桩的承载力检测。

设计等级为甲级、乙级的桩基或地质条件复杂，桩施工质量可靠性低，本地区采用的新桩型或新工艺的桩基应进行桩的承载力检测。检测数量在同一条件下不应少于 3 根，且不宜少于总桩数的 1%。

③ 桩身完整性检测。

根据设计要求，检测桩身缺陷及其位置，判定桩身完整性类别，采用低应变法。判定单桩竖向抗压承载力是否满足设计要求，分析桩侧和桩端阻力，采用高应变法。

第二，主体结构工程。

① 混凝土、砂浆；砌体强度现场检测。

检测同一强度等级同条件养护的试块强度，以此检测结果代表工程实体的结构强度混凝土：按统计方法评定混凝土强度的基本条件是，同一强度等级、同条件养护试件的留置数量不宜少于 10 组；按非统计方法评定混凝土强度时，留置数量不应少于 3 组。

砂浆抽检数量：每一检验批且不超过 250 m^3 砌体的各种类型及强度等级的砌筑砂浆，每台搅拌机应至少抽检一次。

砌体：普通砖 15 万块、多孔砖 5 万块、灰砂砖及粉灰砖 10 万块各为一检验批，抽检数量为一组。

② 钢筋保护层厚度检测。

钢筋保护层厚度检测的结构部位，应由监理（建设）、施工等各方根据结构构件的重要性共同选定。

对梁类、板类构件，应各抽取构件数量的 2%且不少于 5 个进行检验。

③ 混凝土预制构件结构性能检测。

对成批生产的构件，应按同一工艺正常生产的不超过 1000 件且不超过 3 个月的同类型产品为一批。在每批中应随机抽取一个构件作为试件进行检验。

第三，建筑幕墙工程。

① 铝塑复合板的剥离强度检测。

② 石材的弯曲强度；室内用花岗石的放射性检测。

③ 玻璃幕墙用结构胶的邵氏硬度、标准条件拉伸黏结强度、相容性试验；石材用结构胶结强度及石材用密封胶的污染性检测。

④ 建筑幕墙的气密性、水密性、风压变形性能、层间变位性能检测。

⑤ 硅酮结构胶相容性检测。

第四，钢结构及管道工程。

① 钢结构及钢管焊接质量无损检测：对有无损检验要求的焊缝，竣工图上应标明焊缝编号、无损检验方法、局部无损检验焊缝的位置、底片编号、热处理焊缝位置及编号、焊缝补焊位置及施焊焊工代号；焊缝施焊记录及检查、检验记录应符合相关标准。

② 钢结构、钢管防腐及防火涂装检测。

③ 钢结构节点、机械连接用紧固标准件及高强度螺栓力学性能检测。

2. 施工作业质量的自控

（1）施工作业质量自控的意义。

施工作业质量自控，从经营的层面上说，强调的是作为建筑产品生产者和经营者的施工企业，应全面履行企业的质量责任，向顾客提供质量合格的工程产品；从生产的过程来说，强调施工作业者的岗位质量责任，向后一道工序提供合格的作业成果（中间产品）。

同理，供货厂商必须按照供货合同约定的质量标准和要求，对施工材料物资供应过程实施产品质量自控。因此，施工承包方和供应方在施工阶段是质量自控主体，他们不能因为监控主体的存在和监控责任的实施而减轻或免除其质量责任。我国《建筑法》和《建设工程质量管理条例》规定：建筑施工企业对工程的施工质量负责；建筑施工企业必须按照工程设计要求、施工技术标准和合同的约定，对建筑材料、建筑构配件和设备进行检验，不合格的不得使用。

施工方作为工程施工质量的自控主体，既要遵循本企业质量管理体系的要求，也要根据其在所承建的工程项目质量控制系统中的地位和责任，通过具体项目质量计划的编制与实施，有效地实现施工质量的自控目标。

（2）施工作业质量自控的程序。

施工作业质量的自控过程是由施工作业组织的成员进行的，其基本的控制程序包括作业技术交底、作业活动的实施和作业质量的自检自查、互检互查以及专职管理人员的质量检查等。

① 施工作业技术的交底。

技术交底是施工组织设计和施工方案的具体化，施工作业技术交底的内容必须具有可行性和可操作性。

从建设工程项目的施工组织设计到分部分项工程的作业计划，在实施之前都必须逐级进行交底，其目的是使管理者的计划和决策意图为实施人员所理解。施工作业交底是最基层的技术和管理交底活动，施工总承包方和工程监理机构都要对施工作业交底进行监督。

作业交底的内容包括作业范围、施工依据、作业程序、技术标准和要领、质量目标以及其他与安全、进度、成本、环境等目标管理有关的要求和注意事项。

② 施工作业活动的实施。

施工作业活动是由一系列工序所组成的。为了保证工序质量的受控，首先要对作业条件进行再确认，即按照作业计划检查作业准备状态是否落实到位，其中包括对施工程序和作业工艺顺序的检查确认，在此基础上，严格按作业计划的程序、步骤和质量要求展开工序作业活动。

③ 施工作业质量的检验。

施工作业的质量检查，是贯穿整个施工过程的最基本的质量控制活动，包括施工单位内部的工序作业质量自检、互检、专检和交接检查，以及现场监理机构的旁站检查、平行检测等。施工作业质量检查是施工质量验收的基础，已完检验批及分部分项工程的施工质量，必须在施工单位完成质量自检并确认合格之后，才能报请现场监理机构进行检查验收。

前一道工序的作业质量经验收合格后，才可进行下一道工序的施工。前一道工序未经验收合格，不得进行下一道工序的施工。

（3）施工作业质量自控的要求。

工序作业质量是直接形成工程质量的基础，为达到对工序作业质量控制的效果，在加强工序管理和质量目标控制方面应坚持以下要求。

① 预防为主。

严格按照施工质量计划的要求，进行各分部分项施工作业的部署。同时，根据施工作业的内容、范围和特点，制订施工作业计划，明确作业质量目标和作业技术要领，认真进行作业技术交底，落实各项作业技术的组织措施。

② 重点控制。

在施工作业计划中，一方面要认真贯彻实施施工质量计划中的质量控制点的控制措施；另一方面，要根据作业活动的实际需要，进一步建立工序作业控制点，深化工序作业的重点控制。

③ 坚持标准。

工序作业人员在工序作业过程中应严格进行质量自检，通过自检不断改善作业，并创造条件开展作业质量互检，通过互检加强技术与经验的交流。对已完工序作业产品，即检验批或分部分项工程，应严格坚持质量标准。对不合格的施工作业质量，不得进行验收签证，必须按照规定的程序进行处理。

《建筑工程施工质量验收统一标准》（GB 50300—2001）及配套使用的专业质量验收规范，是施工作业质量自控的合格标准。有条件的施工企业或项目经理部应结合自身条件编制高于国家标准的企业内控标准或工程项目内控标准，或者采用施工承包合同明确规定的更高标准，列入质量计划，努力提升工程质量水平。

④ 记录完整。

施工图纸、质量计划、作业指导书、材料质保书、检验试验及检测报告、质量验收记录等，是形成可追溯性的质量保证依据，也是工程竣工验收所不可缺少的质量控制资料。

因此，对工序作业质量，应有计划、有步骤地按照施工管理规范的要求进行填写记载，做到及时、准确、完整、有效，并具有可追溯性。

（4）施工作业质量自控的有效制度。

根据实践经验的总结，施工作业质量自控的有效制度有：

① 质量自检制度；

② 质量例会制度；

③ 质量会诊制度；

④ 质量样板制度；

⑤ 质量挂牌制度；

⑥ 每月质量讲评制度等。

3. 施工作业质量的监控

（1）施工作业质量的监控主体。

我国《建设工程质量管理条例》规定，国家实行建设工程质量监督管理制度。建设单位、监理单位、设计单位及政府的工程质量监督部门，在施工阶段依据法律法规和工程施工承包合同，对施工单位的质量行为和质量状况实施监督控制。

设计单位应当就审查合格的施工图纸设计文件向施工单位作出详细说明；应当参与建设工程质量事故分析，并对因设计造成的质量事故，提出相应的技术处理方案。

建设单位在领取施工许可证或者开工报告前，应当按照国家有关规定办理工程质量监督手续。

作为监控主体之一的项目监理机构，在施工作业实施过程中，根据其监理规划与实施细则，采取现场旁站、巡视、平行检验等形式，对施工作业质量进行监督检查，如发现工程施工不符合工程设计要求、施工技术标准和合同约定的，有权要求建筑施工企业改正。

监理机构应进行检查，没有检查或没有按规定进行检查的，给建设单位造成损失时应承担赔偿责任。

必须强调，施工质量的自控主体和监控主体，在施工全过程相互依存、各尽其责，共同推动着施工质量控制过程的展开和最终实现工程项目的质量总目标。

（2）现场质量检查。

现场质量检查是施工作业质量监控的主要手段。

① 现场质量检查的内容

第一，开工前的检查。主要检查是否具备开工条件，开工后是否能够保持连续正常施工，能否保证工程质量。

第二，工序交接检查。对于重要的工序或对工程质量有重大影响的工序，应严格执行“三检”制度（即自检、互检、专检），未经监理工程师（或建设单位技术负责人）检查认证，不得进行下一道工序的施工。

第三，隐蔽工程的检查。施工中，凡是隐蔽工程必须检查认证后方可进行隐蔽掩盖。

第四，停工后复工的检查。因客观因素停工或处理质量事故等停工复工时，经检查认可后方能复工。

第五，分项、分部工程完工后的检查。应经检查认可，并签署验收记录后，才能进行下一工程项目的施工。

第六，成品保护的检查。检查成品有无保护措施以及保护措施是否有效可靠。

② 现场质量检查的方法。

第一，目测法。

即凭借感官进行检查，也称观感质量检验，其手段可概括为“看、摸、敲、照”四个字。

“看”，就是根据质量标准要求进行外观检查。例如，清水墙面是否洁净，喷涂的密实度和颜色是否良好、均匀，工人的操作是否正常，内墙抹灰的大面及口角是否平直，混凝土外观是否符合要求等。

“摸”，就是通过触摸手感进行检查、鉴别。例如，油漆的光滑度，浆活是否牢固、不掉粉等。

“敲”，就是运用敲击工具进行音感检查。例如，对地面工程、装饰工程中的水磨石、面砖、石材饰面等，均应进行敲击检查。

“照”，就是通过人工光源或反射光照射，检查难以看到或光线较暗的部位。例如，管道井、电梯井等内的管线、设备安装质量，装饰吊顶内连接及设备安装质量等。

第二，实测法。

就是通过实测数据与施工规范、质量标准的要求及允许偏差值进行对照，以此判断质量是否符合要求，其手段可概括为“靠、量、吊、套”四个字。

“靠”，就是用直尺、塞尺检查诸如墙面、地面、路面等的平整度。

“量”，就是指用测量工具和计量仪表等检查断面尺寸、轴线、标高、湿度、温度等的偏差。例如，大理石板拼缝尺寸，摊铺沥青拌和料的温度，混凝土坍落度的检测等。

“吊”，就是利用托线板以及线坠吊线检查垂直度。例如，砌体垂直度检查、门窗的安装等。

“套”，就是以方尺套方，辅以塞尺检查。例如，对阴阳角的方正、踢脚线的垂直度、预制构件的方正、门窗口及构件的对角线检查等。

第三，试验法。

试验法是指通过必要的试验手段对质量进行判断的检查方法。主要包括如下内容：

理化试验：工程中常用的理化试验包括物理力学性能方面的检验和化学成分及化学性能的测定等两个方面。物理力学性能的检验，包括各种力学指标的测定，如抗拉强度、抗压强度、抗弯强度、抗折强度、冲击韧性、硬度、承载力等，以及各种物理性能方面的测定，如密度、含水量、凝结时间、安定性及抗渗、耐磨、耐热性能等。化学成分及化学性质的测定，如钢筋中的磷、硫含量，混凝土中粗集料的活性氧化硅成分，以及耐酸、耐碱、抗腐蚀性等。此外，根据规定有时还需进行现场试验，例如，对桩或地基的静载试验、下水管道的通水试验、压力管道的耐压试验、防水层的蓄水或淋水试验等。

无损检测：利用专门的仪器仪表从表面探测结构物、材料、设备的内部组织结构或损伤情况。常用的无损检测方法有超声波探伤、X射线探伤、β射线探伤等。

③ 技术核定与见证取样送检。

a. 技术核定。

在建设工程项目的施工过程中，因施工方对施工图纸的某些要求不甚明白，或图纸内部存在某些矛盾，或工程材料调整与代用，改变建筑节点构造、管线位置或走向等，需要通过设计单位明确或确认的，施工方必须以技术核定单的方式向监理工程师提出，报送设计单位核准确认。

b. 见证取样送检。

为了保证建设工程的质量，我国规定对工程所使用的主要材料、半成品、构配件以及施工过程留置的试块、试件等应实行现场见证取样送检。见证人员由建设单位和工程监理机构中有相关专业技术人员担任；送检的试验室应具备经国家或地方工程检验检测主管部门核准的相关资质；见证取样送检必须严格按规定的程序进行，包括取样见证并记录、样本编号、填单、封箱、送试验室、核对、交接、试验检测、报告等。

检测机构应当建立档案管理制度。检测合同、委托单、原始记录、检测报告应当按年统一编号；编号应当连续，不得随意抽撤、涂改。

4. 隐蔽工程验收与成品质量保护

（1）隐蔽工程验收。

凡被后续施工所覆盖的施工内容，如地基基础工程、钢筋工程、预埋管线等，均属隐蔽工程。加强隐蔽工程质量验收，是施工质量控制的重要环节。其程序要求施工方首先应完成自检并合格，然后填写专用的《隐蔽工程验收单》。验收单所列的验收内容应与已完的隐蔽工程实物相一致，并事先通知监理机构及有关方面，按约定时间进行验收。验收合格的隐蔽工程由各方共同签署验收记录；验收不合格的隐蔽工程，应按验收整改意见进行整改后重新进行验收。对隐蔽工程验收的程序和记录做出严格要求，对于预防工程质量隐患，提供可追溯质量记录具有重要作用。

（2）施工成品质量保护。

建设工程项目的成品保护，目的是避免施工成品受到来自后续施工以及其他方面的污染或损坏。成品保护问题和相应措施，在工程施工组织设计与计划阶段就应该在施工顺序上进行考虑，防止施工顺序不当或交叉作业造成相互干扰、污染和损坏；成品形成后可采取防护、覆盖、封闭、包裹等相应措施进行保护。

9.3.6 施工质量与设计质量的协调

建设工程项目施工是按照工程设计图纸（施工图）进行的，施工质量离不开设计质量，优良的施工质量要靠优良的设计质量和周到的设计现场服务来保证。

1. 项目设计质量的控制

要保证施工质量，首先要控制设计质量。项目设计质量的控制，主要是从满足项目建设需求入手，包括国家相关法律法规、强制性标准和合同规定的明确需求以及潜在需求，以使用功能和安全可靠性为核心，进行下列设计质量的综合控制。

（1）项目功能性质量控制。

功能性质量控制的目的，是保证建设工程项目使用功能的符合性，其内容包括项目内部的平面空间组织、生产工艺流程组织，如满足使用功能的建筑面积分配以及宽度、高度、净空、通风、保暖、日照等物理指标和节能、环保、低碳等方面的符合性要求。

（2）项目可靠性质量控制。

主要是指建设工程项目建成后，在规定的使用年限和正常的使用条件下，保证使用安全和建筑物、构筑物及其设备系统性能稳定、可靠。

（3）项目观感性质量控制。

对于建筑工程项目，主要是指建筑物的总体格调、外部形体及内部空间观感效果，整体环境的适宜性、协调性，文化内涵的韵味及其魅力等的体现；道路、桥梁等基础设施工程同样也有其独特的构型格调、观感效果及其环境适宜的要求。

（4）项目经济性质量控制。

建设工程项目设计经济性质量，是指不同设计方案的选择对建设投资的影响。设计经济性质量控制的目的，在于强调设计过程的多方案比较，通过价值工程、优化设计，不断提高建设工程项目的性价比，在满足项目投资目标要求的条件下，做到物有所值，防止浪费。

（5）项目施工可行性质量控制。

任何设计意图都要通过施工来实现，设计意图不能脱离现实的施工技术和装备水平，否则再好的设计意图也无法实现。设计一定要充分考虑施工的可行性，并尽量做到方便施工，保证施工能够顺利进行，并能确保项目施工质量。

2. 施工与设计的协调

从项目施工质量控制的角度来说，项目建设单位、施工单位和监理单位都要注重施工与设计的相互协调。这里的协调工作主要包括以下几个方面：

（1）设计联络。

项目建设单位、施工单位和监理单位应组织施工单位同设计单位进行设计联络。其任务主要包括：

① 了解设计意图、设计内容和特殊技术要求，分析其中的施工重点和难点，以便有针对性地编制施工组织设计，及早做好施工准备；对于以现有的施工技术和装备水平实施有困难的设计，要及时提出意见，协商修改设计，或者探讨通过技术攻关提高技术装备水平来实施的可能性，同时向设计单位介绍和推荐先进的施工新技术、新工艺和工法，争取通过适当的设计，使这些新技术、新工艺和工法在施工中得到应用。

② 了解设计进度，根据项目进度控制总目标、施工工艺顺序和施工进度安排，提出设计出图的时间和顺序要求，对设计和施工进度进行协调，使施工得以连续、顺利进行。

③ 从施工质量控制的角度提出合理化建议，优化设计，为保证和提高施工质量创造良好的条件。

（2）设计交底和图纸会审。

建设单位和监理单位应组织设计单位向所有的施工实施单位进行详细的设计交底，使实施单位充分理解设计意图，了解设计内容和技术要求，明确质量控制的重点和难点；同时认真地进行图纸会审，深入发现和解决各专业设计之间可能存在的矛盾，消除施工图中存在的差错。

（3）设计现场服务和技术核定。

建设单位和监理单位应要求设计单位派出有能力的设计人员到施工现场进行设计服务，解决施工中发现和提出的与设计有关的问题，并及时做好相关设计核定工作。

（4）设计变更。

在施工期间，无论是建设单位、设计单位或是施工单位提出需要进行局部设计变更的内容，都必须按照规定的程序先将变更意图或请求报送监理工程师审查，经设计单位审核认可并签发“设计变更通知书”后，再由监理工程师下达“变更指令”。

9.4 工程项目质量验收

建设工程项目的质量验收，主要是指工程施工质量的验收。施工质量验收应按照《建筑工程施工质量验收统一标准》（GB 50300—2001）进行。该标准是建筑工程各专业工程施工质量验收规范编制的统一准则，各专业工程施工质量验收规范应与该标准配合使用。

根据《建筑工程施工质量验收统一标准》（GB 50300—2001），所谓“验收”，是指建筑工程在施工单位自行质量检查评定的基础上，参与建设活动的有关单位共同对检验批、分项、分部、单位工程的质量进行抽样复验，根据相关标准以书面形式对工程质量达到合格与否作出确认。

正确地进行工程项目质量的检查评定和验收，是施工质量控制的重要手段。施工质量验收包括施工过程的质量验收和工程项目竣工质量验收两部分。

9.4.1 施工过程质量验收

进行建筑工程质量验收，应将工程项目划分为单位（子单位）工程、分部（子分部）工程、分项工程和检验批。施工过程质量验收主要是指检验批和分项、分部工程的质量验收。

1. 施工过程质量验收的内容

《建筑工程施工质量验收统一标准》（GB 50300—2001）与各专业工程施工质量验收规范，明确规定了各分项工程施工质量的基本要求，规定了分项工程检验批量的抽查办法和抽查数量，规定了检验批主控项目、一般项目的检查内容和允许偏差，规定了对主控项目、一般项目的检验方法，规定了各分部工程验收的方法和需要的技术资料等；同时对涉及人民生命财产安全、人身健康、环境保护和公共利益的内容以强制性条文作出了规定，要求必须坚决、严格遵照执行。

检验批和分项工程是质量验收的基本单元；分部工程是在所含全部分项工程验收的基础上进行验收的，在施工过程中随完工随验收，并留下完整的质量验收记录和资料；单位工程作为具有独立使用功能的完整的建筑产品，进行竣工质量验收。

施工过程的质量验收包括以下验收环节，通过验收后留下完整的质量验收记录和资料，为工程项目的竣工质量验收提供依据。

（1）检验批质量验收。

所谓检验批，是指“按统一的生产条件或按规定的方式汇总起来供检验用的，由一定数量样本组成的检验体”，“检验批可根据施工及质量控制和专业验收需要按楼层、施工段、变形缝等进行划分”。检验批是工程验收的最小单位，是分项工程乃至整个建筑工程质量验收的基础。《建筑工程施工质量验收统一标准》（GB 50300—2001）有如下规定：

① 检验批应由监理工程师（建设单位项目技术负责人）组织施工单位项目专业质量（技术）负责人等进行验收。

② 检验批质量验收合格应符合下列规定：

第一，主控项目和一般项目的质量经抽样检验合格；

第二，具有完整的施工操作依据、质量检查记录。

主控项目是指对检验批的基本质量起决定性作用的检验项目。因此，主控项目的验收必须从严要求，不允许有不符合要求的检验结果，主控项目的检查具有否决权。除主控项目以外的检验项目称为一般项目。

（2）分项工程质量验收。

分项工程的质量验收在检验批验收的基础上进行。一般情况下，两者具有相同或相近的性质，只是批量的大小不同而已。分项工程可由一个或若干个检验批组成。《建筑工程施工质量验收统一标准》有如下规定：

① 分项工程应由监理工程师（建设单位项目技术负责人）组织施工单位项目专业质量（技术）负责人进行验收。

② 分项工程质量验收合格应符合下列规定：

第一，分项工程所含的检验批均应符合合格质量的规定；

第二，分项工程所含的检验批的质量验收记录应完整。

（3）分部工程质量验收。

分部工程的验收在其所含各分项工程验收的基础上进行。《建筑工程施工质量验收统一标准》（GB 50300—2001）有如下规定：

① 分部工程应由总监理工程师（建设单位项目负责人）组织施工单位项目负责人和技术、质量负责人等进行验收；地基与基础、主体结构分部工程的勘察、设计单位工程项目负责人和施工单位技术、质量部门负责人也应参加相关分部工程的验收。

② 分部（子分部）工程质量验收合格应符合下列规定：

第一，所含分项工程的质量均应验收合格；

第二，质量控制资料应完整；

第三，地基与基础、主体结构和设备安装等分部工程有关安全、使用功能、节能、环境保护的检验和抽样检验结果应符合有关规定；

第四，观感质量验收应符合要求。

必须注意的是，由于分部工程所含的各分项工程性质不同，因此它并不是在所含分项验收基础上的简单相加，即所含分项验收合格且质量控制资料完整只是分部工程质量验收的基本条件，还必须在此基础上对涉及安全和使用功能的地基基础、主体结构、有关安全及重要使用功能的安装分部分项工程进行见证取样或抽样检验；而且还需要对其观感质量进行验收，并综合给出质量评价，对于评价为“差”的检查点应通过返修处理等进行补救。

2. 施工过程质量验收不合格的处理

施工过程的质量验收是以检验批的施工质量为基本验收单元。检验批质量不合格可能是使用的材料不合格，或施工作业质量不合格，或质量控制资料不完整等原因所致。具体处理方法有：

（1）在检查验收时，发现存在严重质量问题的，应推倒重做；有一般的缺陷的，可通过返修或更换器具、设备，消除缺陷后重新进行验收。

（2）个别检验批发现某些项目或指标（如试块强度等）不满足要求，且难以确定是否验收时，应请有资质的法定检测单位检测鉴定，当鉴定结果能够达到设计要求时，应予以验收。

（3）当检测达不到设计标准，但经原设计单位核算仍能满足结构安全和使用功能的检验批，可予以验收。

（4）存在严重质量缺陷或超过检验批范围内的缺陷，经法定检测单位检测鉴定以后，认为不能满足最低限度的安全储备和使用功能的，则必须进行加固处理；虽然外形尺寸改变，但能满足安全使用要求的，可按技术处理方案和协商文件进行验收，责任方应承担经济责任。

（5）通过返修或加固处理后仍不能满足安全使用要求的分部工程，严禁验收。

9.4.2 竣工质量验收

施工项目竣工质量验收是施工质量控制的最后一个环节，是对施工过程质量控制成果的全面检验，是从终端把关方面进行质量控制。未经验收或验收不合格的工程，不得交付使用。

1. 竣工质量验收的依据

（1）国家相关法律法规和建设主管部门颁布的管理条例和办法；

（2）工程施工质量验收统一标准；

（3）专业工程施工质量验收规范；

（4）批准的设计文件、施工图纸及说明书；

（5）工程施工承包合同；

（6）其他相关文件。

2. 竣工质量验收的要求

（1）检验批的质量应按主控项目和一般项目验收。

（2）工程质量的验收均应在施工单位自检合格的基础上进行。

（3）隐蔽工程在隐蔽前应由施工单位通知监理工程师或者建设单位专业技术人员负责进行验收，并形成验收文件，验收合格后方可继续施工。

（4）参加工程施工质量验收的各方人员应具备规定的资格，单位工程的验收人员应具备工程建设相关专业的中级以上技术职称并具有 5 年以上从事工程建设相关专业的工作经历，参加单位工程验收的签字人员应为各方项目负责人。

（5）涉及结构安全的试块、试件以及有关材料，应按规定进行见证取样检测；对涉及结构安全、使用功能、节能、环境保护等重要分部工程，应进行抽样检测。

（6）承担见证取样检测及有关结构安全、使用功能等项目的检测单位应具备相应的资质。

（7）工程的观感质量应由验收人员现场检查，并应共同确认。

3. 竣工质量验收的标准

单位工程是工程项目竣工质量验收的基本对象。按照《建筑工程施工质量验收统一标准》（GB 50300—2001），建设项目单位（子单位）工程质量验收合格应符合下列规定：

（1）单位（子单位）工程所含分部（子分部）工程质量验收均应合格；

（2）质量控制资料应完整；

（3）单位（子单位）工程所含分部工程有关安全和功能的检验资料应完整；

（4）主要功能项目的抽查结果应符合相关专业质量验收规范的规定；

（5）观感质量验收应符合规定。

4. 竣工质量验收的程序

建设工程项目竣工验收，可分为验收准备、竣工预验收和正式验收三个环节进行。

整个验收过程涉及建设单位、设计单位、监理单位及施工总分包各方的工作，必须按照工程项目质量控制系统的职能分工，以监理工程师为核心进行竣工验收的组织协调。

（1）竣工验收准备。

施工单位按照合同规定的施工范围和质量标准完成施工任务后，应自行组织有关人员进行质量检查评定。自检合格后，向现场监理机构提交工程竣工预验收申请报告，要求组织工程竣工预验收。施工单位的竣工验收准备，包括工程实体的验收准备和相关工程档案资料的验收准备，使之达到竣工验收的要求，其中设备及管道安装工程等，应经过试压、试车和系统联动试运行检查记录。

（2）竣工预验收。

监理单位收到施工单位的工程竣工预验收申请报告后，应就验收的准备情况和验收条件进行检查，对工程质量进行竣工预验收。监理单位对工程实体质量及档案资料存在的缺陷，及时提出整改意见，并与施工单位协商整改方案，确定整改要求和完成时间。具备下列条件时，由施工单位向建设单位提交工程竣工验收报告，申请工程竣工验收。

① 完成建设工程设计和合同约定的各项内容；

② 有完整的技术档案和施工管理资料；

③ 有工程使用的主要建筑材料、构配件和设备的进场试验报告；

④ 有工程勘察、设计、施工、工程监理等单位分别签署的质量合格文件；

⑤ 有施工单位签署的工程保修书。

（3）正式竣工验收。

建设单位收到工程竣工验收报告后，应由建设单位（项目）负责人组织施工（含分包单位）、设计、勘察、监理等单位（项目）的负责人进行单位工程验收。

建设单位应组织勘察、设计、施工、监理等单位和其他方面的专家组成竣工验收小组，负责检查验收的具体工作，并制定验收方案。

建设单位应在工程竣工验收前 7 个工作日将验收时间、地点、验收组名单书面通知该工程的工程质量监督机构。建设单位组织竣工验收会议。正式验收过程的主要工作有：

① 建设、勘察、设计、施工、监理单位分别汇报工程合同履约情况及工程施工各环节施工满足设计要求，质量符合法律、法规和强制性标准的情况。

② 检查审核设计、勘察、施工、监理单位的工程档案资料及质量验收资料。

③ 实地检查工程外观质量，对工程的使用功能进行抽查。

④ 对工程施工质量管理各环节的工作、工程实体质量及质保资料情况进行全面评价，形成经验收组人员共同确认签署的工程竣工验收意见。

⑤ 竣工验收合格，建设单位应及时提出工程竣工验收报告。验收报告应附有工程施工许可证、设计文件审查意见、质量检测功能性试验资料、工程质量保修书等法规所规定的其他文件。

⑥ 工程质量监督机构应对工程竣工验收工作进行监督。

5. 竣工验收备案

我国实行建设工程竣工验收备案制度。新建、扩建和改建的各类房屋建筑工程和市政基础设施工程的竣工验收，均应按《建设工程质量管理条例》规定进行备案。

（1）建设单位应当自建设工程竣工验收合格之日起 15 日内，将建设工程竣工验收报告和规划、公安消防、环保等部门出具的认可文件或准许使用文件，报建设行政主管部门或者其他相关部门备案。

（2）备案部门在收到备案文件资料后的 15 日内，对文件资料进行审查，符合要求的工程，在验收备案表上加盖“竣工验收备案专用章”，并将一份退建设单位存档。如审查中发现建设单位在竣工验收过程中有违反国家有关建设工程质量管理规定行为的，责令停止使用，重新组织竣工验收。

（3）建设单位有下列行为之一的，责令改正，处以工程合同价款百分之二以上百分之四以下的罚款；造成损失的，依法承担赔偿责任。

① 未组织竣工验收，擅自交付使用的；

② 验收不合格，擅自交付使用的；

③ 对不合格的建设工程按照合格工程验收的。

9.5 施工质量不合格处理

9.5.1 工程质量问题和质量事故分类

1. 工程质量不合格

（1）质量不合格和质量缺陷。

根据我国 GB/T 19000—2008 质量管理体系标准的规定，凡工程产品没有满足某个规定的要求，就称之为质量不合格；而未满足某个与预期或规定用途有关的要求，则称为质量缺陷。

（2）质量问题和质量事故。

凡是工程质量不合格，影响使用功能或工程结构安全，造成永久性质量缺陷或存在重大质量隐患，甚至直接导致工程倒塌或人身伤亡，必须进行返修、加固或报废处理，并按照由此造成直接经济损失的大小分为质量问题和质量事故。

2. 工程质量事故

工程质量事故具有成因复杂、后果严重、种类繁多、往往与安全事故共生的特点。建设工程质量事故的分类有多种方法，不同专业工程类别对工程质量事故的等级划分也不尽相同。

（1）按事故造成损失的程度分级。

按照住房和城乡建设部《关于做好房屋建筑和市政基础设施工程质量事故报告和调查处理工作的通知》（建质〔2010〕111 号），根据工程质量事故造成的人员伤亡或者直接经济损失，工程质量事故分为 4 个等级：

① 特别重大事故，是指造成 30 人以上死亡，或者 100 人以上重伤，或者 1 亿元以上直接经济损失的事故；

② 重大事故，是指造成 10 人以上 30 人以下死亡，或者 50 人以上 100 人以下重伤，或者 5000 万元以上 1 亿元以下直接经济损失的事故；

③ 较大事故，是指造成 3 人以上 10 人以下死亡，或者 10 人以上 50 人以下重伤，或

者 1000 万元以上 5000 万元以下直接经济损失的事故；

④ 一般事故，是指造成 3 人以下死亡，或者 10 人以下重伤，或者 100 万元以上 1000 万元以下直接经济损失的事故。

该等级划分所称的“以上”包括本数，所称的“以下”不包括本数。

（2）按事故责任分类。

① 指导责任事故：由于工程实施指导或领导失误而造成的质量事故。例如，工程负责人由于片面追求施工进度，放松或不按质量标准进行控制和检验，降低施工质量标准等。

② 操作责任事故：在施工过程中，实施操作者由于不按规程和标准实施操作，而造成的质量事故。例如，浇筑混凝土时随意加水，或振捣疏漏造成混凝土质量事故等。

③ 自然灾害事故：突发的严重自然灾害等不可抗力造成的质量事故。例如，地震、台风、暴雨、雷电、洪水等对工程造成破坏甚至倒塌。这类事故虽然不是人为责任直接造成的，但灾害事故造成的损失程度也往往与人们是否在事前采取了有效的预防措施有关，相关责任人员也可能负有一定责任。

9.5.2 施工质量事故的预防

建立健全施工质量管理体系，加强施工质量控制，就是为了预防施工质量问题和质量事故，在保证工程质量合格的基础上，不断提高工程质量。所以，所有施工质量控制的措施和方法，都是预防施工质量问题和质量事故的手段。具体来说，施工质量事故的预防，要从寻找和分析可能导致施工质量事故发生的原因入手，抓住影响施工质量的各种因素和施工质量形成过程的各个环节，采取有针对性的预防措施。

1. 施工质量事故发生的原因

施工质量事故发生的原因大致有如下四类：

（1）技术原因：由于技术上的失误，在工程项目设计、施工中引发质量事故。例如，结构设计计算错误，对水文地质情况判断错误，以及采用了不适合的施工方法或施工工艺等。

（2）管理原因：引发的质量事故是由于管理上的不完善或失误。例如，施工单位或监理单位的质量管理体系不完善，检验制度不严密，质量控制不严格，质量管理措施落实不力，检测仪器设备管理不善而失准，以及材料检验不严等原因引起质量事故。

（3）社会、经济原因：引发的质量事故是由于经济因素及社会上存在的弊端和不正之风，造成建设中的错误行为，而导致出现质量事故。例如，某些施工企业盲目追求利润而不顾工程质量；在投标报价中随意压低标价，中标后则依靠违法的手段或修改方案追加工程款，甚至偷工减料等，这些因素往往会导致出现重大工程质量事故，必须予以重视。

（4）人为事故和自然灾害原因：由于人为的设备事故、安全事故，导致连带发生质量事故，以及严重的自然灾害等不可抗力造成质量事故。

2. 施工质量事故预防的具体措施

（1）严格按照基本建设程序办事。

首先要做好可行性论证，不可未经深入的调查分析和严格论证就盲目拍板定案；要彻底弄清工程地质水文条件方可开工；杜绝无证设计、无图施工；禁止任意修改设计和不按图纸施工；工程竣工后不进行试车运转、不经验收不得交付使用。

（2）认真做好工程地质勘察。

进行地质勘察时要适当布置钻孔位置和设定钻孔深度——钻孔间距过大，不能全面反映地基的实际情况；钻孔深度不够，难以查清地下软土层、滑坡、墓穴、孔洞等有害地质构造。地质勘察报告必须详细、准确，防止因根据不符合实际情况的地质资料而采用错误的基础方案，导致地基不均匀沉降、失稳，使上部结构及墙体开裂、破坏、倒塌。

（3）科学地加固处理好地基。

对软弱土、冲填土、杂填土、湿陷性黄土、膨胀土、岩层出露、岩溶、土洞等不均匀地基，要进行科学的加固处理。要根据不同地基的工程特性，按照地基处理与上部结构相结合使其共同工作的原则，从地基处理与设计措施、结构措施、防水措施、施工措施等方面综合考虑进行治理。

（4）进行必要的设计审查复核。

要请具有合格专业资质的审图机构对施工图进行审查复核，防止因设计考虑不周、结构构造不合理、设计计算错误、沉降缝及伸缩缝设置不当、悬挑结构未通过抗倾覆验算等，导致发生质量事故。

（5）严格把好建筑材料及制品的质量关。

要从采购订货、进场验收、质量复验、存储和使用等几个环节，严格控制建筑材料及制品的质量，防止不合格或是变质、损坏的材料和制品用到工程上。

（6）对施工人员进行必要的技术培训。

要通过技术培训使施工人员掌握基本的建筑结构和建筑材料知识，懂得遵守施工验收规范对保证工程质量的重要性，从而在施工中自觉遵守操作规程，不蛮干，不违章操作，不偷工减料。

（7）加强施工过程中的管理。

施工人员首先要熟悉图纸，对工程的难点和关键工序、关键部位应编制专项施工方案并严格执行；施工中必须按照图纸和施工验收规范、操作规程进行；技术组织措施要正确，施工顺序不能颠倒，脚手架和楼面不可超载堆放构件和材料；要严格按照要求进行质量检查和验收。

（8）做好应对不利施工条件和各种灾害的预案。

要根据当地气象资料的分析和预测，事先针对可能出现对施工不利的气候条件，制定相应的施工技术措施；还要对不可预见的人为事故和严重自然灾害做好应急预案，并有相应的人力、物力储备。

（9）加强施工安全和环境管理。

许多施工安全和环境管理事故都会连带发生质量事故，加强施工安全和环境管理也是预防施工质量事故的重要措施。

9.5.3 施工质量问题和事故处理

1. 施工质量事故处理的依据

（1）质量事故的实况资料。

包括质量事故发生的时间、地点；质量事故的状况描述；质量事故发展变化的情况；

有关质量事故的观测记录、事故现场状态的照片和录像；事故调查组调查研究所获得的第一手资料。

（2）有关合同及合同文件。

包括工程承包合同、设计委托合同、监理合同及分包合同等。

（3）有关的技术文件和档案。

主要是有关的设计文件、与施工有关的技术文件、档案和资料等。

（4）相关的建设法规。

主要包括《建筑法》和与工程质量及质量事故处理有关的法规，以及勘察、设计、施工、建立等单位资质管理方面的法规，从业者资格管理方面的法规，建筑市场方面的法规，建筑施工方面的法规，关于标准化管理方面的法规等。

2. 施工质量处理程序

（1）事故调查。

事故发生后施工项目负责人应按法定的时间和程序，及时向企业报告事故的状况，积极组织事故调查。事故调查应力求及时、客观、全面，以便为事故的分析与处理提供正确的依据。调查结果要整理撰写成事故调查报告，其主要内容包括：工程概况、事故情况、事故发生后所采取的临时防护措施、事故调查中的有关数据和资料、事故原因分析与初步判断、事故处理的建议方案与措施、事故涉及人员与主要责任者的情况等。

（2）事故的原因分析。

事故的原因分析要建立在事故情况调查的基础上，避免情况不明就主观推断事故的原因。特别是对涉及勘察、设计、施工、材料和管理等方面的质量事故，往往事故的原因错综复杂，因此，必须对调查所得到的数据、资料进行仔细地分析，去伪存真，找出造成事故的主要原因。

（3）制定事故处理的方案。

事故的处理要建立在原因分析的基础上，并广泛地听取专家及有关方面的意见，经科学论证，决定事故是否进行处理和怎样处理。在制定事故处理方案时，应做到安全可靠、技术可行、不留隐患、经济合理、具有可操作性、满足建筑功能和使用要求。

（4）事故处理。

根据制定的质量事故处理方案，对质量事故进行认真的处理。处理的内容主要包括：事故的技术处理，以解决施工质量不合格和缺陷问题；事故的责任处罚，根据事故的性质、损失大小、情节轻重对事故的责任单位和责任人作出相应的行政处分直至追究刑事责任。

（5）事故处理的鉴定验收。

质量事故处理是否达到预期目的，是否依然存在隐患，应当通过检查鉴定和验收作出确认。事故处理的质量检查鉴定，应严格按施工验收规范和相关的质量标准的规定进行，必要时还应通过实际量测、试验和仪器检测等方法获取必要的数据，以便准确地对事故处理的结果作出鉴定。事故处理后，必须尽快提交完整的事故处理报告，其内容包括：事故调查的原始资料、测试的数据；事故原因分析、论证；事故处理的依据；事故处理的方案及技术措施；实施质量处理中有关的数据、记录、资料；检查验收记录；事故处理的结论等。

3. 施工质量事故处理的基本要求

（1）质量事故的处理应达到安全可靠、不留隐患、满足生产和使用要求、施工方便、经济合理的目的；

（2）重视消除造成事故的原因，注意综合治理；

（3）正确确定处理的范围和正确选择处理的时间及方法；

（4）加强事故处理的检查验收工作，认真复查事故处理的实际情况；

（5）确保事故处理期间的安全。

4. 施工质量事故处理的基本方法

（1）修补处理。

当工程的某些部分的质量虽未达到规定的规范、标准或设计的要求，存在一定的缺陷，但经过修补后可以达到要求的质量标准，又不影响使用功能或外观的要求时，可采取修补处理的方法。例如，某些混凝土结构表面出现蜂窝、麻面，经调查分析，该部位经修补处理后，不会影响其使用及外观；对混凝土结构局部出现的损伤，如结构受撞击、局部未振实、冻害、火灾、酸类腐蚀、碱集料反应等，当这些损伤仅仅在结构的表面或局部，不影响其使用和外观，可进行修补处理。再比如对混凝土结构出现的裂缝，经分析研究确定不影响结构的安全和使用时，也可采取修补处理。例如，当裂缝宽度不大于0.2 mm时，可采用表面密封法；当裂缝宽度大于0.3 mm时，采用嵌缝密闭法；当裂缝较深时，则应采取灌浆修补的方法。

（2）加固处理。

加固处理主要是针对危及承载力的质量缺陷的处理。通过对缺陷的加固处理，使建筑结构恢复或提高承载力，重新满足结构安全性与可靠性的要求，使结构能继续使用或改作其他用途。例如，对混凝土结构，常用加固的方法主要有增大截面加固法、外包角钢加固法、黏钢加固法、增设支点加固法、增设剪力墙加固法、预应力加固法等。

（3）返工处理。

当工程质量缺陷经过修补处理后仍不能满足规定的质量标准要求，或不具备补救的可能性时，则必须采取返工处理。例如，某防洪堤坝填筑压实后，其压实土的干密度未达到规定值，经核算将影响土体的稳定且不满足抗渗能力的要求，须挖除不合格土，重新填筑，进行返工处理；某公路桥梁工程预应力按规定张拉系数为1.3，而实际仅为0.8，属严重的质量缺陷，也无法修补，只能返工处理。再比如，某工厂设备基础的混凝土浇筑时掺入木质素磺酸钙减水剂，因施工管理不善，掺量多于规定的7倍，导致混凝土坍落度大于180 mm。石子下沉，混凝土结构不均匀，浇筑后5天仍然不凝固硬化，28天的混凝土实际强度不到规定强度的32%，不得不返工重浇。

（4）限制使用。

当工程质量缺陷按修补方法处理后无法保证达到规定的使用要求和安全要求，而又无法返工处理的情况下，不得已时可作出诸如结构卸荷或减荷以及限制使用的决定。

（5）不作处理。

某些工程质量问题虽然达不到规定的要求或标准，但其情况不严重，对工程或结构的使用及安全影响很小，经过分析、论证、法定检测单位鉴定和设计单位等认可后可不作专门处理。一般可不作专门处理的情况有以下几种：

① 不影响结构安全、生产工艺和使用要求的。例如，有的工业建筑物出现放线定位的偏差，且严重超过规范标准规定，若要纠正会造成重大经济损失，但经过分析、论证，确认其偏差不影响生产工艺和正常使用，在外观上也无明显影响，可不作处理。又如，某些部位的混凝土表面的裂缝，经检查分析，属于表面养护不够的干缩微裂，不影响使用和外观，也可不作处理。

② 后一道工序可以弥补的质量缺陷。例如，混凝土结构表面的轻微麻面，可通过后续的抹灰、刮涂、喷涂等弥补，也可不作处理。再比如，混凝土现浇楼面的平整度偏差达到 10 mm，但由于后续垫层和面层的施工可以弥补，所以也可不作处理。

③ 法定检测单位鉴定合格的。例如，某检验批混凝土试块强度值不满足规范要求，强度不足，但经法定检测单位对混凝土实体强度进行实际检测后，其实际强度达到规范允许和设计要求值时，可不作处理。对经检测未达到要求值，但相差不多，经分析论证，只要使用前经再次检测达到设计强度，也可不作处理，但应严格控制施工荷载。

④ 出现的质量缺陷，经检测鉴定达不到设计要求，但经原设计单位核算，仍能满足结构安全和使用功能的，可不进行专门处理。例如，某一结构构件截面尺寸不足或材料强度不足，影响结构的承载力，但按实际情况进行复核验算后仍能满足设计要求的承载力，则可不进行专门处理。这种做法实际上是挖掘设计潜力或降低设计的安全系数，应谨慎处理。

（6）报废处理。

出现质量事故的工程，通过分析或实践，采取上述处理方法后仍不能满足规定的质量要求或标准，则必须予以报废处理。

9.6 数理统计方法在施工质量管理中的运用

9.6.1 分层法

1. 分层法的理解

由于工程质量形成的影响因素多，因此，对工程质量状况的调查和质量问题的分析，必须分门别类地进行，以便准确有效地找出问题及其原因所在，这就是分层法的基本思想。

例如，一个焊工班组有 A、B、C 三位工人实施焊接作业，共抽检 60 个焊接点，发现有 18 点不合格，占 30%。究竟问题在哪里？根据分层调查的统计数据表 9-2 可知，主要是作业工人 C 的焊接质量影响了总体的质量水平。

表 9-2　分层调查的统计数据表

作业工人	抽检点数	不合格点数	个体不合格率	占不合格点总数百分率
A	20	2	10%	11%
B	20	4	20%	22%
C	20	12	60%	67%
合计	60	18		100%

2. 分层法的实际应用

关键是调查分析的类别和层次划分，根据管理需要和统计目的，通常可按照以下分层方法取得原始数据：

（1）按施工时间分，如月、日、上午、下午、白天、晚间、季节；

（2）按地区部位分，如区域、城市、乡村、楼层、外墙、内墙；

（3）按产品材料分，如产地、厂商、规格、品种；

（4）按检测方法分，如方法、仪器、测定人、取样方式；

（5）按作业组织分，如工法、班组、工长、工人、分包商；

（6）按工程类型分，如住宅、办公楼、道路、桥梁、隧道；

（7）按合同结构分，如总承包、专业分包、劳务分包。

经过第一次分层调查和分析，找出主要问题的所在以后，还可以针对这个问题再次分层进行调查分析，一直到分析结果满足管理需要为止。层次类别划分越明确、越细致，就越能够准确有效地找出问题及其原因所在。

9.6.2 因果分析图法的应用

1. 因果分析图法的基本原理

因果分析图法，也称为质量特性要因分析法，其基本原理是对每一个质量特性或问题，采用如图 9-2 所示的方法，逐层深入排查可能原因，然后确定其中最主要的原因，进行有的放矢的处置和管理。

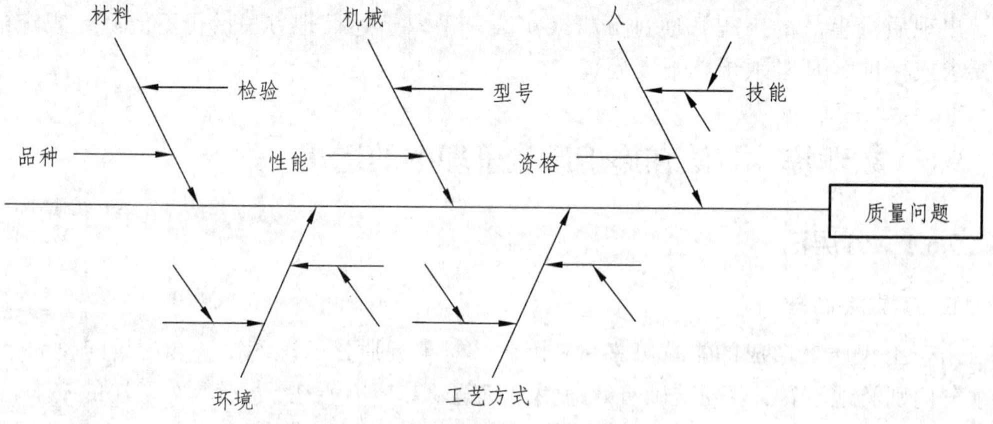

图 9-2 混凝土强度不合格因果分析图

2. 因果分析图法的简单示例

图 9-4 所示为混凝土强度不合格的原因分析，其中，把混凝土施工的生产要素，即人、机械、材料、施工方法和施工环境作为第一层面的因素进行分析；然后对第一层面的各个因素再进行第二层面的可能原因的深入分析。依此类推，直至把所有可能的原因分层次地一一罗列出来。

3. 应用因果分析图法时的注意事项

（1）一个质量特性或一个质量问题使用一张图分析。

（2）通常采用 QC 小组活动的方式进行，集思广益，共同分析。

（3）必要时可以邀请小组以外的有关人员参与，广泛听取意见。

（4）分析时，参与人员要充分发表意见，层层深入，排除所有可能的原因。

（5）在充分分析的基础上，由各参与人员采用投票或其他方式，从中选择 1 至 5 项多数人达成共识的最主要原因。

9.6.3 排列图法的应用

1. 排列图法的适用范围

在质量管理过程中，通过抽样检查或检验试验所得到的质量问题、偏差、缺陷、不合格等统计数据，以及造成质量问题的原因分析统计数据，均可采用排列图方法进行状况描述，它具有直观、主次分明的特点。

2. 排列图法的简单示例

表 9-3 所示为对某项模板施工精度进行抽样检查，得到 150 个不合格点数的统计数据。然后按照质量特性不合格点数（频数）由大到小的顺序，重新整理为表 9-4，并分别计算出累计频数和累计频率。

表 9-3 某项模板施工精度的抽样检查数据

序号	检查项目	不合格点数	序号	检查项目	不合格点数
1	轴线位置	1	5	平面水平度	15
2	垂直度	8	6	表面平整度	75
3	标　高	4	7	预埋设施中心位置	1
4	截面尺寸	45	8	预留孔洞中心位置	1

表 9-4 重新整理后的抽样检查数据

序号	项目	频数	频率（%）	累计频率（%）
1	表面平整度	75	50.0	50.0
2	截面尺寸	45	30.0	80.0
3	平面水平度	15	10.0	90.0
4	垂直度	8	5.3	95.3
5	标　高	4	2.7	98.0
6	其　他	3	2.0	100
合计		150	100	

根据表 9-4 的统计数据画排列图，如图 9-3 所示，并将其中累计频率 0 ~ 80%定为 A 类问题，即主要问题，进行重点管理；将累计频率在 80% ~ 90%区间的问题定为 B 类问题，即次要问题，作为次重点管理；将其余累计频率在 90% ~ 100%区间的问题定为 C 类问题，即一般问题，按照常规适当加强管理。以上方法称为 ABC 分类管理法。

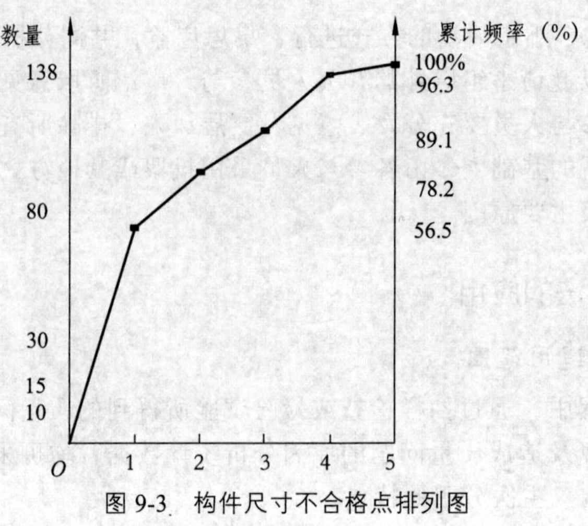

图 9-3 构件尺寸不合格点排列图

9.6.4 直方图法的应用

1. 直方图法的主要用途

（1）整理统计数据，了解统计数据的分布特征，即数据分布的集中或离散状况，从中掌握质量能力状态。

（2）观察分析生产过程质量是否处于正常、稳定和受控状态以及质量水平是否保持在公差允许的范围内。

2. 直方图法的简单示例

首先是收集当前生产过程质量特性抽检的数据，然后制作直方图进行观察分析，判断生产过程的质量状况和能力。表 9-5 为某工程 10 组试块的抗压强度数据 150 个，根据这些数据很难直接判断其质量状况是否正常、稳定和受控情况，如将其数据整理后绘制成直方图，就可以根据正态分布的特点进行分析判断，如图 9-4 所示。

表 9-5 整理数据表

序号	抗压强度					最大值	最小值
1	39.8	37.7	33.8	31.5	36.1	39.8	31.5
2	37.2	38.0	33.1	39.0	36.0	39.0	33.1
3	35.8	35.2	31.8	37.1	34	37.1	31.8
4	39.9	34.3	33.2	40.4	41.2	41.2	33.2
5	39.2	35.4	34.4	38.1	40.3	40.3	34.4
6	42.3	37.5	35.5	39.3	37.3	42.3	35.5
7	35.9	42.4	41.8	36.3	36.2	42.4	35.9
8	46.2	37.6	38.3	39.7	38.0	46.2	37.6
9	36.4	38.3	43.4	38.2	38.0	43.4	36.4
10	44.4	42.0	37.9	38.4	39.5	44.4	37.9

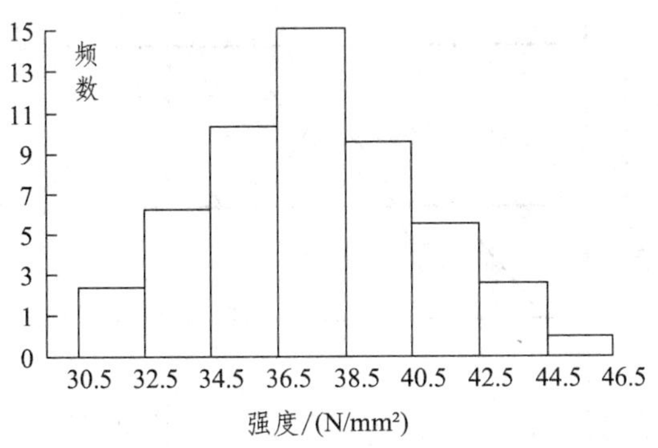

图 9-4　混凝土强度分布直方图

3. 直方图法的观察分析

（1）所谓形状观察分析，是指将绘制好的直方图形状与正态分布图的形状进行比较分析，一看形状是否相似，二看分布区间的宽窄。直方图的分布形状及分布区间宽窄是由质量特性统计数据的平均值和标准偏差所决定的。

（2）正常直方图呈正态分布，其形状特征是中间高、两边低、成对称，如图 9-5（a）所示。正常直方图反映生产过程质量处于正常、稳定状态。数理统计研究结果证明，当随机抽样方案合理且样本数量足够大时，在生产能力处于正常、稳定状态的情况下，质量特性检测数据趋于正态分布。

（3）异常直方图呈偏态分布，常见的异常直方图有折齿形、缓坡形、孤岛形、双峰形、峭壁形，如图 9-5（b）~（f）所示，出现异常的原因可能是生产过程存在影响质量的系统因素，或收集整理数据制作直方图的方法不当所致，需要具体分析。

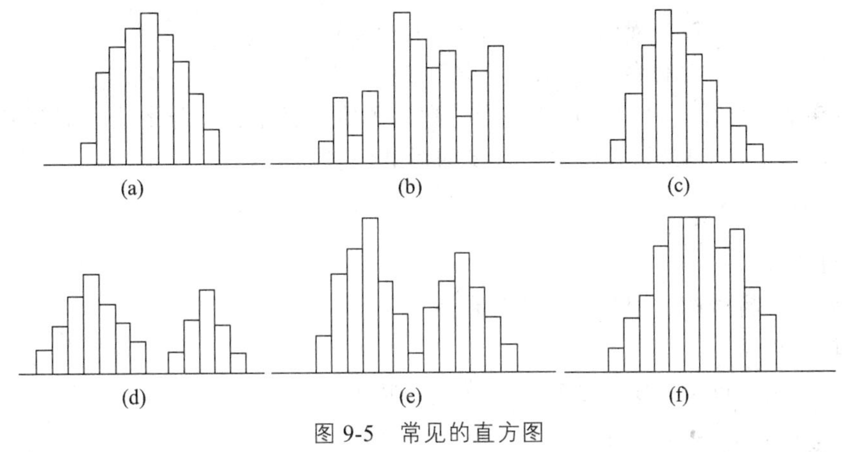

图 9-5　常见的直方图

9.6.5　控制图法

控制图法又称管理图法，可以动态地反映质量特性的变化，判断其生产过程的稳定性，从而实现对工序质量的动态控制。

1. 控制图的基本形式

横坐标为样本（子样）序号或抽样时间，纵坐标为被控制对象，即被控制的质量特性值，如图 9-6 所示。

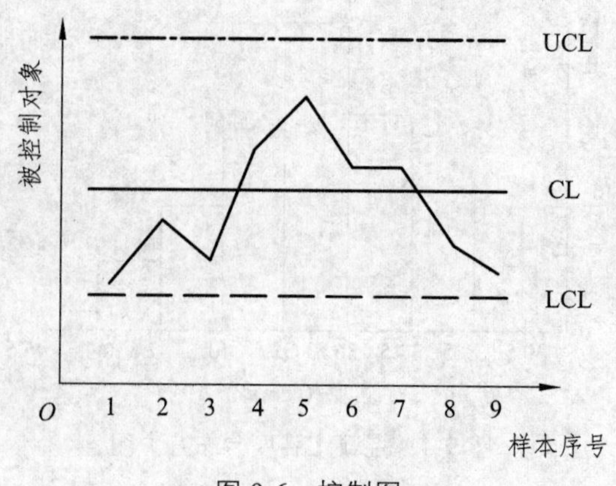

图 9-6　控制图

控制图上一般有三条线：

中心线 CL（Central Line）——用细实线表示；

上控制界限 UCL（Upper Cortrol Limit）——用虚线表示；

下控制界限 LCL（Lower Control Limit）—— 用虚线表示。

2. 控制图控制界限的原理

控制图中的上、下控制界限，一般用“三倍标准偏差法”（又称 3σ 法）。而把中心线确定在被控制对象（如平均值、极差、中位数等）的平均值上。再以中心线为基准向上或向下量 3 倍标准偏差，就确定了上、下控制界限。

计算公式：

中心线 $CL=E(X)$

上控制界限 $UCL=E(X)+3D(X)$

下控制界限 $LCL=E(X)-3D(X)$

其中 X 为样本统计量，可取平均值、中位数、单值、级差、不合格数、不合格率缺陷数等；$E(X)$ 为 X 的平均值；$D(X)$ 为 X 的标准偏差。

3. 控制图的用途

（1）过程分析：

用来调查分析生产过程是否处于控制状态。

（2）过程控制：

用来控制生产过程，使之经常保持在稳定状态。

4. 控制图的观察与分析

任何一个生产过程的产品总是会有所差别的，这就是质量特征值的波动性，或称为质量数据的差异性。控制图的基本思想是把要控制的质量特性值用点子描在图上，分析判断生产过程是否处于稳定状态。

当控制图同时满足以下两个条件时，可以认为生产过程基本上处于稳定状态。

（1）点子全部落在控制界限之内。

在满足了条件（b）的情况下，对于条件（a），若点的排列是随机地处于下列情况，则可认为工序处于受控状态。

（2）控制界限内的点排列没有缺陷。

否则应判断生产过程为异常。

点排列没有缺陷，是指点的排列是随机的，而没有出现异常现象。

这里的异常现象是指点排列出现了链、多次同侧、趋势或倾向、周期性变动、接近控制界限等情况。

9.6.6 相关图法

1. 相关图的定义

有些变量之间有关系，但又不能由一个变量的数值精确地求出另一个变量的数值。将这两种有关的数据列出，用点打在坐标图上，然后观察这两种因素之间的关系。这种图就称为散布图，又称相关图，如图 9-7 所示。

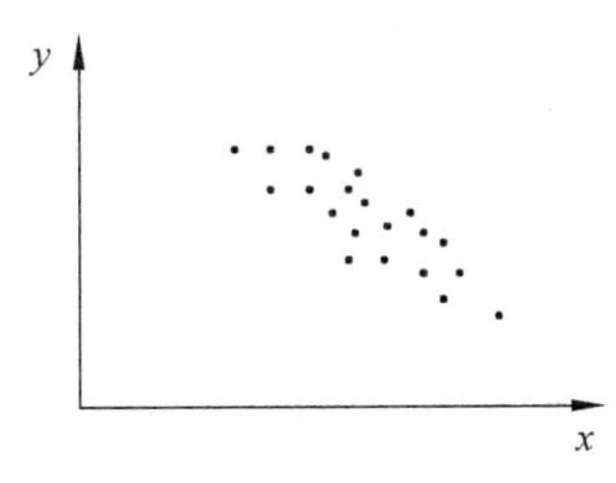

图 9-7 相关图

相关图——在质量控制中它是用来显示两种有关质量数据之间关系的一种图形。

质量数据之间的关系多属相关关系。有三种类型：

一是质量特性和影响因素之间的关系；

二是质量特性和质量特性之间的关系；

三是影响因素和影响因素之间的关系。

用 Y 和 X 分别表示质量特性值和影响因素。

绘制相关图，计算相关系数；

分析变量间的相关关系及密切程度

若相关程度密切，通过观察控制其中一个变量来估计控制另一个变量的数值。

2. 相关图的绘制

（1）收集数据。

要成对地收集两种质量数据，收集的数据不得过少。

（2）绘制相关图。

X 轴代表原因的量或者较易控制的量；

Y 轴代表结果的量或者不易控制的量。

3. 相关图的观察与分析

相关图中点的集合，反映了两种数据之间的散布状况，根据散布状况可以分析两个变量之间的关系。

归纳起来，有以下 6 种类型，如图 9-8 所示。

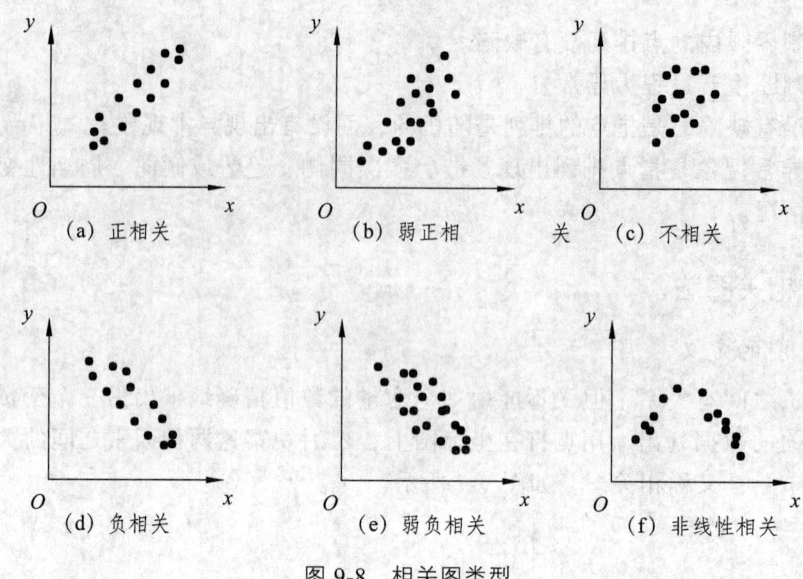

图 9-8　相关图类型

【复习题】

1. 什么是质量控制，与质量管理有什么关系？

2. PDCA 循环代表什么意思，包含什么内容？

3. 工程项目质量的影响因素有哪些？

4. 简述工程项目质量控制体系的特点。

5. 简述不同主体工程项目施工质量的目标。

6. 如何进行施工质量控制点的设置？

7. 简述施工工艺方案的质量控制的内容。

8. 什么是检验批，其质量如何进行验收？

9. 分项工程和分部如何进行质量验收？

10. 施工过程质量验收不合格时如何进行处理？

11. 简述竣工质量验收的标准。

12. 某建筑公司承接了一项综合楼任务，建筑面积为 100 828 m^2，地下 3 层，地上 26 层，箱形基础，主体为框架剪力墙结构。该项目地处地市主要街道交叉路口中，是该地区的标志性建筑物。因此，施工单位在施工过程中加强了对工序质量的控制。在第 5 层楼板钢筋隐蔽工程验收时发现整个楼板受力钢筋型号不对、位置放置错误，施工单位非常重视，及时进行了返工处理。在第 10 层混凝土部分试块检测时发现强度达不到设计要求，但实体经有资质的检测单位检测鉴定，强度达到了要求。由于加强了预防和检查，没有再发生类似情况。该楼最终顺利完工，达到验收条件后，建设单位组织了竣工验收。

【问题】

（1）工序质量控制的内容有哪些？

（2）简述第 5 层钢筋隐蔽工程验收的要点。

（3）第 10 层的质量问题是否需要处理？请说明理由。

（4）若第 10 层实体混凝土强度经检测达不到要求，施工单位应如何处理？

该综合楼达到什么条件后方可竣工验收?

13. 某项目在实施过程中有一模板工程。同时依据合同经建设单位同意，丁单位将安装工程分包给一家专业安装单位施工，丁单位自行进行主体结构的施工。在主体结构工程的施工过程中，发现第三层柱子混凝土强度不符合要求，经丁单位进行处理后，整个工程经竣工验收合格后才交付投入使用。

问题：第三层柱子混凝土强度不符合设计要求，应如何进行处理?

14. 某工程实施期间，出现了以下状况：部分工程的设备、管道安装工程为赶工期，采用加班加点的办法加快管道施工进度，由此造成了质量与进度的矛盾。质量检查员在管道施工质量检查时发现部分模板存在质量问题。遂进行了调查，调查结果统计如下：

垂直度	标高	截面尺寸	平面水平度	表面平整度	其他
8	4	45	15	75	3

问题:（1）影响施工质量的因素有哪些?

（2）根据抽样数据，绘制出质量问题的排列图并说明造成影响的主次因素。

参考答案

第 10 章　工程项目合同管理

10.1　概　述

10.1.1　工程项目合同管理法律依据

规范工程项目合同管理，不但需要规范合同本身的法律法规的完善，也需要相关法律体系的完善。目前，我国这方面的立法体系已基本完善。与工程项目合同有直接关系的是《中华人民共和国民法通则》(以下简称《民法通则》)、《中华人民共和国合同法》、《中华人民共和国招标投标法》(以下简称《招标投标法》)和《中华人民共和国建筑法》(以下简称《建筑法》)。

1.《民法通则》

《民法通则》是调整平等主体的公民之间、法人之间、公民与法人之间的财产关系和人身关系的基本法律。合同关系也是一种财产（债）关系，因此,《民法通则》对规范合同关系作出了原则性的规定。

2.《合同法》

《合同法》是规范我国市场经济财产流转关系的基本法，工程项目合同的订立和履行也要遵守其基本规定，工程项目实施过程中会涉及大量的合同，均需遵守《合同法》的规定。

3.《招标投标法》

《招标投标法》是规范工程建设市场竞争的主要法律，也是规范合同管理行为的法律，能够有效地实现公开、公平、公正的竞争。国家对工程项目招标的范围和规模有明确的规定，必须通过招标投标确定承包人，发包人和承包人的合同行为也必须遵守《招标投标法》的规定。

4.《建筑法》

《建筑法》是规范建筑活动的基本法律，工程项目合同的订立和履行就是一种建筑活动，合同的内容也必须遵守《建筑法》的规定。

5. 其他法律

另外，工程项目合同的订立和履行还涉及其他一些法律关系，需要遵守相应的法律规定。在工程项目合同的订立和履行中需要提供担保的，则应当遵守《中华人民共和国担保法》的规定。在工程项目合同的订立和履行中需要投保的，则应当遵守《中华人民共和国保险法》的规定。在工程项目合同的订立和履行中需要建立劳动关系的，则应当遵守《中华人民共和国劳动法》的规定。在合同的订立和履行过程中如果要涉及合同的公证、鉴证等活动的，则应当遵守国家对公证、鉴证等的规定。如果合同在履行过程中发生了争议，双方订有仲裁协议（或者争议发生后双方达成仲裁协议的）的，则应按照《中华人民共和国仲裁法》的规定进行仲裁；如果双方没有仲裁协议（争议发生后双方也没有达成仲裁协议的），则应按照《中华人民共和国民事诉讼法》作为争议的最终解决方式。

10.1.2 工程项目合同特点

（1）工程项目合同是一个合同群体。工程项目投资多、工期长，参与单位多，一般由多项合同组成一个合同群，这些合同之间分工明确、层次清楚，自然形成一个合同体系。

（2）合同的标的物仅限于工程项目涉及的内容。与一般的产品合同不同，工程项目合同涉及面主要是建筑物、构筑物的建设，线路、管网的建设，土木工程的建设以及设备、材料购置安装等的管理，而且都是一次性过程。

（3）合同内容庞杂。与产品合同比较，工程项目合同庞大复杂。大型项目要涉及几十种专业、上百个工种、几万人作业，合同内容自然庞大复杂。例如，三峡水利水电枢纽工程，共签订 78 个大合同，5000 多个小合同，合同内容极其复杂。

（4）工程项目合同主体只能是法人。《合同法》、《建筑法》、《招标投标法》、《建设工程质量安全条例》等法律和行政法规，都规定了工程项目合同的当事人只能是法人，公民个人不能成为工程项目合同的当事人。

（5）工程项目具有较强的国家管理性。工程项目标的物属于不动产，工程项目对国家、社会和人民生活影响较大，在工程项目的合同订立上必须符合政府的规定，在履行中必须接受政府的监督和检查。因此，工程合同一般采用书面合同。

10.1.3 合同计价方式

建设工程施工承包合同的计价方式主要有三种，即总价合同、单价合同和成本补偿合同。

1. 单价合同的运用

当施工发包的工程内容和工程量不能十分明确、具体地予以规定时，则可以采用单价合同的形式，即根据计划工程内容和估算工程量，在合同中明确每项工程内容的单位价格（如每米、每平方米或者每立方米的价格），实际支付时则根据每一个子项的实际完成工程量乘以该子项的合同单价计算该项工作的应付工程款。

单价合同的特点是单价优先，例如 FIDIC 土木工程施工合同中，业主给出的工程量清单表中的数字是参考数字，而实际工程款则按实际完成的工程量和合同中确定的单价计算。虽然在投标报价、评标以及签订合同中，人们常常注重总价格，但在工程款结算中单价优先，对于投标书中明显的数字计算错误，业主有权力先作修改再评标；当总价和单价的计算结果不一致时，以单价为准调整总价。例如，某单价合同的投标报价单中，投标人报价如表 10-1 所示。

表 10-1 投标人报价

序号	工程分项	单位	数量	单价/元	合价/元
1					
2					
⋮					
X	钢筋混凝土	m^3	1000	300	30 000
⋮					
总报价					8 100 000

根据投标人的投标单价，钢筋混凝土的合价应为 300 000 元，而实际只写了 30 000 元，在评标时应根据单价优先原则对总报价进行修正，所以正确的报价应为 8 100 000+(300 000−30 000) = 8 370 000 元。

在实际施工中，如果实际工程量为 1500 m^3，则钢筋混凝土工程的价款金额应为 300×1500 = 450 000 元。

由于单价合同允许随工程量变化而调整工程总价，业主和承包商都不存在工程量方面的风险，因此对合同双方都比较公平。另外，在招标前，发包单位无需对工程范围作出完整的、详尽的规定，从而可以缩短招标准备时间；投标人也只需对所列工程内容报出自己的单价，从而缩短投标时间。

采用单价合同对业主不足之处是，业主需要安排专门力量核实已经完成的工程量，需要在施工过程中花费不少精力，协调工作量大。另外，用于计算应付工程款的实际工程量可能超过预测的工程量，即实际投资容易超过计划投资，对投资控制不利。

单价合同又分为固定单价合同和变动单价合同。

固定单价合同条件下，无论发生哪些影响价格的因素都不对单价进行调整，因而对承包商而言就存在一定的风险。当采用变动单价合同时，合同双方可以约定一个估计的工程量，当实际工程量发生较大变化时可以对单价进行调整，同时还应该约定如何对单价进行调整；当然也可以约定，当通货膨胀达到一定水平或者国家政策发生变化时，可以对哪些工程内容的单价进行调整以及如何调整等。因此，承包商的风险就相对较小。

固定单价合同适用于工期较短、工程量变化幅度不会太大的项目。

在工程实践中，采用单价合同有时也会根据估算的工程量计算一个初步的合同总价，作为投标报价和签订合同之用。但是，当上述初步的合同总价与各项单价乘以实际完成的工程量之和发生矛盾时，则须以后者为准，即单价优先。实际工程款的支付也将以实际完成工程量乘以合同单价进行计算。

2. 总价合同的运用

（1）总价合同的含义。

所谓总价合同，是指根据合同规定的工程施工内容和有关条件，业主应付给承包商的款额是一个规定的金额，即明确的总价。总价合同也称作总价包干合同，即根据施工招标时的要求和条件，当施工内容和有关条件不发生变化时，业主付给承包商的价款总额就不发生变化。

（2）总价合同的分类。

① 固定总价合同。

固定总价合同的价格计算是以图纸及规定、规范为基础，工程任务和内容明确，业主的要求和条件清楚，合同总价一次包死，固定不变，即不再因为环境的变化和工程量的增减而变化。在这类合同中，承包商承担了全部的工作量和价格的风险。因此，承包商在报价时应对一切费用的价格变动因素以及不可预见因素都做充分的估计，并将其包含在合同价格之中。

在国际上，这种合同被广泛接受和采用，因为有比较成熟的法规和先例的经验。对业主而言，在签订合同时就可以基本确定项目的总投资额，对投资控制有利；在双方都无法预测的风险条件下和可能有工程变更的情况下，承包商承担较大的风险，业主的风险较小。但是，工程变更和不可预见的困难也常常引起合同双方的纠纷或者诉讼，最终导致其他费用的增加。

当然，在固定总价合同中还可以约定，在发生重大工程变更、累计工程变更超过一定幅度或者其他特殊条件下可以对合同价格进行调整。因此，需要定义重大工程变更的含义、累计工程变更的幅度以及什么样的特殊条件才能调整合同价格，以及如何调整合同价格等。

采用固定总价合同，双方结算比较简单，但是由于承包商承担了较大的风险，因此报价中不可避免地要增加一笔较高的不可预见风险费。承包商的风险主要有两个方面：一是价格风险；二是工作量风险。价格风险有报价计算错误、漏报项目、物价和人工费上涨等；工作量风险有工程量计算错误、工程范围不确定、工程变更或者由于设计深度不够所造成的误差等。

固定总价合同适用于以下情况：

a. 工程量小、工期短，估计在施工过程中环境因素变化小，工程条件稳定并合理；

b. 工程设计详细，图纸完整、清楚，工程任务和范围明确；

c. 工程结构和技术简单，风险小；

d. 投标期相对宽裕，承包商可以有充足的时间详细考察现场、复核工程量，分析招标文件，拟订施工计划。

② 变动总价合同。

变动总价合同又称为可调总价合同，合同价格是以图纸及规定、规范为基础，按照时价进行计算，得到包括全部工程任务和内容的暂定合同价格。它是一种相对固定的价格，在合同执行过程中，由于通货膨胀等而使所使用的工、料成本增加时，可以按照合同约定对合同总价进行相应的调整。当然，一般由于设计变更、工程量变化和其他工程条件变化所引起的费用变化也可以进行调整。因此，通货膨胀等不可预见因素的风险由业主承担，对承包商而言，其风险相对较小；但对业主而言，不利于其进行投资控制，突破投资的风险就增大了。

根据《建设工程施工合同（示范文本）》（GF-99-0201），合同双方可约定，在以下条件下可对合同价款进行调整：

a. 法律、行政法规和国家有关政策变化影响合同价款；

b. 工程造价管理部门公布的价格调整；

c. 一周内非承包人原因停水、停电、停气造成的停工累计超过 8 小时；

d. 双方约定的其他因素。

在工程施工承包招标时，施工期限为一年左右的项目一般实行固定总价合同，通常不考虑价格调整问题，以签订合同时的单价和总价为准，物价上涨的风险全部由承包商承担。

但是对建设周期在一年半以上的工程项目，则应考虑下列因素引起的价格变化问题：

a. 劳务工资以及材料费用的上涨；

b. 其他影响工程造价的因素，如运输费、燃料费、电力等价格的变化；

c. 外汇汇率的不稳定；

d. 国家或者省、市政策的改变引起的工程费用的上涨。

（3）总价合同的特点和应用。

显然，采用总价合同时，对承发包工程的内容及其各种条件都应基本清楚、明确，否则，承发包双方都有蒙受损失的风险。因此，一般是在施工图设计完成，施工任务和范围比较明确，业主的目标、要求和条件都清楚的情况下才采用总价合同。对业主来说，由于设计花费时间长，因而开工时间较晚，开工后的变更容易带来索赔，而且在设计过程中也难以吸收承包商的建议。

总价合同的特点如下：

① 发包单位可以在报价竞争状态下确定项目的总造价，可以较早确定或者预测工程成本；

② 业主的风险较小，承包人将承担较多的风险；

③ 评标时易于迅速确定最低报价的投标人；

④ 在施工进度上能极大地调动承包人的积极性；

⑤ 发包单位能更容易、更有把握地对项目进行控制；

⑥ 必须完整而明确地规定承包人的工作；

⑦ 必须将设计和施工方面的变化控制在最小限度内。

总价合同和单价合同有时在形式上很相似，例如，在有的总价合同的招标文件中也有工程量表，也要求承包商提出各分项工程的报价，与单价合同在形式上很相似，但两者在性质上是完全不同的。总价合同是总价优先，承包商报总价，双方商讨并确定合同总价，最终也按总价结算。

3. 成本加酬金合同的运用

（1）成本加酬金合同的含义。

成本加酬金合同也称为成本补偿合同，是与固定总价合同正好相反的合同，工程施工的最终合同价格将按照工程的实际成本再加上一定的酬金进行计算。在签订合同时，工程实际成本往往不能确定，只能确定酬金的取值比例或者计算原则。

采用这种合同，承包商不承担任何价格变化或工程量变化的风险，这些风险主要由业主承担，对业主的投资控制很不利。而承包商则往往缺乏控制成本的积极性，常常不仅不愿意控制成本，甚至还会期望提高成本以提高自己的经济效益，因此这种合同容易被那些不道德或不称职的承包商滥用，从而损害工程的整体效益。所以，应该尽量避免采用这种合同。

（2）成本加酬金合同的特点和适用条件

① 工程特别复杂，工程技术、结构方案不能预先确定，或者尽管可以确定工程技术和结构方案，但是不可能进行竞争性的招标活动并以总价合同或单价合同的形式确定承包商，如研究开发性质的工程项目。

② 时间特别紧迫，如抢险、救灾工程，来不及进行详细的计划和商谈。

对业主而言，这种合同形式也有一定优点，如：

a. 可以通过分段施工缩短工期，而不必等待所有施工图完成才开始招标和施工；

b. 可以减少承包商的对立情绪，承包商对工程变更和不可预见条件的反应会比较积极和快捷；

c. 可以利用承包商的施工技术专家，帮助改进或弥补设计中的不足；

d. 业主可以根据自身力量和需要，较深入地介入和控制工程施工和管理；

e. 可以通过确定最大保证价格约束工程成本不超过某一限值，从而转移一部分风险。

对承包商来说，这种合同比固定总价的风险低，利润比较有保证，因而比较有积极性；缺点是合同具有不确定性，由于设计未完成，无法准确确定合同的工程内容、工程量以及合同的终止时间，有时难以对工程计划进行合理安排。

（3）成本加酬金合同的形式。

① 成本加固定费用合同。

根据双方讨论同意的工程规模、估计工期、技术要求、工作性质及复杂性、所涉及的风险等来考虑确定一笔固定数目的报酬金额作为管理费及利润，对人工、材料、机械台班等直接成本则实报实销。如果设计变更或增加新项目，当直接费超过原估算成本的一定比例（如 10%）时，固定的报酬也要增加。在工程总成本一开始估计不准，可能变化不大的情况下，可采用此合同形式；有时也可分几个阶段谈判付给固定报酬。这种方式虽然不能鼓励承包商降低成本，但为了尽快得到酬金，承包商会尽力缩短工期。有时也可在固定费用之外根据工程质量、工期和节约成本等因素，给承包商另加奖金，以鼓励承包商积极工作。

② 成本加固定比例费用合同。

工程成本中直接费加一定比例的报酬费，报酬部分的比例在签订合同时由双方确定。这种方式的报酬费用总额随成本加大而增加，不利于缩短工期和降低成本，一般在工程初期很难描述工作范围和性质，或工期紧迫，无法按常规编制招标文件招标时采用。

③ 成本加奖金合同。

奖金是根据报价书中的成本估算指标制定的，在合同中对这个估算指标规定一个底点和顶点，分别为工程成本估算的 60% ~ 75%和 110% ~ 135%。承包商在估算指标的顶点以下完成工程则可得到奖金，超过顶点则要对超出部分支付罚款。如果成本在底点之下，则可加大酬金值或酬金百分比。采用这种方式时通常规定，当实际成本超过顶点对承包商罚款时，最大罚款限额不超过原先商定的最高酬金值。

在招标时，当图纸、规范等准备不充分，不能据以确定合同价格，而仅能制定一个估算指标时可采用这种形式。

④ 最大成本加费用合同。

在工程成本总价合同基础上加固定酬金费用的方式，即当设计深度达到可以报总价的深度，投标人报一个工程成本总价和一个固定的酬金（包括各项管理费、风险费和利润）。

如果实际成本超过合同中规定的工程成本总价，由承包商承担所有的额外费用；若实施过程中节约了成本，节约的部分归业主，或者由业主与承包商分享，在合同中要确定节约分成比例。在非代理型（风险型）CM 模式的合同中就采用这种方式。

（4）成本加酬金合同的应用。

当实行施工总承包管理模式或 CM 模式时，业主与施工总承包管理单位或 CM 单位的合同一般采用成本加酬金合同。

在国际上，许多项目管理合同、咨询服务合同等也多采用成本加酬金合同方式。

在施工承包合同中采用成本加酬金计价方式时，业主与承包商应注意以下问题：

首先是必须有一个明确的如何向承包商支付酬金的条款，包括支付时间和金额百分比；如果发生变更和其他变化，酬金支付如何调整。

其次是应列出工程费用清单，要规定一套详细的工程现场有关的数据记录、信息存储甚至记账的格式和方法，以便对工地实际发生的人工、机械和材料消耗等数据认真而及时地记录。应保留有关工程实际成本的发票或付款的账单、表明款额已经支付的记录或证明等，以便业主进行审核和结算。

10.1.4 工程项目合同管理体系

合同管理贯穿于建设工程的全过程，在项目建设的各阶段都必须用合同管理的形式来约束各方的责任、权利和义务。经过多年的努力，我国的工程项目合同管理已经形成了一个完整的体系。按照建设程序的不同阶段进行划分，工程项目合同包括前期咨询合同、勘察设计合同、监理合同、招标代理合同、工程造价咨询合同、工程施工合同、材料设备采购、租赁合同、贷款合同等。其中，建设工程施工合同，按照承包序列划分，包括施工总承包合同、专业分包合同以及劳务分包合同。

为提示当事人在订立合同时更好地明确各自的权利义务，防止发生合同纠纷，根据《合同法》等有关法律法规，由住建部和国家工商行政管理总局联合批准颁发的工程项目合同示范文本在我国陆续出台，初步形成了工程项目合同示范文本体系，可满足工程建设领域对合同示范文本的需求。主要包括：1999 年颁发的《建设工程施工合同（示范文本）》，2000 年颁发的《建设工程勘察合同（示范文本）》、《建设工程设计合同（示范文本）》、《建设工程委托监理合同（示范文本）》，2002 年颁发的《建设工程造价合同（示范文本）》，2003 年颁发的《建设工程施工专业分包合同（示范文本）》和《建设工程施工劳务分包合同（示范文本）》，2005 年颁发的《工程建设项目招标代理合同（示范文本）》。

1. 工程项目前期咨询合同

工程项目前期咨询合同，是在投资建设的决策阶段，进行可行性研究与项目评价等咨询活动所签订的合同。工程项目前期咨询合同涉及投资决策的正确与否，涉及工程项目的成败，因此，加强工程项目前期咨询阶段的合同管理，就显得非常重要。

对咨询单位来说，按合同规定开展工程项目的各项调查研究工作，咨询成果要达到约定的标准和深度要求，经过内外评审之后，按规定的数量按时向业主提供咨询成果，业主接受咨询成果，按约定支付咨询费用。

2. 勘察、设计合同

建设工程勘察设计合同是发包人与承包人为完成一定的勘察、设计任务，明确双方权利义务关系的协议。承包人应当完成发包人委托的勘察、设计任务，发包人则应接受符合约定要求的勘察、设计成果并支付报酬。一般情况下，建设工程勘察合同与设计合同是两个合同。但是，这两个合同的特点和管理内容相似，因此，往往将这两个合同统称为建设工程勘察设计合同。

勘察设计合同的发包人应当是法人或者自然人，承包人必须具有法人资格。发包人是建设单位或项目管理部门，承包人是持有建设行政主管部门颁发的工程勘察设计资质证书、工程勘察设计收费资格证书和工商行政管理部门核发的企业法人营业执照的工程勘察设计单位。

勘察设计合同是工程项目合同的重要组成部分，因此，《中华人民共和国合同法》的有关规定是勘察设计合同的重要依据，《中华人民共和国民法通则》对合同的有关规定也是规范勘察设计合同的原则规定。2000 年国务院发布了《建设工程勘察设计管理条例》、建设部发布了《建设工程勘察设计合同管理办法》，对勘察设计合同的管理都作出了具体规定。

3. 工程监理合同

工程监理合同是指委托人与监理人就委托的工程项目管理内容签订的明确双方权利、义务的协议。监理合同是委托合同的一种。在工程建设过程中，工程项目发包人（委托人）和监理人（受托人）应按相关法律、行政法规的规定，签订建设工程委托监理合同。

工程委托监理的法律关系，是指建设单位、监理单位以及第三人之间，依据国家法律、行政法规的规定和约定，相互之间形成的权利、义务和责任的法律关系。

工程项目委托监理法律关系，是工程建设活动中的一种特殊的法律关系。依据法律规定在监理人与委托人、承包人之间分别形成不同的法律关系。监理合同的标的是服务，是以对工程项目实施控制和管理为主要内容，委托的工作内容，必须符合工程项目建设程序，委托人与监理人应当依据法律规定和合同约定，全面、实际地履行委托监理合同的义务，从而确保委托人的权利得以实现，以使委托监理的工程项目按期、按质、按量地交工，从而实现当事人订立合同的目标。

4. 工程施工合同

施工合同即建筑安装工程承包合同，是发包人和承包人为完成商定的建筑安装工程，明确相互权利、义务关系的合同。依照施工合同，承包人应完成一定的建设、安装工程任务，发包人应提供必要的施工条件并支付工程价款。施工合同是工程项目合同的一种，它与其他工程项目合同一样，在订立时也应遵守自愿、公平、诚实信用等原则。

在市场经济条件下，建设市场主体之间相互的权利义务关系主要是通过合同确立的，因此，在建设领域加强对施工合同的管理具有十分重要的意义。

5. 货物采购合同

货物采购合同也即工程建设中涉及的重要设备材料的采购合同，是指平等主体的自然人、法人、其他组织之间，为实现工程项目货物买卖，设立、变更、终止相互权利义务关系的协议。

货物采购包括材料采购和设备采购两部分，采购合同涉及的条款繁简程度差异较大。材料采购合同的条款一般限于材料交货阶段，主要涉及交接程序、检验方式和质量要求、合同价款的支付等。大型设备的采购，除了交货阶段的工作外，往往还需包括设备生产阶段、设备安装调试阶段、设备试运行阶段、设备性能达标检验和保修等方面的条款约定。

10.2 我国工程项目施工合同的主要内容

工程项目施工合同是发包人与承包人就完成具体工程项目的建筑施工、设备安装、设备调试、工程保修等工作内容，确定双方权利和义务的协议。施工合同是工程建设的主要合同，是工程建设质量控制、进度控制、投资控制的主要依据。在市场经济条件下，建设市场主体之间相互的权利义务关系主要是通过合同确立的，因此，在工程建设领域加强对施工合同的管理具有十分重要的意义。

10.2.1 建设工程施工合同示范文本

施工合同的内容复杂、涉及面宽，如果当事人缺乏经验，所订合同常易发生难以处理的纠纷。为了避免当事人遗漏和纠纷的产生，建设部和国家工商行政管理总局从 1991 年开始批准发布了全国第一个《建设工程施工合同（示范文本）》，旨在提示合同当事人在订立合同时更好地明确各自的权利义务，防止发生合同纠纷；于 1999 年又对其进行了修订，印发了《建设工程施工合同（示范文本）》。目前，针对我国建设市场的具体情况，总结示范文本的执行情况，住建部和国家工商行政管理总局正在组织专家对其进行修订，请广大咨询工程师予以关注，在实际工作中应以新修订发布的示范文本为准。示范文本对合同当事人的权利和义务进行了罗列，条款内容不仅涉及各种情况下双方的合同责任和规范化的履行管理程序，而且涵盖了非正常情况的处理原则，如变更、索赔、不可抗力、合同的被迫终止、争议的解决等。

1. 示范文本的组成

示范文本由“协议书”、“通用条款”、“专用条款”三部分组成，并附有三个附件。

（1）“协议书”。

“协议书”是施工合同的总纲性法律文件，经过双方当事人签字盖章后合同即成立。标准化的协议书格式文字量不大，需要结合承包工程特点填写的约定主要内容包括：工程概况、工程承包范围、合同工期、质量标准、合同价款、合同生效时间，并明确对双方有约束力的合同文件组成。

（2）“通用条款”。

“通用条款”是在广泛总结国内工程实施成功经验和失败教训的基础上，参考 FIDIC《土木工程施工合同条件》相关内容的规定，编制的规范承发包双方履行合同义务的标准化条款。通用条件包括：词语定义及合同文件；双方一般权利和义务；施工组织设计和工期；质量与检验；安全施工；合同价款与支付；材料设备供应；工程变更；竣工验收与结算；违约、索赔和争议；其他。共 11 部分，47 个条款。“通用条款”适用于各类建设工程，在使用时不作任何改动。

（3）“专用条款”。

具体实施工程项目的工作内容由于各不相同，施工现场和外部环境条件各异，因此还必须有反映招标工程具体特点和要求的专用条款的约定。示范文本中的“专用条款”部分是结合具体工程双方约定的条款，为当事人提供了编制具体合同时应包括内容的指南，具体内容由当事人根据发包工程的实际要求细化。“专用条款”是对“通用条款”的补充、修改或具体化。具体工程项目编制专用条款的原则是，结合项目特点，针对通用条款的内容进行补充或修正，达到相同序号的通用条款和专用条款共同组成对某一方面问题内容完备的约定。因此专用条款的序号不必依此排列，通用条件已构成完善的部分不需重复抄录，只按对通用条款部分需要补充、细化甚至弃用的条款作相应说明，按照通用条款对该问题的编号依次排列即可。

（4）附件。

示范文本为使用者提供了“承包方承揽工程项目一览表”、“发包方供应材料设备一览表”以及“房屋建筑工程质量保修书”三个附件。如果具体项目的实施为包工包料承包，则可以不使用发包人供应材料设备表。

2. 施工合同文件的组成及解释顺序

（1）施工合同文件的组成：

① 施工合同协议书；

② 中标通知书；

③ 投标书及其附件；

④ 施工合同专用条款；

⑤ 施工合同通用条款；

⑥ 标准、规范及有关技术文件；

⑦ 图纸；

⑧ 工程量清单；

⑨ 工程报价单或预算书。

双方有关工程的洽商、变更等书面协议或文件视为协议书的组成部分。

（2）施工合同文件的解释顺序。

上述合同文件应能够互相解释、互相说明。当合同文件中出现不一致时，上面的顺序就是合同的优先解释顺序。当合同文件出现含糊不清或者当事人有不同理解时，按照合同争议的解决方式处理。

10.2.2 施工合同相关内容

1. 合同涉及的有关各方

（1）合同当事人。

① 发包人。发包人是指在协议书中约定，具有工程发包主体资格和支付工程价款能力的当事人以及取得该当事人资格的合法继承人。

② 承包人。承包人是指在协议书中约定，被发包人接受的具有工程施工承包主体资格的当事人以及取得该当事人资格的合法继承人。

（2）工程师。

工程师是指工程监理单位委派的总监理工程师或发包人指定的履行施工合同的代表。发包人可以委托监理单位，全部或者部分负责合同的履行管理。

2. 施工合同的标的

工程施工合同的标的是工程，包括土木建筑工程和建筑范围内的线路、管道、设备安装工程的新建、扩建、改建及相应的装饰装修活动，主要包括各类房屋、公路、铁路、机场、港口、桥梁、矿井、水库、电站、电力、通信线路、石油、石化、化工、燃气、给水、排水、供热等管道系统以及各类机械设备、装置的安装等。

（1）工程概况。

工程概况包括的内容很多，在签订合同时应认真填写，如对于需经有关部门审批立项才能建设的工程，应填写立项批准文号。批准立项的部门是指按照工程立项的有关规定和审批权限有权审批工程立项的部门。工程项目的资金来源是多样的，包括政府财政拨款、银行贷款、单位自筹以及外商投资、国际金融机构贷款、赠款等。对于不同资金来源的项目，应在协议书的工程概况中列明不同方式所占的比例。

（2）工程承包范围。

工程承包范围是指承包人承包的工作范围和内容。工程范围是施工合同的必备条款。

3. 合同工期、质量、价款

合同工期、质量、价款是协议书中最为重要的内容，也是合同的实质性条款。按照《招标投标法》规定，实行招标投标的工程，招标人和中标人必须按照招标文件和中标人的投标文件订立书面合同，招标人和中标人不得再行订立背离合同实质性内容的其他协议。

（1）合同工期。

合同工期是指施工承包人完成施工任务的期限。每个工程根据性质的不同，所需要的建设工期也各不相同。建设工期能否合理确定往往会影响到工程质量的好坏。实践中，有的发包人由于种种原因，常常要求缩短工期，施工承包人为了赶进度，只好偷工减料，仓促施工，结果导致出现严重的工程质量问题。因此为了保证工程质量，双方当事人应当在施工合同中确定合理的建设工期。

（2）质量标准。

质量标准是协议书中的核心内容。工程质量往往通过设计图纸和施工说明书、施工技术标准加以确定。工程质量条款是明确对承包人的施工要求，确定承包人责任的依据，是施工合同的必备条款。工程质量必须符合国家有关建设工程安全标准化的要求，发包人不得以任何理由要求施工承包人在施工中违反法律、行政法规以及建设工程质量、安全标准，降低工程质量。

（3）合同价款。

合同价款是被发包人接受的承包人的投标报价。对于招标工程，可通过招投标的方式确定合同价款；对于非招标工程，应以施工图预算为基础，由发包人、承包人双方商定工程变更增减价的方式确定。合同价款不是全部工程价格，除合同价款外，工程价格还包括追加合同价款和由发包人支付的其他费用。

4. 合同生效

《合同法》第四十四条规定：依法成立的合同，自成立时生效。并且还规定，法律、行政法规规定应当办理批准、登记等手续生效的，依照其规定办理。对于施工合同，目前,《建筑法》及其他法律、行政法规并未规定需要办理批准、登记手续才能生效。

同时，按照《合同法》第三十二条规定，当事人采用合同书形式订立合同的，自双方当事人签字或者盖章时合同成立。《建筑法》和《合同法》都要求采用书面形式订立施工合同，因此，施工合同自双方当事人签字或者盖章时生效。另外,《合同法》第四十五条还规定，当事人对合同的效力可以约定附条件。附生效条件的合同，自条件成就时生效。因此，发包人和承包人可以在协议书中约定合同生效的条件，如合同经公证或鉴证后生效。

合同订立时间是指合同双方签字盖章的时间。双方如不约定合同生效条件，则合同订立时间就是合同生效时间。

合同订立地点是指合同双方签字盖章的地点。

5. 通用条款的主要内容

建设工程施工合同签订双方的权利义务，体现在通用条款的内容中。通用条款内容除明确规定履行内容、方式、期限，违约责任以及解决争议的方法外，还应明确建设工期、中间交工工程的开工和竣工时间、工程质量、工程造价、技术资料交付时间、材料设备供应责任、拨款和结算、交工验收、质量保证期、双方互相协作等内容。由于篇幅所限，不能一一诠释，现将合同双方的主要义务归纳如下：

（1）发包人的义务。

① 办理土地征用、拆迁补偿、平整施工场地等工作，使施工场地具备施工条件，并在开工后继续解决以上事项的遗留问题。双方需要约定施工场地具备施工条件的要求及完成的时间，以便承包人能够及时接收适用的施工现场，按计划开始施工。

② 将施工所需水、电、通信线路从施工场地外部接至双方约定的地点，并满足施工期间的需要。双方需要约定“三通”的时间、地点和供应要求。

③ 开通施工场地与城乡公共道路的通道，以及双方约定的施工场地内的主要交通干道，满足施工运输的需要，保证施工期间畅通。双方需要约定移交给承包人交通通道或设施的开通时间和应满足的要求。

④ 向承包人提供施工场地及毗邻区域的工程地质和供水、排水、供电、供气、供热、通信、广播电视等地下管线资料，气象和水文观测资料，相邻建筑物和构筑物、地下工程的有关资料，并对资料的真实性、准确性和完整性负责。双方需要约定向承包人提供工程地质和其他资料的时间。

⑤ 办理工程质量监督手续。

⑥ 办理施工许可证和临时用地、停水、停电、中断道路交通、爆破作业以及可能损坏道路、管线、通信等公用设施法律、法规规定的申请批准手续和其他施工所需的证件。双方需要约定发包人提供施工所需的证件、批件的名称和事件，以便承包人合理地进行施工组织。

⑦ 确定水准点和坐标控制点，以书面形式交给承包人，并进行现场交验。双方需要明确约定放线依据资料的交验要求，以便履行合同的过程中合理区分放线错误的责任归属。

⑧ 组织承包人和设计单位进行图纸会审和设计交底。双方需要约定具体的时间。

⑨ 协调处理施工现场周围地下管线和邻近建筑物、构筑物等的保护工作，并承担相关费用。双方需要约定具体的范围和内容。

⑩ 组织设计、施工、监理等单位进行竣工验收和办理竣工验收备案手续。

□ 建立健全并及时向建设主管部门或者其他相关部门移交建设相关档案资料。

□ 发包人应做的其他工作，双方需要进行约定。

（2）承包人义务。

① 根据发包人的委托，在其设计资质范围内，完成施工图设计和工程配套设计，经工程师确认后使用，发生的费用由发包人承担。如果属于设计施工总承包合同或承包工作范围内包括部分施工图设计任务，则双方需要约定承担设计任务单位的资质等级以及设计文件提交时间和文件要求。

② 向工程师提交年、季、月进度计划及相应进度统计报表。双方需要约定应提供的计划、报表的名称和时间。

③ 按工程需要提供和维修非夜间施工的照明、围栏设施，并负责安全保卫。双方需要约定具体的工作位置和要求。

④ 双方按约定的数量和要求，向发包人提供在施工现场办公和生活的房屋及设施，发生的费用由发包人承担。双方需要约定设计的名称、要求和完成时间。

⑤ 遵守有关行政部门对施工现场交通、噪声、环境保护和安全生产等的管理规定，按照管理规定办理有关手续，并以书面形式通知发包人。发包人承担由此发生的费用，因承包人责任造成的罚款除外。双方需要约定承包人办理的相关内容。

⑥ 已竣工工程未交付发包人之前，承包人按专用条款约定负责已完工程成品的保护工作，保护期间发生损坏的，承包人自行承担修复费用。双方需要约定承包人采取特殊保护措施的工程和相应的追加合同价款。

⑦ 按双方约定做好施工现场地下管线和邻近建筑、构筑物的保护工作。双方需要约定保护的时间和费用。

⑧ 保证施工场地清洁卫生符合有关规定。交工前清理现场，应达到双方约定的要求，承担因自身原因违反有关规定造成的损失和罚款。双方需要根据施工管理规定和当地的环保要求，约定对施工现场的具体要求。

⑨ 承包人应做的其他工作，双方应具体约定。

10.2.3 施工进度管理

1. 进度计划

承包人应当按照约定的日期，将施工组织设计和工程进度计划提交给工程师。群体工程中采取分阶段进行施工的单项工程，承包人应按照发包人提供图纸及有关资料的时间，按单项工程编制进度计划，分别向工程师提交。工程师接到承包人提交的进度计划后，应当予以确认或者提出修改意见。如果工程师逾期不确认也不提出书面修改意见，则视为已经同意。但是，工程师对进度计划予以确认或者提出修改意见，并不免除承包人对施工组织设计和工程进度计划本身的缺陷所应承担的责任。

2. 开工及延期开工

承包人应当按约定的开工日期开始施工。承包人不能按时开工，应在不迟于约定的开工日期前 7 天，以书面形式向工程师提出延期开工的理由和要求。工程师在接到延期开工申请后的 48 小时内以书面形式答复承包人。工程师在接到延期开工申请后的 48 小时内不答复，则视为同意承包人的要求，工期相应顺延。由发包人的原因不能按照协议书约定的开工日期开工，工程师以书面形式通知承包人后，可推迟开工日期。承包人对延期开工的通知没有否决权，但发包人应当赔偿承包人因此造成的损失，并相应顺延工期。

3. 工期延误

承包人应当按照合同约定完成工程的施工，如果由于其自身的原因造成工期延误，应当承担违约责任。但是，在有些情况下工期延误后，竣工日期可以相应顺延。由以下原因造成工期延误，经工程师确认，工期相应顺延：

（1）发包人不能按约定提供开工条件；

（2）发包人不能按约定日期支付工程预付款、进度款，致使工程不能正常进行；

（3）设计变更和工程量增加；

（4）一周内非承包人原因停水、停电、停气造成停工累计超过 8 小时；

（5）不可抗力；

（6）双方约定或工程师同意工期顺延的其他情况。

承包人在工期可以顺延的情况发生后 14 天内，就延误的工期向工程师提出书面报告。工程师在收到报告后 14 天内予以确认答复，逾期不予答复，视为报告要求已经被确认。

10.2.4 工程质量管理

工程施工中的质量控制是合同履行中的重要环节。施工合同的质量控制涉及许多方面的因素，任何一个方面的缺陷和疏漏，都会使工程质量无法达到预期的标准。

1. 工程质量标准

工程质量应达到协议书约定的质量标准，质量标准的评定以国家或者专业的质量检验评定标准为准。达不到标准的工程部位，工程师一经发现，可以要求承包人返工，承包人应当按照工程师要求返工，直至符合约定标准为准。因承包人原因达不到约定标准，由承包人承担返工费用，工期不得顺延。因发包人原因达不到约定标准，由发包人承担返工的追加合同价款，工期相应顺延。因双方原因达不到约定标准的，责任由双方分别承担。按照《建设工程质量管理办法》规定，对达不到国家规定的合格要求的或者合同中规定的相应等级要求的工程，要扣除一定幅度的承包价。

2. 施工过程中的检查和返工

在工程的施工过程中，工程师及其委派人员对工程进行检查、检验，是他们的一项日常性工作和重要职能。承包人应认真按照标准、规范和设计要求以及工程师依据合同发出的指令施工，随时接受工程师及其委派人员的检查检验，为检查检验提供便利条件，并按工程师及其委派人员的要求返工、修改，承担由于自身原因导致返工、修改的费用。检查检验合格后，又发现因承包人原因引起的质量问题，由承包人承担责任，赔偿发包人的直接损失。检查与检验不应影响施工正常进行，如影响施工正常进行，检查、检验不合格时，影响正常施工的费用由承包人承担。除此之外，影响正常施工的追加合同价款由发包人承担，并相应顺延工期。

3. 隐蔽工程和中间验收

隐蔽工程在施工中由于一旦完成隐蔽，很难再对其进行质量检查，因此必须在隐蔽前进行检查验收。对中间验收，合同双方应约定需要进行中间验收的单项工程和部位的名称、验收的时间和要求，以及发包人应提供的便利条件。工程具备隐蔽条件和达到约定的中间验收部位，承包人进行自检，并在隐蔽和中间验收前 48 小时以书面形式通知工程师验收。通知的内容包括隐蔽和中间验收内容、验收时间和地点。承包人准备验收记录，验收不合格，承包人在工程师限定的时间内修改后重新验收。工程质量符合标准、规范和设计图纸等的要求，验收 24 小时后，工程师不在验收记录上签字，则视为工程师已经批准，承包人可进行隐蔽或者继续施工。

4. 重新检验

工程师不能按时参加验收，需在开始验收前 24 小时向承包人提出书面延期要求，延期不能超过 2 天。工程师未能按照以上时间提出延期要求，不参加验收的，承包人可自行组织验收，发包人应承认验收记录。无论工程师是否参加验收，当其提出对已经隐蔽的工程重新检验要求时，承包人应按要求进行剥露或者开孔，并在检验后重新覆盖或者修复。检验合格，发包人承担由此发生的全部追加合同价款，赔偿承包人损失，并相应顺延工期；检验不合格，承包人承担发生的全部费用，工期不予以顺延。

5. 试　车

对于设备安装，应当组织试车。试车内容应与承包人承包的安装范围一致。

（1）单机无负荷试车。

设备安装工程具备单机无负荷试车条件，由承包人组织试车。只有单机试运行达到规定要求时，才能进行联试。承包人应在试车前 48 小时书面通知工程师。通知内容包括试车内容、时间和地点。承包人准备试车记录，发包人根据承包人的要求为试车提供必要条件。试车通过，工程师在试车记录上签字。

（2）联动无负荷试车。

设备安装工程具备无负荷联动试车条件，由发包人组织试车，并在试车前 48 小时书面通知承包人。通知内容包括试车内容、时间、地点和对发包人的要求，承包人按要求做好准备工作和试车记录。试车通过，双方在试车记录上签字。

（3）投料试车。

投料试车，应当在工程竣工验收后由发包人全部负责。如果发包人要求承包人配合或者在工程竣工验收前进行时，应当征得承包人同意，另签订补充协议。

10.2.5 合同价款管理

1. 施工合同价款及调整

施工合同价款，是按照有关规定的各种取费计算，用以支付承包人按照合同要求完成工程内容的价款总额。这是合同双方关心的核心问题，招标等工作主要是围绕合同价款展开。合同价款应依据中标通知书中的中标价格和非招标工程的工程预算书确定。合同价款双方约定后，任何一方不得擅自改变。

合同价款可以按照固定价格合同、可调整价格合同、成本加酬金合同三种方式约定。可调整价格合同中价款调整的范围包括：

（1）国家法律、行政法规和国家政策变化影响合同价款；

（2）工程造价管理部门公布的价格调整；

（3）一周内非承包人原因停水、停电、停气造成停工累计超过 8 小时；

（4）双方约定的其他调整或增减。

承包人应当在价款可以调整的情况发生后 14 天内，将调整原因、金额以书面形式通知工程师，工程师确认后作为追加合同价款，与工程款同期支付。工程师收到承包人通知之后 14 天内不作答复也不提出修改意见，则视为该项调整已经同意。

2. 工程预付款

工程预付款主要是用于采购建筑材料。预付款额度，建筑工程一般不超过当年建筑工程工作量的 30%，大量采用预制构件以及工期在 6 个月以内的工程，可以适当增加；安装工程一般不得超过当年安装工程量的 10%，安装材料用量较大的工程，可以适当增加。双方应当约定发包人向承包人预付工程款的时间和数额，开工后按约定的时间和比例逐次扣回。预付时间应不迟于约定的开工日期前 7 天。发包人不按约定预付，承包人在约定预付时间 7 天后向发包人发出要求预付的通知，发包人收到通知后仍不能按要求预付，承包人可在发出通知后 7 天停止施工，发包人应从约定应付之日起向承包人支付应付款的贷款利息，并承担违约责任。

3. 工程量的确认

对承包人已完成工程量的核实确认，是发包人支付工程款的前提。其具体的确认程序如下：首先，承包人向工程师提交已完工程量的报告；然后，工程师进行计量，工程师接到报告后 7 天内按设计图纸核实已完成工程量（以下称计量），并在计量前 24 小时通知承包人，承包人为计量提供便利条件并派人参加。承包人不参加计量的，发包人自行进行，计量结果有效，作为工程价款支付的依据。工程师收到承包人报告后 7 天内未进行计量，从第 8 天起，承包人报告中开列的工程量即视为已被确认，作为工程价款支付的依据。工程师不按约定时间通知承包人，使承包人未能参加计量，计算结果无效。工程师对承包人超出设计图纸范围和（或）因自身原因造成返工的工程量，不予计量。

4. 工程款（进度款）支付

（1）按月结算。这种结算方法实行旬末或月中预支、月末结算，竣工后清算的办法。跨年度施工的工程，在年终进行工程盘点，办理年度结算。

（2）竣工后一次结算。建设项目或单项工程全部建筑安装工程建设期较短或施工合同价较低的，可以实行工程价款每月月中预支，竣工后一次性结算。

（3）分段结算。这种结算方式要求当年开工、当年不能竣工的单项工程或单位工程按照工程形象进度，划分为不同阶段进行结算。

（4）其他结算方式。结算双方可以约定采用并经开户银行同意的其他结算方式。

发包人应在双方计量确认后 14 天内，向承包人支付工程款（进度款）。同期用于工程上的发包人供应材料设备的价款，以及按约定时间发包人应按比例扣回的预付款，与工程款（进度款）同期结算。合同价款调整、设计变更调整的合同价款及追加的合同价款，应与工程款（进度款）同期调整支付。发包人超过约定的支付时间不支付工程款（进度款），承包人可向发包人发出要求付款的通知，发包人在收到承包人通知后仍不能按要求支付，可与承包人协商签订延期付款协议，经承包人同意后可以延期支付。协议需明确延期支付时间和从结果确认计量后第 15 天起计算应付款的贷款利息。

发包人不按合同约定支付工程款（进度款），双方又未达成延期付款协议，导致施工无法进行，承包人可停止施工，由发包人承担违约责任。

10.2.6 竣工验收与结算管理

1. 竣工验收工作程序

（1）工程具备竣工验收条件，承包人按国家工程竣工验收的有关规定，向发包人提供完整的竣工资料及竣工验收报告。双方约定由承包人提供竣工图的，应当约定提供的日期和份数。

（2）发包人收到竣工验收报告后 28 天内组织有关部门验收，并在验收后 14 天内给予认可或提出修改意见，承包人按要求修改。

（3）由于承包人的原因，工程质量达不到约定的质量标准，承包人承担违约责任。

因特殊原因，发包人要求部分单位工程或者工程部位需甩项竣工时，双方另行签订甩项竣工协议，明确各方责任和工程价款的支付办法。建设工程未经验收或验收不合格，不得交付使用。发包人强行使用的，由此发生的质量问题及其他问题，由发包人承担责任。

2. 竣工结算

（1）工程竣工验收报告经发包人认可后 28 天内，承包人向发包人递交竣工结算报告及完整的结算资料。

（2）发包人自收到竣工结算报告及结算资料后 28 天内进行核实，确认后支付工程竣工结算价款。承包人收到竣工结算价款后 14 天内将竣工工程交付给发包人。工程竣工验收报告经发包人认可后 28 天内，承包人未能向发包人递交竣工决算报告及完整的结算资料，造成工程竣工结算不能正常进行或工程竣工结算价款不能及时支付，发包人要求交付工程的，承包人应当交付；发包人不要求交付工程的，承包人承担保管责任。

（3）发包人收到竣工结算报告及结算资料后 28 天内无正当理由不支付工程竣工结算价款，从第 29 天起按承包人同期向银行贷款利率支付拖欠工程价款的利息，并承担违约责任。发包人收到竣工决算报告及结算资格后 28 天内不支付工程竣工结算价款，承包人可以催告发包人支付结算价款。发包人在收到竣工结算报告及结算资料后 56 天内仍不支付的，承包人可以与发包人协议将该工程折价，也可以由承包人申请人民法院将该工程依法拍卖，承包人就该工程折价或者拍卖的价款优先受偿。

3. 质量保修

建设工程办理交工验收手续后，在规定的期限内，因勘察、设计、施工、材料等原因造成的质量缺陷，应当由施工单位负责维修。所谓质量缺陷，是指工程不符合国家或行业现行的有关技术标准、设计文件以及合同中对质量的要求。

为了保证保修任务的完成，承包人应当向发包人支付保修金，也可由发包人从应付承包人工程款内预留。质量保修金的比例及金额由双方约定，但不应超过施工合同价款的 5%。工程的质量保证期满后，发包人应当及时结算和返还（如有剩余）质量保修金。发包人应当在质量保证期满后 14 天内，将剩余的保修金和按约定利率计算的利息返还给承包人。

10.2.7　合同变更管理

1. 设计变更

在施工过程中如果发生设计变更，将对施工进度产生很大的影响。因此，应尽量减少设计变更；如果必须对设计进行变更，必须严格按照国家的规定和合同约定的程序进行。

（1）发包人对原设计进行变更。

施工中发包人如果需要对原工程设计进行变更，应不迟于变更前 14 天以书面形式向承包人发出变更通知。变更超过原设计标准或者批准的建设规模时，需经原规划管理部门和其他有关部门审查批准，并由原设计单位提供与变更相应的图纸和说明。

（2）承包人原因对原设计进行变更。

承包人应当严格按照图纸施工，不得随意变更设计。施工中承包人提出的合理化建议涉及对设计图纸或者施工组织设计的更改及对原材料、设备的更换，需经工程师同意。工程师同意变更后，也需经原规划管理部门和其他有关部门审查批准，并由原设计单位提供变更相应的图纸和说明。承包人未经工程师同意擅自更改或换用设计时，由承包人承担由此发生的费用，赔偿发包人的有关损失，延误的工期不予顺延。

由于发包人对原设计进行变更，以及经工程师同意的、承包人要求进行的设计变更，导致合同价款的增减及造成的承包人损失，由发包人承担，延误的工期相应顺延。

2. 其他变更

合同履行中发包人要求变更工程质量标准及发生其他实质性变更，由双方协商解决。

3. 变更价款的确定

（1）变更价款的确定程序。

设计变更发生后，承包人在工程设计变更确定后 14 天内，提出变更工程价款的报告，经工程师确认后调整合同价款。承包人在确定变更后 14 天内不向工程师提出变更工程价款报告，则视为该项设计变更不涉及合同价款的变更。工程师收到变更工程价款报告之日起 7 天内，予以确认；工程师无正当理由不确认时，自变更价款报告送达之日起 14 天后变更工程价款报告自行生效。

（2）变更价款的确定方法。

变更合同价款按照下列方法进行：

① 合同中已有适用于变更工程的价格，按合同已有的价格计算变更合同价款；

② 合同中只有类似于变更工程的价格，可以参照此价格确定变更价格，变更合同价款；

③ 合同中没有适用或类似于变更工程的价格，由承包人提出适当的变更价格，经工程师确认后执行。

10.2.8 合同争议管理

合同当事人在履行施工合同时发生争议，可以和解或者要求合同管理及其他有关主管部门调解。和解或调解不成的，双方可以约定以以下一种方式解决争议：

（1）双方达成仲裁协议，向约定的仲裁委员会申请仲裁。

（2）向有管辖权的人民法院起诉。

发生争议后，在一般情况下，双方都应继续履行合同，保持施工连续，保护好已完工程。只有出现下列情况时，当事人方可停止履行施工合同：

（1）单方违约导致合同确已无法履行，双方协议停止施工；

（2）调解要求停止施工，且为双方接受；

（3）仲裁机构要求停止施工；

（4）法院要求停止施工。

10.3 我国工程项目货物采购合同

货物采购合同是工程项目合同体系中的重要组成部分，与施工合同居于同样重要的地位。工程项目是特殊的产品，发包人购买的是工程实体的形成过程，而构成工程实体的过程中，最为重要的就是施工和货物采购。货物采购合同应依据工程承包合同的相关内容订立，在实践中，有的货物由发包人负责提供，也可以由承包人负责采购，无论是发包人自己采购的货物，还是承包人采购的货物，都应当由双方当事人在施工合同中作出明确约定，并符合施工合同对货物的质量要求和工程进度需要的安排。也就是说，货物采购合同的订立要以施工合同为依据，并且与其他工程建设事项互相衔接。

目前，我国还没有统一的货物采购合同示范文本，货物采购合同一般都是由当事人按照《合同法》的规定，双方协商约定。这里仅就货物采购合同的主要内容做简要介绍，待国家有关行政主管部门出台统一的货物采购合同示范文本后，在实际工作中应以新的示范文本为准。

10.3.1 货物采购合同的当事人及标的

1. 货物采购合同的当事人

（1）购货人。

购货人也叫买受人，是指在合同中约定，具有购买货物要求和支付货物价款能力的当事人以及取得该当事人资格的合法继承人。

（2）供货人。

供货人也叫出卖人，是指合同中约定，被购货人接受的具有卖出货物能力的当事人以及取得该当事人资格的合法继承人。

2. 货物采购合同的标的

货物采购合同的标的是货物，包括工程建设所需要的供水供电管线和设备、消防设施、空调等设备、机械、仪表、配件、备件以及水泥、砖瓦石料、钢筋、木料、玻璃等工程建设所必需的重要设备和材料。

10.3.2 货物采购合同的主要内容

1. 货物名称、种类

需要采购的各种货物，应在合同中予以明确和具体化，这是货物采购中最重要的条款之一。在合同中，应详细写明各种货物的品种、型号、规模、等级、花色、数量等；还要写明货物不符合合同规定时买方提出异议的时间。

2. 质量要求

质量条款是货物采购供应合同中重要条款，也是货物的验收和区分责任的依据。货物的质量关系到该货物能否满足购货人的需要，是否适用于约定的用途。货物的质量要求主要体现在货物的性能、功能、耐用程度、可靠性、外观、经济性等方面。实践中，相当多的经济纠纷是因质量问题引起的，因此，一定要在合同中说明货物质量各项要求。供货人应保证货物是用一流的工艺和材料制造而成的，并完全符合合同规定的质量、规格和性能的要求；还应保证所提供的货物经正确安装、正常运转和保养，在其使用寿命期内应具有令人满意的性能。成套供货的货物，不仅对主件有质量要求，对附件也要有质量要求。

3. 技术标准

货物的技术标准指国家对采购货物的性能、规格、质量、检验方法、包装以及储运条件等所作的统一规定，是设计、生产、检验、供应、使用该产品的技术依据。合同双方当事人在确定货物技术标准时，如该货物有国家标准或行业标准的，应按照国家标准或行业标准执行；如没有国家标准和行业标准的，则按地方标准或企业标准执行；当事人有特殊要求的，由双方协商，在合同中约定。

实行招标采购的货物，合同中货物的技术标准应与招标文件中规定的技术标准相一致。

4. 包装要求

除合同中另有约定外，供货人提供的全部货物，均应采用国家标准或行业标准要求的保护措施对货物进行包装，适应于远距离运输、防潮、防震、防锈和防粗暴装卸要求，确保货物安全无损地运抵现场。包装不善所引起的货物锈蚀、损坏和损失均由供货人承担。

采用包装箱对货物进行包装的，供货人应在包装箱的四侧以醒目的方式标记出提货人、目的地、货物名称、货物毛重或净重、尺寸等内容。

5. 交货条款

交货条款包括交货方式、运输方式、到货地点、提货人、交（提）货期限等内容。

合同中必须明确约定交货方式，是一次性交货，还是分期分批交货；是现场交货，还是购货人自提。

采用现场交货方式的，供货人负责办理运输和保险，将货物运抵现场并进行卸货。有关运输和保险的一切费用由供货人承担。所有货物运抵现场的日期为交货日期。供货人应在合同约定的交货期前将货物名称、数量、包装箱件数、总毛重、总体积、备妥交货日期以及对货物在运输和仓储的特殊要求和注意事项通知购货人。

合同中还应明确交货地点、运输方式以及交货期限。合同中规定的到货地点，即合同履行地。双方应根据各种运输工具的特点，结合货物的特性和数量、路程的远近、供应任务的缓急等因素协商选择合理的运输方式和运输工具。交货期限是货物由供货人转移给购货人的具体时间要求，它涉及合同是否按期履行问题和货物意外损失危险的责任承担问题。合同中的交货期限，应写明年份和月份。实际交货日期早于或迟于合同规定的，即视为提前或者逾期交货，当事人应承担相应的责任。在履行合同过程中，如果供货人遇到不能按时交货和提供服务的情况，应及时以书面形式将不能按时交货的理由、延误时间通知购货人。购货人在收到通知后，应给予答复，如果同意，可通过修改合同，酌情延长交货期限；如果供货人任意拖延交货，可追究其违约责任。

6. 检验和验收

在交货前，供货人应对货物的质量、规格、性能、数量和重量等进行详细而全面的检验，并出具一份证明货物符合合同约定的文件；但有关质量、规格、性能、数量或重量的检验不应视为最终检验。供货人检验的结果应在检验文件中加以说明。

货物运抵现场后，购货人应对货物进行验收。对货物的名称、品种、规格、型号、花色、数量、质量、包装等进行检测和测试，以确定是否与合同相符。验收标准应根据合同约定的质量标准进行。如果质量标准是国家标准、行业标准、地方标准的，应按规定标准验收；如果质量标准是双方约定的其他标准的，应按其他标准验收，供货人应附产品合格证或质量保证书及必要的技术资料；如果质量标准是以样品为依据的，双方应共同封存样品，分别保管，按封存的样品进行验收。如发现货物的规格或数量与合同不符时，购货人有权拒付货款，并应在合同约定的时间内，根据供货人自行检验的结果或当地质检部门出具的检验证明向供货人提出索赔。

7. 质量保证期

质量保证期为供货人对货物质量责任的保修期限。供货人对货物的质量是负责任的，但并非无期限、无条件地负责，双方应在合同中明确有关责任期限的约定。货物采购合同应约定一个适当的质量保证期，在质量保证期内，如果货物的数量、质量或规格与合同不符，或证实货物是有缺陷的，包括潜在的缺陷或使用不符合要求的材料制造等，购货人应以书面形式通知供货人，供货人在收到通知后应在约定的时间内免费维修或更换有缺陷的货物或部件。

8. 价格和结算

价格条款是货物采购合同的重要条款，是双方当事人进行结算的依据。货物的价格，实行招标采购的货物，按中标人的中标价格执行；不实行招标采购的货物，属于国家定价的应按国家定价执行；属于国家指导价的货物则按国家指导价执行；不属于国家定价和国家指导价的，由双方根据市场价格协商定价。

在价格条款中，应写明付款总额、付款方式、付款次数、付款时间、付款币种以及延期付款时利息的计算方法。结算是对货物价款的了结和清算。目前，在我国货物价款采用转账方式比较普遍，包括异地托收承付、异地委托收款信用证结算、汇兑结算、票据结算等。合同中应明确规定货款的结算办法和结算时间，并注明双方的开户银行和账户名称、账号。

9. 违约责任

（1）供货人违约责任。

① 不能按时交货的，应向购货人偿付违约金。具体偿付比例可由双方在合同中约定。

② 提前交货或多交的货物的品种、型号、规格、质量不符合合同约定的，供货人应承担购货人代保管期内实际发生的保管、保养等费用。

③ 购货人按供货人通知的时间、地点前往提货而未提到时，供货人应负逾期交货的违约责任，并承担购货人因此而支付的实际费用。

④ 货物的规格、品种、质量不符合合同约定的，如果购货人同意利用，应当按质论价，由供货人负责包修、包换、包退，并承担修理、调换、退货所发生的实际费用；不能修理或调换的，按不能交货处理。在交售货物中掺杂使假、以次充好的，购货人有权拒收，供货人同时应向购货人偿付相应的违约金。

⑤ 产品包装不符合合同约定的，必须重新包装的，供货人应重新包装，并承担因此支付的费用。因包装不符合规定造成货物损坏或者丢失的，供货人应负责赔偿。

⑥ 由于货物错发到货地点或接货单位造成逾期交货的，供货人应支付违约金。未经购货人同意，供货人擅自改变运输路线和运输工具的，应承担由此增加的费用。

（2）购货人违约责任。

① 中途退货或无故拒收货物，应支付违约金，并承担供货人由此发生的费用和赔偿由此造成的损失。具体赔偿比例双方在合同中约定。

② 自提货物未按供货人通知的日期或合同规定的日期提货的，应承担供货人在此期间所支付的保管费、保养费。

③ 未按合同规定的日期付款的，应按合同约定支付违约金。在此期间如遇国家规定的价格上涨时，承担由此多发生的费用。

④ 错填或临时变更到货地点且没有提前通知供货人的，应承担由此多支付的费用。

⑤ 在合同约定的验收期内，未进行验收或验收后在规定的期限内，未提出异议的，视为默认。对于提出质量异议或因其他原因提出拒收的一般货物，在代保管期内，应按原包装妥善保管、保养，不得动用，一经动用视为接受。

10. 争　议

货物采购合同发生争议，双方应协商解决，协商不成可聘请第三方或有关行业主管部门等进行第三方协调。第三方协调不成时，可按照合同选择仲裁机构或者向有管辖权的人民法院提起诉讼。

10.3.3 货物采购合同的履行

货物的生产过程，就是合同的履行过程。与工程采购不同，货物采购合同签订后，要实行催交和现场监造与验收，这是货物合同履行的重要保证，是货物招标工作的延续。

1. 催 交

因为采购的货物是在制造厂家生产制造的，货物能否及时交付，一方面固然要依靠供货人的努力，另一方面，还要依靠购货人进行催交的工作。

催交工作的任务是督促供货人能按合同规定的期限要求提供货物和技术文件，以满足现场施工安装的需要。故催交工作贯穿于合同签订后直到货物制造完成，并具备出厂检验合格的全过程。催交工作的重点是保证货物生产制造的进度和工期，在催交过程中，购货方代表及时发现制造过程中的问题，并且能采取有效的控制和改正措施，以防止进度拖延。

催交工作主要包括以下内容：

（1）催促供货人按照合同规定，及时向招标人提交一份详细的制造进度表，明确交货日期，以便催交工作的顺利开展。

（2）检查供货人主要原材料的采购和准备进展情况，并检查供货人主要外协配件和配套辅机的采购进站情况。

（3）检查设备、材料的制造、组装、试验、检验和装运的准备情况。检查各关键工序是否按生产计划进行。催交人应不断评估供货人的进度状态，确保全部关键控制点的进度按期进行。

2. 现场监造与检验

与工程采购不同，为确保货物的质量符合采购合同规定的要求，避免由于质量问题而影响工程建设，或给以后的生产经营带来困难，货物采购尤其是设备采购，购货人需要派遣咨询工程师在供货厂家进行现场监造与检验，包括对原料材料进货的检验、设备制造加工监造检验、组装和中间产品的监造检验、整体货物性能的监造检验、包装监造检验、运输条件检验等。现场监造与检验的要求应事先在合同中约定。

（1）监造与检验的主要内容：

① 工程师的职责就是保证货物的质量和制造进度。货物质量主要是通过建立和实施质量保证体系来保证的。工程师应首先了解制造厂质量保证体系文件的制订和有效实施情况，并对其提出建议。

② 工程师应掌握货物招标采购合同的全部内容，特别是要掌握合同中的技术标准、规范要求、货物的质量要求和时间要求，以及检验标准要求，并且据此制订监造检验计划，列出重点监造检验目录。

③ 在货物制造开始之前，工程师要组织召开协调会议，使供货人明确产品要求、检验内容、方式、时间以及各自的义务等。

④ 货物制造工作中，根据需要工程师应进驻制造现场进行监造与检验。监造与检验的方法一般是目检、实测、记录、照相等；当需要使用测试仪器时，供货人应提供协助和方便。

⑤ 货物制造完毕，工程师应参加全面的质量验收，认真做好出厂前的检验测试，把问题消除在出厂之前，并写出检验报告。检验报告应是根据采购订货合同及其附件提出的技术规格和要求，对采购的设备和材料进行检验、测试和其他有关质量检查的真实情况的记录。为了提高检验报告的编写质量，工程师应根据经验编制统一的格式。检验报告的结论部分，应该明确被检验的设备和材料可以验收、有条件验收或拒收等。

⑥ 根据具体情况，也可聘请有资格和有信誉的第三方检验机构承担货物的检验工作。

⑦ 设备、材料运抵施工现场后，主持仓储的管理人员要开箱检验，合格后方能入库。

（2）监造与检验的要求：

① 在机械设备制造之前，咨询工程师要召开预检会议，审查制造厂的检验计划。

② 机械设备检验应按订货合同文件规定的标准、规范进行。

③ 认真做好检验报告，因为检验报告是对机构设备质量的真实记录。

④ 对合格产品，有关参检方要联名签字，并且一切文件要完整无损；对不合格产品，咨询工程师要提出处理意见。

⑤ 对产品质量有争议的问题，应聘请第三方检验，也可请专家或有关专业部门检验，得出公正的结论。

货物制造完毕，运抵施工现场并入库后，货物采购合同才宣布履行完毕，采购工作宣布结束。

10.4 工程项目索赔管理

10.4.1 索赔的概念及作用

索赔是指合同实施过程中，合同中一方因对方不履行或者未能正确履行合同中所规定的义务或未能保证承诺合同条件实现而遭受损失后，向对方提出的补偿要求。其性质是经济补偿行为，而不是惩罚。

索赔的作用主要有：

（1）是合同管理的重要环节，是挽回成本损失的主要手段。

（2）索赔工作的合理开展，对双方的管理与合同的履约管理都提出了很高的要求，有利于促进双方加强内部管理，提高管理素质，严格履行合同，维护市场正常的秩序。

（3）能促进双方迅速掌握索赔和处理索赔的方法和技巧，有利于熟悉国际管理，有利于对外开放和对外承包工程的开展。

（4）可促进双方根据合同执行的实际情况，实事求是地调整工程造价和工期，把原来计入工程造价的一些不可以预见费用改为按实际损失支付，有利于降低工程造价，使工程造价更合理。

10.4.2 承包商向业主的索赔

1. 常见的索赔内容

（1）不利的自然条件与人为障碍引起的索赔。

不利的自然条件是指在施工中遭遇到实际自然条件比招标文件中描述的更为困难和恶劣，是有经验的承包商无法预测的不利的自然条件与人为障碍，导致了承包商必须花更多的时间和费用，在这种情况下，承包商可以向业主提出索赔。

（2）在工程施工过程中，由于工地上的不可预见情况、环境的改变，在监理工程师认为必要时，可以对工程或其任何部分的外形、质量或者数量作出变更。任何此类变更，承包商均不应以任何方式使合同作废或者无效。但如果监理工程师确定的工程变更单价或者价格不合理，或者缺乏说服承包商的依据，则承包商有权就此向业主进行索赔。

（3）工期延期的费用索赔。

工期延期的索赔通常包括两个方面：一是承包商要求延长工期；二是承包商要求偿付由于非承包商原因导致工程延期而造成的损失。一般，上述两方面的索赔报告要求分别编制，因为工期和费用索赔不一定同时成立。

（4）加速施工费用的索赔。

一项工程可能遇到各种意外的情况或由于工程变更而必须延长工期。但由于业主的原因，坚持不予延期，迫使承包商加班赶工来完成工程，从而导致工程成本增加，承包商可以提出索赔。

（5）业主不正当地终止工程而引起的索赔。

由于业主不正当地终止工程，承包商有权要求补偿损失，其数额是承包商在被终止工程中的人工、材料、机械设备的全部支出，以及各项管理费用、保险费、贷款利息、保函费用的支出（减去已结算的工程款），并有权要求赔偿其盈利损失。

（6）物价上涨引起的索赔。

物价上涨是各国市场的普遍现象，在一些发展中国家尤为明显。由于物价上涨，使人工费和材料费不断增长，从而引起工程成本的增加。如何处理物价上涨引起的合同价的调整问题，常用的办法有以下三种：

① 对固定总价合同不予调整。这适用于工期短、规模小的工程。

② 按价差调整合同价。在工程结算时，对人工费及材料费的价差，即现行价格与基础价格的差值，由业主向承包商补偿。即

材料价调整数=（现行价-基础价）×材料数量

人工费调整数=（现时工资-基础工资）×（实际工作小时数+加班工作小时数×加班工资增加率）

对管理费及利润不进行调整。

③ 用调价公式调整合同价。在每月结算工程进度款时，利用合同文件中的调价公式，计算人工、材料等的调整数。

（7）法律、货币及汇率变化引起的索赔。

① 法律改变引起的索赔。如果在基准日期（投标截止日期前的 28 天）以后，由于业主所在国家或地方的任何法规、法令、政令或其他法律或规章发生了变更，导致承包商

的成本增加，对承包商由此增加的开支，业主应予补偿。

② 货币及汇率变化引起的索赔。如果在基准日期以后，工程施工所在国政府或其授权机构对支付合同价格的一种或几种货币实行货币限制或货币汇兑限制，则业主应补偿承包商因此而受到的损失。

如果合同规定将全部或部分款额以一种或几种外币支付给承包商，则这项支付不应受上述指定的一种或几种外币与工程施工所在国货币之间的汇率变化的影响。

（8）拖延支付工程款的索赔。

如果业主在规定的应付款时间内未能按工程师的任何证书向承包商支付应支付的款额，承包商可在提前通知业主的情况下，暂停工作或减缓工作速度，并有权获得任何误期的补偿和其他额外费用的补偿（如利息）。FIDIC 合同条件规定，利息以高出支付货币所在国中央银行的贴现率加 3 个百分点的年利率进行计算。

（9）不可抗力的后果。

如果承包商因不可抗力，妨碍其履行合同规定的任何义务，使其遭受延误和（或）招致费用增加，承包商有权根据“承包商的索赔”的规定要求索赔。

2. 合同示范文本中规定的索赔条款

为了健康开展工程索赔工作，FIDIC 制定的《施工合同条件》和我国的《建设工程施工合同示范文本》都列出了涉及索赔的条款，为开展索赔提供了条件。表 10-1 为 FIDIC《施工合同条件》1999 年版中承包商可引用的索赔条款，表 10-2 为我国《建设工程施工合同示范文本》中可引用的索赔条款。

表 10-1　FIDIC《施工合同条件》中承包商可引用的索赔条款（1999 年版）

序号	合同条款	条款主要内容	索赔内容
1	1.3	通信交流	$T+C+P$
2	1.5	文件的优先次序	$T+C+P$
3	1.8	文件有缺陷或技术性错误	$T+C+P$
4	1.9	延误的图纸或指示	$T+C+P$
5	1.13	遵守法律	$T+C+P$
6	2.1	业主未能提供现场	$T+C+P$
7	2.3	业主人员引起的延误、妨碍	$T+C$
8	3.3	工程师的指示	$T+C+P$
9	4.7	因工程师数据差错，放线错误	$T+C+P$
10	4.10	业主应提供现场数据	$T+C+P$
11	4.12	不可预见的物质条件	$T+C$
12	4.20	业主设备和免费供应的材料	$T+C$
13	4.24	发现化石、硬币或有价值的文物	$T+C$
14	5.2	指定分包商	$T+C+P$
15	7.4	工程师改变规定试验细节或附加试验	$T+C+P$
16	8.3	进度计划	$T+C+P$

续表

序号	合同条款	条款主要内容	索赔内容
17	8.4	竣工时间的延长	*T*+*C*+*P*
18	8.5	当局造成的延长	*T*
19	8.9	暂停施工	*T*+*C*
20	10.2	业主接受或使用部分工程	*C*+*P*
21	10.3	工程师对竣工试验干扰	*T*+*C*+*P*
22	11.8	工程师指令承包商调查	*C*+*P*
23	12.3	工作测出的数量超过工程量表的10%	*T*+*C*+*P*
24	12.4	删减	*C*
25	13	工程变更	*T*+*C*+*P*
26	13.7	法规改变	*T*+*C*
27	13.8	成本的增减	*C*
28	14.8	延误的付款	*T*+*C*+*P*
29	15.5	业主终止合同	*C*+*P*
30	16.1	承包商暂停工作的权利	*T*+*C*+*P*
31	16.4	终止时的付款	*T*+*C*+*P*
32	17.4	业主的风险	*T*+*C*+*P*
33	18.1	当业主为应投保方而未投保时	*C*
34	19.4	不可抗力	*T*+*C*
35	20.1	承包商的索赔	*T*+*C*+*P*

注：*T*—工期；*C*—成本；*P*—利润。

表10-2 《建设工程施工合同示范文本》中承包商可引用的索赔条款

序号	条款	索赔的基础、理由或权利	工期延长	费用增加
1	4	发包人要求承包人需要特殊保密的措施费，由发包人承担		√
2	6.2	工程师指令错误发生的费用、给承包人造成的损失，由发包人承担	√	√
3	7.3	因发包人原因，承包人在施工中采取的紧急措施，造成承包人引用增加	√	√
4	8.3	发包人未能完成其义务（9项工作），造成延误，赔偿承包人损失	√	√
5	12.2	发包人因其自身原因，推迟工作	√	√
6	12	因发包人原因暂停施工	√	√
7	13	工期延误条款（7种情况）	√	√
8	15	发包人要求工程部分或全部达到优良标准	√	√
		工程质量因发包人原因达不到约定条件	√	√
9	16	（1）工程质量因发包人原因达不到其他非承包人原因造成的返工、修改		√

续表

序号	条款	索赔的基础、理由或权利	工期延长	费用增加
9	16	（2）发包人检验合格后，又发现承包人造成的质量问题，费用由承包人承担	√	
		（3）工程师影响施工正常进行，如检验为合格，由发包人承担追加合同价款	√	√
10	18	工程师要求重新检验，如工程合格	√	√
11	19.5	由于设计原因试车达不到验收要求,发包人负责修改设计	√	√
		由于设备制造原因试车达不到验收要求,且设备为发包人采购	√	√
12	23.3	合同价款调整条款（4 种情况）		√
13	27.4	发包人供材料、设备延误或不合格	√	
14	29.1	设计变更	√	√
15	39.3-④⑤⑥	不可抗力	√	
16	43.2	工程施工发现地下障碍和文物而采取的保护措施	√	√
17	44.6	因发包人原因，解除合同，由发包人按合同支付已完成工程价款和赔偿承包人有关损失		

10.4.3 业主向承包商进行索赔

由于承包商不履行或不完全履行约定的义务，或者由于承包商的行为使业主受到损失时，业主可向承包商提出索赔。示范文本中也包括了业主向承包商索赔的内容和条件，主要有：

1. 工期延误索赔

由于承包商的责任，使竣工日期拖后，影响到业主对该工程的利用，给业主带来经济损失，业主有权对承包商进行索赔，即由承包商支付误期损害赔偿费。施工合同中的误期损害赔偿费，通常是由业主在招标文件中确定的。业主在确定误期损害赔偿费的费率时，一般要考虑以下因素：

（1）业主盈利损失；

（2）由于工程拖期而引起的贷款利息增加；

（3）工程拖期带来的附加监理费；

（4）由于工程拖期不能使用，继续租用原建筑物或租用其他建筑物的租赁费。

误期损害赔偿费的计算方法，在每个合同文件中均有具体规定。一般按每延误一天赔偿一定的款额计算，累计赔偿额一般不超过合同总额的 10%。

2. 施工缺陷索赔

当承包商的施工质量不符合合同的要求，或使用的设备和材料不符合合同的规定，或在缺陷责任期未满以前未完成应负责修补的工程时，业主有权向承包商追究责任，要求补偿所受的经济损失。如果承包商在规定的期限内未完成缺陷修补工作，业主有权雇佣他人来完成工作，发生的费用由承包商负担。如果承包商自费修复，则业主可索赔重新检验费。

3. 对指定分包商的付款索赔

在承包商未能提供已向指定分包商付款的合理证明时，业主可以直接按照监理工程师的证明书，将承包商未付给指定分包商的所有款项（扣除保留金）付给该分包商，并从应付给承包商的任何款项中如数扣回。

4. 业主合理终止合同或承包商不正当地放弃工程的索赔

如果业主合理地终止承包商的承包，或者承包商不合理放弃工程，则业主有权从承包商手中收回由新的承包商完成工程所需的工程款与原合同未付部分的差额。

10.4.4 索赔证据

证据是索赔的关键，证据不足或没有证据，索赔是不能成立的。常见的可以索赔的证据除合同文本外有如下几种：

（1）投标文件。投标文件是组成施工合同的重要部分，其内容包括承发包双方的要约和承诺，在索赔要求中可以直接作为证据。

（2）会议纪要。在施工过程中发包人、承包人、监理人及有关方面针对工程召开的一切会议的纪要。但纪要要经过参与会议的各方签认，或者由发包人或其代理人签章发给承包企业才有法律效力。

（3）信件。合同双方的往来信件，特别是对承包企业提出问题的答复信或认可信等。

（4）指令或通知。发包人驻工地代表或监理工程师发出的各种指令、通知，包括工程设计变更、工程暂停等指令。

（5）施工组织设计。这是指包括施工进度计划在内，并经发包人驻工地代表或监理工程师批准的施工组织设计或施工方案。

（6）施工现场的各种记录。如施工记录、施工日报、工长日记、检查人员日记或记录，以及经发包人驻工地代表或监理工程师签认的工程中停电、停水、停气和道路封闭、开通记录或证明等。

（7）施工照片。这是指注明日期，直观的工程照片。

（8）气象资料。这是指现场每日天气状况记录，请发包人驻工地代表或监理工程师签证的气象记录。

（9）各种验收报告。如隐蔽工程验收报告、中间验收工程报告、材料实施报告以及设备开箱验收报告等。

（10）建筑材料的采购、运输、保管和使用等方面的原始凭证。

（11）政府主管工程造价部门发布的材料价格信息、调整造价的方法和指数等。

（12）各种可以公开的成本和会计资料。

（13）国家发布的法律、法令和政策文件，特别是涉及工程索赔的各类文件，一定要注意积累。

10.4.5 索赔程序

索赔的主要程序包括：提出索赔意向，调查干扰事件，寻找索赔理由和证据，计算索赔值，起草索赔报告，通过谈判最终解决索赔争议。承包商可按下列程序以书面形式提出索赔：

（1）索赔事件发生 28 天内，向工程师发出索赔意向通知；

（2）发出索赔意向通知后 28 天内，向工程师提出延长工期和（或）补偿经济损失的索赔报告及有关资料；

（3）工程师在收到承包商送交的索赔报告及有关资料后，于 28 天内给予答复，或要求承包商进一步补充索赔理由和证据；

（4）工程师在收到承包商送交的索赔报告和有关资料后 28 天内未予答复或未提出进一步要求，则视为该项索赔已经认可；

（5）当该索赔事件持续进行时，承包商应当阶段性向工程师发出索赔意向，在索赔事件终了 28 天内，向工程师送交索赔的有关资料和最终索赔报告。索赔答复程序与第（3）、（4）款的规定相同。

反之，承包商由于不履行合同义务，给业主造成损失时，业主的索赔程序和时限与上述规定相同。

【复习题】

1. 简述工程项目合同特点。
2. 简述总价合同、单价合同和成本补偿合同的适用范围。
3. 我国施工合同文件的组成及解释顺序是什么？
4. 简述施工合同价款调整的范围。
5. 简述施工过程中合同价款变更顺序及方法。
6. 什么是索赔，其主要索赔内容是什么？
7. 简述工程项目索赔的程序。
8. 某承包商与业主签订一建设工程施工合同。双方签字盖章并在公证处进行了公证。合同约定工期为 12 个月，合同固定总价为 1500 万元。2016 年 2 月 1 日开工，工程进行才 3 个月，监理工程师于 2016 年 5 月 2 日自主决定，要求承包商于 2016 年 11 月 1 日竣工，承包商不予理睬，至 2016 年 5 月 21 日仍不作出书面答复。2016 年 5 月 31 日，业主以承包商的工程质量不可靠和工程不能如期竣工为由发文通知该施工企业："本公司决定解除原施工合同，望贵公司予以谅解和支持。"同时限期要求承包商拆除脚手架，致使承包方无法继续履行原合同义务，承包商由此损失工程款、工程器材费及其他损失费 609 万元。该承包商于 2016 年 6 月 25 日向人民法院提起诉讼，要求业主承担违约责任。

注：经法院委托专业权威单位调查鉴定，确认承包商有能力按合同的约定保证施工质量，如期竣工。

问题：（1）合同的效力方面。

① 判断：该合同是否属有效经济合同。（　）

② 选择：合同的有效条件为（　）。

A. 主体资格合格　　B. 内容合法　　C. 订立合同的形式合法

D. 合同草案必须送建设行政主管部门或其授权机构审查

E. 订立合同的程序合法

（2）合同的履行方面的判断。

① 监理工程师是建设施工合同的当事人。（　）

② 未经业主授权，监理单位不得擅自变更与承建单位签订的承包合同。（　）

（3）合同违约方面。

① 判断：发包方应承担违约责任。（　）

② 选择：承担违约责任的形式有（　）。

A. 违约金　B. 赔偿金　C. 继续履约　D. 没收抵押物　E. 变卖留置物

（4）合同解除方面：单方提出变更，解除合同的法律条件是（　）。

A. 由于不可抗力致使合同的全部义务不能履行

B. 由于一方在合同约定的期限没有履行义务

C. 由于承包人的保证人失去民事权利能力和民事行为能力

D. 由于承包人的保证人的法人地位被取消

E. 由于承包人的法人代表已经更换

（5）诉讼方面。

判断：

① 承包人可向被告住所地或合同履行地人民法院上诉，方能被立案处理。（　）

② 施工合同纠纷案件的经济诉讼当事人包括业主、承包商、监理工程师。（　）

（6）诉讼时效方面。

① 选择：国内经济合同纠纷的申请仲裁或上诉的诉讼时效为（　）。

A. 1 年　B. 2 年　C. 3 年　D. 4 年

② 判断：凡超过诉讼时效的经济纠诉案件，法院一般不予受理。（　）

9. 某建设单位（甲方）拟建造一栋职工住宅，采用招标方式由某施工单位（乙方）承建。甲、乙双方签订的施工合同摘要如下：

（1）协议书中的部分条款。

① 工程概况：职工住宅楼，位于市区，建筑面积为 3200 m^2 的砖混结构住宅楼。

② 工程承包范围：某建筑设计院设计的施工图所包括的土建、装饰、水暖电工程。

③ 合同工期：开工日期：2012 年 3 月 12 日；竣工日期：2012 年 9 月 21 日；合同工期总日历天数：190 天（扣除 5 月 1—3 日五一节放假）。

④ 质量标准：达到甲方规定的质量标准。

⑤ 合同价值：壹佰陆拾陆万肆仟元人民币（￥166.4 万元）。

⑥ 乙方承诺的质量保修：在该项目设计规定的使用年限（50 年）内，乙方承担全部保修责任。

⑦ 甲方承诺的合同价款支付期限与方式。

工程预付款：于开工之日支付合同总价的 10%作为预付款。

程进度款：基础工程完成后，支付合同总价的 10%；主体结构三层完成后，支付合同总价的 20%；主体结构全部封顶后，支付合同总价的 20%；工程基本竣工时，支付合同总价的 30%。为确保工程如期竣工，乙方不得因甲方资金的暂时不到位而停工和拖延工期。

竣工结算：工程竣工验收后，进行竣工结算。结算时按全部工程造价的3%扣留工程保修金。

⑧ 合同生效：合同订立时间：2012 年 3 月 5 日；合同订立地点：××市××区××街××号；本合同双方约定：经双方主管部门批准及公证后生效。

（2）专用条款中有关合同价款的条款。

合同价款与支付：本合同价款采用固定价格合同方式确定。

合同价款包括的风险范围：① 工程变更事件发生导致工程造价增减不超过合同总价10%，政策性规定以外的材料价格涨落等因素造成工程成本变化。

风险费用的计算方法：风险费用已包括在合同总价中。

风险范围以外的合同价款调整方法：按实际竣工建筑面积 520.00 元/m^2 调整合同价款。

（3）补充协议条款。

在上述施工合同协议条款签订后，甲、乙双方接着又签订了补充施工合同协议条款，摘要如下：补 1.木门窗均用水曲柳板包门窗套。补 2.铝合金窗 90 系列改用 42 型系列某铝合金厂产品。补 3.挑阳台均采用 42 型系列某铝合金厂铝合金窗封闭。

问题：

（1）上述合同属于哪种计价方式合同类型？

（2）该合同签订的条款有哪些不妥之处？应如何修改？

（3）对合同中未规定的承包商义务，合同实施过程中又必须进行的工程内容，承包商应如何处理？

10. 某施工单位根据领取的某 2000 m^3 两层厂房工程项目招标文件和全套施工图纸，采用低价策略编制了投标文件，并获得中标。该施工单位（乙方）于××年××月××日与建设单位（甲方）签订了该工程项目的固定价格施工合同。合同工期为 8 个月。甲方在乙方进入施工现场后，因资金短缺，无法如期支付工程款，口头要求乙方暂停施工一个月，乙方亦口头答应。工程按合同规定期限验收时，甲方发现工程质量有问题，要求返工。两个月后，返工完毕。结算时甲方认为乙方迟延交付工程，应按合同约定偿付逾期违约金。乙方认为临时停工是甲方要求的，乙方为抢工期，加快施工进度才出现了质量问题，因此延迟交付的责任不在乙方。甲方则认为临时停工和不顺延工期是当时乙方答应的，乙方应履行承诺，承担违约责任。

在工程施工过程中，遭受到了多年不遇的抢暴风雨的袭击，造成了相应的损失，施工单位及时向监理工程师提出索赔要求，并附有与索赔有关的资料和证据。索赔报告中的基本要求如下：

（1）遭受多年不遇的强暴风雨的袭击属于不可抗力事件，不是因施工单位原因造成的损失，故因有业主承担赔偿责任。

（2）给已建部分工程造成破坏，损失 18 万元，因由业主承担修复的经济责任，施工单位不承担修复的经济责任。

（3）施工单位人员因此灾害导致数人受伤，处理伤病医疗费用和补偿总计 3 万元，业主应给予赔偿。

（4）施工单位进场的在使用机械、设备遭到损坏，造成损失 8 万元，由于现场停工造成台班费损失 4.2 万元，业主应负担赔偿和修复的经济责任。工人窝工费 3.8 万元，业主应予支付。

（5）因暴风雨造成的损失现场停工 8 天，要求合同工期顺延 8 天。

（6）由于工程破坏，清理现场需费用 2.4 万元，业主应予支付。

问题：

（1）该工程采用固定价格合同是否合适？

（2）该施工合同的变更形式是否妥当？此合同争议依据合同法律规定范围应如何处理？

（3）监理工程师接到施工单位提交的索赔申请后，应进行哪些工作？

参考答案

第 11 章　工程项目风险管理

【本章重难点】

工程项目风险识别过程和方法；工程项目风险发生的概率和损失估计；工程项目定量风险分析的方法；风险应对计划方法及应对计划的主要内容。

11.1　工程项目风险管理概述

工程项目，特别是大中型工程项目，是极其复杂的系统工程，其实施是一个充满风险的过程。一个工程项目的实施过程可分为若干阶段，而每一阶段又由许多子过程组成。这些确定的子过程的实现一般有规定的程序、工作规程、检查或验收标准等。对这类常规性的工作是程序化和结构化的管理问题，管理工作的复杂性并不大。但在工程项目实施中，不可避免地会受到不确定因素的影响，即存在不确定性和风险性的问题，其管理相当复杂。这一方面在于信息的不完整或信息的相对滞后，对它们的识别及性质的把握相当困难；另一方面对它们处理的工具、方法或手段常常是无章可循。

11.1.1　工程项目风险

1. 工程项目风险的概念

工程项目风险是指工程项目在设计、施工和竣工验收等各个阶段可能遭到的风险，可将其定义为：在工程项目目标规定的条件下，该目标不能实现的可能性。

2. 工程项目风险特性

（1）工程项目风险的客观性和必然性。无论是自然界的风暴、洪灾、地震，还是现实社会生活中的矛盾、冲突，甚至战争及一些重大的意外事故，都是不以人的意志为转移的客观存在。随着人们认识世界水平的提高和对风险事件的长期观察，人们对风险规律性的认识在不断提高，这为科学管理工程项目风险创造了条件。

（2）工程项目风险的不确定性。风险活动或事件的发生及其后果都具有不确定性，表现在：风险事件是否发生、何时发生、发生之后会造成什么样的后果等均是不确定的。但人们可以根据历史数据和经验，对工程项目发生的可能性和损失的严重程度做出一定程度的分析和预测。

（3）工程项目风险的可变性。在一定条件下任何事物总是会发展变化的，风险活动或事件也不例外。当引起风险的因素发生变化时，必然会导致风险的变化。风险的可变性集中表现在：

① 风险性质的变化；

② 风险后果的变化；

③ 出现了新的风险或风险因素已经消除。

（4）工程项目风险的相对性。这表现在：

① 风险主体是相对的。风险总是相对于事件的主体而言的，如工程合同的某些缺陷，可能为承包人索赔创造了条件。这对工程项目业主而言是风险，但对承包人而言是机会。

② 风险大小是相对的。人们对于风险活动或事件都有一定的承受能力，但是这种能力因活动、人和时间而异。

（5）工程项目风险的阶段性。风险的阶段性是指风险的发展是分阶段的，通常认为包括三个阶段：

① 潜在风险阶段。是指风险正在酝酿之中，但尚未发生的阶段。该阶段是没有损失的，但是潜在风险可以逐步发展变化最终进入风险发生阶段。

② 风险发生阶段。是指风险已变成现实，事件正在发展的阶段。此时风险正在发生，但其后果还没有形成。若不正确应对，风险就会造成后果。这一阶段一般认为持续时间较短。

③ 造成后果阶段。是指已经造成了人身、财产或其他损失或伤害的阶段。通常这一后果的产生是无法挽回的，只能设法减少损失或降低伤害的程度。

3. 工程项目风险的分类

（1）常见风险分类。

为方便研究和风险管理，人们经常对社会生产和生活中遇见的风险进行分类。从不同角度或根据不同标准，可将风险分成不同的类型，如表 11-1 所示。

表 11-1　一般风险分类表

分类方法和依据	风险类型	特　点
按风险性质分类	纯风险	只会造成损失，而不会带来机会或者收益
	投机风险	可能带来机会获得收益，但又隐含威胁，造成损失
按风险来源分类	自然风险	因自然力作用，造成财产损失或人员伤亡
	人为风险	人的活动带来风险造成损失：行为风险、经济风险
按主体承受能力分类	可接受风险	低于一定程度的风险
	不可接受风险	超过所承受的最大损失和目标偏差的巨大风险
按风险对象分类	财产风险	财产所遭受的损坏、破坏或者贬值
	人身风险	疾病、伤残、死亡所引起的风险
	责任风险	法人或自然人违背了法律、合同或道义规定，给他人造成财产损失或者人身伤害
按技术对风险影响分类	技术风险	因技术原因形成的风险，属于人为风险
	非技术风险	非技术原因引起的风险

（2）工程项目风险分类。

从工程项目风险管理需要出发，将工程项目风险分为项目外风险和项目内风险。

① 工程项目外风险。

指由工程项目建设环境（或条件）的不确定性而引起的风险，包括：

a. 政治风险。这类风险由下列诸因素引起：

政府或主管部门对工程项目干预太多，指挥不当。

工程建设体制、工程建设政策法规发生变化或不合理。

在国际工程中，国家之间的关系发生变化等。

b. 自然风险。其通常由下列原因引起：

恶劣的气象条件。如严寒无法施工，台风、暴雨给施工带来困难或损失。

恶劣的现场条件。如施工用水用电供应的不稳定性，工程不利的地质条件；又如洪水、泥石流等。

不利的地理位置。如工程地点十分偏僻，交通十分不便利等。

地震。

c. 经济风险。其主要产生于下列原因：

宏观经济形势不利，如整个国家的经济发展不景气。

投资环境差。工程投资环境包括硬环境（如交通、电力供应、通信等条件）和软环境（如地方政府对工程的开发建设的态度等）。

原材料价格不正常上涨。如建筑钢材价格不断攀升。

通货膨胀幅度过大，税收提高过多。

投资回报期长，属长线工程，预期投资回报难以实现。

资金筹措困难等。

② 工程项目内风险。

对工程项目内风险，根据技术因素的影响和工程项目目标的实现程度又可对其进行分类。

a. 按技术因素对工程项目风险的影响，可将工程项目风险分为技术风险和非技术风险。

其中，工程项目技术风险是指技术条件的不确定而引起可能的损失或工程项目目标不能实现的可能性。主要表现在工程方案选择、设计、施工等过程中，在技术标准的选择、分析计算模型的采用、安全系数的确定等问题上出现偏差而形成的风险。引起技术风险的因素可分为可行性研究、设计、施工等方面，引起技术风险的事件很多。

b. 根据工程项目目标的实现程度，可将工程项目风险分为进度、技术性能或质量以及费用风险。

工程项目进度风险，是指工程项目进度不能按计划目标实现的可能性。根据工程进度计划的类型，可将其分为分部工程工期风险、单位工程工期风险和总工期风险。

工程项目技术性能或质量风险。是指工程项目技术性能或质量目标不能实现的可能性。如轻微的质量缺陷出现，一般还不认为是发生了质量风险。质量风险通常是指较严重的质量缺陷，特别是质量事故。质量事故的出现，一般认为是质量风险发生了。

工程项目费用风险，是指工程项目费用目标不能实现的可能性。此处的费用，对业主而言，是指投资，因而费用风险是指投资风险；对承包商而言，是指成本，故费用风险是指成本风险。

4. 参与工程项目建设各方的风险

参与工程项目建设的各方包括工程项目的业主/项目法人、工程承包人和工程咨询人/设计人/监理人，他们是工程项目风险的承担者。

（1）业主/项目法人的风险。

工程项目业主/项目法人除了会遇到工程项目外部的政治、经济和自然风险外，通常还会遇到项目决策和项目组织实施方面的风险。

① 项目决策风险。业主/项目法人在实施工程项目过程中，需要进行各类项目决策，包括：工程项目方案的选择，工程设计人、监理人和施工承包人的选择；工程材料和设备供货商的选择，工程实施中各种问题处理方案的选择等。这些项目决策问题均不同程度地存在风险。

② 项目组织实施风险。这类风险可能起因于下列诸多方面：

政府或主管部门对工程项目干预太多，指挥不当。

建设体制或建设法规不合理。

合同条件的缺陷。

承包人缺乏合作诚意。

材料、工程设备供应商履约不力或违约。

监理工程师失职。

设计缺陷等。

（2）承包人的风险。

承包人是业主/项目法人的合作者，但在各自的经济利益上又是对立的双方，即，双方既有共同利益，各自又有风险。承包人的行为对业主构成风险，业主的举动也会对承包人的利益造成威胁。承包人的风险大致可成下列几方面：

a. 决策错误的风险。承包人在实施过程中需要进行系列的决策，这些决策无不潜伏着各具特征的风险，包括：

信息取舍失误或信息失真的风险。因信息的失真，其决策失误的可能性很大。

中介与代理的风险。中介人通常不让交易双方直接见面，在国际工程承包过程中，缺乏经验的承包人受中介人诈骗的案例不少。选择不当的代理人或代理协议不当给承包人造成较大损失的例子也不罕见。

投标的风险。投标是取得工程承包权的重要途径，但当承包人不能中标时，其投标过程发生的费用是无法得到补偿的。

报价失误的风险。报价过高，面临着不能中标的风险；报价过低，则又面临着利润低，甚至亏本的风险。

b. 缔约和履约的风险。其潜伏的风险主要表现在以下几方面：

合同条件不平等或存在对承包人不利的缺陷。例如，不平等条款；合同中定义不准确；条款遗漏或合同条款对工程条件的描述和实际情况差距很大。

施工管理技术不熟悉。例如，承包人未掌握施工网络计划新技术，对工程进度心中无把握，不能保证整个工程的进度。

合同管理不善。合同管理是承包人赢得利润的关键手段，承包人要利用合同条款保护自己，扩大收益。若做不到这点，则势必存在较大的风险。

资源组织和管理不当。这里的资源包括资金、劳动力、建筑材料和施工机械等。对承包人而言，合理组织资源供应是保证施工顺利进行的条件，若资源组织和管理不当，就存在着遭受重大损失的可能。

成本和财务管理失控。工程承包人施工成本失控的原因是多方面的，包括报价过低或费用估算失误、工程规模过大和内容过十复杂、技术难度大、当地基础设施落后、劳务素质差和劳务费过高、材料短缺或供货延误等。财务管理风险更大，一旦失控，常会给承包单位造成巨大的经济损失。

c. 责任风险。工程承包是一种法律行为，合同当事人负有不可推卸的法律责任。责任风险的起因有下列几种：

违约，即不执行承包合同或不完全履行合同。

故意或无意侵权。如对工程质量的事故，可能是粗心大意引起，也可能是偷工减料引发的。

欺骗和其他错误。

（3）咨询/设计/监理的风险。

同业主、承包人一样，咨询/设计/监理在工程项目实施和管理中也面临着各种风险。归纳起来，源于下列三个方面：

a. 来自业主/项目法人方的风险。咨询/设计/监理受业主委托，为业主提供技术服务，则要按技术服务合同承担相应的责任，因此承担的风险是不会少的。来自业主方面的风险主要出于下列原因：

业主希望少花钱多办事，不遵循客观规律，对工程提出过分的要求，如对工程标准提得太高，对施工速度定得太快等。

可行性研究缺乏严肃性。业主上项目的主意确定后，对咨询公司进行可行性研究时附加种种倾向性要求。

投资先天不足，咨询/设计/监理也难做“无米之炊”。

盲目干预。有些业主/项目法人虽和监理签有监理合同，明确监理有承包合同管理中的责任、权利和义务，但在实施过程中，业主随意做出决定，对监理工程师干预过多，甚至剥夺监理工程师正常履行职责的权利。

b. 来自承包人的风险。主要表现在：

承包人不诚实。常见的案例是承包人的报价很低，一旦中标后，在施工过程中工程变更、施工索赔接连不断，若监理工程师不答应，则以停工相要挟。

承包人缺乏职业道德。如质量管理方面，常见的现象是承包人还没有自检，就要求监理工程师同意进行检查或验收；当其履行合同不力或质量不合标准时，要求监理工程师网开一面，手下留情。

承包人素质太差。承包人的素质太低，履约不力，甚至没有履约的诚意或弄虚作假，对工程质量极不负责，都有可能使监理工程师蒙受责任风险。

c. 职业责任风险。咨询/设计/监理的职业责任风险一般由下列因素构成：

设计不充分或不完善。这显然是设计工程师的失职。

设计错误和疏忽。这潜藏着重大工程质量风险。

投资估算和设计概算不准。这会引起业主的投资失控，咨询/设计/监理对此当然有不可推卸的责任。

自身的能力和水平不适应，咨询/设计/监理的能力和水平不行，很难完成其相应的任务，与此相伴的风险必然是不可避免的。

5. 工程项目风险成本

工程项目风险成本一般是指风险活动或事件引起的损失或减少的收益以及为防止风险或活动或事件发生而采取措施而支付的费用。风险成本包括有形成本、无形成本及风险管理所需的费用。

（1）风险有形成本。

工程项目风险有形成本包括风险活动或事件造成的直接损失和间接损失。

① 直接损失，指发生在风险活动或事件现场财产或伤亡的价值。

② 间接损失，指发生在风险活动或事件现场以外的损失以及造成收益的减少。

（2）风险无形成本。

风险无形成本也称隐形成本，是指风险活动或事件发生前后，而使风险主体付出的代价。表现在：

① 减少了获利的机会。

② 阻碍了生产效率的提高。

③ 引起资源配置不合理。

④ 影响了人的积极性或引起了人的恐惧心理。

（3）风险管理费用。

工程项目风险管理费用包括工程项目风险识别、风险分析、风险预防和风险控制等发生的费用。例如，向保险公司投保、向有关方面咨询、购买必要的预防或减损设备、对有关人员进行必要的教育培训等。风险管理费用有直接的和间接的之分。一般而言，仅当工程项目风险活动或事件引起的不利后果超过工程项目风险管理而付出的费用时，才有必要进行风险管理。

6. 工程项目风险和决策者

不论工程项目的业主/项目法人还是承包人，在工程项目的活动中，其试图获得利润或赢得发展的机会时，或在选择工程项目的优化方案时，某种项目风险可能在悄悄地向其走来，即工程项目决策总伴随着风险。因此，在确定工程设计方案、选择工程结构安全系数、选择投标项目、做投标报价、决定施工方案和工程措施、制订工程进度计划、选择工程质量标准等的过程中，项目决策者必须对下列问题进行认真思索，并做出回答。

（1）有风险吗?

（2）能得到什么，而又可能会失去什么?

（3）成功和失败的机会各是多少?

（4）若结果不满意，如何处理?

（5）潜在的回报能超过风险的后果吗?

同时，项目决策者对下列问题也要作出分析。

（1）潜在损失发生的频率。

（2）损失的严重性。

（3）有效信息的数量和可信度。

（4）风险管理的难易程度等。

11.1.2 工程项目风险管理

1. 风险管理及工程项目风险管理

工程项目风险管理是工程项目管理的重要组成部分，但其不同于其他管理功能。它是人们在追求可靠和安全的目标下，在传统管理思想和现代科技理论相结合的基础上发展起来的一门新学科。对风险管理的认识还没有得到完全的统一，下面是几位学者的见解。

C.A.willmasJr.和 R.M.Heins 认为，风险管理系通过对风险的识别、计量和控制，而以最少的成本使风险所致的损失达到最低限度的管理方法。

J.S.Rosonbloom 指出，风险管理是处理纯粹风险和决定最佳管理方法的一套技术。

林义则认为，风险管理是指各经济单位通过识别风险、分析风险，并在此基础上有效控制风险，用经济合理的方法来综合处置风险，以实现最大安全保障的科学管理方法。

卢有杰对项目风险管理的描述为，项目管理班子通过风险识别、风险估计和风险评价，并以此为基础合理地使用多种管理方法、技术和手段对项目活动涉及的风险实行有效的控制，采取主动行动，创造条件，尽量扩大风险事件的有利结果，妥善地处理风险事件造成的不利后果，以最低的成本保证安全、可靠地实现项目的总目标。

综上所述，对风险管理的描述，作者认为，工程项目风险管理是工程项目管理班子通过对风险的识别、评估分析、应对和监控，以最小的代价，最大限度地实现项目目标的科学和艺术。这一定义包含三个要点：

（1）工程项目管理的主体是其管理班子。

（2）风险管理的核心是对风险的识别、评估分析应对和监控。

（3）工程项目风险管理的目标是用最小的代价实现工程目标。

2. 工程项目风险管理的主要内容

风险的识别、估计、评价、应对和监控是工程项目风险管理的重要内容。

（1）风险识别。它是风险管理的第一步，是对工程项目所面临的和潜在的风险加以分析、判断、归类的过程。工程项目周围存在的风险是各种各样的，包括项目外部的和内部的、技术的和非技术的。这些风险存在于什么地方？发生的条件是什么？发生的可能性有多大？发生后的损失又是如何？这些在风险识别中均应有初步的分析和判断。

（2）风险估计。它是在风险识别的基础上，通过对所收集到的大量资料进行分析，利用概率统计理论，估计和预测风险发生的可能性和相应损失的大小。风险估计是对风险的定量化分析，可为风险管理者进行风险决策、管理技术选择提供可靠的、科学的数据。

（3）风险评价。它是在风险识别和风险估计的基础上，对风险发生的概率、损失程度和其他因素进行综合考虑得到描述风险的综合指标——风险量，并与公认（或经验）的风险（安全）指标相比较，得到是否要采取控制措施的结论。

（4）风险应对。它是在风险发生时实施风险管理计划中的预定措施。风险应对措施包括两类：一类是在风险发生前，针对风险因素采取控制措施，以消除或减轻风险。其具体的措施包括规避、缓解、分散、抑制和利用等。另一类是在风险发生前，通过财务安排来减轻风险对项目目标实现程度的影响。其具体的措施有自留、转移等。

（5）风险监控。它跟踪已识别的风险，监视残余风险和识别新的风险，保证计划顺利执行，并评估这些计划对降低风险的有效性。

3. 工程项目风险管理的重点

工程项目风险管理贯穿于工程项目的整个寿命周期，而且是一个连续不断的过程，但也有重点。

（1）工程项目风险管理的重要时间节点。从时间上看，下列时间出现的工程项目风险要特别引起关注。

① 工程项目进展过程中出现未曾预料到的新情况时。

② 工程项目有特别的目标必须实现时，例如水利水电工程中的截流时间。

③ 工程项目进展出现转折点或提出变更时。

（2）工程项目风险管理的重要对象。项目无论大与小、简单与复杂，均可对其进行风险分析和风险管理。但是下面几种类型的工程项目或工程项目的活动尤其应该进行风险分析和风险控制：

① 创新或使用新技术、新工艺的工程项目。

② 投资规模大的工程项目。

③ 实行边可行性研究、边设计、边施工的工程项目。

④ 对生产经营影响特别大的工程项目。

⑤ 涉及敏感问题（生态环境、征地移民）的工程项目。

⑥ 受到法律、法规、安全等方面严格要求的工程项目。

⑦ 具有重要政治、经济和社会意义，以及财务影响很大的工程项目。

⑧ 签署不平常协议（法律、保险或合同）的工程项目。

（3）工程项目风险管理的重要环节。对于工程建设项目，在下述阶段进行风险分析和风险控制可以获得特别好的效果。

① 工程项目可行性研究阶段。在这一阶段，工程项目变动的灵活性最大。这时若做出减少工程项目风险的变化，不仅风险管理成本低、代价小，而且有助于选择工程项目的最佳方案。

② 工程项目评估阶段。工程项目可行性研究由业主/项目法人主持，主要从业主的角度出发分析工程项目的可行性及其风险。而工程项目评估，则是国家有关建设主管部门委托咨询机构，从国民经济和对社会发展的影响方面进行评估，包括进行风险分析。此时的风险分析对选择最佳的工程项目方案影响极大。

③ 工程项目设计阶段。工程项目设计的任务是要确定具体的工程方案，如具体的结构形式和布置，并进行工程优化。在这一阶段进行风险分析，在实现工程优化的同时，还能保证工程的安全性和可靠性。

④ 工程项目招标投标阶段。业主对工程项目的分标进行风险分析，可减少招标的风险。承包商可以通过风险分析明确承包中的所有风险，有助于确定应付风险的预备费数额或者核查自己受到风险威胁的程度。

⑤ 工程项目招标后。这时，项目业主通过风险分析可以查明承包商是否已经认识到项目可能会遇到的风险，是否能够按照合同要求如期完成项目。

⑥ 工程项目实施期间。定期做工程项目风险分析、切实地进行风险管理，可增加项目按照预算和进度计划完成的可能性。

4. 工程项目合同及其风险分配

工程项目的主体是业主/项目法人，但在工程项目实行施工承包以及委托设计和监理的情况下，工程项目实施中的风险并不全由业主/项目法人来承担，而是借助于设计、施工或工程监理合同，对可能出现的风险在合同当事人之间进行分配。在施工承包中，选择什么类型的合同，对项目风险的分配有影响；对各种风险，由合同哪一方承担，承担什么责任，均是各类工程建设合同条款的核心内容。

11.1.3　工程项目风险管理的研究进展

1. 风险管理的起源

“风险”一词源于法文，后再引入英文和中文。风险管理的思想首先也是由法国人引进企业经营领域的。直到 20 世纪 40—50 年代，风险管理的思想在美国的保险行业广泛应用，风险管理学科有了雏形。其中，1950 年 Mowbray 等人在 *Insurance* 一书中，较为系统地阐述了风险管理的概念。

1960 年，美国保险管理协会（ASIM）纽约分社和亚普沙那大学合作开设了风险管理课程。

1975 年，美国保险管理协会（ASIM）改名为风险与保险管理协会，标志着风险管理学科的逐步成熟。在此前后，美国多数大学工商管理学院或保险系普遍开设风险管理课程，宾夕法尼亚大学保险系还举办风险管理资格考试，通过该项考试，即可获得 ARM 证书。该证书具有相当的权威性，获得证书即表明在风险管理领域取得一定的从业资格，为西方国家所认可。

2. 风险管理理论研究和应用日益普及

20 世纪 80 年代以来，风险管理的理论研究和应用的发展较快，有些保险和风险管理研究专家曾预言，风险管理理论将会替代保险理论；风险管理理论将会应用到各个领域。

在美英等发达国家，风险管理研究十分活跃。1981 年，美国 RIMS 年会上，世界各国学者共同讨论并通过了“101 条风险管理准则”，作为各国风险管理的一般准则。其中包括：风险识别与衡量、风险控制、风险财务处理、索赔管理、职工福利、退休年金、国际风险管理、行政事务处理、保险单条款安排技巧、交流和管理哲学等，英国 C.B.Chapman 教授在 *Risk Analysis for Large Projects：Model，Methodand Cases* 一书中提出了“风险工程”的概念。风险工程是对各种风险分析技术的集成，以更有效地进行风险管理为目的，使得在较高层次上大规模地应用风险管理研究成果成为可能。与此同时，风险管理理论的应用也十分普遍，大型工程项目的立项决策、工程结构设计、工程投标承包等过程中广泛进行风险分析和研究。

1987 年，为推动风险管理理论在发展中国家的推广和应用，联合国出版了关于风险

管理的研究报告 *The Promotion of Risk Management in Developing Countris* 此后，其影响较大。例如，在尼日利亚风险管理的发展极为迅速，并取得实际效果。1991 年，学者 J.O.Irukwn 出版了著作 *Risk Management in Developing Country*。该书系统地阐述了风险管理的基本理论，并结合发展中国家的国情进行了剖析和说明。

在我国，风险管理教学、研究和应用开始于 20 世纪 80 年代后期。从那时开始，企业经营领域的风险管理专著已开始面世；在工程建设领域，风险分析的理论也开始应用；风险管理的课程已逐步走进一些大学课堂。

目前，风险管理研究和应用的热潮在国内外广泛掀起，已成为管理学科的一个重要分支，风险管理理论的应用也日益普及。在工程建设领域，工程项目的可行性研究、工程设计、工程投标经营、工程施工组织和方案选择等已较为普遍地应用风险管理理论。

3. *工程项目风险管理理论和技术在不断发展*

现代数学，特别是计算机技术的飞速发展，为工程项目风险管理技术的发展提供了极大的支持，促进了风险管理理论研究的深入和应用的普及。

（1）工程项目风险管理的技术众多，应用于工程项目管理的各个阶段。1992 年，英国里丁大学教授 SJ.Simister 就风险管理技术及其应用情况，对英国项目管理者协会的 37 名会员单位作了调查结果说明。目前，风险管理技术已较多，而且其中的核查表、蒙特卡罗模拟、计划评审技术、敏感性分析等已有较为广泛的应用。

（2）计算机技术的发展为风险管理技术的应用和发展提供了有力的支持。对许多技术，目前均有相应的计算机软件，使得这些技术在工程上的广泛应用成为可能。例如蒙特卡罗模拟，这种方法从技术角度看十分简单，但仅在高速计算机的支持下，这一技术才有生命力，也才有应用的价值。

（3）传统风险管理技术在不断改进和提高，新的风险管理技术也开始得到应用。蒙特卡罗模拟、规划评审技术等一些传统的风险管理技术在应用上需满足某些条件，如要求风险影响因素具有独立性。如何扩大应用范围，一些改进、提高方面的研究已取得了较大进展。与此同时，综合应急评审技术、风险评审技术、影像图技术等比较新的风险管理技术正在不断完善，并逐步开始应用。

11.2　工程项目风险识别

工程项目风险识别是对工程项目风险进行管理的第一步，也是十分重要的一步。然而在大部分情况下，风险并不是显而易见的，往往或隐藏在工程项目实施的各个环节，或被种种假象所掩盖。因此，识别风险要讲究方法，特别是要根据工程项目风险的特点，采用具有针对性的识别方法和手段。

11.2.1　风险识别过程

风险识别是要确定工程项目实施中存在哪些风险，这些风险可能会对工程项目产生什么影响，并将这些风险及其特性档案归档。主要包括收集资料、分析不确定性、确定风险事件、编制风险识别报告等。

1. 收集数据或信息

一般认为风险是数据或信息的不完备而引起的，因此，收集和风险事件直接相关的信息可能是有困难的。但风险事件往往不是孤立的，可能会存在一些与其相关的信息，或与其有间接联系的信息，或是与本工程项目可以类比的信息。工程项目风险识别应注重下列几方面数据信息的收集：

（1）工程项目环境方面的数据资料。

工程项目的实施和建成后的运行离不开与其相关的自然和社会环境。自然环境方面的气象、水文、地质等对工程项目的实施有较大的影响；社会环境方面的政治、经济、文化等对工程建设也有重要的影响。例如，经常下雨会影响到工程的进度，对某些工程还会影响到施工的成本和质量；工程地质条件的变化经常会引起工程量和工程造价的上升，也可能威胁到施工的安全和工程的进度；物价的上涨会引起建筑材料和施工机械台班费用的上升。诸如此类，均会给工程项目目标的实现构成威胁。因此，在风险识别时有必要收集和分析工程建设环境方面的数据资料。

（2）类似工程的有关数据资料。

以前经历的工程项目的数据资料以及类似工程项目的数据资料，均是风险识别时必须收集的。对于亲身经历过的工程项目，一定会有许多经验教训，这些经验和体会对识别本项目的风险是非常有用的，对于类似的工程项目，可以是类似的建设环境，也可以是类似的工程结构，或者两方面均类似则更好。它们的建设经验教训对当前工程项目的风险分析也是很有帮助的。因此，要注重这两方面数据资料的收集，包括过去建设过程中的档案记录、工程总结、工程验收资料、工程质量与安全事故处理文件，以及工程变更和施工索赔资料等。这些数据资料记载着工程质量与安全事故、施工索赔等处理的来龙去脉，对本工程项目风险的识别有极大的价值。

（3）工程的设计、施工文件。

工程设计文件规定了工程的结构布置、形式、尺寸，以及采用的建筑材料、规程规范和质量标准等，对这些内容的改变均可能会引来风险。例如，在工程施工中，设计、施工人员会觉得按规范设计的某结构太浪费，计划对其进行优化。此时应认识到，做这样的优化可能会遇到风险。因此，有必要进行详细的分析论证，进行风险分析。工程施工文件明确了工程施工的方案、质量控制要求和工程验收的标准等。工程施工中经常会碰到施工方案设计或优化选择的问题，此时，应对工程的进度、成本、质量和安全目标的实现进行风险分析，进而选择合理的方案。

2. 分析不确定性

在基本数据或信息收集的基础上，应从下列几个方面对工程项目的不确定性进行分析。

（1）不同建设阶段的不确定性分析。工程建设有明显的阶段性，而在不同建设阶段，无论是不确定事件的种类还是不确定事件的不确定程度，均有很大的差别，应将不同建设阶段的不确定性分别进行分析。

（2）不同目标的不确定性分析。工程建设有进度、质量和费用三个目标，影响这三个目标的因素既有相同处，也有不同的地方，要从实际出发，对不同目标的不确定性做出较为客观的分析。

（3）工程结构的不确定性分析。不同的工程结构，其特点不同，影响不同工程结构的因素不相同；即使相同，其程度也可能有差别。

（4）工程建设环境的不确定性分析。工程建设环境是引起各种风险的重要因素。应对建设环境进行较为详尽的不确定性分析，进而分析由其而引发的工程项目风险。

3. 确定风险事件，并将风险归纳、分类

在工程项目不确定分析的基础上，进一步分析这些不确定因素引发的工程项目风险的大小，然后对这些风险进行归纳、分类。为风险管理的方便，对这种分类，首先，可按工程项目内、外部进行分类；其次，按技术和非技术进行分类，或按工程项目目标分类。

4. 编制工程项目风险识别报告

在工程项目风险分类的基础上，应编制出风险识别报告。该报告是风险识别的成果，通常包括如下几方面的内容：

（1）已识别出的风险。

已识别出的工程项目风险是风险识别重要的成果之一。该成果经常采用风险清单的形式呈现。风险清单将工程项目所面临的风险汇总并按类进行排列，给人以整体的感觉。通过识读风险清单，工程项目管理人员不仅可把握自己的岗位所面临的风险，而且能了解到其他管理人员可能会碰到了风险，还能预感到风险可能发生的连锁反应。

对有关风险事件的描述应该包括：

① 已识别工程项目风险发生概率的估计。

② 工程项目风险可能的影响范围。

③ 工程项目风险发生的可能时间、范围。

④ 工程项目风险事件可能带来的损失。

（2）潜在的工程项目风险。

潜在的工程项目风险是指尚没有迹象表明将会发生的风险，是人们主观判断的风险，且一般是一些独立的工程项目风险事件，如自然灾害、项目特殊团队成员的辞职等。当然，潜在的工程项目风险可能会发展成为现实的工程项目风险，即其发生有一定的可能性。所以对于可能性或者损失相对较大的潜在的工程项目风险，应该注意跟踪和评估。

（3）工程项目风险的征兆。

工程项目风险的征兆是指工程项目风险发展变化的可能的趋向。例如，当工程工期紧张，需要赶工的时候，往往就有可能出现。又如，国家或地区发生通货膨胀，可能会使工程项目需要的资源价格上涨，从而导致工程项目投资超概算的风险，所以通货膨胀一般是发生工程项目投资风险的一种征兆。对工程项目风险征兆也需密切注视，并考虑应对计划和措施。

11.2.2 风险识别方法

识别风险的思路很多，可以根据自身项目管理的经历，对当前工程项目可能会遇到的风险做出分析；可根据已掌握的类似工程风险管理的数据和资料，对当前项目的风险进行识别；可以采用专家访谈或问卷的形式，对工程项目风险进行识别；可以采用成本分析的方法，识别风险，等等。在具体风险识别时，除了上述分析的思路外，通常可以利用下列具体方法或工具。

1. 核查表法

人们在个人以前的工程项目管理中，或者是其他人在类似工程项目的实践中，对工程项目中可能出现的风险因素，或者成功的经验和失败的教训经常会有一些归纳、总结。这些归纳、总结的资料恰好是识别工程项目风险的宝贵资料，可把这些资料列成表，然后将当前工程项目的建设环境、建设特性、建设管理现状等作比较，分析可能出现的风险。

2. 分解分析法

分解分析法是指根据分解原则，将复杂的事物分解成较为简单的、容易被识别的事物，将大系统分解成若干小系统，从而识别可能存在的种种风险与潜在的损失。在工程项目风险识别中，可采用按工程项目结构和引起风险的因素进行分解。

（1）工程项目结构分解识别法。

（2）为管理上的方便，可根据工程项目一般的分解方法，将工程分解为单项工程、单位工程、分部工程和分项工程，然后，从工程项目的最小单位开始逐步识别风险。

（3）风险因素分解识别法。

引发工程项目风险的因素有多种多样，而且不同的工程项目差异还较大。然而总可以按照某种方法进行分解，使风险因素具体化，从而进行风险识别。

3. 图解法

风险识别可以根据原因查找结果，也可以根据结果查找原因。根据原因查找结果，即先找出工程项目在实施的过程中可能会出现哪些不确定事件，这些不确定事件发生后会引起什么样的结果。例如，作为工程项目承包的投标人，报价时就应分析实际的工程量和报价单的工程量相比会不会发生变化，工程量的增加或减少应如何报价，而报价的高低会出现什么样的风险。根据结果找原因，如工程成本增加了，是哪些因素导致了成本的增加呢？工程工期滞后了，是哪些因素导致了工期滞后的呢？这实际上是在风险发生后去寻找引发风险的原因。其作用是为作进一步的风险识别提供基础。

（1）因果分析图。

因果分析图是根据核查表等方法分析风险的存在，或根据假设风险存在的基础上，而经常使用的确定风险起因的方法。

（2）流程图。

流程图是一种根据工程项目实施过程，或是根据工程项目某一部分管理过程，或某一部分结构的实施工过程，或某一施工过程，进行罗列，再结合工程的具体情况，识别本工程存在风险的方法。风险识别的流程图方法可用于识别非技术风险，也可用于识别技术风险。

11.2.3 工程项目目标风险识别

工程项目具有进度、质量和费用三个主要目标。在工程项目的实施过程中，由于多种因素的影响，使得实现工程项目的这三个目标存在较高的风险。因此，识别这三个目标的风险是工程项目风险管理中的重要任务之一。

1. 工程项目进度风险的识别

影响工程项目进度的因素很多，涉及的面很广，包括建设环境、项目业主、工程项目设计和工程项目施工等。对一般工程项目施工阶段进度风险因素，通过分析可对进度风险的形势有一粗略的识别。对工程工期风险的识别，则要做进一步的分析。

工程项目进度的风险因素对工程项目工期是否有影响，即是否形成工程项目工期风险，这也需要识别。并不是每一个进度风险因素对工程项目工期都有影响，要具体分析工程项目中的哪些活动或子项目受到进度风险因素的影响，影响的程度可能有多大。然后根据工程项目的进度计划，借助于工程网络计划技术做出初步的分析。

对肯定型网络，用关键线路法分析时，一般而言，关键线路法的活动或子项目受到进度风险因素的影响，其持续时间延长后会引起工期风险，而且其延长程度越大，工期风险越大；非关键路线的活动或子项目，当进度风险因素使其持续时间的延长超过总时差时，也会引起工期风险。

2. 工程项目技术性能或质量风险识别

不同的工程项目具有不同的技术性能或质量问题，即具体的工程质量风险，但引起质量问题的原因总会包括项目环境原因、业主原因、设计原因和施工原因等。对工程施工阶段的质量风险，其引发的风险因素又可具体分为施工环境、操作及管理人员、施工机械、建筑材料、施工工艺或方案等。对比较粗略的质量风险识别，可用核查表法；对具体某一施工过程或子项工程的质量风险，可用流程图或流程图加核查表进行识别。

（1）工程项目整体质量风险识别。

引起工程项目质量风险原因很多，但从整体上考虑，可以归纳为若干方面。

（2）施工过程或子项工程施工质量风险识别。

对于具体施工过程或子项工程施工质量风险识别，除用核查表外，还可以用流程图进行识别。

11.3 工程项目风险估计

工程项目风险识别仅解决了有无风险事件的问题。风险事件发生的可能性，以及风险事件发生后的后果和影响范围的大小等问题还有待作进一步的分析估计。本章仅介绍工程项目风险估计的基本原理和方法。

11.3.1 工程项目风险估计概述

1. 工程项目风险估计的内涵

项目风险估计是对工程项目各个阶段的风险事件发生可能性的大小、可能出现的后果、可能发生的时间和影响范围的大小等的估计。

工程项目风险估计的作用是为分析整个工程项目风险或某一类风险提供基础，并进一步为制订风险管理计划、风险评价、确定风险应对措施和进行风险监控提供依据。

2. 工程项目风险估计的过程

工程项目风险估计过程如图 11-1 所示。

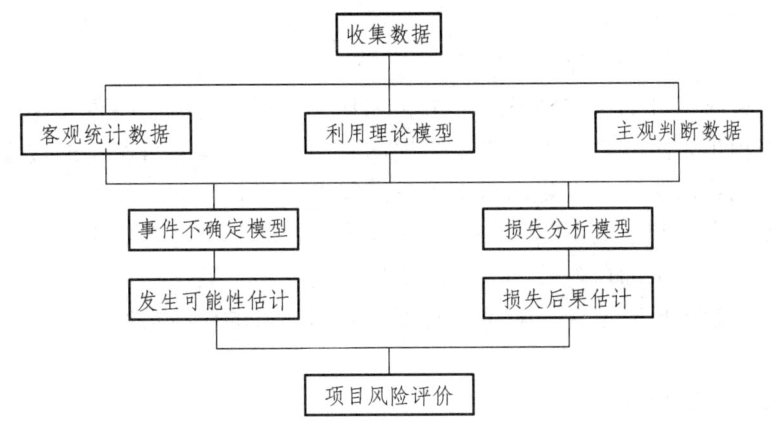

图 11-1 工程项目风险评估过程

（1）收集数据。

工程项目风险估计的第一步是收集和风险事件相关的数据和资料。这些数据和资料可从过去类似工程项目的经验总结或记录中获得；可以从气象、水文、建设市场、社会经济发展的历史资料中获得；也可以从一些勘测和试验研究中获得；还可以在工程项目实施过程中获得。所收集的数据和资料要求客观、真实，最好具有可统计性。

工程项目由于具有单件性和固定性等特点，在某些情况下，有价值的、可供使用的历史数据资料不一定十分完备。此时，可采用专家调查等方法获得具有经验性的主观评价资料。

（2）建立风险模型。

以取得的有关风险事件的数据资料为基础，对风险事件发生的可能性和可能的结果给出明确的量化的描述，即风险模型。该模型又分为风险概率模型和损失模型，分别用以描述不确定因素与风险事件发生概率的关系，以及不确定因素与可能损失的关系。

（3）风险发生的概率和后果的估计。

工程项目风险性模型建立后，就可以用适当的方法去估计每一风险事件发生的概率和可能造成的后果。通常用概率来表示风险事件发生的可能性；可能的后果则用费用损失或建设工期的拖后来表示。

（4）项目风险评价。

经对不同风险事件发生概率和可能出现的后果作估计后，就具备了对工程项目整体风险，或某一部分风险，或某一阶段风险进行评价的条件。通常是将风险事件的发生概率和可能的结果结合起来进行评价。

3. 工程项目风险估计的内容

（1）风险事件发生/可能性的估计。

工程项目风险估计的首要任务是分析和估计风险事件发生的概率，即风险事件发生可能性的大小。这是工程项目风险分析估计中最为重要的一项工作，而且常常也是最困难的一项工作。主要原因在于两方面：一是与风险事件相关的系列数据的收集相当困难；二是不同工程项目差异性较大，用类似的工程项目的数据推断当前工程项目风险事件发生的概率，其误差可能较大。

（2）风险事件后果严重程度的估计。

工程项目风险估计的第二项任务是分析和估计工程项目风险事件发生后其后果的严重程度，即工程项目风险事件可能带来损失的大小。在工程项目实施的过程中，经常会遇到这样的情况：风险事件发生的概率不一定很大，但如果它一旦发生，其后果是十分严重的。例如，在水利水电工程施工导流过程中，常用围堰进行挡水，当施工导流标准选得较高，即围堰漫水的风险较小时，围堰尺寸就较大，但一旦出现了超标准的洪水，围堰发生漫水，就是风险事件，对于土石围堰而言，当围堰漫水后就会给工程造成巨大的损失。

（3）风险事件影响范围的估计。

工程项目风险估计的第三项任务是对风险事件影响范围的估计，包括分析风险事件可能影响的部位，或可能影响的方面和工作。在工程项目实施过程中，对某些风险事件，其发生的概率和本身造成的后果都可能不是很大，但如果一旦发生就会影响到工程项目的各个方面或许多工作，此时，有必要对其进行严格的控制。例如，水利水电工程施工截流，一般而言，按正常设计组织施工，其失败的风险是很小的，若不成功，即风险发生了，则工程要受到严重的、直接的经济损失；同时，施工工期常要推迟一年，而建设工期推迟一年带来的间接损失也是十分严重的。因此，在水利水电工程实践中，人们对施工中的截流十分重视，如长江三峡工程项目的大江截流，国家主要领导人都出席了最后的截流合龙仪式。

（4）风险事件发生时间的估计。

项目风险事件的发生时间，即风险事件出现的时间，也是工程项目风险分析中的重要工作。这有两方面的考虑：一方面是从风险控制的角度看，根据风险时间发生的时间先后顺序进行控制。一般情况下，早发生的风险应优先采取控制措施，而对于相对发生较迟的风险，则可以通过跟踪和观察并抓住机会进行调节，以降低工程成本。另一方面，在工程实施过程中，对某些风险事件，完全可以通过时间上的合理安排，以大大降低其发生的概率和减小其发生可能带来的后果。例如，对大体积混凝土施工，在其他条件相同的情况下，夏季施工和冬季施工相比，夏季出现温度裂缝的风险要大。因此在可能的范围内，一般尽可能地将施工安排在冬季。

11.3.2 风险事件发生概率

1. 利用已有数据资料分析风险因素或风险事件的概率分布

当工程项目某些风险事件或其影响因素积累有较多的数据资料时，就可通过对这些数据资料进行分析，找出风险因素或风险事件的概率分布。这是分析风险事件发生概率和分析风险损失的主要进径。这方面的例子如下：

在工程地基边坡风险分析中，土体抗剪强度的概率分布是一个重要的参数，一般是通过勘察和实验取得基本数据，然后通过分析，确定土体抗剪强度的概率分布。

2. 利用概率分布确定风险因素或风险事件的概率

在工程实践中，有些风险因素或者风险事件的发生是较为普遍的现象，前人已经作了许多研究和探索，并得到了这些风险因素或者风险事件的随机变化规律，即分布规律。对于这种情况，可以利用已知的理论概率分布，根据工程的具体情况求风险因素或者风险事件发生的概率。

例如，在工程项目的质量管理过程中，专家做了大量的研究，发现质量数据具有波动性，这种波动性是受许多因素影响的，而在正常生产条件下，每个因素都显示不明显，而且没有一个因素起主导所用。因此这种波动性是有规律的，并服从正态分布。因此在进行工程质量的风险分析时，就可以直接利用这种结论来计算质量风险的大小。

3. 用主观概率分析风险事件发生的概率

利用主观概率分析工程项目风险时应注意到，主观概率反映的是特定的个体对特定事件的判断。在某种程度上，主观概率反映了个体在一定情况下的自信程度。用主观概率估计风险因素或风险事件发生概率的常用方法有下列几种：

（1）等可能法。

在分析风险因素或风险事件发生概率时，没有任何历史资料和数据的情况下，此时可认为各个自然状态出现的可能性是相等的，若有 n 种自然状态，每种自然状态出现的概率为 $1/n$。这种方法又称为等可能法或拉普拉斯法。

（2）统计估算法。

若风险在自然状态出现的概率有历史统计资料可参考，则可以通过统计计算，以各种状态在历史上出现的频率代替概率。

（3）主观测验法。

对于自然状态出现的概率，项目管理人员也可用比较、试探的方法进行估计，即为主观测验法。

（4）专家估计法。

个体对风险因素或风险事件发生概率的判断可能主观性较大，为避免个体行为的偏差，使估计结果更符合客观实际，常充分利用专家们的集体智慧，由专家们来确定风险因素或风险事件的发生概率。

该方法是请若干专家，分别对风险因素或风险事件发生概率做出估计，然后项目管理者加以综合。每位专家的学识、经历和经验由于不一，因此每位专家对事物的认识会有差异，项目管理者对每位专家的信赖程度也不同，常给每位专家的意见赋以不同的权重，然后计算出加权平均结果，作为对风险因素或风险事件发生概率的估计值。

4. 综合推断法

综合推断法是将利用已有数据并与主观分析判断相结合的一种综合的项目风险发生概率的估计方法。综合推断法又可分为前推法、后推法和旁推法。

（1）前推法。

前推法就是根据历史经验和数据来推断风险发生的概率。例如，兴建一座化肥厂，需要考虑大雨成灾的风险。为此，可根据这一地区水灾事件的历史记录进行前推，这里也有各种可能性，如：历史记录呈现出明显的周期性，那么外推可认为是简单的历史重现，也就是将历史数据序列投射到未来，作为未来风险的估计。

有时不能预见水灾发生的确切时间，只能根据历史数据估计出重现期的概率。有时由于历史数据往往是有限的，或者看不出什么周期性，可认为获得的数据只是更长的关于水灾历史数据序列的一部分，关于这一序列，又可假设服从某一用曲线或函数，再进行外推。

有时需要根据逻辑上或实践上的可能性去推断过去未发生过的事件在将来发生的可能性。这是因为历史记录往往有失误或不完整的地方，同时气候和环境也在变化。另外，对历史事件的解释也可能掺入某些个人的意见。因此，必须考虑历史上未发生的事件在未来发生的可能性。实际上如果将历史数据看做是更长数据序列的一部分，亦有可能推断出历史上未曾发生的事件。在进行这一推断工作时，要采用各种方法，从简单的统计到复杂的曲线拟合和物理系统的分析，这要用到个人或集体经验外推的某些形式。

（2）后推法。

如果没有直接的历史经验数据可供使用，可以采用后推的方法，亦即把未知想象的事件及后果与某一已知的事件及其后果联系起来，这也就是把未来风险事件归算到有数据可查的造成这一风险事件的一些起始事件上。在时间序列上也就是由前向后推算。如对于水灾这一例子，如果没有关于水灾的直接历史数据可查，可将水灾的概率与一些水文数据如年降水量等联系起来考虑。考虑到某一地区已有的或设计的排水条件，根据降水量的数据，估算出足以引起一定大小水灾的“假想的大雨”，再根据此假想大雨的概率，即可对水灾出现的可能性作出估计。

（3）旁推法。

旁推法就是利用不同的但情况类似的其他地区或工程项目的数据对本地区或工程项目进行外推。例如，可以收集一些类似地区的水灾数以增加本地区的数据，或者使用类似地区一次大雨的情况来估计本地区的水灾出现的可能性等。

应当说，旁推法在我国工程界早已被采用。例如，在水文分析中的“水文比拟法”。在进行风险较大的工程项目时，如采用新的建筑材料或新的工程结构，常采用的“试点”，“由点到面”的方法，这是工程中较为典型的一种旁推法。用某一项目取得的数据，去预测其他工程项目的状态，这是工程项目风险估计常用的方法之一。

11.3.3 风险损失的估计

工程项目风险损失估计是风险估计的一个重要方面，其估计的精度直接影响到项目决策或项目风险应对措施的选择。

1. 工程项目风险损失的标的

工程项目风险损失是项目风险一旦发生后，将会对工程项目目标的实现形成不利的影响。这种影响对象，即损失的标的，一般包括下列四个方面：

（1）进度（工期）拖延。反映在各阶段工作的延误或工程工期的滞后。例如，因恶劣的气候条件导致施工中断；处理质量事故要求暂停施工等。

（2）费用超计划。反映在项目费用的各组成部分的超支。例如，价格上涨，引起材料费超出计划值；处理质量事故使费用增加等。

（3）质量事故或技术性能指标严重达不到要求。它是指质量严重不符合有关标准的要求，而且一般要求返工，造成经济损失或工期的延误。

（4）安全事故。它是指在工程建设活动中，由于操作者的失误、操作对象的缺陷以及环境因索等，或它们相互作用所导致的人身伤亡、财产损失和第三者责任等。

上述四类损失分属不同的性质。例如，超支用货币来衡量，而进度则属时间的范畴；质量事故和安全事故既涉及经济，又可导致工期的延误，显得更加复杂。但在工程项目风险管理中，质量和安全的影响问题常可归结为费用和进度的问题。在某些场合，还可进一步将工程项目的进度问题归结为费用的问题进行分析处理。

2. 进度（工期）损失的估计

对于一般工程项目活动持续时间不确定性的进度风险计算问题，将在后面介绍。此处主要考虑风险事件对工程项目引起进度（工期）方面损失的估计问题，一般应分为下列两步展开：

（1）风险事件对工程局部进度影响的估计。

风险事件对工程局部进度影响的估计是分析风险事件引起工程项目进度（工期）损失的基础。这项分析既要确定影响局部进度风险事件的发生时间，又要确定局部施工活动延误的时间。

对于影响局部进度风险事件发生的时间，可根据工程整体的进度计划和工程建设环境的发展变化做出分析判断。

对于风险事件发生后对局部施工活动延误时间的计算，要根据工程实际情况进行。例如，发生了一起较大的质量事故，这起质量事故对局部施工活动延误时间的计算应包括质量事故调查分析所要的时间、质量事故处理所要的时间和质量事故处理后验收所需要的时间等。在合同管理和实行监理的建设环境下，质量事故对局部施工活动延误的时间一般应为发出暂停工令到发出复工令这段时间。又如，突发洪灾对工程局部施工活动延误时间的计算应包括计算恢复生产（施工）所需要的时间和恢复工程所需要的时间。

（2）风险事件对整个工程工期影响的估计。

当风险事件对局部施工活动延误的时间确定后，就可借助于关键线路法进行分析，以确定风险事件发生后对工程项目工期的影响程度。一般而言，对关键路线上的施工活动，其时间上的滞后即为工程项目工期滞后的时间；对非关键线路上的施工活动，其时间上的滞后，对工期是否有影响要作具体分析。对非关键线路上的某一些施工活动，其完成时间虽有滞后，但对工程项目的正常完成可能没有影响。

3. 费用损失的估计

费用损失的估计和风险发生概率的估计相比，在风险管理中占有同样重要的地位。

特别是在风险决策分析中，费用损失估计不准，可能会导致相反的结果，选择完全不同的方案。对风险管理者而言，费用损失估计需要估计风险事件带来的一次性最大损失和对工程项目产生的总损失。

（1）一次性最大损失的估算。

风险事件的一次性最大损失是指一次标的在最坏的情况下可能发生的最大可能损失额。这一指标往往很重要，因为数额很大的损失若一次出在某一个工程项目上，项目很可能因流动资金不足而终止，永远失去该项目可能带来的机会；而同样数额的损失，若是在较长的时间里，分几次发生，则项目班子可能会设法弥补，使工程项目能进行下去。

一次最大损失应包括在同一时段发生的各类风险引起的损失之和，包括经济、工期、质量、安全和第三者责任等引起的损失。

（2）对项目整体造成损失的估计。

工程项目风险发生后，经常会马上出现损失，这就是一次性的损失。有些风险除一次性损失外，对后阶段项目的实施还会有影响，即还会有损失。当然这种损失可能包括经济、工期、质量和安全等几方面。在进行风险决策、风险控制方案选择方面，常常不仅需要估计项目风险事件发生后一次性的损失费用，还要估计这种对后阶段项目实施带来的损失。

（3）各种不同类型风险损失的具体估算。

① 因经济因素而增加费用的估算。因经济因素而引起费用的增加，可直接用货币的形式来表现。这些因素包括价格、汇率、利率等的波动或工程建设资金筹措不当等。

② 赶工程进度而增加费用的估计。工程进度和经济问题密切相关，由赶工程进度而引起的费用增加包括两个方面：

资金的时间价值。进度风险的形成可能会对现金流造成影响，从而在利率作用下引起经济损失。

赶工的额外支出。为赶进度而增加的成本，包括建筑材料供应强度增加而增加的费用、工人加班而增加的人工费、机械使用费和管理费等的增加等。

③ 处理质量事故而增加费用的估算。质量事故导致的经济损失包括直接经济损失，以及返工、修复、补救等过程发生的费用和第三者的责任损失。具体可分为下列全部或若干项：

a. 建筑物、构筑物或其他结构倒塌或报废所造成的直接经济损失。

b. 修补措施的费用。

c. 返工费用。

d. 引起工期拖延引起的损失。

e. 工程永久性缺陷对使用功能引起的损失。

f. 第三方责任引起的损失。

④ 处理安全事故而增加费用的估算。处理安全事故而引起的损失包括：

a. 伤亡人员的医疗或丧葬费用，以及补偿费用。

b. 财产损失费用，包括材料、设备等的损失费用。

c. 引起工期延误带来的损失。

d. 为恢复正常实施而发生的费用。

e. 第三方责任引起的损失。

（4）工程项目风险损失的估计应注意的问题：

工程项目风险损失的估计是否科学合理，直接关系到风险评价或风险决策的结果。在进行工程项目风险损失估计时一般应注意下列问题：

① 有关工程损失费用的计算和原工程估价的计算口径最好要一致，包括基础单价标准、费率标准、工程的计量方法等。

② 当计算工程进度损失、质量和安全事故的费用损失时，一方面要考虑到直接损失和间接损失；另一方面要紧密结合工程的实际情况。因为不同工程的差异性很大，同样或类似的风险事件，但对不同的施工条件或不同的工程结构，其经济损失相差甚远。

③ 在工程项目风险决策或风险控制措施选择等问题上，计算不同方案的风险损失时，其方法要一致，计算参数选择、工程计量方法、基础单价标准等方面要统一，这样才有可比性，所得方案才是满足优化目标的方案。

11.4 工程项目定性风险分析

定性风险分析的目的是利用已识别风险的发生概率、风险发生对项目目标的相应影响，以及其他因素，例如时间框架和项目费用、进度、范围和质量等制约条件的承受度，对已识别风险的优先级别进行评价。

概率和影响级别的定义以及专家访谈，可以帮助纠正该过程所使用的数据中的偏移。有关风险行动的时间紧迫性可能会加大风险的重要性。对可用的项目风险信息进行质量评价，有助于理解风险对于项目的重要性。

定性风险分析一般是一种为风险应对计划所建立优先级的快捷、有效的方法，它也为定量风险分析（如果需要该过程）奠定了基础。定性风险分析在项目寿命期间应当被回访，从而与项目风险的变化保持同步。定性风险分析需要使用风险管理计划和风险识别所产生的结果。在这个流程后，与定量风险分析流程相接或直接进入风险应对计划流程。

11.4.1 定性风险分析依据

1. 类似项目的风险分析信息

以前类似项目风险的资料和经验教训知识库可以用于定性风险分析。

2. 项目范围说明书

一般性或重复性的项目往往有较为熟知的风险，而采用最新技术或创新性技术的项目以及极其复杂的项目，往往有更大的不确定性。这可以通过审查项目范围说明书进行评价。

3. 风险管理体系文件

风险管理体系文件规定的管理方法和管理规定，包括岗位职责、预算和计划好时间的风险管理活动、风险分类、概率和影响定义、概率和影响矩阵以及修订的有关方面的风险承受度等。

4. 风险清单

风险识别后提出的风险名单是定性风险分析的对象。

14.4.2 风险量和风险坐标

了解风险因素的存在以及风险事件对项目目标的影响，这只是对项目风险的初步认识，还需要进一步掌握风险量、各种不同规模的损失出现的概率等信息。

风险量是衡量风险大小的一个变量，可被定义为 $R=f(p, q)$，其中，R 为风险量；P 为风险事件可能发生的概率；q 为损失度。

风险量的量化具有很大的主观性，与人的评价标准以及对于风险事件发生的预测能力和对其后果的控制能力有关。风险量的确定能为选择处理项目风险的方式提供所需要的信息。

风险坐标是描述风险量大小的一种形象方法，它分别以风险的两个特征值——风险发生的频率和风险发生导致对项目目标的影响的严重程度（损失量大小）为纵、横坐标，如图 11-2 所示。

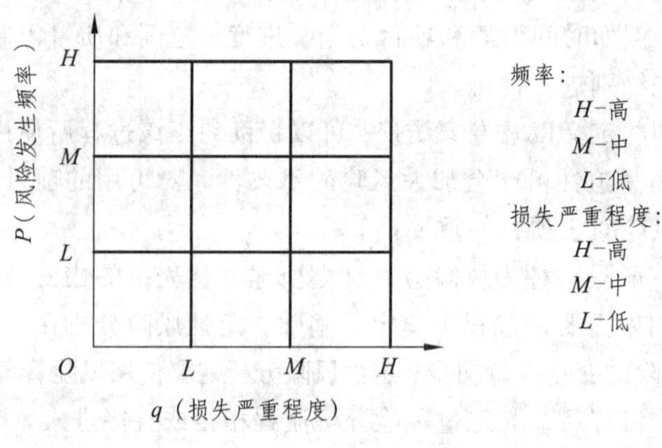

图 11-2 风险坐标

风险概率和后果：使用定性语言将风险的发生概率及其后果描述为极高、高、中、低、极低五级。

风险概率——描述某一风险事件发生的可能性。

风险后果——描述某一风险事件如果发生将对项目目标产生的影响。

风险的这两个维度适用于描述具体的风险事件，可有助于甄别出那些需要强有力地加以控制与管理的风险，但不适用于描述项目整体。

11.4.3 定性风险分析基本方法

1. 风险概率和影响评价

风险概率评价研究每个具体风险将发生的可能性。风险影响评价研究风险对项目工期、费用、范围或质量目标的可能影响，既包括威胁的消极影响，也包括机会的积极影响。

要给每个识别出的风险评价出概率和影响。可以采用按照所熟悉的风险种类挑选出来的参与者进行访谈或开会的方式评价风险，项目团队成员也要包括进来（或许项目以外的专业人士也需包括进来）。需要专家的意见，因为历史项目数据库中的风险信息可能寥寥无几。与会者由于可能不具有风险评价方面的任何经验，因此需要由经验丰富的主持人引导讨论过程。

访谈或会议期间，每项风险的概率及其对每个目标的影响等级被评价出来。其说明作用的细节内容，包括确定概率和影响等级所依赖的假设等也应记载下来。根据风险管理体系文件中的定义对风险概率和影响确定等级。有时，概率和影响明显很低的风险不需要确定等级，而是放在观察清单中用于以后的监测。

2. 概率和影响矩阵

根据风险分级可以为进一步的定量分析和风险应对给风险排出优先排序。风险分级是所评价出的风险概率和影响确定的。每个风险的重要性，以及据此确定的关注优先顺序，通常采用调查表或概率和影响矩阵（见表 10-4）的形式列出。这种概率和影响矩阵规定了风险概率和影响的组合结果，它把风险分成低、中或高等级。根据组织的偏好，可以使用描述性术语或使用数值表示。

组织应确定哪些概率和影响的组合结果属于高风险（红色状态）、中等风险（黄色状态）或低风险（绿色状态）。在黑、白两色的矩阵中，这些状态可以用不同的灰度表示，如表 11-2 所示。

表 11-2　概率和影响矩阵

概率	危　害					机　会				
0.9	0.05	0.09	0.18	0.36	0.72	0.72	0.36	0.18	0.09	0.05
0.7	0.04	0.07	0.14	0.28	0.56	0.56	0.28	0.14	0.07	0.04
0.5	0.03	0.05	0.1	0.2	0.4	0.4	0.2	0.1	0.05	0.03
0.3	0.02	0.03	0.06	0.12	0.24	0.24	0.12	0.06	0.03	0.02
0.1	0.01	0.01	0.02	0.04	0.08	0.08	0.04	0.02	0.01	0.01
	0.05	0.1	0.2	0.4	0.8	0.8	0.4	0.2	0.1	0.05

注：根据发生概率和如果确实发生对一个目标所产生的影响，评出每一个风险的等级。组织将低、中、高风险的临界值列在矩阵中，并确定每个目标的风险等级。

通常，这些风险分级的规则由组织在项目风险管理体系文件中给予规定，并把它们加在组织过程资源中。风险分级规则可以在风险应对计划中针对具体项目做修订。

表 11-4 是一种常用的风险概率和影响矩阵。组织可以针对每一个目标（如时间、费用和范围）单独给一项风险分级。另外，也可以制订一些方法为每项风险确定一个总体的等级。最后，利用适合每个机会和危害的不同影响等级的定义，机会和危害可以在同一矩阵中得到处理。

风险分值帮助指导风险应对措施的制定。例如，如果发生了对项目目标产生不利影响的风险（即危害），而且它们处于矩阵中的高风险区域，可能就需要优先采取行动和采用主动性的应对策略。而处于低风险区的危害，可能只需要把它们列入观察清单或增加一项不可预见费准备金，并不需要采取主动的管理措施。

对于那些机会也是如此，应当把那些可以最容易获得并带来最大利益的处于高风险区域的机会当作首要目标。低风险区域的机会应当受到监测。

3. 风险数据质量评价

要使定性风险分析可靠，就需要准确和无偏的数据。风险数据质量分析是一种评价有关风险的数据对风险管理有用的程度的一种技术。它包括检查人们对风险的了解程度，以及风险数据的精确性、质量、可靠性和完整性。

使用准确性低的数据得出的定性风险分析结果对项目毫无用处。如果对数据的质量不满意，可能有必要搜集质量更好的数据。搜集风险信息往往有困难，并且消耗原定计划不包括的时间和资源。

4. 风险分类

项目中的风险可以按照风险来源（利用风险分解矩阵）、受影响的项目部位（使用工作分解结构）或其他分类办法（如项目阶段）分类，从而确定最易受不确定性影响的项目中的领域。按照共同的根本原因对风险进行分类，可以制订出有效的风险应对措施。

5. 风险紧迫性评价

可以把近期需要采取应对措施的风险视为更迫切的风险。显示风险优先权的指标可以包括采取一种风险应对措施的时间、风险征兆、预警信号和风险等级。

11.4.4 定性风险分析结果

定性分析的结果是产生风险名单（更新）。

风险名单在风险识别的过程中形成，并根据定性风险分析的信息进行更新，更新后的风险名单被纳入项目管理计划。来自定性风险分析的风险名单更新包括：

1. 项目风险的相对排序或优先级清单

可以使用风险概率和影响矩阵，根据风险的重要程度进行分类。项目经理可以参考风险优先级清单，集中精力处理高重要性的风险，以获得更好的项目成果。如果组织更关注其中某一项目标，则可以分别为费用、时间、范围和质量目标单独列出风险优先级。对于被评定为对项目十分重要的风险而言，应对其风险概率和影响的评定基础和依据进行说明。

2. 按种类分组的风险

可以揭示风险的共同根源或需要特别关注的项目领域。在发现风险集中的领域之后，可提高风险应对的有效性。

3. 需要在近期采取应对措施的风险清单

那些需要采取紧急应对措施的风险和可以以后处理的风险应放在不同的分组。

4. 需要补充分析和应对的风险清单

有些风险可能需要补充分析，包括定量风险分析，以及采取风险应对措施。

5. 低优先级风险观察清单

在定性风险分析过程中，把评为不重要的风险放入观察清单中继续监测。

6. 定性风险分析结果中的趋势

随着分析的反复进行，特定风险的某种趋势可能显露出来，从而使采取应对措施或进行进一步的分析有不同程度的紧迫性或重要性。

11.5 工程项目定量风险分析

定量风险分析是对通过定性风险分析排出优先顺序的风险进行量化分析。尽管有经验的风险经理有时在风险识别之后直接进行定量分析，但定量风险分析一般在定性风险分析之后进行。定量风险分析一般应当在确定风险应对计划时再次进行，以确定项目总风险是否已经降低到令人满意的程度。重复进行定量风险分析反映出来的趋势可以指出需要增加还是减少风险管理措施，它是风险应对计划的一项依据，并作为风险监测和控制的组成部分。

11.5.1 定量风险分析依据

1. 历史信息

从行业或企业得到类似的已完项目信息，风险专家对类似项目的研究形成的资料以及风险数据库。

2. 项目范围说明书

3. 风险管理体系文件

风险管理体系文件规定的管理方法和制度包括执行风险管理的岗位职责、预算和计划时间的风险管理活动，风险分类，风险分解结构和修订的有关方面的风险承受度。

4. 风险清单

已识别风险的清单、项目风险的相对排序或优先级清单，以及按照分类分组的风险。

5. 有关项目管理计划

（1）项目进度管理计划。项目进度管理计划为项目进度的计划和控制规定了格式和标准。

（2）项目费用管理计划。项目费用管理计划为项目费用的计划、组织和估算、预算和控制规定了各式要求和标准。

11.5.2 定量风险分析方法

1. 数据收集和表示技术

（1）访谈。

开展风险访谈就是向有关专家进行调查研究，访谈技术用于对风险概率及其对项目目标的影响进行量化。例如对有些常用的分布，会搜集乐观（低）、悲观（高）与最可能情况的相关资料；而对其他分布，则会搜集平均值和标准差的资料。表 11-3 所列为一个用于费用估算的三点（低、高、最可能）估算法的例子。将风险值域设定的理由形成文件是风险访谈的一个重要组成部分，因为它可以为该项分析的可靠性和可信性提供信息。

风险访谈调查确定了每个 WBS 元素的三点估计值。传统做法把各个最可能的值相加，得 41 万元，但相对来说这个值实现的可能性不大。

表 11-3 通过风险访谈收集的项目费用估算值域　　单位：万元

WBS 元素	低	最可能	高
设计	4	6	10
建造	16	20	35
调试	11	15	23
项目合计	—	41	—

（2）概率分布。风险事件发生的概率和概率分布是风险分析的基础。因此，风险管理人员正常考虑的问题是风险的概率和概率分布。连续概率分布表现活动的持续时间和费用数值的不确定性。离散分布可以用来表现不确定事件，如测试结果或决策树的某种可能选项。图 11-3 所示为两个广泛使用的连续分布的例子。这些不对称分布描绘的形状与项目风险分析期间逐步得到的典型数据相符。如果在规定的最高值和最低值之间不存在明显比任何其他值都更可能的值，则可以使用均匀分布，如在概念设计阶段就会遇到这种情况。

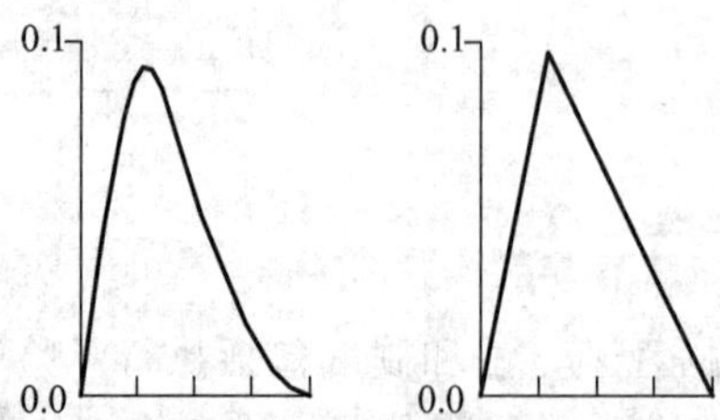

图 11-3 常用概率分布的例子

注：贝塔分布和三角形分布常用于定量风险分析。其他常用的分布包括均匀分布、正态分布和对数正态分布。图中，横坐标表示工期或费用的可能值，纵坐标表示相应的可能性。

2. 定量风险分析与建模技术

一般在定量风险分析中使用的这种技术包括：

（1）灵敏度分析。灵敏度分析帮助确定哪些风险对项目有最可能的影响。它研究当把所有其他不确定因素都保持在基准值的条件下，每个项目元素的不确定性对正被考察的目标的影响程度。灵敏度分析最常用的显示方式是龙卷风图，它有助于比较具有高不确定性的变量对于更稳定变量的相对重要性。

（2）预期货币价值分析。预期货币价值分析（EMV）是一个统计概念，它计算将来事件包含发生或不发生的可能（即不确定状态下的分析）时的平均结果。机会的预期货币价值一般表示为正值，而风险的预期货币价值表示为负值。预期货币价值是通过将每个可能结果的值与其发生的概率相乘，再把它们相加起来计算得到的。这种分析的一个常见用途是用于决策树分析（见表 11-4）。

表 11-4　决 策 分 析

决策定义	决策节点	机会节点	线路净值
将要做出的决策	输入：每个方案的成本 输出：决策制订（真、假）	输入：事件概率，如果发生的收益 输出：预期货币价值	沿线路计算出：收入减成本

（3）建模和模拟。项目模拟利用一个模型将详细规定的项目不确定性换算为它们对项目目标的可能影响。项目模拟一般采用蒙特卡罗技术。在一次模拟中，用按照一个概率分布函数（例如项目元素的费用和计划活动的持续时间）随机产生的输入值多次运算（迭代）项目模型，这个概率分布函数是为每次迭代从每个变量的许多概率分布中选定的。由此，一个概率分布（例如总费用或完工日期）就可以计算出来了。

对于费用风险分析，模拟可用传统的项目工作分解结构或费用分解结构作为模型。对于进度风险分析，可以使用单代号网络图（PDM）进度计划。图 11-4 所列为一个费用风险模拟的结果。

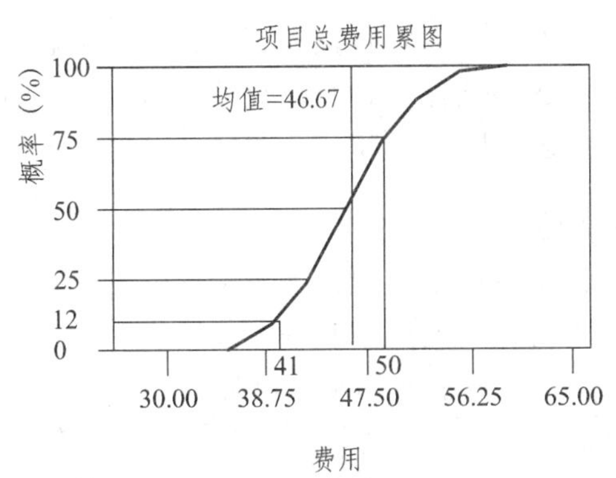

图 11-4　费用风险模拟结果

注：如果假定数据的取值范围如表 11-3 所示，并且服从三角形分布，那么这个累计的可能性分布表明最有可能的费用估算总额有超支的风险。它说明项目达到 41 万元的估算只有 12%的可能性。如果一个保守的组织想要使成功的可能性达到 75%，就需要把预算定为 50 万元（将近 22%的不可预见费）。

11.5.3　定量风险分析结果

风险清单在风险识别中形成，在定性风险分析中更新，并在定量风险分析中进一步更新。风险清单是项目管理计划的组成部分。此处的更新内容主要包括：

1. 项目的概率分析

在列出各种置信水平下的可能完工日期和费用的前提下，对可能的进度和费用结果做出估计。这个结果一般用累计分布表示，它与有关方面的风险承受度一起用于对费用和时间的不可预见事件储备进行量化。需要这样的不可预见事件储备，从而使超出既定项目目标的风险降低到组织可以接受的水平。

2. 实现费用和时间目标的概率

项目由于面临风险，利用定量风险分析的结果就可以估计按当前的计划实现项目目标的概率。

3. 已量化的风险优先清单

这个风险清单包括对项目造成最大危害或为项目提供最大机会的风险，以及需要最多费用不可预见事件储备的风险和最可能影响关键线路的风险。

4. 定量风险分析结果中的趋势

随着分析的反复进行，某种趋势可能显露出来，其结论影响风险应对措施。

11.6 风险应对计划

11.6.1 风险应对计划依据

1. 风险管理体系文件

风险管理体系文件的重要内容包括：岗位职责、风险分析定义、进行项目风险管理需要的时间和预算。此外，还包括低、中、高风险的极限，这种极限帮助人们了解那些需要采取应对措施的风险，以及用于制订风险应对计划的人员分配、进度计划和预算。

2. 风险分析后更新的风险清单

风险清单最初在风险识别过程中形成，在风险定性和定量分析中得到更新。风险应对计划在制定风险应对策略时，可能要重新参考和已识别的风险、风险的根本原因、可能的应对措施清单、风险所有人、征兆和预警信号。

风险清单给风险应对计划提供的重要依据包括：项目风险的相对等级或优先级清单，近期需要采取应对措施的风险清单，需要补充分析和应对的风险清单，风险分析结果中的趋势、根本原因，按分类分组的风险，以及低优先级风险的观察清单。

11.6.2 制定风险应对计划方法

有若干种风险应对策略可用。应当为每个风险选择最有可能产生效果的策略或策略组合。可以利用风险分析的工具选择最适当的应对方法，然后为了实施该项策略而制订具体行动。可以选定主要策略和备用策略。可以制订一个退出计划，在所选策略被证明不是充分有效或者发生了一个可以接受的风险时实施。通常要分配不可预见事件的时间或费用储备。最后，可以制订一个不可预见事件计划，识别引发这些事件的条件。

1. 消极风险或危害的应对策略

通常使用三种策略处理危害或一旦发生就可能对项目目标有消极影响的风险。这些策略是回避、转移与减轻。

（1）回避。

回避风险包括改变项目管理计划以消除由有害的风险造成的危害，使项目目标不受风险的影响、放宽有危险的目标，例如延长进度或减小范围等。一些在项目早期出现的风险可以通过澄清需求，取得信息、改善沟通或获取专门技术避免。

（2）转移。

风险转移需要将威胁的消极影响连同应对的权利转给第三方。转移风险实际上只是把风险管理的责任给了另一方，而并非将其消除。转移债务是处理财务风险的最有效方法。转移风险几乎总是伴随着向承担风险的一方支付风险费用。转移手段丰富多样，至少包括使用保险、履约保证（金）、保证和担保等。可以利用合同将特定风险的责任转移给另一方。如果项目的设计保持不变，可以用固定价格合同把风险转移给卖方。

（3）减轻。

风险减轻指的是把不利风险事件的概率和影响单独或一起降低到可以接受的限度。为了把不利风险事件的概率和影响单独或一起降低而早采取行动，往往比在风险发生后亡羊补牢更为有效。采用不太复杂的工艺、进行更多的测试或者选用比较稳定的供应商都是减轻风险行动的实例。要想减小一项工艺或产品从实验室规模的模型放大到实际产品存在的风险，就需要开发样机。如果不可能降低风险的概率，则减轻风险的应对措施就可能通过瞄准决定严重程度的连接点专注于风险的影响。例如，设计时在子系统中设置冗余组件有可能减轻原有组件故障所造成的影响。

2. 积极风险或机会的应对策略

使用三种应对策略对项目目标可能产生积极影响的风险。这些策略是利用、分享或增加。

（1）利用。

在组织希望确保某个机会得以实现的情况下，可以为有积极影响的风险选择这个策略。这个策略通过使机会肯定出现追求减低某个特定的优势风险不确定性。直接利用措施包括为了缩短完成时间或得到高于原计划的质量给项目分配更多有能力的人员。

（2）分享。

分享一个积极风险就是将风险的所有权分配给最有能力抓住对项目有利的机会的第三方，分享的实例包括组建风险分享的合伙契约、团队、带有特殊目的公司或为处理风险的特殊目的建立的联合体。

（3）增加。

这个策略通过单独或一起提高概率和积极影响，并通过识别这些有积极影响风险的关键促成因素和使它们最大化。通过努力促进或加强机会的成因，以及瞄准和加强其引发条件可能提高机会发生的概率。也可以瞄准影响的促成因素，努力提高项目对于机会的敏感性。

3. 同时应对危害和机会的策略

同时应对危害和机会的策略是接受。采用这一策略的原因是很少有可能消除项目的所有风险。这种策略预示项目团队已经决定不为处置某个风险而改变项目计划，或者无法找到任何其他应对良策。可以把它用于机会或者危害。这个策略可以是被动的，也可以是主动的。被动地接受不需要采取任何行动，当危害或机会出现时让项目团队去处理。最常用的主动接受策略是建立一项不可预见事件储备，包括一定的时间、资金或资源用于处理已知或只是有时可能的未知危害或机会。

4. 应急应对策略

有些应对措施被设计出来只在某些事件发生时才使用。对于有些风险，项目团队可以制订一个只在某些预定条件下才执行的应对计划，这样做的前提条件是相信有实施这个计划需要的足够的预警信息。应当确定并跟踪那些引发应急应对策略的事件，如缺少的中间里程碑或在供应商那里得到更高的优先权。

11.6.3 制订风险应对计划的主要内容

（1）需要应对的风险清单。

风险清单最初在风险识别过程中形成，在风险定性分析和定量分析中得到更新。应对计划的风险清单包括：已识别的风险、风险的描述、受影响的项目领域（例如工作分解结构元素）、原因（例如风险分解结构元素），以及它们可能怎样影响项目目标。风险清单要符合优先权排序并和所计划的应对策略的详细程度一致。高、中级风险通常应仔细地处理；判断为低优先权的风险被列入观察清单，以便进行定期监测。

（2）形成一致意见的应对措施。

在风险应对计划过程中，要选择好适当的应对策略，就策略形成一致意见，同时还要预计在已经采取了计划的对策之后仍将残留的风险，以及那些主动接受的风险；预计实施一项风险应对措施可能直接产生的继发风险；根据项目的定量分析和组织的风险极限计算出不可预见事件的储备。

（3）实施所选应对策略采取的具体行动。

（4）明确风险管理人和分配给他们的责任。

（5）风险发生的征兆和预警信号。

（6）实施所选应对策略需要的预算和进度计划活动。

（7）设计好要准备的符合有关当事人风险承受度的，用在不可预见事件上的预留时间和费用。

（8）应急方案和要求实施方案的引发因素。

（9）要使用的退出计划，它作为对某个已经发生，并且原来的应对策略已被证明为不当的风险的一种反应。

（10）对于特定的风险，如果它们可能发生，为了规定各方的责任，可以准备用于保险、服务或其他相应事项的合同。

11.7 风险监测与控制

项目应对计划中的应对措施在项目管理期间得到执行，但为了发现新风险和变化着的风险，应当连续地监测项目工作。

风险监测与控制是这样一个过程：识别、分析和预测新风险，保持对已识别风险和“观察清单”中的风险的跟踪，重新分析现存的风险，监测不可预见事件的引发条件，监测残留风险，评审风险应对策略的实施效果。风险监测与控制中会使用一些技术，例如偏差和趋势分析，这些分析需要使用项目实施过程中生成的绩效数据。风险监测其他目的还包括：

（1）项目的假设是否仍然正确。

（2）已评价的风险，以及趋势分析与原来的状态相比是否改变。

（3）正确的风险管理政策和程序是否得到遵守。

（4）不可预见事件的费用或进度储备是否随着项目风险的改变而修正。

风险监测与控制可能涉及选择一些替代策略、实施一项应急或退出计划、采取纠正措施，或修改项目管理应对计划。风险应对的负责人应当定期向项目经理汇报计划有效性、未曾预料到的后果，以及为了适当地处理风险需要采取的任何中间纠正措施。风险监测与控制过程还包括更新组织过程资源，其中包括为了有利于未来项目所建立的项目经验教训数据库和风险管理模板。

11.7.1 风险监测与控制的依据

（1）风险应对计划。

（2）批准的变更请求。

批准的变更请求可能包括诸如工作方法、合同条款、范围和进度计划的修订。批准的变更可能产生新的风险或已识别风险的变化，需要对这些变化进行分析，从而得到它们对风险清单、风险应对计划的影响。应当正式记载所有的变更。任何只是口头商议却未做记载的变更都不应当得到处理或执行。

（3）工作绩效信息。

包括项目可交付成果的状态、纠正行动和绩效报告在内的工作绩效信息，是风险监测与控制的重要依据。

（4）绩效报告。

绩效报告提供项目工作绩效信息，例如可能影响风险管理过程的某项分析。

表 11-5 所列为一个表格式绩效报告的例子。

表 11-5　表格式绩效报告

单位：元

WBS元素	计划的预算（*PV*）	实现的赢得值（*EV*）	实际费用（*AC*）	费用偏差		进度偏差		绩效指数	
				CV=*EV*−*AC*	（%）（*CV*/*EV*）	*SV*=*EV*−*PV*	（%）（*SV*/*PV*）	费用 *CPI*=*EV*/*AC*	进度 *SPI*=*EV*/*PV*
1.0 实验前计划	63 000	58 000	62 500	−4 500	−7.8	−5 000	−7.9	0.93	0.92
2.0 一览表	64 000	48 000	46 800	1 200	2.5	−16 000	−25.0	1.03	0.75

续表

WBS元素	计划的预算（PV）	实现的赢得值（EV）	实际费用（AC）	费用偏差		进度偏差		绩效指数	
				CV=EV−AC	（%）（CV/EV）	SV=EV−PV	（%）（SV/PV）	费用 CPI=EV/AC	进度 SPI=EV/PV
3.0 课程	23 000	20 000	23 500	−3 500	−17.5	−3 000	−13.0	0.85	0.87
4.0 期中评价	68 000	68 000	72 500	−4 500	−6.6	0	0.0	0.94	1.0
5.0 实施支持	12 000	10 000	10 000	0	0.0	−2 000	−16.7	1.00	0.83
6.0 练习手册	7 000	6 200	6 000	200	3.2	−800	−11.4	1.03	0.89
7.0 展示计划	20 000	13 500	18 100	−4 600	−34.1	−6 500	−32.5	0.075	0.68
合计	257 000	223 700	239 400	−15 700	−7.0	−33 300	−13.0	0.93	0.87

11.7.2 风险监测与控制的方法

（1）风险再评价。

风险监测与控制需要在适当的时候，利用本章讲述的流程识别新风险并对风险进行重新评价。应当预定好定期的风险再评价。项目风险管理应当是团队状况检查会议的一个议题。合适的重复次数和详细程度取决于项目相对于目标的进展情况。例如，如果出现了没有在风险清单中预计的风险或没有包含在“观察清单”中的风险，或对目标的影响与预期的影响不同，则计划的应对措施可能不当，就有必要补充风险应对计划，从而对风险进行控制。

（2）风险审核。

风险审核是对风险管理过程的检查，并用文件表述风险对策的效果。

（3）偏差和趋势分析。

应当利用绩效资料评审项目实施当中的趋势。可以使用赢得值分析和其他项目偏差和趋势分析方法监测项目总体绩效。这些分析的结果可以预测出在项目完成时项目费用和进度目标可能的偏离情况；与基准计划的偏差可以表明威胁或机会的可能影响。

（4）技术绩效测定。

技术绩效测定将项目执行期间的技术成果与项目计划中的技术成果进度计划进行比较。诸如在一个里程碑时刻显示出比计划或多或少的功能性之类的偏差，可以帮助预测实现项目范围的成功度。

（5）储备分析。

在整个项目实施过程中，有些风险可能发生，从而对预算或进度的不可预见事件储备造成积极或消极的影响。储备分析在项目的任何时点比较剩余的不可预见事件储备与剩余风险量，以确定剩余的储备是否充足。

（6）状况检查会。

项目风险管理可以是定期召开的项目状况检查会的一项议程。这个事项占用的会议时间可长可短，取决于已经识别出的风险、风险的优先级以及应对的难度。越是经常检查风险管理，就越容易解决风险管理存在的问题。

11.7.3 风险监测与控制的结果

（1）风险清单。

① 风险再评价、风险审核和定期风险评审，可能对概率、影响、优先级、应对计划、管理人以及风险名单其他元素进行更新。

② 项目风险和风险应对策略的实际结果可以帮助项目经理为整个组织的风险和未来项目的风险进行计划。

③ 请求的变更。

经常实施应急计划或随机应变措施，往往需要为了应对风险而改变计划。

④ 推荐的纠正措施。

推荐的纠正措施包括应急方案或随机应变措施。后者针对的是那些开始并没计划到，但又需要处理的以前未曾识别出来或被动接受了的正在发生的风险。

⑤ 推荐的预防措施。

使用推荐的预防措施，以使项目符合项目管理计划。

⑥ 组织的过程资源。

项目风险管理流程产生的信息可以用于未来的项目，应当把这些资料收入组织的过程资源当中。包括概率和影响矩阵以及风险清单在内的风险管理模板，可以在项目收尾时得到更新，包括更新风险管理文件和更新风险分解结构；来自项目风险管理活动的经验教训，可以加入到组织的经验教训知识数据库当中；项目活动实际费用和持续时间的数据，可以加入到组织的数据库中。需要更新的内容包括风险清单的最终版本、风险管理计划模板、核对表和风险分解结构。

⑦ 项目管理计划。

如果批准的变更请求对整个项目的管理过程产生影响，为了反映批准的变更，项目管理计划也需要更新。

【复习题】

参考答案

1. 什么是工程项目风险，有何特性？
2. 工程项目业主和承包人分别会面临什么风险？
3. 什么是工程项目风险成本？包含的主要内容有哪些？
4. 简述工程项目风险管理的重点及重要对象。
5. 如何进行工程项目进度风险的识别？
6. 工程项目风险损失的标的包含的内容有哪些？
7. 工程项目定性风险分析依据是什么？
8. 工程项目定性风险分析结果是什么？包含什么内容？
9. 简述工程项目定量风险分析的依据。
10. 简述工程项目风险应对计划的依据及方法。
11. 简述工程项目制订风险应对计划的主要内容。

第 12 章　工程职业健康安全与环境管理

【本章重难点】

职业健康安全管理体系和环境管理体系的结构和模式；职业健康安全管理体系与环境管理体系的建立与运行；施工安全技术措施与安全技术交底；建设工程安全隐患的处理；工程项目现场文明施工和环境保护要求；施工现场文明施工的要求；施工现场环境保护的要求

12.1　职业健康安全管理体系与环境管理体系

12.1.1　职业健康安全管理体系与环境管理体系标准

1. 职业健康安全体系标准

作为我国推荐标准的职业健康安全管理体系标准，目前被企业普遍采用，用以建立职业健康安全管理体系。该标准覆盖了国际上的 OHSASl8000 体系标准，即：

《职业健康安全管理体系规范》(GB/T 28001—2001)

《职业健康安全管理体系指南》(GB/T 28002—2002)

2. 环境管理体系标准

国际标准化制定的 ISO14000 体系标准，被我国等同采用，即：

《环境管理体系要求及使用指南》(GB/T 24001—2004)

《环境管理体系原则、体系和支持技术通用指南》(GB/T 24004—2004)

在《环境管理体系要求及使用指南》(GB/T 24001—2004) 中，认为环境是指“组织运行活动的外部存在，包括空气、水、土地、自然资源、植物、动物、人，以及它（他）们之间的相互关系”。这个定义是以组织运行活动为主体，其外部存在主要是指人类认识到的，直接或间接影响人类生存的各种自然因素及它（他）们之间的相互关系。

3. 职业健康安全与环境管理体系标准的比较

两个管理体系所需要满足的对象和管理侧重点有所不同，但管理原理基本相同。

（1）职业健康安全和环境管理体系的相同点。

① 管理目标基本一致。

一是分别从职业健康安全和环境方面，改进管理绩效；二是增强顾客和相关方的满意程度；三是减小风险，降低成本；四是提高组织的信誉和形象。

② 管理原理基本相同。

均强调了预防为主，系统管理，持续改进和 PDCA 循环原理；都强调了为制定、实施、实现、评审和保持响应的方针所需要的组织活动、策划活动、职责、程序、过程和资源。

③ 不规定具体绩效标准。

都不规定具体的绩效标准，它们只是组织实现目标的基础、条件和组织保证。

（2）职业健康安全和环境管理体系的不同点。

① 需要满足的对象不同。

职业健康安全管理体系的目的是“消除或减小因组织的活动而使员工和其他相关方可能面临的职业健康安全风险”。环境管理体系的目的是“针对众多相关方和社会对环境保护的不断的需要”。

②管理的侧重点有所不同。

职业健康安全管理体系通过对危险源的辨识、评价风险、控制风险、改进职业健康安全绩效，满足员工和相关方的要求。环境管理体系通过对环境产生不利影响的因素的分析，进行环境管理，以满足相关法律法规的要求。

12.1.2 职业健康安全管理体系和环境管理体系的结构和模式

1. 职业健康安全管理体系的结构和模式

（1）职业健康安全管理体系的结构。

《职业健康安全管理体系规范》（GB/T 28001—2001）有关职业健康安全管理体系的结构中可知，该标准由“范围”、“引用标准”、“定义”和“职业健康安全管理体系要素”四部分组成。

（2）职业健康安全管理体系的运行模式。

具体采用一个动态循环并螺旋上升的系统化管理模式。

（3）各要素之间的相互关系。

在职业健康安全管理体系中，要素的相互关系、相互作用共同有机地构成了职业健康安全管理体系的一个整体。

职业健康安全管理体系要素之间的关系，可分为两类：一类是体现主体框架和基本功能的核心要素；另一类是支持体系主体框架和保证实现基本功能的辅助性要素。

2. 《职业健康安全管理体系规范》（GB/T 28001—2001）的模式

核心要素包括以下 10 个：职业健康安全方针；对危险源辨识、风险评价和风险控制的策划；法规和其他要求；目标；结构和职责；职业健康安全管理方案；运行控制；绩效测量和监视；审核；管理评审。

7 个辅助性要素包括：培训意识和能力；协商和沟通；文件；文件和资料控制；应急准备和响应；事故、事件不符合，纠正和预防措施；记录和记录管理。

3. 环境管理体系的结构和模式

（1）环境管理体系的结构。

组织在环境管理中，应建立环境管理的方针和目标，识别与组织运行活动有关的危险源及其危险，通过环境影响评价，对可能产生重大环境影响的环境因素采取措施进行管理和控制。

根据《环境管理体系要求及使用指南》（GB/T 24001—2004），组织应根据本标准的要求建立环境管理体系，形成文件，实施、保持和持续改进环境管理体系，并确定它将如何实现这些要求。组织应确定环境管理体系覆盖的范围并形成文件。

标准由“范围”、“引用标准”、“定义”和“环境管理体系要求”四部分组成。

（2）环境管理体系的运行模式。

《环境管理体系要求及使用指南》（GB/T 24001—2004）是环境管理体系系列标准的主要标准，也是在环境管理体系标准中唯一可供认证的管理标准。

环境管理体系的运行模式由“策划、实施、检查、评审和改进”构成的动态循环过程。

（3）各内容要素之间的相互关系。

体系中的一部分要素构成主体框架，是体现其基本功能的核心要素；另一部分是对主体框架起支持作用，实现基本功能起保证作用的辅助性要素。

核心要素有 10 个，包括：环境方针；环境因素；法律法规与其他要求；目标、指标和方案；资源、作用、职责与权限；运行控制；监测与测量；评估法规的符合性；内部审核；管理评审。其余 7 个要素为辅助性要素。

12.1.3 职业健康安全与环境管理的特点与要求

1. 建设工程职业健康安全与环境管理的特点

（1）复杂性。建设项目的职业健康安全和环境管理涉及大量的露天作业，受到气候条件、工程地质和水文地质、地理条件和地域资源等不可控因素的影响较大。

（2）多变性。一方面是项目建设现场材料、设备和工具的流动性大；另一方面由于技术进步，项目不断引入新材料、新设备和新工艺，这都加大了相应的管理难度。

（3）协调性。项目建设涉及的工种甚多，包括大量的高空作业、地下作业、用电作业、爆破作业、施工机械、起重作业等较危险的工程，并且各工种经常需要交叉或平行作业。

（4）持续性。项目建设一般具有建设周期长的特点，从设计、实施直至投产阶段，诸多工序环环相扣。前一道工序的隐患，可能在后续的工序中暴露出来，酿成安全事故。

（5）经济性。产品的时代性、社会性与多样性决定了环境管理的经济性。

2. 建设工程职业健康安全与环境管理的要求

（1）建设工程项目决策阶段。

建设单位应按照有关建设工程法律法规的规定和强制性标准的要求，办理各种有关安全与环境保护方面的审批手续。对需要进行环境影响评价或安全预评价的建设工程项目，应组织或委托有相应资质的单位进行建设工程项目环境影响评价和安全预评价。

（2）工程设计阶段。

设计单位应按照有关建设工程法律法规的规定和强制性标准的要求，进行环境保护设施和安全设施的设计，防止因设计考虑不周而导致生产安全事故的发生或对环境造成不良影响。

在进行工程设计时，设计单位应当考虑施工安全和防护需要，对涉及施工安全的重点部分和环节在设计文件中应注明，并对防范生产安全事故提出指导意见。

对于采用新结构、新材料、新工艺的建设工程和特殊结构的建设工程，设计单位应在设计中提出保障施工作业人员安全和预防生产安全事故的措施建议。

在工程总概算中，应明确工程安全环保设施费用、安全施工和环境保护措施费等。

设计单位和注册建筑师等执业人员应当对其设计负责。

（3）工程施工阶段。

建设单位在申请领取施工许可证时，应当提供建设工程有关安全施工措施的资料。

对于依法批准开工报告的建设工程，建设单位应当自开工报告批准之日起 15 日内，将保证安全施工的措施报送建设工程所在地的县级以上人民政府建设行政主管部门或者其有关部门备案。

对于应当拆除的工程，建设单位应当在拆除工程施工 15 日前，将拆除施工单位资质等级证明，拟拆除建筑物、构筑物及可能涉及毗邻建筑的说明，拆除施工组织方案，堆放、清除废弃物的措施的资料等，报送建设工程所在地的县级以上的地方人民政府主管部门或者其他有关部门备案。

施工企业在其经营生产的活动中必须对本企业的安全生产负全面责任。企业的代表人是安全生产的第一负责人，项目经理是施工项目生产的主要负责人。施工企业应当具备安全生产的资质条件，取得安全生产许可证的施工企业应设立安全机构，配备合格的安全人员，提供必要的资源；要建立健全职业健康安全体系以及有关的安全生产责任制和各项安全生产规章制度。对项目要编制切合实际的安全生产计划，制定职业健康安全保障措施；实施安全教育培训制度，不断提高员工的安全意识和安全生产素质。

建设工程实行总承包的，由总承包单位对施工现场的安全生产负总责并自行完成工程主体结构的施工。分包单位应当接受总承包单位的安全生产管理，分包合同中应当明确总分包单位在安全生产方面的权利、义务。分包单位不服从管理导致生产安全事故的，由分包单位承担主要责任，总承包和分包单位对分包工程的安全生产承担连带责任。

（4）项目验收试运行阶段。

项目竣工后，建设单位应向审批建设工程项目环境影响报告书、环境影响报告或者环境影响登记表的环境保护行政主管部门申请，对环保设施进行竣工验收。环保行政主管部门应在收到申请环保设施竣工验收之日起 30 日内完成验收。工程项目经验收合格后，才能投入生产和使用。

对于需要试生产的建设工程项目，建设单位应当在项目投入试生产之日起 3 个月内向环保行政主管部门申请对其项目配套的环保设施进行竣工验收。

12.1.4　职业健康安全管理体系与环境管理体系的建立与运行

1. 职业健康安全管理体系与环境管理体系的建立步骤

（1）领导决策。最高管理者决策，以便获得各方面的支持，并在体系建立过程中得到资源保证。

（2）成立工作组。最高管理者或授权管理者代表成立工作小组负责建立体系。工作小组的成员要覆盖组织的主要职能部门，组长最好由管理者代表担任，以保证小组对人力、资金、信息的正常获取。

（3）人员培训。培训的目的是使有关人员了解建立体系的重要性，了解标准的主要思想和内容。

（4）初始状态评审。

① 初始状态评审是对组织过去和现在的职业健康安全与环境的信息、状态进行收集、调整；

② 明确适用的有关职业健康安全与环境法律、法规和其他要求；

③ 评审组织现有的管理制度，并与标准进行对比；

④ 评审过去的事故，进行分析评价，以及检查组织是否建立了处罚和预防措施；

⑤ 了解相关方对组织在职业健康安全与环境管理工作的看法和要求。

（5）制定方针、目标、指标和管理方案。

方针是组织对其职业健康安全与环境行为的原则和意图的声明，也是组织自觉承担责任和义务的承诺。方针不仅为组织确定了总的指导方向和行动准则，而且是评价一切后续活动的依据，并为更加具体的目标和指标提供一个框架。

职业健康安全及环境目标、指标的制定是组织为了实现其在职业健康安全及环境方针中所体现出的管理理念及其对整体绩效的期许与原则，与企业的总目标相一致。目标和指标制定的依据和准则如下：

① 依据符合方针；

② 考虑法律、法规和其他要求；

③ 考虑自身潜在的危险和重要环境因素；

④ 考虑商业机会和竞争机遇；

⑤ 考虑可实施性；

⑥ 考虑监测考评的现实性；

⑦ 考虑相关方的观点。

管理方案是实现目标、指标的行动方案。为保证职业健康安全和环境管理体系目标的实现，需结合年度管理目标和企业客观实际情况，策划制定职业健康安全和环境管理方案，方案中应明确旨在实现目标指标的相关部门的职责、方法、时间表以及资源的要求。

（6）管理体系策划与设计。

体系策划与设计是依据制定的方针、目标和指标、管理方案确定组织机构职责和筹划各种运行程序。文件策划的主要工作有：

① 确定文件的结构；

② 确定文件的编写格式；

③ 确定各层文件的名称及编号；

④ 制定文件的编写计划；

⑤ 安排文件的审查、审批和发布工作。

（7）体系文件编写。

体系文件包括管理手册、程序文件、作业文件三个层次。

① 体系文件编写的原则。

职业健康安全与环境管理体系是系统化、结构化、程序化的管理体系，是遵循 PDCA

管理模式并以文件支持的管理制度和管理办法。

体系文件编写应遵循以下原则：标准要求的要写到；文件写到的要做到；做到的要有有效记录。

② 管理手册的编写。

管理手册是对组织整个管理体系的整体性描述，它为体系的进一步展开以及后续程序文件的制定提供了框架要求和原则规定，是管理体系的纲领性文件。手册可使组织的各级管理者明确体系概况，了解各部门的职责权限和相互关系，以便统一分工和协调管理。

管理手册除了反映了组织管理体系需要解决的问题所在，也反映出了组织的管理思路和理念；同时也向组织内、外部人员提供了查询所需文件和记录的途径，相当于体系文件的索引。

管理手册的主要内容包括：

a. 方针、目标、指标、管理方案；

b. 管理、运行、审核和评审工作人员的主要职责、权限和相互关系；

c. 关于程序文件的说明和查询途径；

d. 关于管理手册的管理、评审和修订工作的规定。

③ 程序文件的编写。

程序文件的编写应符合以下要求：

程序文件要针对需要编制程序文件体系的管理要素；

程序文件的内容可按“4W1H”的顺序和内容来编写，即明确程序中管理要素由谁做（who），什么时间做（when），在什么地点做（where），做什么（what），怎么做（how）。

程序文件一般格式可按照目的和适用范围、引用的标准及文件、术语和定义、职责、工作程序、报告和记录的格式以及相关文件等的顺序来编写。

④ 作业文件的编制。

作业文件是指管理手册、程序文件之外的文件，一般包括作业指导书（操作规程）、管理规定、监测活动准则及程序文件引用的表格。其编写的内容和格式与程序文件的要求基本相同。在编写之前应对原有的作业文件进行清理，摘其有用的，删除无关的。

（8）文件的审查、审批和发布。

文件编写完成后应进行审查，经审查、修改、汇总后进行审批，然后发布。

2. 职业健康安全管理体系与环境管理体系的运行

（1）管理体系的运行。

体系运行是指按照已建立体系的要求实施，其实施的重点围绕培训意识和能力，信息交流，文件管理，执行控制程序，监测，不符合、纠正和预防措施，记录等活动推进体系的运行工作。上述运行活动简述如下：

① 培训意识和能力。由主管培训的部门根据体系、体系文件（培训意识和能力程序文件）的要求，制订详细的培训计划，明确培训的组织部门、时间、内容、方法和考核要求。

② 信息交流。信息交流是确保各要素构成一个完整的、动态的、持续改进的体系和基础，应关注信息交流的内容和方式。

③ 文件管理。对现有有效文件进行整理编号，以方便查询索引。

对适用的规范、规程等行业标准应及时购买补充，对适用的表格要及时发放。

对在内容上有抵触的文件和过期的文件要及时作废并妥善处理。

④ 执行控制程序文件的规定。体系的运行离不开程序文件的指导，程序文件及其相关的作业文件在组织内部都具有法定效力，必须严格执行才能保证体系正确运行。

⑤ 监测。为保证体系正确、有效地运行，必须严格监测体系的运行情况。监测中应明确监测的对象与方法。

⑥ 不符合、纠正和预防措施。体系在运行的过程中，不符合的出现是不可避免的，包括事故也难免会发生，关键是相应的纠正与预防措施是否及时有效。

⑦ 记录。体系运行过程中及时按文件要求进行记录，如实反映体系运行情况。

（2）管理体系的维持。

① 内部审核。

内部审核是组织对其自身的管理体系进行的审核，是对体系是否正常进行以及是否达到了规定的目标所作的独立的检查和评价，是管理体系自我保证和自我监督的一种机制。

内部审核要明确提出审核的方式和步骤，形成审核日程计划，并发至相关部门。

② 管理评审。

管理评审是由组织的最高管理者对管理体系的系统评价，判断组织的管理体系面对内部情况的变化和外部环境是否充分适应有效，由此决定是否对管理体系作出调整，包括方针、目标、机构和程序等。

管理评审中应注意以下问题：

信息输入的充分性和有效性；

评审过程充分严谨，应明确评审的内容和对相关信息的收集、整理，并进行充分的讨论和分析；

评审结论应清楚明了，表述准确；

评审中提出的问题应认真进行整改，不断持续改进。

③ 合规性评价。

为了履行合规性承诺，合规性评价分公司级和项目组级两个层次进行。

项目组级评价，由项目经理组织有关人员对施工中应遵守的法律法规和其他要求的执行情况进行一次合规性评价。当某个阶段施工时间超过半年时，合规性评价不少于一次。

工程项目结束时，应针对整个工程项目进行系统的合规性评价。

公司级评价每年进行一次，制订计划后由管理者代表组织企业相关部门和项目组，对公司应遵守的法律法规和其他要求的执行情况进行合规性评价。

各级合规性评价后，对不能充分满足要求的相关活动或行为，通过管理方案或纠正措施等方式进行逐步改进。上述评价和改进的结果，应形成必要的记录和证据，作为管理评审的输入。

管理评审时，最高管理者应结合上述合规性评价的结果、企业的客观管理实际、相关法律法规和其他要求，系统评价体系运行过程中对适用法律法规和其他要求的遵守执行情况，并由相关部门或最高管理者提出改进要求。

12.2 工程项目安全生产管理

12.2.1 安全生产管理制度

建设工程由于规模大、周期长、参与人数多、环境复杂多变，安全生产的难度很大，因此，通过建立各项制度，规范建设工程的生产行为，对于提高建设工程安全生产水平是非常重要的。《建筑法》、《中华人民共和国安全生产法》(以下简称《安全生产法》)、《安全生产许可证条例》、《建设工程安全生产管理条例》、《建筑施工企业安全生产许可证管理规定》等建设工程相关法律法规和部门规章，对政府部门、有关企业及相关人员的建设工程安全生产和管理行为进行了全面的规范，确立了一系列建设工程安全生产管理制度。现阶段正在执行的主要安全生产管理制度包括：安全生产责任制度；安全生产许可证制度；政府安全生产监督检查制度；安全生产教育培训制度；安全措施计划制度；特种作业人员持证上岗制度；专项施工方案专家论证制度；危及施工安全工艺、设备、材料淘汰制度；施工起重机械使用登记制度；安全检查制度；生产安全事故报告和调查处理制度；“三同时”制度；安全预评价制度；意外伤害保险制度等。

1. 安全生产责任制度

安全生产责任制是最基本的安全管理制度，是所有安全生产管理制度的核心。安全生产责任制是按照安全生产管理方针和“管生产的同时必须管安全”的原则，将各级负责人员、各职能部门及其工作人员和各岗位生产工人在安全生产方面应做的事情及应负的责任加以明确规定的一种制度。具体来说，就是将安全生产责任分解到相关单位的主要负责人、项目负责人、班组长以及每个岗位的作业人员身上。

根据《建设工程安全生产管理条例》和《建筑施工安全检查标准》的相关规定，安全生产责任制度的主要内容如下：

（1）安全生产责任制度主要包括企业主要负责人的安全责任，负责人或其他副职的安全责任，项目负责人（项目经理）的安全责任，生产、技术、材料等各职能管理负责人及其工作人员的安全责任，技术负责人（工程师）的安全责任，专职安全生产管理人员的安全责任，施工员的安全责任，班组长的安全责任以及岗位人员的安全责任等。

（2）项目应对各级、各部门的安全生产责任制规定检查和考核办法，并按规定期限进行考核，对考核结果及兑现情况应有记录。

（3）项目独立承包的工程，在签订的承包合同中必须有安全生产工作的具体指标和要求。

工程由多单位施工时，总、分包单位在签订分包合同的同时还要签订安全生产合同（协议），签订合同前要检查分包单位的营业执照、企业资质证、安全资格证等。分包队伍的资质应与工程要求相符，在安全合同中应明确总、分包单位各自的安全职责。原则上，实行总承包的由总承包单位负责，分包单位向总承包单位负责，服从总承包单位对施工现场的安全管理，分包单位在其分包范围内建立施工现场安全生产管理制度，并组织实施。

（4）项目的主要工种应有相应的安全技术操作规程，一般应包括砌筑、拌灰、混凝土、木作、钢筋、机械、电气焊、起重、信号指挥、塔式起重机司机、架子、水暖、油漆等工种，特殊作业应另行补充。应将安全技术操作规程列为日常安全活动和安全教育的主要内容，并应悬挂在操作岗位前。

（5）施工现场应按工程项目大小配备专（兼）职安全人员。以建筑工程为例，可按建筑面积 $1\times10^4\ m^2$ 以下的工地至少有 1 名专职人员；$1\times10^4\ m^2$ 以上的工地设 2～3 名专职人员；$5\times10^4\ m^2$ 以上的大型工地，按不同专业组成安全管理组进行安全监督检查。

总之，企业实行安全生产责任制必须做到在计划、布置、检查、总结、评比生产的同时，计划、布置、检查、总结、评比安全工作。其内容大体分为两个方面：纵向方面是各级人员的安全生产责任制，即从最高管理者、管理者代表到项目负责人（项目经理）、技术负责人（工程师）、专职安全生产管理人员、施工员、班组长和岗位人员等各级人员的安全生产责任制；横向方面是各个部门的安全生产责任制，即各职能部门（如安全环保、设备、技术、生产、财务等部门）的安全生产责任制。只有这样，才能建立健全安全生产责任制，做到群防群治。

2. 安全生产许可证制度

《安全生产许可证条例》规定，国家对建筑施工企业实施安全生产许可证制度，其目的是严格规范安全生产条件，进一步加强安全生产监督管理，防止和减少生产安全事故。

国务院建设主管部门负责中央管理的建筑施工企业安全生产许可证的颁发和管理；其他企业由省、自治区、直辖市人民政府建设主管部门进行颁发和管理，并接受国务院建设主管部门的指导和监督。

企业取得安全生产许可证，应当具备下列安全生产条件：

（1）建立健全安全生产责任制，制定完备的安全生产规章制度和操作规程；

（2）安全投入符合安全生产要求；

（3）设置安全生产管理机构，配备专职安全生产管理人员；

（4）主要负责人和安全生产管理人员经考核合格；

（5）特种作业人员经有关业务主管部门考核合格，取得特种作业操作资格证书；

（6）从业人员经安全生产教育和培训合格；

（7）依法参加工伤保险，为从业人员缴纳保险费；

（8）厂房、作业场所和安全设施、设备、工艺符合有关安全生产法律、法规、标准和规程的要求；

（9）有职业危害防治措施，并为从业人员配备符合国家标准或者行业标准的劳动防护用品；

（10）依法进行安全评价；

（11）有重大危险源检测、评估、监控措施和应急预案；

（12）有生产安全事故应急救援预案、应急救援组织或者应急救援人员，配备必要的应急救援器材、设备；

（13）法律、法规规定的其他条件。

企业进行生产前，应当依照该条例的规定向安全生产许可证颁发管理机关申请领取安全生产许可证，并提供该条例第六条规定的相关文件、资料。安全生产许可证颁发管理机关应当自收到申请之日起 4～5 日内审查完毕，经审查符合该条例规定的安全生产条件的，颁发安全生产许可证；不符合该条例规定的安全生产条件的，不予颁发安全生产许可证，书面通知企业并说明理由。

安全生产许可证的有效期为 3 年。安全生产许可证有效期满需要延期的，企业应当于期满前 3 个月向原安全生产许可证颁发管理机关办理延期手续。

企业在安全生产许可证有效期内，严格遵守有关安全生产的法律法规，未发生死亡事故的，安全生产许可证有效期届满时，经原安全生产许可证颁发管理机关同意，不再审查，安全生产许可证有效期延期 3 年。

企业不得转让、冒用安全生产许可证或者使用伪造的安全生产许可证。

3. 政府安全生产监督检查制度

政府安全监督检查制度是指国家法律、法规授权的行政部门，代表政府对企业的安全生产过程实施监督管理。《建设工程安全生产管理条例》第五章“监督管理”对建设工程安全监督管理的规定如下：

（1）国务院负责安全生产监督管理的部门依照《中华人民共和国安全生产法》的规定，对全国建设工程安全生产工作实施综合监督管理。

（2）县级以上地方人民政府负责安全生产监督管理的部门依照《中华人民共和国安全生产法》的规定，对本行政区域内建设工程安全生产工作实施综合监督管理。

（3）国务院建设行政主管部门对全国的建设工程安全生产实施监督管理。国务院铁路、交通、水利等有关部门按照国务院规定的职责分工，负责有关专业建设工程安全生产的监督管理。

（4）县级以上地方人民政府建设行政主管部门对本行政区域内的建设工程安全生产实施监督管理。县级以上地方人民政府交通、水利等有关部门在各自的职责范围内，负责本行政区域内的专业建设工程安全生产的监督管理。

（5）县级以上人民政府负有建设工程安全生产监督管理职责的部门在各自的职责范围内履行安全监督检查职责时，有权纠正施工中违反安全生产要求的行为，责令立即排除检查中发现的安全事故隐患，对重大隐患可以责令暂时停止施工。建设行政主管部门或者其他有关部门可以将施工现场安全监督检查委托给建设工程安全监督机构具体实施。

4. 安全生产教育培训制度

企业安全生产教育培训一般包括对管理人员、特种作业人员和企业员工的安全教育。

（1）管理人员的安全教育。

企业领导的安全教育的主要内容包括：① 国家有关安全生产的方针、政策、法律、法规及有关规章制度；② 安全生产管理职责、企业安全生产管理知识及安全文化；③ 有关事故案例及事故应急处理措施等。

项目经理、技术负责人和技术干部的安全教育的主要内容包括：① 安全生产方针、政策和法律、法规；② 项目经理部安全生产责任；③ 典型事故案例剖析；④ 本系统安全及其相应的安全技术知识。

行政管理干部的安全教育的主要内容包括：① 安全生产方针、政策和法律、法规；② 基本的安全技术知识；③ 本职的安全生产责任。

企业安全管理人员的安全教育的内容应包括：① 国家有关安全生产的方针、政策、法律、法规和安全生产标准；② 企业安全生产管理、安全技术、职业病知识、安全文件；③ 员工伤亡事故和职业病统计报告及调查处理程序；④ 有关事故案例及事故应急处理措施。

班组长和安全员的安全教育的内容包括：① 安全生产法律法规、安全技术及技能、职业病和安全文化的知识；② 本企业、本班组和工作岗位的危险因素、安全注意事项；③ 本岗位安全生产职责；④ 典型事故案例；⑤ 事故抢救与应急处理措施。

（2）特种作业人员的安全教育。

① 特种作业的定义。

根据《特种作业人员安全技术培训考核管理规定》（国家安全生产监督管理总局令第30号），特种作业，是指容易发生事故，对操作者本人、他人的安全健康以及设备、设施的安全可能造成重大危害的作业。特种作业人员，是指直接从事特种作业的从业人员。

② 特种作业的范围。

根据《特种作业人员安全技术培训考核管理规定》（国家安全生产监督管理总局令第30号），特种作业的范围主要有（未详细列出）：

a. 电工作业，包括高压电工作业、低压电工作业、防爆电气作业；

b. 焊接与热切割作业，包括熔化焊接与热切割作业、压力焊作业、钎焊作业；

c. 高处作业，包括登高架设作业，高处安装、维护、拆除作业；

d. 制冷与空调作业，包括制冷与空调设备运行操作作业、制冷与空调设备安装修理作业；

e. 煤矿安全作业；

f. 金属、非金属矿山安全作业；

g. 石油、天然气安全作业；

h. 冶金（有色）生产安全作业；

i. 危险化学品安全作业；

j. 烟花爆竹安全作业。

特种作业人员应具备的条件如下：

a. 年满18周岁，且不超过国家法定退休年龄；

b. 经社区或者县级以上医疗机构体检健康合格，并无妨碍从事相应特种作业的器质性心脏病、癫痫病、美尼尔氏症、眩晕症、癔症、震颤麻痹症、精神病、痴呆症以及其他疾病和生理缺陷；

c. 具有初中及以上文化程度；

d. 具备必要的安全技术知识与技能；

e. 相应特种作业规定的其他条件。

③ 特种作业人员安全教育要求。

特种作业人员必须经专门的安全技术培训并考核合格，取得“中华人民共和国特种作业操作证”后，方可上岗作业。

特种作业人员应当接受与其所从事的特种作业相应的安全技术理论培训和实际操作培训。已经取得职业高中、技工学校及中专以上学历的毕业生从事与其所学专业相应的特种作业，持学历证明经考核发证机关同意，可以免予相关专业的培训。

跨省、自治区、直辖市从业的特种作业人员，可以在户籍所在地或者从业所在地参加培训。

（3）企业员工的安全教育。

企业员工的安全教育主要有新员工上岗前的三级安全教育、改变工艺和变换岗位安全教育、经常性安全教育三种形式。

① 新员工上岗前的三级安全教育。

三级安全教育通常是指进厂、进车间、进班组三级，对建设工程来说，具体指企业（公司）、项目（或工区、工程处、施工队）、班组三级。

企业新员工上岗前必须进行三级安全教育，企业新员工须按规定通过三级安全教育和实际操作训练，并经考核合格后方可上岗。

a. 企业（公司）级安全教育由企业主管领导负责，企业职业健康安全管理部门会同有关部门组织实施，内容应包括：安全生产法律、法规，通用安全技术、职业卫生和安全文化的基本知识，本企业安全生产规章制度及状况、劳动纪律和有关事故案例等。

b. 项目（或工区、工程处、施工队）级安全教育由项目级负责人组织实施，专职或兼职安全员协助，内容包括：工程项目的概况，安全生产状况和规章制度，主要危险因素及安全事项，预防工伤事故和职业病的主要措施，典型事故案例及事故应急处理措施等。

c. 班组级安全教育由班组长组织实施，内容包括：遵章守纪，岗位安全操作规程，岗位间工作衔接配合的安全生产事项，典型事故及发生事故后应采取的紧急措施，劳动防护用品（用具）的性能及正确使用方法等。

② 改变工艺和变换岗位时的安全教育。

a. 企业（或工程项目）在实施新工艺、新技术或使用新设备、新材料时，必须对有关人员进行相应级别的安全教育，要按新的安全操作规程教育和培训参加操作的岗位员工和有关人员，使其了解新工艺、新设备、新产品的安全性能及安全技术，以适应新的岗位作业的安全要求。

b. 当组织内部的员工出现从一个岗位调到另外一个岗位，或从某工种改变为另一种，或因放长假离岗一年以上重新上岗的情况，企业必须进行相应的安全技术培训和教育，以使其掌握当前岗位安全生产的特点和要求。

③ 经常性安全教育。

无论何种教育都不可能是一劳永逸的，安全教育同样如此，必须坚持不懈、经常地进行，这就是经常性安全教育。在经常性安全教育中，安全思想、安全态度教育最重要。进行安全思想、安全态度教育，要通过采取多种多样形式的安全教育活动，激发员工搞好安全生产的热情，促使员工重视和真正实现安全生产。

经常性安全教育的形式有：

每天的班前、班后会上说明安全注意事项；安全活动日；安全生产会议；事故现场会：张贴全生产招贴画、宣传标语及标志等。

5. 安全措施计划制度

安全措施计划制度是指企业进行生产活动时，必须编制安全措施计划。它是企业有效地改善劳动条件和安全卫生设施，防止工伤事故和职业病的重要措施之一，对企业加强劳动保护，改善劳动条件，保障职工的安全和健康，促进企业生产经营的发展都起着积极作用。

（1）安全措施计划的范围。

安全措施计划的范围涉及改善劳动条件、防止事故发生、预防职业病和职业中毒。具体包括：

① 安全技术措施。

安全技术措施是预防企业员工在工作过程中发生工伤事故的各项措施，包括防护装置、保险装置、信号装置和防爆炸装置等。

② 职业卫生措施。

职业卫生措施是预防职业病和改善职业卫生环境的必要措施，包括防尘、防毒、防声、通风、照明、取暖、降温等措施。

③ 辅助用房间及设施。

辅助用房间及设施是为了保证生产过程中安全卫生所必需的房间及一切设施，包括更衣室、休息室、淋浴室、消毒室、妇女卫生室、厕所和冬期作业取暖室等。

④ 安全宣传教育措施。

安全宣传教育措施是为了宣传普及有关安全生产法律、法规、基本知识所需要的措施，其主要内容包括安全生产教材、图书、资料，安全生产展览，安全生产规章制度，安全操作方法训练设施，劳动保护和安全技术的研究与实验等。

（2）编制安全措施计划的依据。

① 国家发布的有关职业健康安全政策、法规和标准；

② 在安全检查中发现的尚未解决的问题；

③ 造成伤亡事故和职业病的主要原因和所采取的措施；

④ 生产发展需要所应采取的安全技术措施；

⑤ 安全技术革新项目和员工提出的合理化建议。

（3）编制安全技术措施计划的一般步骤。

编制安全技术措施计划可以按照下列步骤进行：

① 工作活动分类；

② 危险源识别；

③ 风险确定；

④ 风险评价；

⑤ 制订安全技术措施计划；

⑥ 评价安全技术措施计划的充分性。

6. 特种作业人员持证上岗制度

《建设工程安全生产管理条例》第二十五条规定：垂直运输机械作业人员、起重机械安装拆卸工、爆破作业人员、起重信号工、登高架设作业人员等特种作业人员，必须按照国家有关规定经过专门的安全作业培训，并取得特种作业操作资格证书后，方可上岗作业。

特种作业人员必须按照国家的有关规定经过专门的安全作业培训，并取得特种作业操作资格证书后，方可上岗作业。专门的安全作业培训，是指由有关主管部门组织的专门针对特种作业人员的培训，也就是特种作业人员在独立上岗作业前，必须进行与本工种相适应的、专门的安全技术理论学习和实际操作训练。经培训考核合格，取得特种作业操作资格证书后，才能上岗作业。特种作业操作资格证书在全国范围内有效，离开特种作业岗位一定时间后，应当按照规定重新进行实际操作考核，经确认合格后方可上岗作业。对于未经培训考核即从事特种作业的，条例第六十二条规定了行政处罚；造成重大安全事故，构成犯罪的，对直接责任人员，依照刑法的有关规定追究刑事责任。

特种作业操作证由安全监管总局统一式样、标准及编号。特种作业操作证有效期为6年，在全国范围内有效。特种作业操作证每3年复审1次。特种作业人员在特种作业操作证有效期内，连续从事本工种10年以上，严格遵守有关安全生产法律法规的，经原考核发证机关或者从业所在地考核发证机关同意，特种作业操作证的复审时间可以延长至每6年1次。特种作业操作证申请复审或者延期复审前，特种作业人员应当参加必要的安全培训并考试合格。安全培训时间不少于8个学时，主要培训包括法律、法规、标准、事故案例和有关新工艺、新技术、新装备等。

7. 专项施工方案专家论证制度

依据《建设工程安全生产管理条例》第二十六条的规定：施工单位应当在施工组织设计中编制安全技术措施和施工现场临时用电方案，对下列达到一定规模的危险性较大的分部分项工程编制专项施工方案，并附具安全验算结果，经施工单位技术负责人、总监理工程师签字后实施，由专职安全生产管理人员进行现场监督，包括基坑支护与降水工程；土方开挖工程；模板工程；起重吊装工程；脚手架工程；拆除、爆破工程；国务院建设行政主管部门或者其他有关部门规定的其他危险性较大的工程。

对上述所列工程中涉及深基坑与地下暗挖工程、高大模板工程的专项施工方案，施工单位还应当组织专家进行论证、审查。

8. 危及施工安全工艺、设备、材料淘汰制度

严重危及施工安全的工艺、设备、材料是指不符合生产安全要求，极有可能导致发生生产安全事故，致使人民生命和财产遭受重大损失的工艺、设备和材料。

《建设工程安全生产管理条例》第四十五条规定："国家对严重危及施工安全的工艺、设备、材料实行淘汰制度。具体目录由我部会同国务院其他有关部门制定并公布。"本条明确规定，国家对严重危及施工安全的工艺、设备和材料实行淘汰制度。这一方面有利于保障安全生产；另一方面也体现了优胜劣汰的市场经济规律，有利于提高生产经营单位的工艺水平，促进设备更新。

根据本条的规定，对严重危及施工安全的工艺、设备和材料，实行淘汰制度，需要国务院建设行政主管部门会同国务院其他有关部门确定哪些是严重危及施工安全的工艺、设备和材料，并且以明示的方法予以公布。对于已经公布的严重危及施工安全的工艺、设备和材料，建设单位和施工单位都应当严格遵守和执行，不得继续使用此类工艺和设备，也不得转让他人使用。

9. 施工起重机械使用登记制度

《建设工程安全生产管理条例》第三十五条规定："施工单位应当自施工起重机械和

整体提升脚手架、模板等自升式架设设施验收合格之日起三十日内，向建设行政主管部门或者其他有关部门登记。登记标志应当置于或者附着于该设备的显著位置。”这是对施工起重机械的使用进行监督和管理的一项重要制度，能够有效防止不合格机械和设施投入使用；同时，还有利于监管部门及时掌握施工起重机械和整体提升脚手架、模板等自升式架设设施的使用情况，以利于监督管理。

进行登记应当提交施工起重机械的有关资料，包括：

（1）生产方面的资料，如设计文件、制造质量证明书、检验证书、使用说明书、安装证明等；

（2）使用的有关情况资料，如施工单位对于这些机械和设施的管理制度和措施、使用情况、作业人员的情况等。

监管部门应当对登记的施工起重机械建立相关档案，及时更新，加强监管，减少生产安全事故的发生。施工单位应当将标志置于显著位置，便于使用者监督，保证施工起重机械的安全使用。

10. 安全检查制度

（1）安全检查的目的。

安全检查制度是清除隐患、防止发生事故、改善劳动条件的重要手段，是企业安全生产管理工作的一项重要内容。通过安全检查可以发现企业及生产过程中的危险因素，以便有计划地采取措施，保证安全生产。

（2）安全检查的方式。

检查方式有企业组织的定期安全检查，各级管理人员的日常巡回检查，专业性检查，季节性检查，节假日前后的安全检查，班组自检、交接检查，不定期检查等。

（3）安全检查的内容。

安全检查的主要内容包括：查思想、查管理、查隐患、查整改、查伤亡事故处理等。

安全检查的重点是检查“三违”和安全责任制的落实情况。检查后应编写安全检查报告，报告应包括以下内容：已达标项目，未达标项目，存在的问题，原因分析，纠正和预防措施。

（4）安全隐患的处理程序。

对查出的安全隐患，不能立即整改的要制订整改计划，定人、定措施、定经费、定完成日期，在未消除安全隐患前，必须采取可靠的防范措施，如有危及人身安全的紧急险情，应立即停工。应按照“登记—整改—复查—销案”的程序处理安全隐患。

11. 生产安全事故报告和调查处理制度

关于生产安全事故报告和调查处理制度，《安全生产法》、《建筑法》、《建设工程安全生产管理条例》、《生产安全事故报告和调查处理条例》、《特种设备安全监察条例》等法律法规都对此作了相应的规定。

《安全生产法》第七十条规定：“生产经营单位发生生产安全事故后，事故现场有关人员应当立即报告本单位负责人”；“单位负责人接到事故报告后，应当迅速采取有效措施，组织抢救，防止事故扩大，减少人员伤亡和财产损失，并按照国家有关规定立即如实报告当地负有安全生产监督管理职责的部门，不得隐瞒不报、谎报或者拖延不报，不得故意破坏事故现场、毁灭有关证据。”

《建筑法》第五十一条规定：“施工中发生事故时，建筑施工企业应当采取紧急措施减少人员伤亡和事故损失，并按照国家有关规定及时向有关部门报告。”

《建设工程安全生产管理条例》第五十条对建设工程生产安全事故报告制度的规定为：“施工单位发生生产安全事故，应当按照国家有关伤亡事故报告和调查处理的规定，及时、如实地向负责安全生产监督管理的部门、建设行政主管部门或者其他有关部门报告；特种设备发生事故的，还应当同时向特种设备安全监督管理部门报告。接到报告的部门应当按照国家有关规定，如实上报。”本条是关于发生伤亡事故时的报告义务的规定。一旦发生安全事故，及时报告有关部门是及时组织抢救的基础，也是认真进行调查分清责任的基础。因此，施工单位在发生安全事故时，不能隐瞒事故情况。

《特种设备安全监察条例》第六十二条：“特种设备发生事故，事故发生单位应当迅速采取有效措施，组织抢救，防止事故扩大，减少人员伤亡和财产损失，并按照国家有关规定，及时、如实地向负有安全生产监督管理职责的部门和特种设备安全监督管理部门等有关部门报告。不得隐瞒不报、谎报或者拖延不报。”条例规定在特种设备发生事故时，应当同时向特种设备安全监督管理部门报告。这是因为特种设备的事故救援和调查处理专业性、技术性更强，因此，由特种设备安全监督部门组织有关救援和调查处理更方便一些。

2007 年 6 月 1 日起实施的《生产安全事故报告和调查处理条例》对生产安全事故报告和调查处理制度作了更加明确的规定。

12.“三同时”制度

“三同时”制度是指凡是我国境内新建、改建、扩建的基本建设项目（工程），技术改建项目（工程）和引进的建设项目，其安全生产设施必须符合国家规定的标准，必须与主体工程同时设计、同时施工、同时投入生产和使用。安全生产设施主要是指安全技术方面的设施、职业卫生方面的设施、生产辅助性设施。

《中华人民共和国劳动法》第五十三条规定：“新建、改建、扩建工程的劳动安全卫生设施必须与主体工程同时设计、同时施工、同时投入生产和使用。”

《中华人民共和国安全生产法》第二十四条规定：“生产经营单位新建、改建、扩建工程项目的安全设施，必须与主体工程同时设计、同时施工、同时投入生产和使用。安全设施投资应当纳入建设项目概算。”

新建、改建、扩建工程的初步设计要经过行业主管部门、安全生产管理部门、卫生部门和工会的审查，同意后方可进行施工；工程项目完成后，必须经过主管部门、安全生产管理行政部门、卫生部门和工会的竣工检验；建设工程项目投产后，不得将安全设施闲置不用，生产设施必须和安全设施同时使用。

13. 安全预评价制度

安全预评价是在建设工程项目前期，应用安全评价的原理和方法对工程项目的危险性、危害性进行预测性评价。

开展安全预评价工作，是贯彻落实“安全第一，预防为主”方针的重要手段，是企业实施科学化、规范化安全管理的工作基础。科学、系统地开展安全评价工作，不仅直接起到了消除危险有害因素、减少事故发生的作用，有利于全面提高企业的安全管理水平，而且有利于系统地、有针对性地加强对不安全状况的治理、改造，最大限度地降低安全生产风险。

14. 意外伤害保险制度

根据《建筑法》第四十八条规定，建筑职工意外伤害保险是法定的强制性保险。2003年5月23日建设部公布了《建设部关于加强建筑意外伤害保险工作的指导意见》(建质〔2003〕07号)，从九个方面对加强和规范建筑意外伤害保险工作提出了较详尽的规定，明确了建筑施工企业应当为施工现场从事施工作业和管理的人员，在施工活动过程中发生的人身意外伤亡事故提供保障，办理建筑意外伤害保险、支付保险费，范围应当覆盖整个工程项目。同时，还对保险期限、金额、保费、投保方式、索赔、安全服务及行业自保等都提出了指导性意见。

12.2.2 危险源的识别与风险控制

1. 危险源

危险源是安全管理的主要对象，在实际生活和生产过程中的危险源是以多种多样的形式存在的。危险源的表现形式虽然不同，但从本质上说，能够造成危害后果的(如伤亡事故、人身健康受损害、物体受破坏和环境污染等)，均可归结为能量的意外释放或约束、限制能量和危险物质措施失控的结果。

因此根据危险源在事故发生发展中的作用，把危险源分为两大类，即第一类危险源和第二类危险源。

(1)第一类危险源。

能量和危险物质的存在是危害产生的最根本原因，通常把可能发生意外释放的能量(能源或能量载体)或危险物质称作第一类危险源。

第一类危险源是事故发生的物理本质，危险性主要表现为导致发生事故而造成后果的严重程度方面。第一类危险源危险性的大小主要取决于以下几方面：

能量或危险物质的量；

能量或危险物质意外释放的强度；

意外释放的能量或危险物质的影响范围。

(2)第二类危险源。

造成约束、限制能量和危险物质措施失控的各种不安全因素称作第二类危险源。第二类危险源主要体现在设备故障或缺陷(物的不安全状态)、人为失误(人的不安全行为)和管理缺陷等几个方面。这是导致事故的必要条件，决定事故发生的可能性。

(3)危险源与事故。

事故的发生是两类危险源共同作用的结果，第一类危险源是事故发生的前提，第二类危险源的出现是第一类危险源导致事故的必要条件。在事故的发生和发展过程中，两类危险源相互依存，相辅相成。第一类危险源是事故的主体，决定事故的严重程度；第二类危险源出现的难易，决定事故发生的可能性大小。

2. 危险源识别

危险源识别是安全管理的基础工作，主要目的是找出每项工作活动有关的所有危险源，并考虑这些危险源可能会对什么人造成什么样的伤害或导致什么设备设施损坏等。

（1）危险源的识别。

我国在 2009 年发布了国家标准《生产过程危险和有害因素分类与代码》（GB/T 13861—2009），该标准适用于各个行业在规划、设计和组织生产时对危险源的预测和预防、伤亡事故的统计分析和应用计算机进行管理。在进行危险源识别时，可参照该标准分类和编码，便于管理。

按照该标准，危险源分为以下四大类：人的因素；物的因素；环境因素；管理因素。

（2）危险源识别方法。

危险源识别的方法有询问交谈、现场观察、查阅有关记录、获取外部信息、工作任务分析、安全检查表、危险与操作性研究、事故树分析、故障树分析等。这些方法各有特点和局限性，往往采用两种或两种以上的方法识别危险源。以下简单介绍常用的两种方法。

① 专家调查法。

专家调查法是通过向有经验的专家咨询、调查，识别、分析和评价危险源的一类方法。其优点是简便、易行；缺点是受专家的知识、经验和占有资料的限制，可能出现遗漏。常用的有头脑风暴法和德尔菲法。

② 安全检查表法。

安全检查表实际上就是实施安全检查和诊断项目的明细表。运用已编制好的安全检查表，进行系统的安全检查，识别工程项目存在的危险源。检查表的内容一般包括分类项目、检查内容及要求、检查以后处理意见等。可以用“是”、“否”作回答或“√”、“×”符号作标记，同时注明检查日期，并由检查人员和被检单位同时签字。安全检查表法的优点是：简单易懂、容易掌握，可以事先组织专家编制检查项目，使安全、检查做到系统化、完整化；缺点是只能做出定性评价。

3. 危险源的评估

根据对危险源的识别，评估危险源造成的风险可能性和大小，对风险进行分级。GB/T 28002 推荐的简单的风险等级评估如表 12-1 所示，结果分为Ⅰ、Ⅱ、Ⅲ、Ⅳ、Ⅴ五个风险等级。通过评估，可对不同等级的风险采取相应的风险控制措施。

风险评价是一个持续不断的过程，应持续评审控制措施的充分性。当条件变化时，应对风险重新评估。

表 12-1 风险等级评估

风险	轻度损失（轻微伤害）	中度损失（伤害）	重大损失（严重伤害）
很大	Ⅲ	Ⅳ	Ⅴ
中等	Ⅱ	Ⅲ	Ⅳ
极小	Ⅰ	Ⅱ	Ⅲ

注：Ⅰ—可忽略风险；Ⅱ—可容许风险；Ⅲ—中度风险；Ⅳ—重大风险；Ⅴ—不容许风险。

4. 风险的控制

（1）风险控制策划。

风险评价完成后，应分别列出所找出的所有危险源和重大危险源清单；对已经评价出的不容许的和重大风险（重大危险源）进行优先排序，由工程技术主管部门的相关人员进行风险控制策划，制定风险控制措施计划或管理方案。对于一般危险源，可以通过日常管理程序来实施控制。

风险控制策划可以按照以下顺序和原则进行考虑：

① 尽可能完全消除有不可接受风险的危险源，如用安全品取代危险品；

② 如果是不可能消除有重大危险的危险源，应努力采取降低风险的措施，如使用低压电器等；

③ 在条件允许时，应使工作适合于人，如考虑降低人的精神压力和体能消耗；

④ 应尽可能利用技术进步来改善安全控制措施；

⑤ 应考虑采取保护每个工作人员的措施；

⑥ 将技术管理与程序控制结合起来；

⑦ 应考虑引入诸如机械安全防护装置的维护计划的要求；

⑧ 在各种措施还不能绝对保证安全的情况下，作为最终手段，还应考虑使用个人防护用品；

⑨ 应有可行、有效的应急方案；

⑩ 预防性测定指标是否符合控制措施计划的要求。

（2）风险控制措施计划。

不同的组织、不同的工程项目需要根据不同的条件和风险量来选择适合的控制策略和管理方案。表 12-2 所示为针对不同风险水平的风险控制措施计划表。在实际应用中，应根据风险评价所得出的不同风险源和风险量大小（风险水平），选择不同的控制策略。

风险控制措施计划在实施前宜进行评审。评审主要包括以下内容：

① 更改的措施是否使风险降低至可允许水平；

② 是否产生新的危险源；

③ 是否已选定了成本效益最佳的解决方案；

④ 更改的预防措施是否能得以全面落实。

表 12-2　基于不同风险水平的风险控制措施计划表

风险	措　施
可忽略的	不采取措施且不必保留文件记录
可容许的	不需要另外的控制措施，应考虑投资效果更佳的解决方案或不增加额外成本的改进措施，需要监视来确保控制措施得以维持
中度的	应努力降低风险，但应仔细测定并限定预防成本，并在规定的时间期限内实施降低风险的措施。在中度风险与严重伤害后果相关的场合，必须进一步的评价，以更准确地确定伤害的可能性，以确定是否需要改进控制措施
重大的	直至风险降低后才能开始工作。为降低风险有时必须配给大量的资源。当风险涉及正在进行中的工作时，就应采取应急措施
不容许的	只有当风险已经降低时，才能开始或继续工作。如果无限的资源投入也不能降低风险，就必须禁止工作

（3）风险控制方法。

① 第一类危险源控制方法。

可以采取消除危险源、限制能量和隔离危险物质、个体防护、应急救援等方法。建设工程可能遇到不可预测的各种自然灾害引发的风险，只能采取预测、预防、应急计划和应急救援等措施，以尽量消除或减少人员伤亡和财产损失。

② 第二类危险源控制方法。

可以采取提高各类设施的可靠性以消除或减少故障、提高安全系数、设置安全监控系统、改善作业环境等。最重要的是加强员工的安全意识培训和教育，帮助他们克服不良的操作习惯，严格按规章办事，并在生产过程中保持良好的生理和心理状态。

12.2.3 施工安全技术措施与安全技术交底

1. 施工安全控制

（1）安全控制的概念。

安全控制是生产过程中涉及的计划、组织、监控、调节和改进等一系列致力于满足生产安全所进行的管理活动。

（2）安全控制的目标。

安全控制的目标是减少和消除生产过程中的事故，保证人员健康安全和财产免受损失。具体应包括：

① 减少或消除人的不安全行为的目标；

② 减少或消除设备、材料的不安全状态的目标；

③ 改善生产环境和保护自然环境的目标。

（3）施工安全控制的特点。

建设工程施工安全控制的特点主要有以下几个方面：

① 控制面广。

建设工程由于规模较大，生产工艺复杂、工序多，在建造过程中流动作业多，高处作业多，作业位置多变，遇到的不确定因素多，安全控制工作涉及范围大，控制面广。

② 控制的动态性。

建设工程项目由于具有单件性的特点，使得每项工程所处的条件不同，所面临的危险因素和防范措施也会有所改变，员工在转移工地后，熟悉一个新的工作环境需要一定的时间。

有些工作制度和安全技术措施也会有所调整，员工同样有一个熟悉的过程。

建设工程项目施工的分散性。因为现场施工分散于施工现场的各个部位，尽管有各种规章制度和安全技术交底的环节，但是面对具体的生产环境时，仍然需要作业人员的判断和处理，因此有经验的人员还必须适应不断变化的情况。

③ 控制系统交叉性。

建设工程项目是开放系统，受自然环境和社会环境影响很大，同时也会对社会和环境造成影响，安全控制需要把工程系统、环境系统及社会系统结合起来。

④ 控制的严谨性。

由于建设工程施工的危害因素复杂、风险程度高、伤亡事故多，所以预防控制措施必须严谨，如有疏漏就可能发展到失控，而酿成事故，造成损失和伤害。

2. 施工安全的控制程序

（1）确定每项具体建设工程项目的安全目标。

按“目标管理”方法在以项目经理为首的项目管理系统内进行分解，从而确定每个岗位的安全目标，实现全员安全控制。

（2）编制建设工程项目安全技术措施计划。

工程施工安全技术措施计划是对生产过程中的不安全因素，用技术手段加以消除和控制的文件，是落实“预防为主”方针的具体体现，是进行工程项目安全控制的指导性文件。

（3）安全技术措施计划的落实和实施。

安全技术措施计划的落实和实施包括建立健全安全生产责任制、设置安全生产设施、采用安全技术和应急措施、进行安全教育和培训、安全检查、事故处理、沟通和交流信息，通过一系列安全措施的贯彻，使生产作业的安全状况处于受控状态。

（4）安全技术措施计划的验证。

安全技术措施计划的验证是通过施工过程中对安全技术措施计划实施情况的安全检查，纠正不符合安全技术措施计划的情况，保证安全技术措施的贯彻和实施。

（5）持续改进根据安全技术措施计划的验证结果，对不适宜的安全技术措施计划进行修改、补充和完善。

3. 施工安全技术措施的一般要求和主要内容

（1）施工安全技术措施的一般要求。

① 施工安全技术措施必须在工程开工前制定。

施工安全技术措施是施工组织设计的重要组成部分，应在工程开工前与施工组织设计一同编制。为保证各项安全设施的落实，在工程图纸会审时，就应特别注意考虑安全施工的问题，并在开工前制定好安全技术措施，使得用于该工程的各种安全设施有较充分的时间进行采购、制作和维护等准备工作。

② 施工安全技术措施要有全面性。

按照有关法律法规的要求，在编制工程施工组织设计时，应当根据工程特点制定相应的施工安全技术措施。对于大中型工程项目、结构复杂的重点工程，除必须在施工组织设计中编制施工安全技术措施外，还应编制专项工程施工安全技术措施，详细说明有关安全方面的防护要求和措施，确保单位工程或分部分项工程的施工安全。对爆破、拆除、起重吊装、水下、基坑支护和降水、土方开挖、脚手架、模板等危险性较大的作业，必须编制专项安全施工技术方案。

③ 施工安全技术措施要有针对性。

施工安全技术措施是针对每项工程的特点制定的，编制安全技术措施的技术人员必须掌握工程概况、施工方法、施工环境、条件等一手资料，并熟悉安全法规、标准等，才能制定有针对性的安全技术措施。

④ 施工安全技术措施应力求全面、具体、可靠。

施工安全技术措施应把可能出现的各种不安全因素考虑周全，制定的对策措施方案应力求全面、具体、可靠，这样才能真正做到预防事故的发生。但是，全面具体不等于罗列一般通常的操作工艺、施工方法以及日常安全工作制度、安全纪律等。这些制度性规定，安全技术措施中不需要再作抄录，但必须严格执行。

对大型群体工程或一些面积大、结构复杂的重点工程，除必须在施工组织总设计中编制施工安全技术总体措施外，还应编制单位工程或分部分项工程安全技术措施，详细地制定出有关安全方面的防护要求和措施，确保单位工程或分部分项工程的安全施工。

⑤ 施工安全技术措施必须包括应急预案。

施工安全技术措施由于是在相应的工程施工实施之前制定的，所涉及的施工条件和危险情况大都是建立在可预测的基础上，而建设工程施工过程是开放的过程，在施工期间的变化是经常发生的，还可能出现预测不到的突发事件或灾害（如地震、火灾、台风、洪水等）。所以，施工技术措施计划必须包括面对突发事件或紧急状态的各种应急设施、人员逃生和救援预案，以便在紧急情况下能及时启动应急预案，减少损失，保证人员安全。

⑥ 施工安全技术措施要有可行性和可操作性。

施工安全技术措施应能够在每个施工工序之中得到贯彻实施，既要考虑保证安全的要求，又要考虑依靠现场环境条件和施工技术条件能够做得到。

（2）施工安全技术措施的主要内容。

① 进入施工现场的安全规定；

② 地面及深槽作业的防护；

③ 高处及立体交叉作业的防护；

④ 施工用电安全；

⑤ 施工机械设备的安全使用；

⑥ 在采取“四新”技术时，有针对性的安全技术措施；

⑦ 有针对自然灾害预防的安全措施；

⑧ 预防有毒、有害、易燃、易爆等作业造成危害的安全技术措施。

（3）现场消防措施。

安全技术措施中必须包含施工总平面图，在图中必须对危险的油库、易燃材料库、变电设备、材料和构配件的堆放位置、塔式起重机、物料提升机（井架、龙门架）、施工用电梯、垂直运输设备位置、搅拌台的位置等按照施工需求和安全规程的要求明确定位，并提出具体要求。

结构复杂，危险性大、特性较多的分部分项工程，应编制专项施工方案和安全措施，如基坑支护与降水工程、土方开挖工程、模板工程、起重吊装工程、脚手架工程、拆除工程、爆破工程等，必须编制单项的安全技术措施，并要有设计依据、有计算、有详图、有文字要求。

季节性施工安全技术措施，就是考虑夏季、雨季、冬季等不同季节的气候对施工生产带来的不安全因素可能造成的各种突发性事故，而从防护上、技术上、管理上采取的防护措施。一般工程可在施工组织设计或施工方案的安全技术措施中编制季节性施工安全措施；危险性大、高温期长的工程，应单独编制季节性的施工安全措施。

4. 安全技术交底

（1）安全技术交底的内容。

安全技术交底是一项技术性很强的工作，对于贯彻设计意图、严格实施技术方案、按图施工、循规操作、保证施工质量和施工安全至关重要。

安全技术交底的主要内容如下：

① 本施工项目的施工作业特点和危险点；

② 针对危险点的具体预防措施；

③ 应注意的安全事项；

④ 相应的安全操作规程和标准；

⑤ 发生事故后应及时采取的避难和急救措施。

（2）安全技术交底的要求。

① 项目经理部必须实行逐级安全技术交底制度，纵向延伸到班组全体作业人员；

② 技术交底必须具体、明确，针对性强；

③ 技术交底的内容应针对分部分项工程施工中给作业人员带来的潜在危险因素和存在的问题；

④ 应优先采用新的安全技术措施；

⑤ 对于涉及“四新”项目或技术含量高、技术难度大的单项技术设计，必须经过两阶段技术交底，即初步设计技术交底和实施性施工图技术设计交底；

⑥ 应将工程概况、施工方法、施工程序、安全技术措施等向工长、班组长进行详细交底；

⑦ 定期向由两个以上作业队和多工种进行交叉施工的作业队伍进行书面交底；

⑧ 确保书面安全技术交底有签字记录。

（3）安全技术交底的作用。

① 让一线作业人员了解和掌握该作业项目的安全技术操作规程和注意事项，减少因违章操作而导致事故发生的可能；

② 是安全管理人员在项目安全管理工作中的重要环节；

③ 是安全管理内业的内容要求，同时做好安全技术交底也是安全管理人员自我保护的手段。

12.2.4 安全生产检查类型与内容

工程项目安全检查的目的是清除隐患、防止事故、改善劳动条件及提高员工安全生产意识，是安全控制工作的一项重要内容。通过安全检查可以发现工程中的危险因素，以便有计划地采取措施，保证安全生产。施工项目的安全检查应由项目经理组织，定期进行。

1. 安全检查的主要类型

（1）全面安全检查。

全面检查应包括职业健康安全管理方针、管理组织机构及其安全管理的职责、安全设施、操作环境、防护用品、卫生条件、运输管理、危险品管理、火灾预防、安全教育和安全检查制度等内容。对全面检查的结果必须进行汇总分析，详细探讨所出现的问题及相应对策。

（2）经常性安全检查。

工程项目和班组应开展经常性安全检查，及时排除事故隐患。工作人员必须在工作前，对所用机械设备和工具进行仔细的检查，发现问题立即上报；下班前，还必须进行班后检查，做好设备的维修保养和清整场地等工作，保证交接安全。

（3）专业或专职安全管理人员的专业安全检查。

操作人员在进行设备的检查时，往往是根据其自身的安全知识和经验进行主观判断，因而有很大的局限性，不能反映出客观情况，流于形式。而专业或专职安全管理人员则有较丰富的安全知识和经验，通过其认真检查就能够得到较为理想的效果。专业或专职安全管理人员在进行安全检查时，必须不徇私情，按章检查，发现违章操作情况立即纠正，发现隐患及时指出并提出相应防护措施，且及时上报检查结果。

（4）季节性安全检查。

要对防风防沙、防涝抗旱、防雷电、防暑防害等工作进行季节性的检查，根据各个季节自然灾害的发生规律，及时采取相应的防护措施。

（5）节假日检查。

在节假日，坚持上班的人员较少，往往放松思想警惕，故容易发生意外，而且一旦发生意外事故，还难以进行有效的救援和控制。因此，节假日必须安排专业安全管理人员进行安全检查，对重点部位要进行巡视。同时配备一定数量的安全保卫人员，搞好安全保卫工作，绝不能麻痹大意。

（6）要害部门重点安全检查。

对于企业要害部门和重要设备，必须进行重点检查。由于其重要性和特殊性，一旦发生意外，会造成大的伤害，给企业的经济效益和社会效益带来不良的影响。为了确保安全，对设备的运转和零件的状况要定时进行检查，发现损伤立刻更换，决不能“带病”作业；一过有效年限即使没有故障，也应该予以更新，不能因小失大。

2. 安全检查的注意事项

（1）安全检查要深入基层、紧紧依靠职工，坚持领导与群众相结合的原则，组织好检查工作。

（2）建立检查的组织领导机构，配备适当的检查力量，挑选具有较高技术业务水平的专业人员参加。

（3）做好检查的各项准备工作，包括思想、业务知识、法规政策和物资、奖金准备。

（4）明确检查的目的和要求。既要严格要求，又要防止一刀切，要从实际出发，分清主、次矛盾，力求实效。

（5）把自查与互查有机结合起来。基层以自检为主，企业内相应部门间互相检查，取长补短，相互学习和借鉴。

（6）坚持查改结合。检查不是目的，只是一种手段，整改才是最终目的。发现问题，要及时采取切实有效的防范措施。

（7）建立检查档案。结合安全检查表的实施，逐步建立健全检查档案，收集基本的数据，掌握基本安全状况，为及时消除隐患提供数据，同时也为以后的职业健康安全检查奠定基础。

（8）在制定安全检查表时，应根据用途和目的具体确定安全检查表的种类。安全检查表的主要种类有：设计用安全检查表、厂级安全检查表、车间安全检查表、班组及岗位安全检查表、专业安全检查表等。制定安全检查表要在安全技术部门的指导下，充分依靠职工来进行。初步制定出来的检查表，要经过群众的讨论，反复试行，再加以修订，最后由安全技术部门审定后方可正式实行。

12.2.5 安全隐患处理

建设工程安全隐患包括三个部分的不安全因素：人的不安全因素、物的不安全状态和组织管理上的不安全因素。

1. 人的不安全因素

人的不安全因素指能够使系统发生故障或发生性能不良的事件的个人的不安全因素和违背安全要求的错误行为。

（1）个人的不安全因素。

包括人员的心理、生理、能力中所具有不能适应工作、作业岗位要求的影响安全的因素。

① 心理上的不安全因素有影响安全的性格、气质和情绪（如急躁、懒散、粗心等）。

② 生理上的不安全因素大致有五个方面：视觉、听觉等感觉器官不能适应作业岗位要求的因素；体能不能适应作业岗位要求的因素；年龄不能适应作业岗位要求的因素；有不适合作业岗位要求的疾病；疲劳和酒醉或感觉朦胧。

③ 能力上的不安全因素包括知识技能、应变能力、资格等不能适应工作和作业岗位要求的影响因素。

（2）人的不安全行为。

人的不安全行为是指能造成事故的人为错误，是人为地造成系统发生故障或发生性不良事件，是违背操作规程和设计的错误行为。

不安全行为的类型有：操作失误、忽视安全、忽视警告；造成安全装置失效；使用不安全设备；手代替工具操作；物体存放不当；冒险进入危险场所；攀坐不安全位置；在起吊物下作业、停留；在机器运转时进行检查、维修、保养；有分散注意力的行为；未正确使用个人防护用品、用具；不安全装束；对易燃易爆等危险物品处理错误。

2. 物的不安全状态

物的不安全状态是指能导致事故发生的物质条件，包括机械设备或环境所存在的不安全因素。

（1）物的不安全状态的内容：物本身存在的缺陷；防护保险方面的缺陷；物的放置方法的缺陷；作业环境场所的缺陷；外部的和自然界的不安全状态；作业方法导致的物的不安全状态；保护器具信号、标志、个人防护品的缺陷。

（2）物的不安全状态的类型。

防护等装置缺陷；设备、设施等缺陷；个人防护用品缺陷；生产场地环境的缺陷。

3. 组织管理上的不安全因素

组织管理上的缺陷，也是事故发生前的不安全因素，作为间接的原因共有以下方面：技术上的缺陷；教育上的缺陷；生理上的缺陷；心理上的缺陷；管理工作上的缺陷；学校教育和社会、历史上的原因造成的缺陷。

12.2.6 建设工程安全隐患的处理

在工程建设过程中，安全事故隐患是难以避免的，但要尽可能预防和消除安全事故隐患的发生。首先需要项目参与各方加强安全意识，做好事前控制，建立健全各项安全生产管理制度，落实安全生产责任制，注重安全生产教育培训，保证安全生产条件所需资金的投入，将安全隐患消除在萌芽之中；其次是根据工程的特点确保各项安全施工措施的落实，加强对工程安全生产的检查监督，及时发现安全事故隐患；再次是对发现的安全事故隐患及时进行处理，查找原因，防止事故隐患的进一步扩大。

1. 安全事故隐患治理原则

（1）冗余安全度治理原则。

为确保安全，在治理事故隐患时应考虑设置多道防线，即使有一两道防线无效，还有冗余的防线可以控制事故隐患。例如，道路上有一个坑，既要设防护栏及警示牌，又要设照明及夜间警示红灯。

（2）单项隐患综合治理原则。

人、机、料、法、环境五者任一个环节产生安全事故隐患，都要从五者安全匹配的角度考虑，调整匹配的方法，提高匹配的可靠性。一件单项隐患问题的整改需综合（多角度）治理。人的隐患，既要治人也要治机具及生产环境等各环节。例如，某工地发生触电事故，一方面要进行人的安全用电操作教育；另一方面，现场要设置漏电开关，对配电箱、用电线路进行防护改造，严禁非专业电工乱接乱拉电线。

（3）事故直接隐患与间接隐患并治原则。

对人、机、环境系统进行安全治理，同时还需治理安全管理措施。

（4）预防与减灾并重治理原则。

治理安全事故隐患时，需尽可能减少发生事故的可能性，如果不能完全控制事故的发生，也要设法将事故等级降低。但是不论预防措施如何完善，都不能保证事故绝对不会发生，还必须对事故减灾做好充分准备，研究应急技术操作规范，如应及时切断供料及切断能源的操作方法，应及时降压、降温、降速以及停止运行的方法，应及时排放毒物的方法，应及时疏散及抢救的方法，应及时请求救援的方法等。还应定期组织训练和演习，使该生产环境中每名干部及工人都真正掌握这些减灾技术。

（5）重点治理原则。

按对隐患的分析评价结果实行危险点分级治理，也可以根据安全检查表进行打分，对隐患危险程度进行分级。

（6）动态治理原则。

动态治理就是对生产过程进行动态随机安全化治理，生产过程中发现问题及时治理，既可以及时消除隐患，又可以避免小的隐患发展成大的隐患。

2. 安全事故隐患的处理

在建设工程中，安全事故隐患的发现可以来自于各参与方，包括建设单位、设计单位、监理单位、施工单位、供货商、工程监管部门等。各方对于事故安全隐患处理的义务和责任以及相关的处理程序，在《建设工程安全生产管理条例》中已有明确的界定。这里仅从施工单位的角度谈其对事故安全隐患的处理方法。

（1）当场指正，限期纠正，预防隐患发生。

对于违章指挥和违章作业行为，检查人员应当场指出，并限期纠正，预防事故的发生。

（2）做好记录，及时整改，消除安全隐患。

对检查中发现的各类安全事故隐患，应做好记录，分析安全隐患产生的原因，制定消除隐患的纠正措施，报相关方审查批准后进行整改，及时消除隐患。对重大安全事故隐患排除前或者排除过程中无法保证安全的，责令从危险区域内撤出作业人员或者暂时停止施工，待隐患消除再行施工。

（3）分析统计，查找原因，制定预防措施。

对于反复产生的安全隐患，应通过分析统计，属于多个部位存在的同类型隐患，即“通病”；属于重复出现的隐患，即“顽症”，查找产生“通病”和“顽症”的原因，完善安全管理措施，制定预防措施，从源头上消除安全事故隐患的发生。

（4）跟踪验证。

检查单位应对受检单位的纠正和预防措施的实施过程和实施效果进行跟踪验证，并保存验证记录。

12.3 工程项目安全事故应急预案和事故处理

12.3.1 生产安全事故应急预案内容

应急预案是对特定的潜在事件和紧急情况发生时所采取措施的计划安排，是应急响应的行动指南。编制应急预案的目的，是防止一旦紧急情况发生时出现混乱，按照合理的响应流程采取适当的救援措施，预防和减少可能随之引发的职业健康安全和环境影响。

应急预案的制定，首先必须与重大环境因素和重大危险源相结合，特别是与这些环境因素和危险源一旦控制失效可能导致的后果相适应，还要考虑在实施应急救援的过程中可能产生新的伤害和损失。

1. 应急预案体系的构成

应急预案应形成体系，针对各级各类可能发生的事故和所有危险源制订专项应急预案和现场应急处置方案，并明确事前、事发、事中、事后的各个过程中相关部门和有关人员的职责。生产规模小、危险因素少的生产经营单位，综合应急预案和专项应急预案可以合并编写。

（1）综合应急预案。

综合应急预案是从总体上阐述事故的应急方针、政策，应急组织结构及相关应急职责，应急行动、措施和保障等基本要求和程序，是应对各类事故的综合性文件。

（2）专项应急预案。

专项应急预案是针对具体的事故类别（如基坑开挖、脚手架拆除等事故）、危险源和应急保障而制订的计划或方案，是综合应急预案的组成部分，应按照综合应急预案的程序和要求组织制定，并作为综合应急预案的附件。专项应急预案应制定明确的救援程序和具体的应急救援措施。

（3）现场处置方案。

现场处置方案是针对具体的装置、场所或设施、岗位所制定的应急处置措施。现场处置方案应具体、简单、针对性强。现场处置方案应根据风险评估及危险性控制措施逐一编制，做到事故相关人员应知应会、熟练掌握，并通过应急演练，做到迅速反应、正确处置。

2. 建设工程生产安全事故应急预案编制的要求和内容

（1）符合有关法律、法规、规章和标准的规定；

（2）结合本地区、本部门、本单位的安全生产实际情况；

（3）结合本地区、本部门、本单位的危险性分析情况；

（4）应急组织和人员的职责分工明确，并有具体的落实措施；

（5）有明确、具体的事故预防措施和应急程序，并与其应急能力相适应；

（6）有明确的应急保障措施，并能满足本地区、本部门、本单位的应急工作要求；

（7）预案基本要素齐全、完整，预案附件提供的信息准确；

（8）预案内容与相关应急预案相互衔接。

12.3.2 应急预案的管理

建设工程生产安全事故应急预案的管理包括应急预案的评审、备案、实施和奖惩。

国家安全生产监督管理总局负责应急预案的综合协调管理工作。国务院其他负有安全生产监督管理职责的部门按照各自的职责负责本行业、本领域内应急预案的管理工作。

县级以上地方各级人民政府安全生产监督管理部门负责本行政区域内应急预案的综合协调管理工作。县级以上地方各级人民政府其他负有安全生产监督管理职责的部门按照各自的职责负责辖区内本行业、本领域应急预案的管理工作。

1. 应急预案的评审

地方各级安全生产监督管理部门应当组织有关专家对本部门编制的应急预案进行审定，必要时可以召开听证会，听取社会有关方面的意见。涉及相关部门职能或者需要有关部门配合的，应当征得有关部门的同意。

参加应急预案评审的人员应当包括应急预案涉及的政府部门工作人员和有关安全生产及应急管理方面的专家。

评审人员与所评审预案的生产经营单位有利害关系的，应当回避。

应急预案的评审或者论证应当注重应急预案的实用性、基本要素的完整性、预防措施的针对性、组织体系的科学性、响应程序的操作性、应急保障措施的可行性、应急预案的衔接性等内容。

2. 应急预案的备案

地方各级安全生产监督管理部门的应急预案，应当报同级人民政府和上一级安全生产监督管理部门备案。

其他负有安全生产监督管理职责的部门的应急预案，应当抄送同级安全生产监督管理部门。

中央管理的总公司（总厂、集团公司、上市公司）的综合应急预案和专项应急预案，报国务院国有资产监督管理部门、国务院安全生产监督管理部门和国务院有关主管部门备案；其所属单位的应急预案分别抄送所在地的省、自治区、直辖市或者设区的市人民政府安全生产监督管理部门和有关主管部门备案。

上述规定以外的其他生产经营单位中涉及实行安全生产许可的，其综合应急预案和专项应急预案按照隶属关系报所在地县级以上地方人民政府安全生产监督管理部门和有关主管部门备案；未实行安全生产许可的，其综合应急预案和专项应急预案的备案，由省、自治区、直辖市人民政府安全生产监督管理部门确定。

3. 应急预案的实施

各级安全生产监督管理部门、生产经营单位应当采取多种形式开展应急预案的宣传教育工作，普及生产安全事故预防、避险、自救和互救知识，提高从业人员的安全意识和应急处置技能。

生产经营单位应当制订本单位的应急预案演练计划，根据本单位的事故预防重点，每年至少组织一次综合应急预案演练或者专项应急预案演练，每半年至少组织一次现场处置方案演练。

有下列情形之一的，应急预案应当及时修订：

（1）生产经营单位因兼并、重组、转制等导致隶属关系、经营方式、法定代表人发生变化的；

（2）生产经营单位生产工艺和技术发生变化的；

（3）周围环境发生变化，形成新的重大危险源的；

（4）应急组织指挥体系或者职责已经调整的；

（5）依据的法律、法规、规章和标准发生变化的；

（6）应急预案演练评估报告要求修订的；

（7）应急预案管理部门要求修订的。

生产经营单位应当及时向有关部门或者单位报告应急预案的修订情况，并按照有关应急预案报备程序重新备案。

4. 奖　惩

生产经营单位应急预案未按照有关规定备案的，由县级以上安全生产监督管理部门给予警告，并处三万元以下罚款。

生产经营单位未制订应急预案或者未按照应急预案采取预防措施，导致事故救援不力或者造成严重后果的，由县级以上安全生产监督管理部门依照有关法律、法规和规章的规定，责令停产停业整顿，并依法给予行政处罚。

12.3.3 职业健康安全事故分类和处理

1. 职业伤害事故的分类

职业健康安全事故分两大类型，即职业伤害事故与职业病。职业伤害事故是指因生产过程及工作原因或与其相关的其他原因造成的伤亡事故。

（1）按照事故发生的原因分类。

按照我国《企业伤亡事故分类标准》（GB 6441—1986）规定，职业伤害事故分为 20 类，其中与建筑业有关的有以下 12 类：

物体打击：落物、滚石、锤击、碎裂、崩块、砸伤等造成的人身伤害，不包括因爆炸而引起的物体打击。

车辆伤害：被车辆挤、压、撞和车辆倾覆等造成的人身伤害。

机械伤害：被机械设备或工具绞、碾、碰、割、戳等造成的人身伤害，不包括车辆、起重设备引起的伤害。

起重伤害：从事各种起重作业时发生的机械伤害事故，不包括上下驾驶室时发生的坠落伤害、起重设备引起的触电及检修时制动失灵造成的伤害。

触电：由于电流经过人体导致的生理伤害，包括雷击伤害。

灼烫：火焰引起的烧伤、高温物体引起的烫伤、强酸或强碱引起的灼伤、放射线引起的皮肤损伤，不包括电烧伤及火灾事故引起的烧伤。

火灾：在火灾时造成的人体烧伤、窒息、中毒等。

高处坠落：由于危险势能差引起的伤害，包括从架子、屋架上坠落以及平地坠入坑内等。

坍塌：建筑物、堆置物倒塌以及土石塌方等引起的事故伤害。

火药爆炸：在火药的生产、运输、储藏过程中发生的爆炸事故。

中毒和窒息：煤气、油气、沥青、化学、一氧化碳中毒等。

其他伤害：包括扭伤、跌伤、冻伤、野兽咬伤等。

以上 12 类职业伤害事故中，在建设工程领域中最常见的是高处坠落、物体打击、机械伤害、触电、坍塌、中毒、火灾 7 类。

（2）按事故后果严重程度分类。

我国《企业伤亡事故分类标准》（GB 6441—1986）规定，按事故后果严重程度分类，事故分为：

轻伤事故，是指造成职工肢体或某些器官功能性或器质性轻度损伤，能引起劳动能力轻度或暂时丧失的伤害的事故，一般每个受伤人员休息 1 个工作日以上，105 个工作日以下；

重伤事故，一般指受伤人员肢体残缺或视觉、听觉等器官受到严重损伤，能引起人体长期存在功能障碍或劳动能力有重大损失的伤害，或者造成每个受伤人损失 105 工作日以上的失能伤害的事故；

死亡事故，指一次事故中死亡职工 1 ~ 2 人的事故；

重大伤亡事故，指一次事故中死亡 3 人以上（含 3 人）的事故；

特大伤亡事故，指一次死亡 10 人以上（含 10 人）的事故。

（3）按事故造成的人员伤亡或者直接经济损失分类。

依据 2007 年 6 月 1 日起实施的《生产安全事故报告和调查处理条例》规定，按生产安全事故造成的人员伤亡或者直接经济损失，事故分为：

特别重大事故，是指造成 30 人以上死亡，或者 100 人以上重伤（包括急性工业中毒，下同），或者 1 亿元以上直接经济损失的事故；

重大事故，是指造成 10 人以上 30 人以下死亡，或者 50 人以上 100 人以下重伤，或者 5000 万元以上 1 亿元以下直接经济损失的事故；

较大事故，是指造成 3 人以上 10 人以下死亡，或者 10 人以上 50 人以下重伤，或者 1000 万元以上 5000 万元以下直接经济损失的事故；

一般事故，是指造成 3 人以下死亡，或者 10 人以下重伤，或者 1000 万元以下直接经济损失的事故。

目前，在建设工程领域中，判别事故等级较多采用的是《生产安全事故报告和调查处理条例》。

2. 建设工程安全事故的处理

一旦事故发生，通过应急预案的实施，尽可能防止事态的扩大和减少事故的损失。通过事故处理程序，查明原因，制定相应的纠正和预防措施，避免类似事故的再次发生。

（1）事故处理的原则（“四不放过”原则）。

国家对发生事故后的“四不放过”处理原则，其具体内容如下：

① 事故原因未查清不放过。

要求在调查处理伤亡事故时，首先要把事故原因分析清楚，找出导致事故发生的真正原因，未找到真正原因决不轻易放过。并搞清各因素之间的因果关系才算达到事故原因分析的目的，避免今后类似事故的发生。

② 事故责任人未受到处理不放过。

这是安全事故责任追究制的具体体现，对事故责任者要严格按照安全事故责任追究的法律法规的规定进行严肃处理；不仅要追究事故直接责任人的责任，还要追究有关负责人的领导责任。当然，处理事故责任者必须谨慎，避免事故责任追究的扩大化。

③ 事故责任人和周围群众没有受到教育不放过。

使事故责任者和广大群众了解事故发生原因及所造成的危害，并深刻认识到搞好安全生产的重要性，从事故中吸取教训，提高安全意识，改进安全管理工作。

④ 事故没有制定切实可行的整改措施不放过。

必须针对事故发生的原因，提出防止相同或类似事故发生的切实可行的预防措施，并督促事故发生单位加以实施。只有这样，才算达到事故调查和处理的最终目的。

（2）建设工程安全事故处理。

① 迅速抢救伤员并保护事故现场。

事故发生后，事故现场有关人员应当立即向本单位负责人报告。单位负责人接到报告后，应当于 1 小时内向事故发生地县级以上人民政府安全生产监督管理部门和负有安全生产监督管理职责的有关部门报告；并有组织、有指挥地抢救伤员、排除险情，防止人为或自然因素的破坏，便于事故原因的调查。

建设行政主管部门是建设安全生产的监督管理部门，对建设安全生产实行的是统一的监督管理。因此，各个行业的建设施工中出现了安全事故，都应当向建设行政主管部门报告。对于专业工程施工中出现生产安全事故的，由于有关的专业主管部门也承担着对建设安全生产的监督管理职能，因此，专业工程出现安全事故，还需要向有关行业主管部门报告。

情况紧急时，事故现场有关人员可以直接向事故发生地县级以上人民政府安全生产监督管理部门和负有安全生产监督管理职责的有关部门报告。

安全生产监督管理部门和负有安全生产监督管理职责的有关部门接到事故报告后，应当依照下列规定上报事故情况，并通知公安机关、劳动保障行政部门、工会和人民检察院。

特别重大事故、重大事故逐级上报至国务院安全生产监督管理部门和负有安全生产监督管理职责的有关部门；

较大事故逐级上报至省、自治区、直辖市人民政府安全生产监督管理部门和负有安全生产监督管理职责的有关部门；

一般事故上报至设区的市级人民政府安全生产监督管理部门和负有安全生产监督管理职责的有关部门。

安全生产监督管理部门和负有安全生产监督管理职责的有关部门依照前款规定上报事故情况，应当同时报告本级人民政府。国务院安全生产监督管理部门和负有安全生产监督管理职责的有关部门以及省级人民政府接到发生特别重大事故、重大事故的报告后，应当立即报告国务院。必要时，安全生产监督管理部门和负有安全生产监督管理职责的有关部门，也可以越级上报事故情况。

安全生产监督管理部门和负有安全生产监督管理职责的有关部门逐级上报事故情况，县级上报的时间不得超过 2 小时。事故报告后出现新情况的，应当及时补报。

② 组织调查组，开展事故调查。

特别重大事故由国务院或者国务院授权有关部门组织事故调查组进行调查。重大事故、较大事故、一般事故分别由事故发生地省级人民政府、设区的市级人民政府、县级人民政府负责调查。省级人民政府、设区的市级人民政府、县级人民政府可以直接组织事故调查组进行调查，也可以授权或者委托有关部门组织事故调查组进行调查。未造成人员伤亡的一般事故，县级人民政府也可以委托事故发生单位组织事故调查组进行调查。

事故调查组有权向有关单位和个人了解与事故有关的情况，并要求其提供相关文件、资料，有关单位和个人不得拒绝。事故发生单位的负责人和有关人员在事故调查期间不得擅离职守，并应当随时接受事故调查组的询问，如实提供有关情况。事故调查中发现涉嫌犯罪的，事故调查组应当及时将有关材料或者其复印件移交司法机关处理。

③ 现场勘察。

事故发生后，调查组应迅速到现场进行及时、全面、准确和客观的勘察，包括现场笔录、现场拍照和现场绘图。

④ 分析事故原因。

通过调查分析，查明事故经过，按受伤部位、受伤性质、起因物、致害物、伤害方法、不安全状态、不安全行为等，查清事故原因，包括人、物、生产管理和技术管理等方面的原因。通过直接和间接的分析，确定事故的直接责任者、间接责任者和主要责任者。

⑤ 制定预防措施。

根据事故原因分析，制定防止类似事故再次发生的预防措施。根据事故后果和事故责任者应负的责任提出处理意见。

⑥ 提交事故调查报告。

事故调查组应当自事故发生之日起 60 日内提交事故调查报告；特殊情况下，经负责事故调查的人民政府批准，提交事故调查报告的期限可以适当延长，但延长的期限最长不超过 60 日。事故调查报告应当包括下列内容：

事故发生单位概况；

事故发生经过和事故救援情况；

事故造成的人员伤亡和直接经济损失；

事故发生的原因和事故性质；

事故责任的认定以及对事故责任者的处理建议；

事故防范和整改措施。

⑦ 事故的审理和结案。

重大事故、较大事故、一般事故，负责事故调查的人民政府应当自收到事故调查报告之日起 15 日内作出批复；特别重大事故，30 日内作出批复，特殊情况下，批复时间可以适当延长，但延长的时间最长不超过 30 日。

有关机关应当按照人民政府的批复，依照法律、行政法规规定的权限和程序，对事故发生单位和有关人员进行行政处罚，对负有事故责任的国家工作人员进行处分。事故发生单位应当按照负责事故调查的人民政府的批复，对本单位负有事故责任的人员进行处理。

负有事故责任的人员涉嫌犯罪的，依法追究刑事责任。

事故处理的情况由负责事故调查的人民政府或者其授权的有关部门、机构向社会公布，依法应当保密的除外。事故调查处理的文件记录应长期完整地保存。

3. 安全事故统计规定

（1）统计报表由各级安全生产监督管理部门、煤矿安全监察机构负责组织实施，每月对本行政区内发生的生产安全事故进行全面统计。其中，火灾、道路交通、水上交通、民航飞行、铁路交通、农业机械、渔业船舶等事故由其主管部门统计，每月抄送同级安全生产监督管理部门。

（2）省级安全生产监督管理部门和煤矿安全监察机构，在每月 5 日前报送上月事故统计报表。国务院有关部门在每月 5 日前将上月事故统计报表抄送国家安全生产监督管理总局。

（3）各部门、各单位都要严格遵守《中华人民共和国统计法》，按照本统计报表制度的规定，全面、如实填报生产安全事故统计报表。对于不报、瞒报、迟报或伪造、篡改数字的，要依法追究其责任。

12.4 工程项目现场文明施工和环境保护要求

文明施工是指保持施工现场良好的作业环境、卫生环境和工作秩序。因此，文明施工也是保护环境的一项重要措施。文明施工主要包括：规范施工现场的场容，保持作业环境整洁、卫生；科学组织施工，使生产有序进行；减少施工对周围居民和环境的影响；遵守施工现场文明施工的规定和要求，保证职工的安全和身体健康。

文明施工可以适应现代化施工的客观要求，有利于员工的身心健康，有利于培养和提高施工队伍的整体素质，促进企业综合管理水平的提高，提高企业的知名度和市场竞争力。

12.4.1 施工现场文明施工的要求

1. 建设工程现场文明施工的要求

依据我国相关标准，文明施工的要求主要包括现场围挡、封闭管理、施工场地、材料堆放、现场住宿、现场防火、治安综合治理、施工现场标牌、生活设施、保健急救、社区服务 11 项内容。总体上应符合以下要求：

（1）有整套的施工组织设计或施工方案，施工总平面布置紧凑，施工场地规划合理，符合环保、市容、卫生的要求。

（2）有健全的施工组织管理机构和指挥系统，岗位分工明确；工序交叉合理，交接责任明确。

（3）有严格的成品保护措施和制度，大小临时设施和各种材料构件、半成品按平面布置堆放整齐。

（4）施工场地平整，道路畅通，排水设施得当，水、电线路整齐，机具设备状况良好，使用合理。施工作业符合消防和安全要求。

（5）搞好环境卫生管理，包括施工区、生活区环境卫生和食堂卫生管理。

（6）文明施工应贯彻至施工结束后的清场。

实现文明施工，不仅要抓好现场的场容管理，而且还要做好现场材料、机械、安全、技术、保卫、消防和生活卫生等方面的工作。

2. 建设工程现场文明施工的措施

（1）加强现场文明施工的组织措施。

① 建立文明施工的管理组织。

应确立项目经理为现场文明施工的第一责任人，以各专业工程师和施工质量、安全、材料、保卫、后勤等现场项目经理部人员为成员的施工现场文明管理组织，共同负责本工程的现场文明施工工作。

② 健全文明施工的管理制度。

包括建立各级文明施工岗位责任制、将文明施工工作考核列入经济责任制，建立定期的检查制度，实行自检、互检、交接检制度，建立奖惩制度，开展文明施工立功竞赛，加强文明施工教育培训等。

（2）落实现场文明施工的各项管理措施。

针对现场文明施工的各项要求，落实相应的各项管理措施。

① 施工平面布置。

施工总平面图是现场管理、实现文明施工的依据。施工总平面图应对施工机械设备设置、材料和构配件的堆场、现场加工场地，以及现场临时运输道路、临时供水供电线路和其他临时设施进行合理布置，并随工程实施的不同阶段进行场地布置和调整。

② 现场围挡、标牌。

施工现场必须实行封闭管理，设置进、出口大门，制定门卫制度，严格执行外来人员进场登记制度。沿工地四周连续设置围挡，市区主要路段和其他涉及市容景观路段的工地设置围挡的高度不低于 2.5 m，其他工地的围挡高度不低于 1.8 m，围挡材料要求坚固、稳定、统一、整洁、美观。

施工现场必须设有“五牌一图”，即工程概况牌、管理人员名单及监督电话牌、消防保卫（防火责任）牌、安全生产牌、文明施工牌和施工现场平面图。

施工现场应合理悬挂安全生产宣传和警示牌，标牌悬挂牢固可靠，特别是在主要施工部位、作业点和危险区域以及主要通道口处都必须有针对性地悬挂醒目的安全警示牌。

③ 施工场地。

施工现场应积极推行硬地坪施工，作业区、生活区主干道地面必须用一定厚度的混凝土硬化，场内其他次道路地面也应做硬化处理。

施工现场道路畅通、平坦、整洁，无散落物。

施工现场设置排水系统，排水畅通，不积水。

严禁泥浆、污水、废水外流或堵塞下水道和排水河道。

施工现场适当地方设置吸烟处，作业区内禁止随意吸烟。

积极美化施工现场环境，根据季节变化，适当进行绿化布置。

④ 材料堆放、周转设备管理。

建筑材料、构配件、料具必须按施工现场总平面布置图堆放，布置合理。

建筑材料、构配件及其他料具等必须做到安全、整齐堆放，不得超高。

堆料分门别类，悬挂标牌，标牌应统一制作，标明名称、品种、规格数量。

建立材料收发管理制度，仓库、工具间材料堆放整齐，易燃易爆物品分类堆放。专人负责，确保安全。

施工现场建立清扫制度，落实到人，做到工完料尽场地清，车辆进出场应由防泥带出的措施。建筑垃圾清运时，临时存放现场也应集中堆放整齐并悬挂标牌，不用的施工机械和设备应及时出场。

施工设施、大模和砖夹等，集中堆放整理，大模板应成对方放稳；钢模板及零配件应分类分规格集中存放。

⑤ 现场生活设施。

施工现场作业区与办公、生活区应明确划分；确因场地狭窄不能明确划分的，应采取隔离栏等防护措施。

宿舍内应确保主体结构安全，设施完好。宿舍周围环境应保持整洁、安全。

宿舍内应有保暖、消暑、防煤气中毒、防蚊虫叮咬等措施。严禁使用煤气灶、煤油路、电饭煲等器具。

食堂应有良好的通风和洁卫设施，保持室内卫生、整洁，炊事员持健康证上岗。

建立现场卫生责任制，设卫生保洁员。

施工现场应设固定的男、女简易淋浴室和厕所，并要保证结构稳定、牢固和防风雨。并实行专人管理、及时清扫，保持整洁，要有灭蚊蝇滋生的措施。

⑥ 现场消防、防火管理。

现场建立消防管理制度，建立消防领导小组，落实消防责任制和责任人员，做到思想重视、措施跟上、管理到位。

定期对有关人员进行消防教育，落实消防措施。

现场必须有消防平面布置图，临时设施按消防条例有关规定搭设，做到标准规范。

易燃易爆物品堆放间、油漆间、木工间、总配电室等消防防火重点部位要按规定设置灭火器和消防沙箱，并有专人负责，对违反消防条例的有关人员进行严肃处理。

施工现场用明火做到严格按动用明火规定执行，审批手续齐全。

⑦ 医疗急救的管理。

开展卫生防病教育，准备必要的医疗设施，配备经过培训的急救人员，有急救措施、急救器材和保健医药箱。在现场办公室的显著位置张贴急救车和有关医院的电话号码等。

⑧ 社区服务的管理。

建立施工不扰民的措施。现场不得焚烧有毒、有害物质等。

⑨ 治安管理。

建立现场治安保卫领导小组，有专人管理。

新入场的人员要及时登记，做到合法用工。

按照治安管理条例和施工现场的治安管理规定搞好各项管理工作。

建立门卫值班管理制度，严禁无证人员和其他闲杂人员进入施工现场。

（3）建立检查考核制度。

对于建设工程文明施工，国家和各地大多制定了标准或规定，也有比较成熟的经验。

在实际工作中，项目应结合相关标准和规定建立文明施工考核制度，推进各项文明施工措施的落实。

（4）抓好文明施工建设工作。

建立宣传教育制度，现场宣传安全生产、文明施工、国家大事、社会形势、企业精神、好人好事等。

坚持以人为本，加强管理人员和班组文明建设。教育职工遵纪守法，提高企业整体管理水平和文明素质。

主动与有关单位配合，积极开展共建文明活动，树立企业良好的社会形象。

12.4.2 施工现场环境保护的要求

建设工程项目必须满足有关环境保护法律法规的要求，在施工过程中注意环境保护，对企业发展、员工健康和社会文明有重要意义。

环境保护是按照法律法规、各级主管部门和企业的要求，保护和改善作业现场的环境，控制现场的各种粉尘、废水、废气、固体废弃物、噪声、振动等对环境的污染和危害。环境保护也是文明施工的重要内容之一。

1. 建设工程施工现场环境保护的要求

（1）根据《中华人民共和国环境保护法》和《中华人民共和国环境影响评价法》的有关规定，建设工程项目对环境保护的基本要求如下：

① 涉及依法划定的自然保护区、风景名胜区、生活饮用水水源保护区及其他需要特别保护的区域时，应当符合国家有关法律法规及该区域内建设工程项目环境管理的规定，不得建设污染环境的工业生产设施；建设的工程项目设施的污染物排放不得超过规定的排放标准。

② 开发利用自然资源的项目，必须采取措施保护生态环境。

③ 建设工程项目选址、选线、布局应当符合区域、流域规划和城市总体规划。

④ 应满足项目所在区域环境质量、相应环境功能区划和生态功能区划的标准或要求。

⑤ 拟采取的污染防治措施应确保污染物排放达到国家和地方规定的排放标准，满足污染物总量控制要求；涉及可能产生放射性污染的，应采取有效预防和控制放射性污染的措施。

⑥ 建设工程应当采用节能、节水等有利于环境与资源保护的建筑设计方案、建筑材料、装修材料、建筑构配件及设备。建筑材料和装修材料必须符合国家标准。禁止生产销售和使用有毒、有害物质超过国家标准的建筑材料和装修材料。

⑦ 尽量减少建设工程施工中所产生的干扰周围生活环境的噪声。

⑧ 应采取生态保护措施，有效预防和控制生态破坏。

⑨ 对环境可能造成重大影响：应当编制环境影响报告书的建设工程项目、可能严重影响项目所在地居民生活环境质量的建设工程项目以及存在重大意见分歧的建设工程项目，环保部门可以举行听证会，听取有关单位、专家和公众的意见，并公开听证结果，说明对有关意见采纳或不采纳的理由。

⑩ 建设工程项目中防治污染的设施，必须与主体工程同时设计、同时施工、同时投产使用。防治污染的设施必须经原审批环境影响报告书的环境保护行政主管部门验收合格后，该建设工程项目方可投入生产或者使用。

禁止引进不符合我国环境保护规定要求的技术和设备。

任何单位不得将产生严重污染的生产设备转移给没有污染防治能力的单位使用。

（2）《中华人民共和国海洋环境保护法》规定：在进行海岸工程建设和海洋石油勘探开发时，必须依照法律的规定，防止对海洋环境造成污染损害。

2. 建设工程施工现场环境保护的措施

工程建设过程中的污染主要包括对施工场界内的污染和对周围环境的污染。对施工场界内的污染防治属于职业健康安全问题，而对周围环境的污染防治是环境保护的问题。

建设工程环境保护措施主要包括大气污染的防治、水污染的防治、噪声污染的防治、固体废弃物的处理以及文明施工措施等。

（1）大气污染的防治。

① 大气污染物的分类：大气污染物的种类有数千种，已发现有危害作用的有 100 多种，其中大部分是有机物。大气污染物通常以气体状态和粒子状态存在于空气中。

② 施工现场空气污染的防治措施：施工现场垃圾、渣土要及时清理出现场；高大建筑物清理施工垃圾时，要使用封闭式的容器或者采取其他措施处理高空废弃物，严禁凌空随意抛撒；施工现场道路应指定专人定期洒水清扫，形成制度，防止道路扬尘；对于细颗粒散体材料（如水泥、粉煤灰、白灰等）的运输、储存，要注意遮盖、密封，防止和减少飞扬；车辆开出工地要做到不带泥沙，基本做到不洒土、不扬尘，减少对周围环境的污染；除设有符合规定的装置外，禁止在施工现场焚烧油毡、橡胶、塑料、皮革、树叶、枯草、各种包装物等废弃物品以及其他会产生有毒、有害烟尘和恶臭气体的物质；机动车都要安装减少尾气排放的装置，确保符合国家标准。工地茶炉应尽量采用电热水器；若只能使用烧煤茶炉和锅炉时，应选用消烟除尘型茶炉和锅炉，大灶应选用消烟节能回风炉灶，使烟尘降至允许排放范围为止。大城市市区的建设工程已不容许使用搅拌混凝土；在容许设置搅拌站的工地，应将搅拌站封闭严密，并在进料仓上方安装除尘装置，采用可靠的措施控制工地粉尘污染。拆除旧建筑物时，应适当洒水，防止扬尘。

（2）水污染的防治。

① 水污染物主要来源。

工业污染源：各种工业废水向自然水体的排放。

生活污染源：主要有食物废渣、食油、粪便、合成洗涤剂、杀虫剂、病原微生物等。

农业污染源：主要有化肥、农药等。

施工现场废水和固体废物随水流流入水体部分，包括泥浆、水泥、油漆、各种油类、混凝土添加剂、重金属、酸碱盐、非金属无机毒物等。

② 施工过程水污染的防治措施。

禁止将有毒有害废弃物作土方回填。

施工现场搅拌站废水、现制水磨石的污水、电石（碳化钙）的污水必须经沉淀池沉淀合格后再排放，最好将沉淀水用于工地洒水降尘或采取措施回收利用。

现场存放油料，必须对库房地面进行防渗处理，如采用防渗混凝土地面、铺油毡等措施。使用时，要采取防止油料跑、冒、滴、漏的措施，以免污染水体。

施工现场 100 人以上的临时食堂，污水排放时可设置简易、有效的隔油池，定期清理，防止污染环境。

工地临时厕所、化粪池应采取防渗漏措施。中心城市施工现场的临时厕所可采用水冲式厕所，并有防蝇灭蛆措施，防止污染水体和环境。

化学用品、外加剂等要妥善保管，库内存放，防止污染环境。

（3）噪声污染的防治。

① 噪声的分类与危害。

按噪声来源可分为交通噪声（如汽车、火车、飞机等）、工业噪声（如鼓风机、汽轮机、冲压设备等）、建筑施工噪声（如打桩机、推土机、混凝土搅拌机等发出的声音）、社会生活噪声（如高音喇叭、收音机等）。为防止噪声扰民，应控制人为强噪声。

根据国家标准《建筑施工场界环境噪声排放标准》（GB 12523—2011）的要求，在工程施工中，要特别注意施工噪声的排放不得超过国家标准的限值，尤其是夜间禁止打桩作业。

② 施工现场噪声的控制措施。

声源控制：声源上降低噪声，这是防止噪声污染的最根本措施。尽量采用低噪声设备和加工工艺代替高噪声设备与加工工艺，如低噪声振捣器、风机、电动空压机、电锯等。

在声源处安装消声器消声，即在通风机、鼓风机、压缩机、燃气机、内燃机及各类排气放空装置等进出风管的适当位置设置消声器。

② 传播途径的控制。

吸声：利用吸声材料（大多由多孔材料制成）或由吸声结构形成的共振结构（金属或木质薄板钻孔制成的空腔体）吸收声能，降低噪声。

隔声：应用隔声结构，阻碍噪声向空间传播，将接收者与噪声声源分隔。隔声结构包括隔声室、隔声罩、隔声屏障、隔声墙等。

消声：利用消声器阻止噪声的传播。允许气流通过的消声降噪是防治空气动力性噪声的主要装置，如空气压缩机、内燃机产生的噪声等。

减振降噪：对来自振动引起的噪声，通过降低机械振动减小噪声，如将阻尼材料涂在振动源上，或改变振动源与其他刚性结构的连接方式等。

③ 接收者的防护。

让处于噪声环境中的人员使用耳塞、耳罩等防护用品，减少相关人员在噪声环境中的暴露时间，以减轻噪声对人体的危害。

④ 严格控制人为噪声。

进入施工现场不得高声喊叫、无故甩打模板、乱吹哨，限制高音喇叭的使用，最大限度地减少噪声扰民。

凡在人口稠密区进行强噪声作业时，须严格控制作业时间，一般晚 10 点到次日早上 6 点之间停止强噪声作业。确系特殊情况必须昼夜施工时，尽量采取降低噪声的措施，并会同建设单位找当地居委会、村委会或当地居民协调，出安民告示，求得群众谅解。

（4）固体废物的处理。

① 建设工程施工工地上常见的固体废物。

建筑渣土：包括砖瓦、碎石、渣土、混凝土碎块、废钢铁、碎玻璃、废屑、废弃装饰材料等。

废弃的散装大宗建筑材料：包括水泥、石灰等。

生活垃圾：包括炊厨废物、丢弃食品、废纸、生活用具、玻璃、陶瓷碎片、废电池、废日用品、废塑料制品、煤灰渣、废交通工具等。

设备、材料等的包装材料。

② 固体废物的处理和处置。

固体废物处理的基本思想是：采取资源化、减量化和无害化的处理，对固体废物产生的全过程进行控制。固体废物的主要处理方法如下：

回收利用：对固体废物进行资源化、减量化的重要手段之一。粉煤灰在建设工程领域的广泛应用就是对固体废弃物进行资源化利用的典型范例。又如发达国家炼钢原料中有 70%是利用回收的废钢铁，所以，钢材可以看成是可再生利用的建筑材料。

减量化处理：减量化是对已经产生的固体废物进行分选、破碎、压实浓缩、脱水等，减少其最终处置量，降低处理成本，减小对环境的污染。在减量化处理的过程中也使用和其他处理技术相关的工艺方法，如焚烧、热解、堆肥等。

焚烧：用于不适合再利用且不宜直接予以填埋处置的废物，除有符合规定的装置外，不得在施工现场熔化沥青和焚烧油毡、油漆，亦不得焚烧其他可产生有毒有害和恶臭气体的废弃物。垃圾焚烧处理应使用符合环境要求的处理装置，避免对大气造成二次污染。

稳定和固化：利用水泥、沥青等胶结材料，将松散的废物胶结包裹起来，减少有害物质从废物中向外迁移、扩散，使得废物对环境的污染减小。

填埋：将经过无害化、减量化处理的废物残渣集中到填埋场进行处置。禁止将有毒有害废弃物现场填埋，填埋场应利用天然或人工屏障。尽量使需处置的废物与环境隔离，并注意废物的稳定性和长期安全性。

【复习题】

1. 简述职业健康安全与环境管理体系标准的异同。

2. 简述职业健康安全管理体系和环境管理体系的结构和模式。

3. 简述职业健康安全与环境管理的特点。

4. 工程项目安全生产管理中编制专项施工方案的内容有哪些？

5. 简述施工安全控制的目标及特点。

6. 简述施工安全技术措施的一般要求和主要内容。

7. 施工安全生产检查类型有哪些？

8. 简述建设工程安全隐患的处理原则。

9. 某项目基地边坡支护工程施工现场发生一起坍塌事故，造成3人死亡、1人轻伤，直接经济损失60万元。该工程拟建场地北侧为东西走向的自然山体，坡体高12～15 m，长145 m，自然边坡坡度1∶0.5～1∶0.7。边坡工程9 m以上部分设计为土钉喷锚支护，9 m以下部分为毛石挡土墙，总面积为2000 m^2。其中毛石挡土墙部分由施工单位分包给个体劳务队（无法人资格和施工资质）进行施工。作业过程中劳务队5名施工人员人工开挖北侧山体边坡东侧5 m×1 m×1.2 m毛石挡土墙基槽。自然地面上方5 m处坡面突然坍塌，除在基槽东端作业的1人逃离之外，其余4人被坍塌土体掩埋。

问题：对该项安全事故进行原因分析。

10. 某市政道路排水工程在施工过程中，发生一起边坡坍塌事故，造成4人死亡、2人重伤，直接经济损失约160万元。该排水工程造价约400万元，沟槽深度约7 m，上部宽7 m，沟底宽1.45 m。事发当日在浇筑沟槽混凝土垫层作业中，东侧边坡发生坍塌，将1名工人掩埋。在救援过程中有6人被塌落的土方掩埋。

问题：对该安全事故进行原因分析。

参考答案

第 13 章　工程项目信息管理

【本章重难点】

工程项目信息管理的任务；项目管理信息系统的建立过程；项目信息分类；项目信息编码方法；软信息的获取；计算机在项目管理中的应用

13.1　工程项目信息管理的目的和任务

我国从工业发达国家引进项目管理的概念、理论、组织、方法和手段，已历时 20 余年，在工程实践中取得了不少成绩。但是，至今多数业主方和施工方的信息管理水平还相当落后，主要表现在尚未正确理解信息管理的内涵和意义，以及现行的信息管理的组织、方法和手段基本还停留在传统的方式和模式上。应指出，当前我国在建设工程项目管理中最薄弱的工作领域是信息管理。

13.1.1　工程项目信息管理的含义和目的

信息指的是用口头的方式、书面的方式或电子的方式传输（传达、传递）的知识、新闻，或可靠的或不可靠的情报。声音、文字、数字和图像等都是信息表达的形式。建设工程项目的实施需要人力资源和物质资源，应认识到信息也是项目实施的重要资源之一。

信息管理指的是信息传输的合理组织和控制。施工方在投标过程中、承包合同中、施工准备工作中、施工过程中、验收过程中以及在保修期工作中会形成大量的各种信息。上述过程包含了信息传输的过程，其中由谁、向谁、以什么方式、提供什么信息等属于信息进行归档和一般的信息领域的行政事务管理。

项目的信息管理是通过对各个系统、各项工作和各种数据的管理，使项目的信息能方便和有效地获取、存储、存档、处理和交流。“各个系统”可视为与项目的决策实施和运行有关的系统，可分建设工程项目决策阶段管理系统、实施阶段管理子系统和运行阶段管理子系统。

项目信息管理的目的在于通过有效的项目信息传输的组织和控制为项目建设的增值服务。

13.1.2　工程项目信息管理的任务

1. 信息管理手册

业主方和项目参与各方都有各自的信息管理任务，为充分利用和发挥信息资源的价值，提高信息管理的效率以及实现有序的和科学的信息管理，各方都应编制各自的信息管理手册，以规范信息管理工作。信息管理手册描述和定义信息管理做什么、谁做、什么时候做和其工作成果是什么等，其主要内容包括：

（1）信息管理的任务（信息管理任务目录）；

（2）信息管理的任务分工表和管理职能分工表；

（3）信息的分类；

（4）信息的编码体系和编码；

（5）信息输入输出模型；

（6）各项信息管理工作的工作流程图；

（7）信息流程图；

（8）信息处理的工作平台及其使用规定；

（9）各种报表和报告的格式，以及报告周期；

（10）项目进展的月度报告、季度报告、年度报告和工程总报告的内容及其编制；

（11）工程档案管理制度；

（12）信息管理的保密制度等。

2. 信息管理部门的工作任务

项目管理班子中各个工作部门的管理工作都与信息处理有关，而信息管理部门的主要工作任务是：

（1）负责编制信息管理手册，在项目实施过程中进行信息管理手册的必要修改和补充，并检查和督促其执行；

（2）负责协调和组织项目管理班子中各个工作部门的信息处理工作；

（3）负责信息处理工作平台的建立和运行维护；

（4）与其他工作部门协同组织收集信息、处理信息和形成各种反映项目进展和项目目标控制的报表与报告；

（5）负责工程档案管理等。

在国际上，许多建设工程项目都专门设立信息管理部门（或称为信息中心），以确保信息管理工作的顺利进行；也有一些大型建设工程项目专门委托咨询公司从事项目信息动态跟踪和分析，以信息流指导物质流，宏观上对项目的实施进行控制。

3. 信息工作流程

各项信息管理任务的工作流程，如：

（1）信息管理手册编制和修订的工作流程；

（2）为形成各类报表和报告，收集信息、录入信息、审核信息、加工信息、信息传输和发布的工作流程；

（3）工程档案管理的工作流程等。

4. 应重视基于互联网的信息处理平台

由于建设工程项目大量数据处理的需要，在当今的时代应重视利用信息技术的手段进行信息管理：其核心的手段是基于互联网的信息处理平台。

13.2 工程项目信息的方法

13.2.1 项目信息分类

业主方和项目参与方各方可根据各自的管理需求确定信息管理的分类。

可以从不同的角度对建设工程项目的信息进行分类，如：

（1）按项目管理工作的对象，即按项目的分解结构如子项目 1、子项目 2 等进行信息分类；

（2）按项目实施的工作过程，如设计准备、设计、招标投标和施工过程等进行信息分类；

（3）按项目管理工作的任务，如投资控制、进度控制、质量控制等进行信息分类；

（4）按信息的内容属性，如组织类信息、管理类信息、经济类信息、技术类信息和法规类信息进行信息分类。

为满足项目管理工作的要求，往往需要对建设工程项目信息进行综合分类，即按多维进行分类，如：

第一维：按项目的分解结构；

第二维：按项目实施的工作过程；

第三维：按项目管理工作的任务。

13.2.2 项目信息编码方法

一个建设工程项目有不同类型和不同用途的信息，为了有组织地存储信息、方便信息的检索与加工整理，必须对项目的信息进行编码。

1. 项目的构成编码

编码是信息处理的一项重要的基础工作。编码由一系列符号（如文字）和数字组成，如某项目的信息有多级编码，其一级编码如下：

A0000 施工图设计

B0000 施工招投标

C0000 施工

D0000 竣工验收

其二级编码以 C0000 施工为例如下：

C1000 基础

C2000 主体结构

C3000 建筑装饰装修

C4000 建筑屋面

C5000 建筑给水、排水

C6000 建筑电气

2. 按项目的信息用途编码

（1）项目的结构编码，依据项目结构图对项目结构每一层的每一个组成部分进行编码。

（2）项目管理组织结构编码，依据项目管理的组织结构图，对每一个工作部门进行编码。

（3）项目实施的工作项编码（项目实施的工作过程的编码）应覆盖项目实施的工作任务目录的全部内容，包括：设计准备阶段的工作项；设计阶段的工作项；招标投标工作项；施工和设备安装工作项；项目动用前的准备工作项等。

（4）项目的投资项编码（业主方）/成本项编码（施工方），并不是概预算定额确定的分部分项工程的编码，它应综合考虑概算、预算、标底、合同价和工程款的支付等因素，建立统一的编码，以服务于项目投资目标的动态控制。

（5）项目的进度项（进度计划的工作项）编码，应综合考虑不同层次、不同深度和不同用途的进度计划工作项的需要，建立统一的编码，服务于项目进度目标的动态控制。

（6）项目进展报告和各类报表编码，应包括项目管理形成的各种报告和报表的编码。

（7）合同编码，应参考项目的合同结构和合同的分类，应反映合同的类型、相应的项目结构和合同签订的时间等特征。

（8）函件编码，应反映发函者、收函者、函件内容所涉及的分类和时间等，以便函件的查询和整理。

（9）工程档案编码，应根据有关工程档案的规定、项目的特点和项目实施单位的需求等而建立。

以上这些编码是因不同的用途而编制的，如投资项编（业主方）/成本项编码（施工方）服务于投资控制工作/成本控制工作；进度项编码服务于进度控制工作。但是有些编码并不是针对某一项管理工作而编制的，如投资控制/成本控制、进度控制、质量控制、合同管理、编制项目进展报告等都要使用项目的结构编码，因此就需要进行编码的组合。

13.2.3 项目信息处理方法

在当今的时代，信息处理已逐步向电子化和数字化的方向发展，但建筑业和基本建设领域的信息化已明显落后于许多其他行业，建设工程项目信息处理基本上还沿用传统的方法和模式。应采取措施，使信息处理由传统的方式向基于网络的信息处理平台方向发展，以充分发挥信息资源的价值，以及信息对项目目标控制的作用。

基于网络的信息处理平台由一系列硬件和软件构成，包括数据处理设备（包括计算机、打印机、扫描仪、绘图仪等）；数据通信网络（包括形成网络的有关硬件设备和相应的软件），包括局域网、城域网和广域网；软件系统（包括操作系统和服务于信息处理的应用软件）等。

互联网是目前最大的全球性网络，它连接了覆盖 100 多个国家的各种网络，如商业性的网络（.com 或.cn）、大学网络（.ac 或.edu）、研究网络（.org 或.net）和军事网络（.mil）等，并通过网络连接数以千万台的计算机，以实现连接互联网的计算机之间的数据通信。互联网由若干个学会、委员会和集团负责维护和运行管理。

建设工程项目的业主方和项目参与各方往往分散在不同的地点，或不同的城市，或不同的国家，因此其信息处理应考虑充分利用远程数据通信的方式，如：通过电子邮件收集信息和发布信息；通过基于互联网的项目专用网站实现业主方内部、业主方和项目参与各方以及项目参与各方之间的信息交流、协同工作和文档管理，通过基于互联网的项目信息门户 ASP 模式为众多项目服务的公用信息平台实现业主方内部、业主方和项目参与各方以及项目参与各方之间的信息交流、协同工作和文档管理；召开网络会议；基于互联网的远程教育与培训等。

13.3 项目管理信息系统

13.3.1 概 述

项目管理中，信息、信息流通和信息处理各方面的总和称为项目管理信息系统，如图 13-1 所示。

管理信息系统是将各种管理职能和管理组织沟通起来并协调一致的“神经系统”。建立管理信息系统，并使它顺利地运行，是项目管理者的责任，也是完成项目管理任务的前提。

项目经理作为一个信息中心，他不仅与每个参加者有信息交流，而且他自己也有复杂的信息处理过程。不正常的项目管理信息系统常常会使项目管理者得不到有用的信息，同时又被大量无效信息所纠缠，而损失大量的时间和精力，也容易使工作出现错误，损失时间和费用。

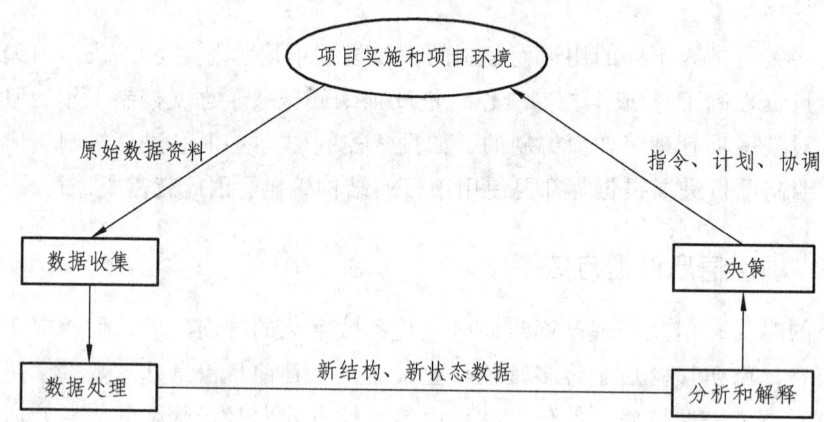

图 13-1 项目管理信息系统总体模式

13.3.2 项目管理信息系统的建立过程

项目管理信息系统的建立要确定如下几个基本问题：

（1）信息的需要；

（2）信息的收集和加工；

（3）编制索引和存储；

（4）信息的使用和传递渠道。

13.3.3 项目管理信息系统总体描述

1. 项目参与者之间的信息流通

例如，在项目的实施过程中，业主需要如下信息：

项目实施情况月报，包括工程质量、成本、进度总报告；

项目成本和支出报表，一般按分部工程和承包商作成本和支出报表；

供审批用的各种设计方案、计划、施工方案、施工图纸、建筑模型等；

决策前所需要的专门信息、建议等；

各种法律、规定、规范，其他与项目实施有关的资料等。

（1）业主提出：

各种指令，如变更工程、修改设计、变更施工顺序、选择分包商等；

审批各种计划、设计方案、施工方案等；

向董事会提交工程项目实施情况报告。

（2）项目经理通常需要：

各项目管理职能人员的工作情况报表、汇报、报告、工程问题请示；

业主的各种口头和书面的指令，各种批准文件；

项目环境的各种信息；

工程各承包商，监理人员的各种工程情况报告、汇报、工程问题的请示。

（3）项目经理通常作出：

向业主提交各种工程报表、报告；

向业主提出决策用的信息和建议；

向社会其他方面提交工程文件，这些通常是按法律必须提供的或为审批用的；

向项目管理职能人员和专业承包商下达各种指令、答复各种请示、落实项目计划、协调各方面工作等。

2. 项目管理职能之间的信息流通

项目管理系统由许多子系统构成，如计划子系统、合同子系统、成本子系统、质量和技术子系统等。

按照管理职能划分，可以建立各个项目管理信息子系统，如成本管理信息系统、合同管理信息系统、质量管理信息系统、材料管理信息系统等。它是为专门的职能工作服务的，用以解决专门信息问题（见图 13-2 和图 13-3）。

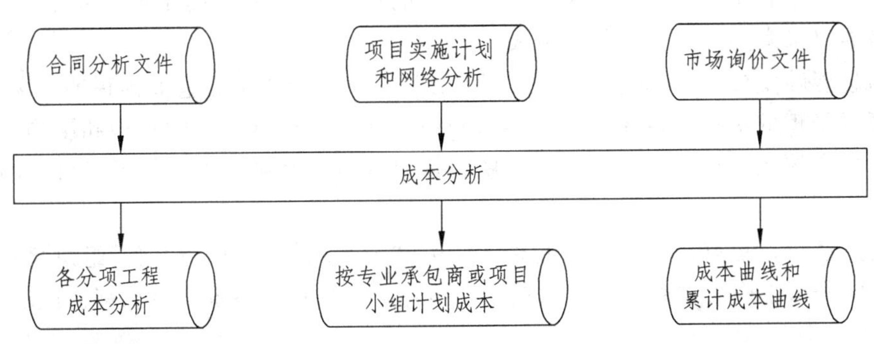

图 13-2　成本计划信息流程

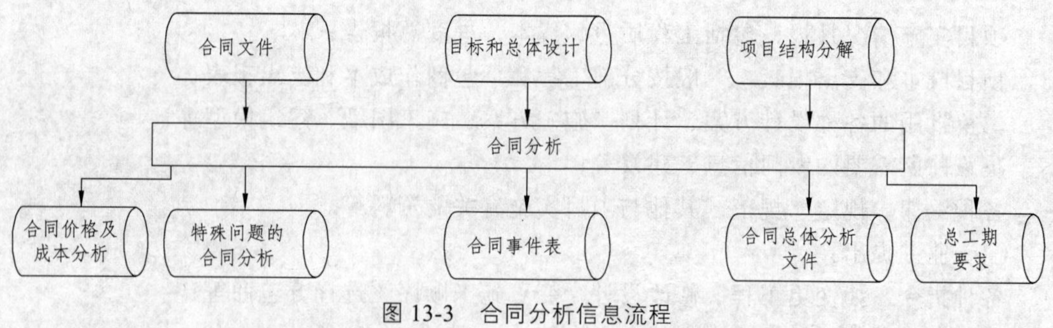

图 13-3　合同分析信息流程

13.4　项目管理中的软信息

13.4.1　软信息的概念

有许多信息是很难用信息形式表达和通过正规的信息渠道沟通的。这主要是反映项目参与者的心理行为和项目组织状况的信息。例如：

参加者的期望和管理者的工作作风，对项目工作的兴趣；

各工作人员的积极性；

项目的软环境状况；

项目的组织程度及组织效率；

项目组织与环境，项目小组与其他参加者，项目小组内部的关系；

业主或上层领导对项目的态度、信心和重视程度；

项目小组精神，组织约束程度；

项目实施的秩序程度等。

它们无法或很难定量化，甚至很难用具体的语言表达。

13.4.2　软信息的作用

软信息在管理决策和控制中起着很大的作用。

和硬信息相对，软信息能更快、更直接地反映深层次的、带根本性的问题。它也有表达能力，对项目组织、项目参加者行为状况的反映，能够预见项目的危机。可以说，软信息对项目未来的影响比硬信息更大。

软信息能够直接揭示问题的实质、根本原因，而通常的硬信息只能说明现象。

在项目管理的决策支持系统和专家系统中，必须考虑软信息的作用和影响，通过项目的整体信息体系来研究、评价项目问题，作出决策，否则这些系统是不科学的，也是不适用的。

软信息还可以更好地帮助项目管理者研究和把握项目组织，对项目组织起到激励作用。在趋向分析中应考虑硬信息和软信息，描述必须与目标系统一致，符合特定的要求。

13.4.3　软信息的特点

（1）软信息尚不能在报告中反映或完全正确的反映，缺少表达方式和正常的沟通渠道。

（2）由于它无法准确地描述和传递，所以它的状况只能由个人自己领会，不确定性很大，这便会导致决策的不确定性。

（3）由于很难表达，不能传递，很难进入信息系统沟通，故软信息的使用是局部的。真正有决策权的上层管理者（如业主、投资者）由于不具备条件（不参与实际操作），所以无法获得和使用软信息，因而容易造成决策失误。

（4）软信息目前主要通过非正式沟通来影响人们的行为。例如，某些员工对项目经理的工作作风有意见和不满，互相诉说，以软抵抗对待项目经理的指令、安排。

（5）软信息必须通过人们的模糊判断，通过人们的思考来做信息处理，常规的信息处理方式是不适用的。

13.4.4 软信息的获取

目前由于在正规的报告中比较少地涉及软信息，它又不能通过正常的信息流通过程取得，而且即使获得也很难说是准确的、全面的。它的获取方式通常有：

（1）观察。通过观察现场以及人们的举止、行为、态度，分析他们的动机，分析组织状况。

（2）正规的询问，征求意见。

（3）闲谈、非正式沟通。

（4）要求下级提交的报告中必须包括软信息内容并定义说明范围。这样上级管理者能获得软信息，同时让各级管理人员有软信息的概念并引起重视。

（5）尚待解决的问题。

项目管理中的软信息对决策有很大的影响。但目前人们对它的研究还远远不够，有许多问题尚未解决。例如：

① 项目管理中，软信息的范围和结构，即有哪些软信息因素，它们之间有什么联系，进一步可以将它们结构化，建立项目软信息系统结构。

② 软信息如何表达、评价和沟通。

③ 软信息的影响和作用机理。

④ 如何使用软信息，特别在决策支持系统和专家系统中软信息的处理方法和规则，以及如何对软信息量化，如何将软信息由非正式沟通转变为正式沟通等。

13.5 计算机在项目管理中的应用

13.5.1 概　述

1. 计算机在项目管理中的作用

（1）可以大量地储存信息，大量地、快速地处理和传输信息，使项目管理信息系统能够高速地、有效地运行。

（2）能够进行复杂的计算工作，例如网络分析、资源和成本的优化、线性规划等。

（3）通过计算机能使一些现代化的管理手段和方法在项目中有效地使用，如系统控制方法、预测决策方法、模拟技术等。

（4）使项目管理变得高效率、高精确度，低费用，管理人员数目减少，使管理人员有更多的时间从事更有价值、更重要的、计算机不能取代的工作。

（5）计算机网络技术的应用，使人们能够同时对多个项目进行计划、优化和控制，对远程项目进行及时控制。

2. 工程项目管理软件的发展状况

在过去的 40 多年中，工程项目管理软件的研究、开发和应用经过一些起伏，在最近 30 年才得到长足的发展。最能说明这个问题的是 30 年以来历次项目管理国际学术会议中关于项目管理软件的论文发表数量变化情况（见图 13-4）。

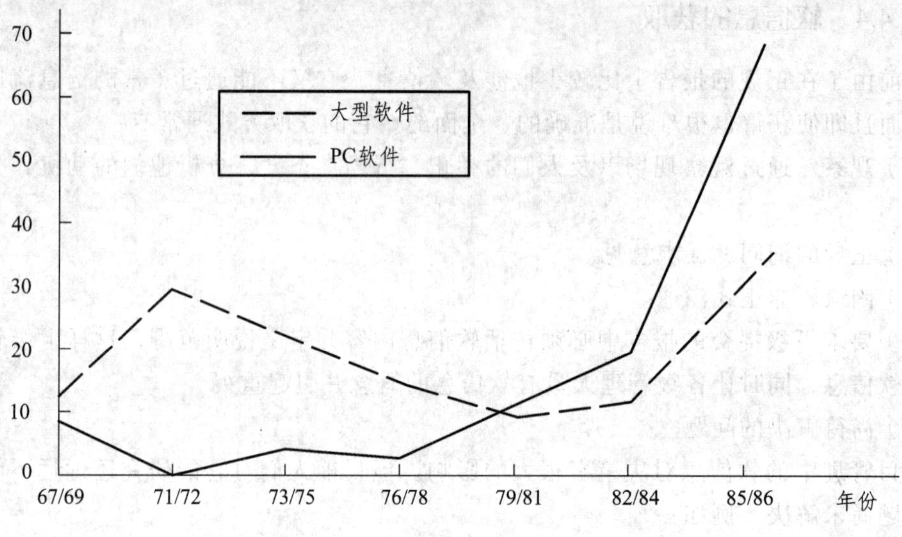

图 13-4 项目管理软件的数量变化情况

3. 目前项目管理软件的主要特点

（1）完全市场化。

（2）通用性和实用性。

（3）软件价格逐渐降低，功能不断增加。

（4）不断推陈出新。不仅新产品不断出现，而且老产品也不断更新版本，且更新周期逐渐缩短；同时厂家对老用户采取优惠政策，收取较少的更新费用，以扩大和巩固市场。

（5）软件研究、开发和应用信息的沟通。

4. 我国工程项目管理中计算机应用的差距

（1）管理工作尚未标准化。

（2）工作过程中的随意性，非程序化工作和干扰使计划中先进的计划方法、控制方法和程序难以得到使用，难以显示出它们的效果。

（3）基础管理工作问题。

（4）人的素质问题。

13.5.2 项目管理中应用软件的主要功能

1. 以网络技术为核心的项目管理软件包

网络技术软件包是工程项目管理中开发和应用最早的软件，是对项目进行计划和控制的最重要的软件。它目前在技术上已相当成熟，应用也十分广泛。许多软件包，被称为“项目管理软件包”，尽管功能有些增加，但实质上都属于这一类，例如 P3、ARTMIS、Project2000、PLUSEINS、OPENPLALN、ASSURE 以及我国的梦龙软件等。这一类软件包的主要功能有：

（1）项目的定义；

（2）工期计划和控制；

（3）成本计划和控制；

（4）资源计划与控制；

（5）输出功能；

（6）其他功能。

2. 特殊功能的软件

（1）合同管理软件。

合同管理软件采用系统方法将项目管理的一些事务性工作串起来，具有较强的事务管理功能，如 EXP。

（2）风险分析，例如蒙特卡洛模拟分析，决策树的绘制、分析和计算，风险状况图的绘制。

（3）文档管理。

（4）项目后勤管理。

（5）成本结算、预算和成本控制软件。

（6）工程师应用软件。

（7）其他专用软件，如库存管理软件、合同管理软件、质量管理软件、索赔管理软件等。

这些软件又可分为如下三大类：

（1）MIS（管理信息系统）软件，解决在项目实施中专项管理职能的信息传递、处理问题。包括整个项目的 MIS 系统和各种子系统，如合同 MIS 系统、成本 MIS 系统、资源 MIS 系统、质量 MIS 系统等。

（2）决策支持系统。

决策支持系统的作用是辅助决策，通过人机对话给决策者以各种提示、选择、对比、分析。常见的决策支持系统的总体模型可见图 13-5。

（3）专家系统。

它主要包括工程项目决策专家系统、项目评价与诊断专家系统、项目实施控制专家系统和教学专家系统等。

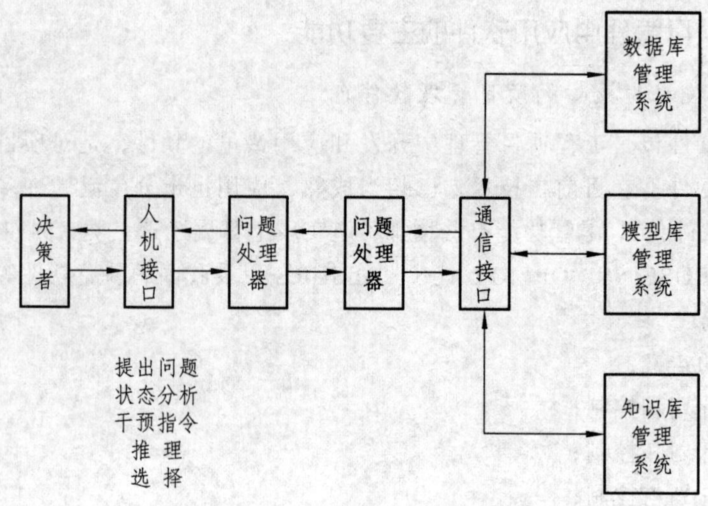

图 13-5 项目决策支持系统主要功能

3. 工作岗位软件

（1）文本处理软件。

（2）表处理软件。

（3）制图软件。

（4）数据库软件。数据库软件有两种：dBASE 这样的数据库语言和专用的数据库。

（5）集约化的工作岗位软件，包括上述各种功能。

4. 计算机辅助项目管理教学软件

（1）项目管理软件包使用的教学软件。一般每个软件包都有相应的教学软件，以对购买者进行教学培训。它有软件操作的各种提示。

（2）模拟决策系统。

（3）训练专家系统。在许多领域都有这方面的应用，例如可以模拟各种环境状况，提供各种方案，让学生进行对策研究，综合评判。

5. 计算机网络软件

计算机之间的联网不仅能达到信息的远距离传输，加强远程控制，加快信息的流通和系统的反馈速度，提高项目信息的共享程度和项目实施状况的透明度，而且能通过联网进行多项目网络的拼接，实现用 PC 机进行大项目、多项目管理。这在近几年发展很快，而且发挥着巨大的作用。计算机网络软件包括：

（1）通信软件。

（2）局域网和广域网。许多项目管理软件包都有网络版，可以联网使用。

（3）电子邮件（E-mail）。许多项目管理软件包都有直接收发电子邮件的功能。

6. 计算机应用的一些新的趋向

最主要体现在集成系统软件的开发。例如，将项目的技术设计（CAD）、概预算、工程量计算、招投标、网络计划、资源计划、成本计划、会计核算、事务性管理工作等综合起来形成一个有机的整体，能够提供全面的管理功能。

【复习题】

参考答案

1. 简述工程项目信息管理的含义和目的。
2. 工程项目信息管理的任务有哪些?
3. 项目管理信息系统的建立要确定的基本问题是什么?
4. 什么是工程项目管理中的软信息?有何作用和特点?
5. 简述计算机在项目管理中的应用。

第 14 章　BIM 在工程项目管理中的运用

14.1　工程项目管理现状以及管理技术革新的必要性

14.1.1　传统工程项目管理出现的常见问题

1. 企业利润目标问题

企业的核心目标是追求利润，目前企业中项目利润目标管理的漏洞如表 14-1 所示。

表 14-1　企业中项目利润目标管理的主要漏洞

序号	问　题	状态百分比
1	技术方案本身造成的设计、实施损耗	−2%～−35%
2	少算漏算，应收未收	−5%～−12%
3	变更签证流程不透明	−2%～−10%
4	周转材料不正常损耗	−2%～−5%
5	工程主材管理粗放	−2%～−10%
6	质量缺陷造成返工、返修	−5%～−15%
7	资金问题造成运行费、财务费用增加	−2%～−5%
8	非正常履约造成的抢工、工期罚款等	−2%～−10%

2. 项目成本失控问题

项目成本失控的主要形成如图 14-1 所示。

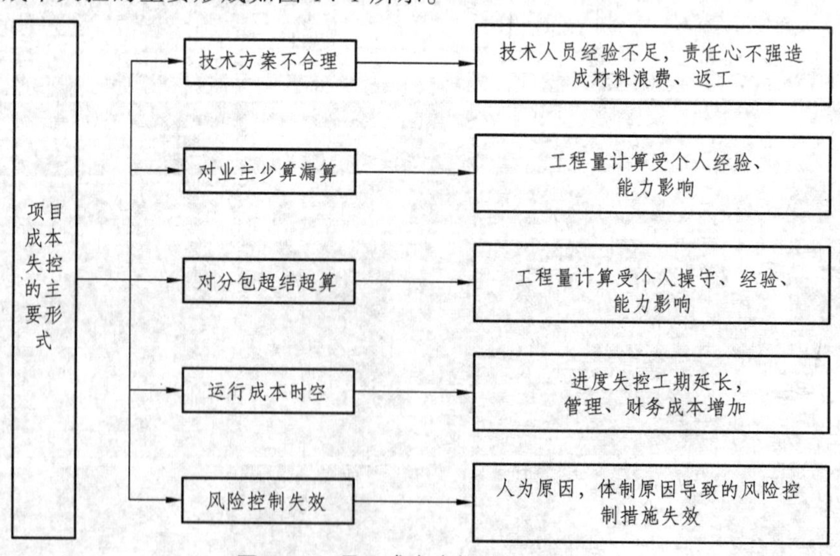

图 14-1　项目成本失控的主要形式

14.1.2 工程项目管理模式中利润再分配模式

1. 利润再分配模式的提出

（1）宏观形势极不乐观。

房地产：贷款收紧，销售乏力，矛盾突出，业主方投资规模下降 30%，设计方业务量下降 40%，施工方业务减少 50%。

实体经济：逐渐转型、淘汰过剩产能。

政府投资转向：房建—基础设施—PPP。

（2）转型升级被迫启动。

工程项目清单报价、最低价中标；我国经济发展环境剧变：三“廉”尽失（劳动力、资源、土地）；低碳经济压力：节能减排，淘汰过剩产能，价格波动持续且趋势不明朗，风险加大。

2. 利润分配模式转变

（1）业主与承包商。

现状：承包商低价中标，以量差补价差，利用业主方的疏漏高估、冒算或进行索赔，伤害业主方的利益。

趋势：透明工程量，合理价格，合理利润，保护业主方和承包商双方的合理利益。

（2）承包商自身。

现状：管理粗放，资源配置不合理，质量控制存在缺失，安全事故时有发生，材料浪费，存在严重的资源浪费，利润空间严重压缩。行业平均利润率小于 2%。

趋势：加强管理，增强自身素质，提高管理精细度和执行力，挖掘利润空间，减少资源浪费，从规模扩张型向盈利能力增强型转变。

（3）总、分包之间。

现状：总承包管理弱化，收点做二传手，利润空间严重向分包倾斜；当总承包出现问题时，分包利益同样得不到保证，存在严重的利益冲突风险。

趋势：合理分包单价，合理分配利润；避免返工返修；优化资源配置，避免浪费。

3. 工程项目管理模式适应新的利润再分配模式的手段

如图 14-2 所示。

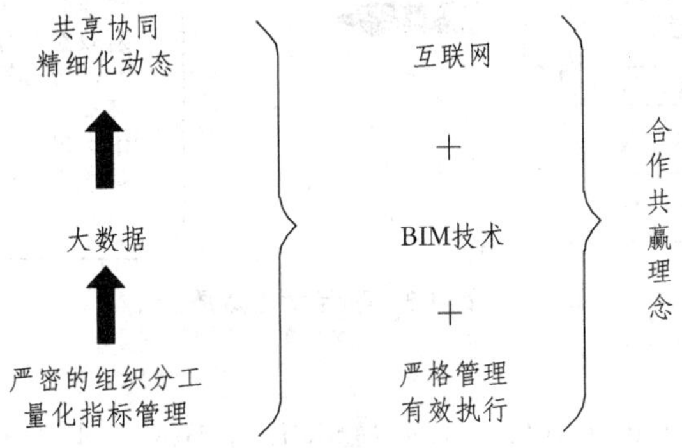

图 14-2 合作共赢理念

14.1.3　提高管理技术水平的现实需求

1. 合理价格体系形成的主要推手

（1）国家政策。例如，产业升级，节能减排；投融资方向；推动 BIM 技术的应用。

（2）业主方的强势地位。例如，行业源头的天然地位优势；专业能力的提高；人才竞争优势；BIM 技术带来工程量透明化。

（3）承包商的自身因素。例如，市场发展放缓带来的规模扩张趋势减弱或消失；资金回收放缓，融资困难，财务成本压力增加；劳动力成本增加。

（4）分包、劳务的变化。例如，人口红利逐步消失，从劳务过剩变化为劳务逐渐短缺，人工成本增加；管理水平逐步上升；受政策保护并利用政策强化市场地位。

（5）客观条件的变化。例如，互联网带来的价格透明化；办公自动化；信息交流能力和渠道的极大提高和丰富。

2. 提高管理水平的现实需求

例如，产业链条各环节越来越专业化；信息越来越透明，交流便捷；管理手段和工具越来越丰富；市场竞争越来越激烈；专业审计越来越频繁、细致。

14.2　BIM 技术与工程项目管理结合的形式和发展情况

14.2.1　BIM 技术成为施工企业提高自身管理水平的效手段

1. 施工企业项目管理的难题

（1）主观回避透明化管理；

（2）海量基础数据的创建、计算、管理和共享；

（3）协同效率低、错误多。

如图 14-3 所示。

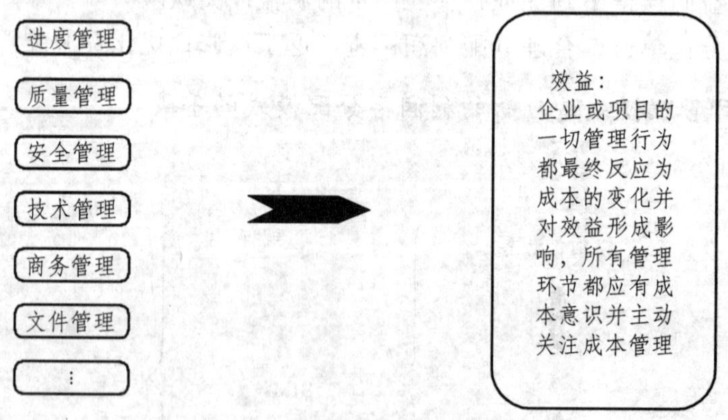

图 14-3　项目管理本质

2. BIM 的理解

建筑信息模型（Building Information Modeling，BIM），即是指通过数字信息仿真模拟建筑物所具有的真实信息。在这里，信息的内涵不仅仅是几何形状描述的视觉信息，还包含大量的非几何信息，如材料的耐火等级、材料的传热系数、构件的造价、采购信息等。实际上，BIM 就是通过数字化技术，在计算机中建立一座虚拟建筑，一个建筑信息模型就提供了一个单一的、完整一致的、逻辑的建筑信息库。

建筑信息模型（BIM）的技术核心是一个由计算机三维模型所形成的数据库，不仅包含了建筑的设计信息，而且可以容纳从设计到建成使用，甚至是使用周期终结的全过程的信息，并且各种信息始终是建立在一个三维模型数据库中。

建筑信息模型（BIM）可以持续即时地提供项目设计范围、进度以及成本信息，这些信息完整、可靠并且完全协调。建筑信息模型（BIM）能够在综合数字环境中保持信息不断更新并可提供访问，使建筑师、工程师、施工人员以及业主可以清楚、全面地了解项目。这些信息在建筑设计、施工和管理的过程中能促使加快决策进度、提高决策质量，从而使项目质量提高，收益增加。

3. BIM 软件的特点

（1）参数化设计。BIM 工具描述的是墙体、门、窗等建筑构件。整个设计过程就是不断地确定和修改各种建筑构件的参数。

（2）构件关联变化、智能互动。BIM 软件立足于数据关联的技术上进行三维建模，模型中的构件存在关联关系。

（3）单一的建筑模型。BIM 软件建立起来的模型是建筑设计的成果。

（4）统一的关系数据库实现了信息集成。在 BIM 中，有关建筑工程所有基本构件的有关数据都储存在统一的数据库中。所有数据可分为两类：基本数据和附属数据。其中，基本数据是模型的本身；附属数据指模型以外的数据，也称扩展数据。

（5）能有更多的时间搞设计思想。通过 BIM，建筑师只要完成设计构思，形成信息模型，则可以立即生成各种施工图。

（6）具有较好的协调性。后期的设计调整工作量是很少的。

（7）丰富的附加功能。由于储存在丰富的附属数据，BIM 软件可以方便地统计各类门窗表、材料表和各类综合表格。BIM 也可用于各种性能分析。

（8）实现信息共享、协同工作。BIM 支持 XML，可实现在整个建筑设计过程的全生命周期中的协同设计，从而也可以对各种信息进行有效的管理和应用，保证工程高效、顺利进行。

14.2.2 BIM 技术软件的选择

1. 软件选择基本原则

业主方的基本需求；软件的适用范围和基本功能；软件与人力资源的匹配；软件的性价比；软件的开放性；软件的后续发展潜力。

2. 软件选择经济性评估关注点

（1）减少重复投入和资源浪费。

现实存在的问题：体现在 BIM 应用软件之间存在技术壁垒，各个软件的开发方向和应用领域、用户对象及应用阶段的差异，使得大型建筑企业为了满足各种不同类型的工程需要而购置不同的应用软件，造成重复投入和资源浪费，一些软件公司的利润最大化是建立在用户的持续重复投入和资源浪费上的，短期自身经济效益明显，长远看对软件业的发展不利，对用户节省成本不利。

解决的途径：软件用户应通过选择权推动软件开放研发、网络化、标准化、专业化的进程，推动软件研发企业将盈利模式建立在提高社会普及率、软件开发商与用户共赢的理念之上，最终实现行业标准化，减少重复投入和资源浪费的目的；同时用户应建立企业级的 BIM 中心，集中配置相应软件，同时服务企业内部更多的项目，减少不同项目的重复投入。

（2）软件与企业人员的匹配度。

现实存在的问题：企业的人力资源是有限的，特别是有经验、懂技术、懂成本、懂管理的，对新技术能够快速接受并掌握的复合人才尤为紧缺；整个企业全面提高全员素质是个渐进的过程，短期内难以实现。

解决问题的途径：各种软件对人员素质的要求是不同的，应根据企业人员的基本素质，先易后难配置软件，逐步提高应用人员的能力和水平，完成技术积累；可以考虑建立企业级的 BIM 中心，集中有经验、有能力的少数精英人才做技术难度较高的工作，做策划的工作；项目团队则专注于组织实施，降低对项目人员的配置数量和个人能力要求，积极推动技术落地并产生实际效果，提高员工使用 BIM 技术的积极性。

14.2.3 工程项目建设不同阶段 BIM 软件联动应用

在实际使用软件的过程中，应当结合应用阶段的实际情况和软件特点，组合使用相关软件如表 14-2 ~ 14-4 所示。

例 1：Revit 软件广泛用于包括机电安装在内的个性结构设计，其中钢筋、装修、机电末端设计是其短板，不是无法实施，就是耗费大量时间而影响设计和赶不上施工进度，局限较大。实际中可以考虑与下游软件结合起来使用。例如，使用 Revit 设计机电主要设备和主管线，提前与结构进行设计优化，保证主体结构可提前开始施工；支线管线与末端可以通过鲁班安装软件完善，并进一步出工程量和套价，用于施工过程管理和竣工结算。

表 14-2 市场常见软件

造价阶段 软件名称	设计	施工				运维
		招投标	重计量	过程管理	工程结算	
Revit						
鲁班						
广联达						
Takela						
斯维尔						
3DMAX						
…						

表 14-3　市场常见软件使用专业

专业 软件名称	钢结构	钢筋	结构			机电安装
			一次结构	二次结构	装修	
Revit						
鲁班						
广联达						
Takela						
斯维尔						
…						

表 14-4　目前常见软件介绍

软件名称	个性设计	模块仿真	建模速度	建模完整度	工程量	计价	数据关联	开放度
Revit	好	好	慢	无钢筋	可出	无	无法管理进度和价格信息	成果可被下游软件识别
鲁班	有限	一般	快	无钢结构	可出	一般	可关联	接收上游数据并有开放的标准数据输出格式
广联达	有限	一般	快	无钢结构	可出	好	无法管理进度和价格信息	接收上游数据并有开放的标准数据输出格式

例 2：软件建模计算量的准确性除了由软件自身决定以外，还受到使用者的影响。对于同一个工程，不同团队可以采用不同软件同时多次计算，反复沟通复核，可有效避免漏算，适用于规范规则失误、图纸理解失误、价格组成失误等。

14.3　BIM 技术与工程施工技术管理工作的结合

14.3.1　BIM 技术在工程施工技术管理方面的主要应用

BIM 技术在工程施工技术管理方面的主要应用如表 14-5 所示。

表 14-5　BIM 技术应用重点方向

序号	应用方向	工作重点	实施前提	实施价值
1	图纸问题排查	排查图纸的错误或不清楚信息，并与设计方和业主方沟通确定	设计图纸齐全，建模工作人员到位	避免误解返工；提前发现可能的变更项，为变更索赔作准备

续表

序号	应用方向	工作重点	实施前提	实施价值
2	碰撞检查及设计优化	检查安装工程与土建工程之间是否存在碰撞点并确定解决方案	土建、安装模型完成	通过发现问题并与设计方沟通优化，获得最大可能的净高，避免施工过程中返工，通过支架优化降低成本
3	净高检查	检查安装工程、土建工程是否存在不满足净高要求的部位	土建、安装模型完成	通过发现问题并与设计方沟通优化，获得好的观感，并避免返工
4	高大支撑检查	检查高大支模部位	土建模型完成	为需要编制高大支模技术方案工作计划体统依据，为商务人员计算模板超高费提供参考
5	通过性检查	检查后装设备进场通过的可能性	土建、安装模型完成，后进场主要机电设备外形集合尺寸确定	为设备进入安装位置预留通道提供依据，避免返工
6	钢筋下料审核	检查下料表的准确性	钢筋模型完成	控制钢筋损耗、降低成本
7	砌体排布	确定砌体排布并确定砌体配型	土建模型完成	控制砌体排布方案，严格按照规格订货，严格按照每个工作面的配型和用料转运材料至对应工作面，避免二次转运和材料浪费
8	质量问题跟踪	跟踪现场施工质量，跟踪测量数据	土建模型完成，现场施工已开展	通过检查发现质量问题和实施偏差，及时进行处理，落实相关方的责任，避免产生纠纷和成本流失
9	安全问题跟踪	跟踪现场安全状况	土建模型完成，现场施工已开展	根据临时安全措施要求，检查现场安全设施的配置情况和有效性，降低安全风险
10	进度跟踪	跟踪现场进度情况	土建模型完成，现场施工已开展	为进度计划调整提供依据，为方案、图纸、人力设备配置、材料配置提供依据
11	技术交底	通过三维模型对重点、难点、细部节点向施工人员和实施人员进行交底	土建、安装、钢筋模型完成，现场施工已开展	通过技术交底，充分沟通理解设计意图和施工做法，避免误解返工
12	样板做法及实施跟踪	将主要施工工艺标准做法上传至施工模型，使施工人员掌握相关要求	土建、安装、钢筋模型完成，现场施工已开展	通过发布电子版样板做法，减少实际样板做法准备时间和费用投入，通过技术交底和日常浏览信息传达，明确验收标准，降低返工风险
13	成品保护做法及实施跟踪	将最终完成面或过程中需要进行成品保护的部位的保护做法上传至施工模型，使施工管理人员掌握相关要求	土建、安装、钢筋模型完成，现场施工开展	通过发布电子版成品保护样板的做法，以及技术交底和日常浏览传达成品保护要求的信息，并在过程中跟踪落实情况，避免非正常破坏情况发生，降低返修风险

续表

序号	应用方向	工作重点	实施前提	实施价值
14	施工图纸发布	控制图纸的有效版本	建模完成，施工图纸确定	便于施工人员及时更新图纸信息，控制施工图纸的有效版本发布，为变更索赔提供记录
15	施工方案发布	控制方案的有效版本	建模完成，施工方案确定	便于施工人员及时更新施工方案信息，控制施工方案的有效版本发布，为变更索赔提供记录
16	特殊节点部位二维剖面	对于常规图纸无法表达的节点状态进行展示说明	建模完成，施工图纸确定	方便施工人员理解设计意图和实际操作

相关说明：

（1）图纸问题排查：在建模过程中，对图纸存在的明显错误、信息含混不清的问题进行统计汇总，由项目总工组织评估。其中，明显增加项目风险的问题，应由项目总工组织人员和设计方、业主方进行沟通协调，明确和修改相关信息，保证施工图的准确性；对于项目在未来建设中明显有利的问题，暂时保留作为变更索赔线索，在施工过程中逐步选择适当时机提出索赔，争取利润最大化。

例如，对预留洞口问题，可直接要求设计方明确加固措施，并将加固工程量计入重新计量的范围；对于明显布局不合理或不满足功能要求的，可预测可能的变更方向，提前做好业主方指令、现场记录、报价构成等的准备工作，在施工的过程中暴露出来的时候，保证有充足的支撑资料支持变更索赔。

（2）碰撞检查及设计优化：土建和安装工程建模完成后，应组织人员进行碰撞检查。项目应设定碰撞检查的判别标准，比如管径超过 60 mm 的碰撞才作为碰撞点，同一走向、同一管道或设备的多个碰撞点列为一个碰撞问题点等。通过在软件中合并土建和安装模型，进行碰撞点和碰撞问题项筛查，列出主要碰撞问题，汇总后由项目总工组织人员统一和业主方、设计方沟通确认解决方案。

优化设计的原则是优先保证净空高度；其次考虑排列整齐以获得较好的外观效果；再次考虑使用综合支架，减少支架数量，提高美观度和降低建造成本。

（3）净高检查：土建和安装工程建模完成后，应组织人员进行净高检查。项目应统计业主方对净高的基本要求。通过在软件中合并土建和安装模型，进行净高问题项筛查，列出主要净高不足问题项和具体部位，汇总后由项目总工组织人员统一和业主方、设计方沟通确认解决方案。

优化设计的原则是优先保证施工可操作性；其次考虑外观效果满足业主方的要求；再次考虑降低成本。

（4）高大支撑检查：土建建模完成后，应组织进行高大支模检查。首先确定高大支模的高度界限，然后通过土建建模软件分离高大支模工作量，提供给商务部门核查高大支模套价是否与高大支模检查的结果一致；其次根据高大支模的具体情况进行归类，编制各类高大支模的施工方案，做到提前报批备案。材料准备工作提前进行，保证材料准备的提前量，确保现场具备相关条件及时组织实施。

相关施工方案批准后传达至商务部门，如涉及变更索赔费用时，作为费用计算的依据。

（5）通过性检查：建模完成后，应对项目使用的永久性机电设备和施工过程中布置在建筑物内部的施工设备进行统计，明确设备的外形尺寸和进入或移出建筑物的通道路径。并通过软件在模型中按照计划路径进行模拟检查，如果路径中存在不可预留、不可设置冷缝的部位，则调整路径设置或施工次序，或调整设备进、出场的时间点，确保设备有计划的进、出场，防止在施工的过程中拆改。

相关问题评估完成后形成设备进、出场方案，相关施工方案批准后传达至商务部门，如涉及变更索赔费用时，作为费用计算的依据。

（6）钢筋下料审核：钢筋模型完成后，逐步提前于现场下料进度导出数据，输入钢筋下料软件，生成下料表。依据软件生成下料表，并对比实际下料表进行复核。如果出现比较大的偏差，应进行原因查找并落实责任，避免材料浪费或超结超付。

钢筋建模软件和下料软件存在设置上的量差，即建模软件不考虑钢筋伸长率，也不考虑安装时需要避开的自身直径，建模软件计算工程量和下料软件计算工程量存在至少4%～6%的量差，做好算量和下料管理，即可产生4%～6%的量差管理收益。

（7）砌体排布：土建模型完成后，应按照现场施工的进度要求，通过砌体排布软件提前对全部的砌体墙进行砌体排布模拟。

提供砌块配型和数量计划，指导订货和现场材料转运，避免材料浪费和减少二次转运成本损失；提供砂浆用量用于控制现场砂浆消耗，降低浪费。

类似的应用还可以推广至模板脚手架排布、墙地砖排布、吊顶排布等。

（8）质量问题跟踪：全部建模工作完成并上传至后台系统后，将施工模型对质检人员授权开放，由质检人员按照项目部的统一要求，日常进行项目施工质量问题的排查，通过应用手机客户端，现场拍照上传至后台备案，同时传达至相关人员，组织问题通报和处理时间、责任人、修改后质量要求等责任落实信息传递；并在修复过程中跟进修复状态。

相关活动记录上传至后台系统后，项目商务人员定期查询，落实相关方的经济责任，避免问题累积而形成质量和成本的严重风险。

（9）安全问题跟踪：全部建模工作完成并上传至后台系统后，将施工模型对安全人员授权开放，由安全检人员按照项目部的统一要求，日常进行项目施工质量问题的排查，通过应用鲁班 IBAN 手机客户端，现场拍照上传至后台备案，同时传达至相关人员，组织问题通报和处理时间、责任人、整改后应达到的安全要求等责任落实信息传递；并在整改过程中跟进整改状态。

相关活动记录上传至后台系统后，项目商务人员定期查询，落实相关方的经济责任；通过经济手段加强项目全员安全意识，最终达到预防为主，及时消灭重大危险源的目的。

（10）进度跟踪：全部建模工作完成并上传至后台系统后，将施工模型对施工管理人员授权开放，由施工员按照项目部的统一要求，日常进行项目施工进度登记和问题排查，通过应用手机客户端，现场拍照上传至后台备案，同时传达至相关人员，组织问题通报和处理时间、责任人、整改后应达到的进度要求等责任落实信息传递；并在整改过程中跟进整改状态。

相关活动记录上传至后台系统后，项目商务人员定期查询，落实相关方的经济责任。

（11）技术交底：全部建模工作完成并上传至后台系统后，对施工模型对技术人员授权开放。技术人员编制技术方案时，对于难以通过二维图纸表达的部分，可以通过三维截图的方式进行说明；在传达技术方案时，对于难以描述或难以理解的节点，可以通过三维演示进行说明。

通过将三维信息融入技术交底过程，提高交底的准确性，达到容易理解的目的，避免误解造成返工。

（12）样板做法及实施跟踪：全部模型完成后，技术人员编制样板做法表，将相关文件、图片信息上传至后台，便于相关人员查询；施工过程中，施工人员、质检人员应对现场实物进行检查，对达不到质量要求的系统性问题进行排查梳理，必要时组织施工队伍培训或更换施工队伍。

相关活动记录上传至后台系统后，项目商务人员定期查询，落实相关方的经济责任。

（13）成品保护做法及实施跟踪：全部模型完成并上传至后台系统后，将施工模型对技术人员授权开放。技术人员编制成品保护方案后，将相关文件、图片信息上传至后台，便于相关人员查询；施工过程中，施工人员、质检人员应对现场实物的保护状况、现场场容进行检查，对达不到工完场清、达不到保护目的要求的系统性问题进行排查梳理，必要时组织施工队伍参加培训或更换施工队伍。

相关活动记录上传至后台系统后，项目商务人员定期查询，落实相关方的经济责任。

（14）施工图纸发布：全部模型完成并上传至后台系统后，将施工模型对技术人员授权开放。技术部门发布的有效版本施工图纸，同时上传至后台系统，便于项目质量和施工人员比对、查询，避免现场使用无效图纸造成返工、返修。

（15）施工方案发布：全部模型完成并上传至后台系统后，将施工模型对技术人员授权开放。技术部门发布的有效版本施工方案，同时上传至后台系统，便于项目质量和施工人员比对、查询，避免现场使用无效的施工方案造成材料浪费或返工。

（16）特殊节点部位二维剖面：全部模型完成并上传至后台系统后，将施工模型对施工人员和技术人员授权开放。现场施工过程中，对于有特殊平面布置要求的涉及机电安装与土建结构综合排布的节点，可通过软件进行任意节点的剖面图、平面图输出，为现场施工提供方便。

14.3.2 实用技术需求对 BIM 软件的推动

用户应主动就软件使用过程中出现的问题、不便、暂时不具备的但有实用价值的功能提出问题或建议，推动软件研发企业改进软件，提高用户适用性和易操作性的感受。例如，鲁班软件应用过程中的部分疑问见表 14-6。

14.3.3 BIM 技术在工程技术方面应用的实际价值点

（1）体现精细化管理的价值。

根据图纸检查、碰撞漫游、预留预埋检查，落实技术问题排查及处理是否到位；为索赔计划的制订和线索收集创造条件；为技术交底提供依据和资料；为投标提供形象宣传资料，等等。

表 14-6　系列软件应用过程中存在的疑问

序号	软件名	功能项	应用重点	问题或疑问	建议解决方案	效果要求	说明
1	鲁班土建						
1.1		外边线形成功能	在大型群体工程中需要单体绘制时	在外墙不闭合而增加外墙外边线的情况无法形成	能有手动绘制功能	可生成不闭合的外墙边线	在某些大型工程中几个单体工程中有相连的部分，而单体绘制时无法形成外墙的外边线
1.2		装饰内外墙面、楼地面、屋面显示效果	对于需要显示的构建装饰情况	内、外墙、楼地面、屋面装饰功能，能否手动选择装饰面	建议采用默认和自定义两种装饰面布置方式，其中默认方式采用统一颜色的面构件表示，减少空间占用；自定义墙面提供常见墙面的效果，可自由选择满足有模型外观效果要求的情况	选用自定义墙面时，可生成较接近实际情况的装饰面效果演示	对于非专业人员提供视觉感受，特别是可以用于简单的样板间模拟
1.3		构建显示功能	快速筛选以便进行检查和编辑	目前构建显示窗口筛选构建需要细化到同名构件	批量选择键可以实现此功能，建议在构件显示功能中也细化到同名构件一级	既可通过批量选择键实现，也可通过构件显示功能实现	同一功能可通过多渠道实现，便于用户掌握
1.4		属性定义	连梁、次梁、主梁通过属性定义，实现类型转换	目前仅连梁与次梁之间可操作	在属性中设置主次梁转换键（最好基础梁也涵盖）	属性下直接转换，无需单独替换	方便操作
1.5		构建放大或者缩小	外形相同或相近、大小不一构建快速绘制	对于对称构件，构件能否相对于对称轴外扩或内扩？对于条形构件，能否实现长边等距外扩或内缩？	设置构件扩张命令（主要针对自定义构件）	可实现单边外扩，平行双边外扩；闭合内外轮廓线按比例放大或缩小	方便操作
1.6		标高调整	随板、随梁调整标高	在选择标高的时候，能否自由选择，比如随梁顶标高、随底板高标等？	设置构件随板标高调整时，单个构件可以单独设置随梁顶标高或者随板顶标高	可根据现有构件调整目标构件标高	防止软件预设的标高随顶或标高随底无法覆盖的构件标高调整的特殊情况

续表

序号	软件名	功能项	应用重点	问题或疑问	建议解决方案	效果要求	说明
1.7		套定额	人机材分析	定额子项中没有人材机分项，套定额后无法分析人材机	定额细化到人材机，并可进行人材机分析	套定额时可套至人材机子项，软件可进行人材机分析	具体详细定额人材机子项后，才可对照具体合同工程量的特征描述调整定额子项，相关工程量才能细化到与设计相符
1.8		自动套定额	手动套第一版，自动套类似工程	软件自动套定额或清单，漏项比较严重，需大量检查时间，且已套定额后清单的工作项，无法通过自动套模式套给其他同名工作项	建议设置自动套模板，该模板先通过手动套定额、清单进行编制，再通过软件自动识别，自动套给工程所有同名工作项	手动套第一遍定额，自动套工程所有同名工作项定额	广联达为先按工作项名称归类，再套归类后的工作项的定额或清单，再通过软件自动识别功能将归类表套完定额的工作项的定额烦套给各个单体模型中对应的同名工作项
1.9		随板调高	增加预期调整标高的选择项	随板调整的标高是否可以单构件地调整？	建议设置默认（全选）、同类构件、同名构件、单独构件等选项	可实现任意构件的随板调高操作	便于特殊结构操作
1.10		基础垫层	智能布置垫层	垫层布置项最好单独列出	在基础中设置自动布置键列出垫层项套取定额或清单	对于复杂的垫层，可以进行定义	方便操作
1.11		高低版本兼容性	提高兼容性	低版本保存 LBIM 文件导入高版本中，低版本中所套清单定额在高版本中需要重新套定额清单	建议保留低版本中所套定额信息	保证文件导入、导出后的完整性	避免重复操作
1.12		云模型检查与可视化检查的冲突	合法性检查的一致性	云模型检查中计算为 0 项，再可视化校验中有工程量	调整软件设置	各种检查工具检查结果应保持一致性	便于操作、修改和确定错误性质

续表

序号	软件名	功能项	应用重点	问题或疑问	建议解决方案	效果要求	说明
1.13		连梁配筋	准确建模	自动布置连梁后，由于跨度不同配筋不同，但实际无法单构件修改配筋	形体自动布置，配筋区分跨度类型分别布置	准确计算工程量	
1.14		跨配引线	准确建模	强弱电跨层桥架垂直部分与水平部分交替出现，不能实现跨不同类型桥架的跨配引线，须作虚拟中转构件	跨配引线应引入“D”键功能，允许转入中间水平桥架并捕捉下一段跨层纵向桥架	准确计算工程量	
1.15		标高系统设置	应对多标高系统建筑	目前仅有一个标高系统，其他标高系统不同的结构职能用标高调整调节，浪费时间	采取类似轴网系统的设置，允许区分分区采用不同的楼层设置	可按平面分区进行多标高系统设置	
1.16		价格关联	准确计算金额	MC 中将价格与三维模型及进度关联时，有些费用需要根据建筑面积逐层分摊，但各项费用分摊比例不一样，需要做多个命令不一样的建筑面积子项，关联时无法与这些子项进行关联	对于构件属性为建筑面积的虚拟构件，允许对子项进行关联，便于计算费用	准确关联及计算费用	
1.17		砌体排布	砌块排版，减少损耗及二次运转	只能单墙排布，不能整栋建筑自动排布，排布出来的砌块类型太多，且没有组合算法	建议整体统一排布，设定尺寸误差系列减少砌块类型，提供组合方案	利用算法解决配型问题	
1.18		漫游	解决通过性问题	目前仅有两种，但不能设定特殊形体，主要是检查经过路径的通过性问题	对是否可通过进行设置。确定预留路径是否满足设备等进场要求，软件应主动给出建议运输路径	主动根据起点、终点、结构特点计算推荐路径，再设置运输物体尺寸沿选定路径进行漫游检查	

根据模型工程量套控制对业主方和分包方结算工程量；控制项目材料计划，控制分包材料损耗；根据进度要求控制进场时间和库存；根据二维码信息数据识别材料使用部位、基本信息，避免误用；定向运输和规避二次转运，等等。

（2）技术和经济完美结合的桥梁。

施工安全、质量管理与进度、成本管理之间的矛盾性和一致性。

14.4　BIM 技术与工程施工安全质量管理工作的结合

14.4.1　施工安全中的管理误区

1. 业主方陷阱

业主方在工程发包过程中，想尽办法通过合同手段在规避限行法律法规的情况下将工程变相肢解发包，总承包单位在施工过程中出现和业主指定分包和专业分包之间的配合关系；而业主方未达到提前进入预售条件的目的，在总承包施工主体阶构阶段，往往更关注进度，而弱化质量和安全问题的监管。

当指定分包、专业分包介入施工时，与总承包就质量和安全问题产生大量的移交问题，而此时总承包的结构劳务基本已退场并获得了 90% ~ 95% 的付款，质量、安全遗留问题无法有效落实劳务分包责任，转而由总承包单位实施整改，造成严重的成本流失风险。

2. 承包商管理误区

（1）业主、监理验收后即为合格。

业主方、监理方验收仅仅说明工程的质量和安全达到了业主方或监理方的最低要求，但是否达到与后续施工方的工作面交接要求，是否达到国家强制性规范要求，是否达到缺陷责任期内建筑寿命要求，则难以确定；业主方、监理方在合同上有天然保护伞，即业主方、监理方的任何检查、验收均不免除承包商提供合格产品的义务。

（2）生产是管理的指挥棒。

施工进度是合同执行的前提，但绝不是合同的全部。盈利是合同存在的基础，不盈利就没有签订合同。再去实施这个合同的必要；盈利也是企业、项目生存的最基本条件。因此，企业、项目管理的指挥棒应是成本，一切管理活动，包括生产，都是实现成本目标的手段，都要围绕成本管理来实施。

（3）以包代管。

通过分包合同约定的事情，分包没做好，责任是分包的，这个观点是错误的，实践上是存在严重危害的。实际上分包的任何失误，绝不仅仅体现在分包的成本上，对总承包的成本影响更大。分包成本损失是局部的、显性的，而总承包承受的连带成本是全局性的，很多是隐性的。总承包必须去管分包，而不是简单的一包了事。总承包必须在分包实施过程中，去发现和预防、纠正存在的问题，将影响降到最低。

（4）安全、质检是麻烦制造者。

施工人员往往把安全质检人员看成是挑毛病的，工作不配合，甚至发生矛盾，造成安全质检工作开展困难。

3. 分包方的“尚方宝剑”

劳务分包：国家政策保护农民工弱势群体，初衷是好的，但易被一些居心不良的包工头利用，不但合同安全、质量和文明施工的管理义务无法落实，还经常发生恶意讨薪的问题。

指定/专业分包：表面上仍属于总承包的管理范畴，但实际与业主方直接发生业务关系，通过业主方施压强迫总承包屈服；总承包服务配合费用经常作为竞争性报价被降低；工程付款节点往往总承包与指定/专业分包关联，而总承包却控制不了指定/专业分包进度，造成总承包在质量、安全问题上的被动和失控，最终反应为严重的资金回流困难问题。

材料供应商：利用产能过剩和市场疲软共同发生的条件，降低垫支额度，提高付款比例，争取最大获利空间，挤压施工单位利润空间，而质量往往在这种条件下得不到足够的保证。

14.4.2 利用 BIM 技术增强管理活动的联动性

利用 BIM 软件的照片管理、共享和信息记录功能实现质量、安全管理的联动，如图 14-4 ~ 14-7 及表 14-7 所示。

14.4.3 BIM 技术在工程安全质量管理方面应用的价值点

根据现场安全质量进度照片资料，形成问题记录，组织问题分析、整改、问责等，避免问题累积，规避结算风险，现场互通互联信息及时传递，提高问题发现和解决的效率，使工作面在质量安全得到保证的前提下完成和快速交接，缩短非技术间歇期，加快施工流水，最终降低实际成本。

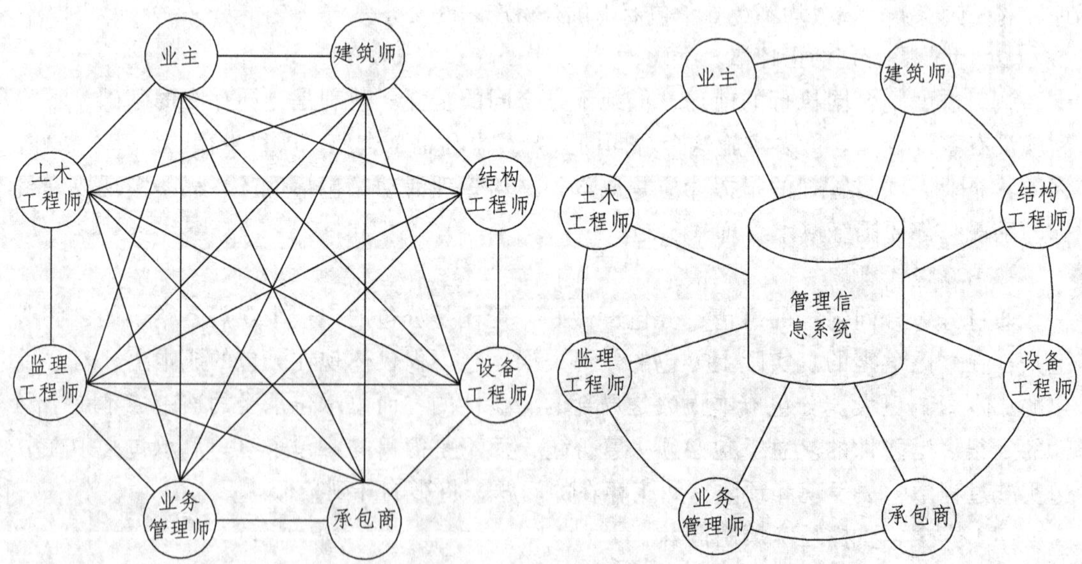

图 14-4 BIM 引入后的工作模式转变

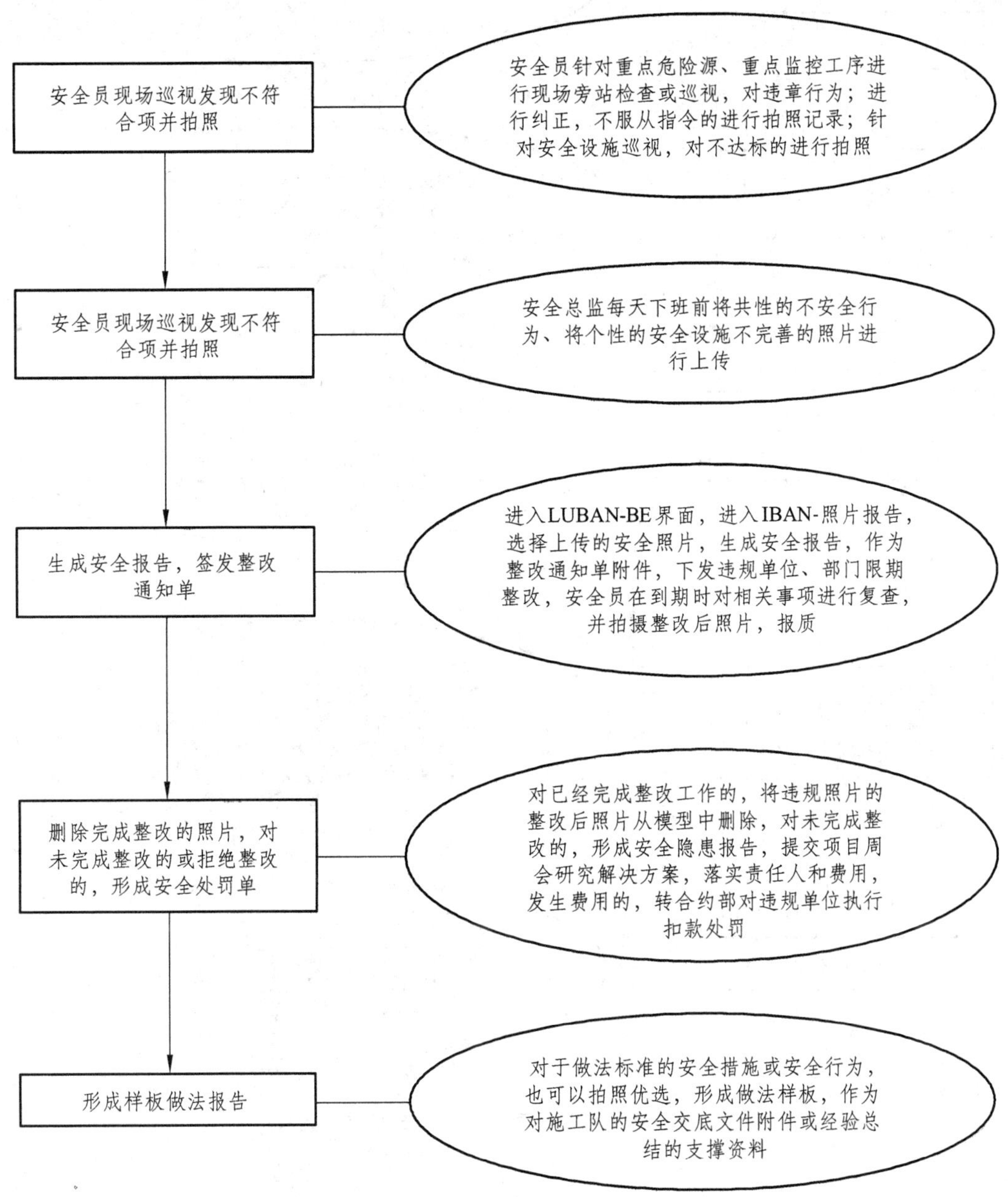

图 14-5　安全照片信息的输入和分析应有流程

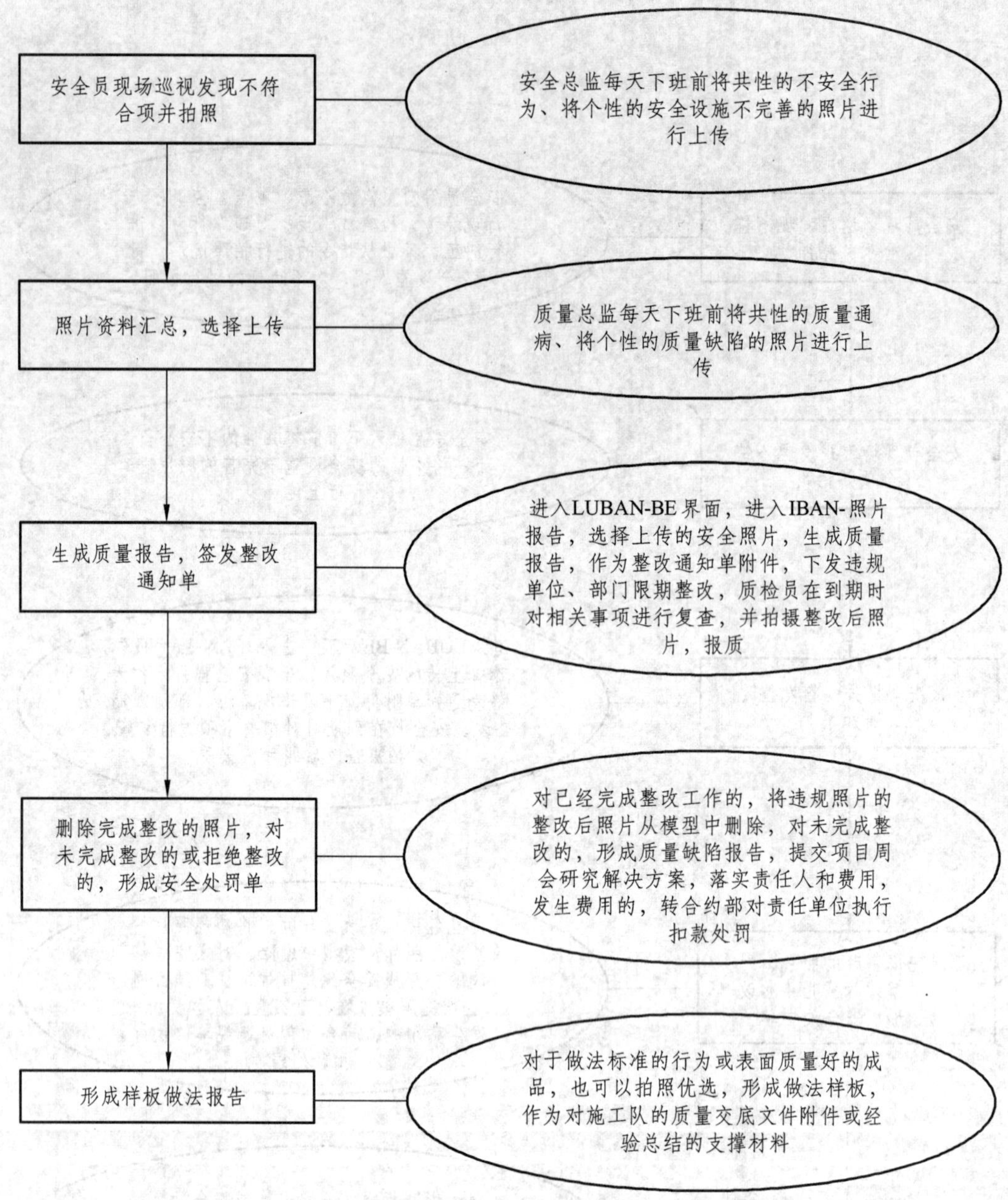

图 14-6　质检照片信息的输入和分析应有流程

表 14-7　项目应用基于 LUBAN 系列软件的 BIM 技术进行管理升级的实施环节主要工作内容

序号	管理岗位	工作能力要求	应用软件名称	应用重点	实施重点	预期效果	实施操作必须填写的附表	说明
5	安全管理人员	具备安全管理系统知识的人员组织，具备安全管理常识的人员实施，以现场拍照取证为主要工作方式	鲁班 IBAN	现场安全问题识别、监控、整改落实、责任界定	通过拍照分析、判别、取证、传递、验证、界定安全问题的各关联方的责任，达到及时发现并消除安全隐患，避免恶性事故发生，及时界定责任的目的	有法可依，有据可查，整改彻底，责任明晰；对系统性安全问题进行预警	附表 5.1：安全验收标准表 附表 5.2：安全样板做法表 附表 5.3：安全培训/交底记录表 附表 5.4：安全不符合项整改通知 附表 5.5：违反安全管理规章制度处罚决定书 附表 5.6：安全报告	先识别危险源，再发布样板做法，在现场不间断跟踪取证，落实整改和进行责任界定。启动初期以周或月为计时单位，限定最低取证数量，并将整改和责任落实作为工作业绩的考核指标
6	质量管理人员（含测量人员）	具备质量管理系统知识的人员组织，具备质量管理常识的人员实施，以现场实测实量、拍照取证为主要工作方式	鲁班 IBAN	现场质量问题识别、监控、整改落实、责任界定	通过拍照分析、判别、取证、传递、验证、界定质量问题的各关联方的责任，达到及时发现并消除安全隐患，避免恶性事故发生，及时界定责任的目的	有法可依，有据可查，整改彻底，责任明晰；对系统性质量问题进行预警	附表 6.1：质量验收标准表 附表 6.2：质量样板做法表 附表 6.3：质量不符合项整改通知 附表 6.4：违反质量管理规章制度处罚决定书 附表 6.5：质量报告；（验收记录参照业主方要求） 附表 6.6：材料出场合格证等级表 附表 6.7：材料检验、试验登记表 附表 6.8：成品保护标准做法表	先明确质量验收标准，再发布样板做法，在现场不间断实测实量、跟踪取证，落实整改和进行责任界定。启动初期以周或月为计时单位，限定最低取证数量，并将整改和责任落实作为工作业绩的考核指标

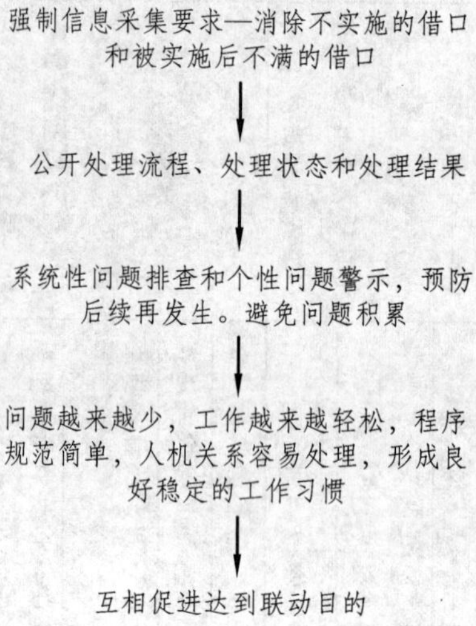

强制信息采集要求—消除不实施的借口
和被实施后不满的借口

↓

公开处理流程、处理状态和处理结果

↓

系统性问题排查和个性问题警示，预防
后续再发生。避免问题积累

↓

问题越来越少，工作越来越轻松，程序
规范简单，人机关系容易处理，形成良
好稳定的工作习惯

↓

互相促进达到联动目的

图 14-7 联动性流程

14.5 BIM 技术与工程施工资料管理工作的结合

14.5.1 工程施工管理资料的重要性

工程施工管理资料的主要用途：记录特定的事实；传递关联的信息；界定责任的证据；计算价款的依据。

工程施工管理资料的特点：是基于各种载体的过程记录；反映被记录目标的真实状态；具备时效性和指向性的特点；具备关联性和延续性的特点；具备可证明、可追溯的特点。

工程施工管理资料涵盖的内容：相关法律、法规、规范、标准；招投标文件、合同、附录会议纪要、往来信函；图纸、方案、指令；实施验证性文件（质量、安全、环保）；商务文件（计量、计价、结算、支付）；账目文件（材料、财务）；管理程序文件（报告、报表、审批）。

14.5.2 如何利用 BIM 技术增强工程施工资料的管理

（1）BIM 技术特点助力工程施工管理资料的管理。

提供多途径的关联和搜索渠道，实时进行远程信息的传递和交互，可追溯性和后期应用可能提高，降低多源数据带来的信息混乱度，提高查询效率和问题处置速度，改变员工业务能力评价的体系。

（2）BIM 技术如何保证资料管理的有效性和安全性。

有效性：大后台，海量存储，超强运算和信息处理能力；小前端，条件筛选，数据流小，查询便捷；技术融合，识别各种主流文本格式；手段融合，二维码、电子签名、多媒体兼容。

安全性：自上而下是授权管理；自下而上是密码管理。

14.5.3 BIM 技术与工程施工资料管理相结合应用的价值点

根据上传资料的状态，检查资料是否及时完成、是否齐全，信息是否准确、内容是否符合规定，职能人员是否正常履职、个人能力受否胜任。

根据资料反馈信息，检查安全、质量、进度、材料控制等是否存在系统性问题，以及发生问题后分析、整改、预防措施、问责等环节是否实施到位，避免问题累积。

根据模型工程量套控制对业主方和分包方结算工程量；控制项目材料计划，控制分包材料损耗，根据进度要求控制进场时间和库存，根据二维码信息数据识别材料使用部位、基本信息，避免误用，定向运输和规避二次转运，等等。

14.6 BIM 技术与工程成本管理工作的结合

14.6.1 形成合理市场价格的重要性

BIM 技术的大面积推广应用，必然趋势是使高估冒算失去空间，偷工减料受到抑制，靠不正常价格进行恶性市场竞争的企业倒闭、淘汰，最终推动市场价格体系回归理性，各相关方在合理的利润状态下保持合作共赢的关系，行业健康发展，如表 14-8 所示。

表 14-8 市场价格体系与定额价格体系严重偏离造成的不良后果

价格组成	市场状态	定额状态	现状	后果
人工费价格	透明，占比增加	严重偏低	可竞争费用随劳动生产率提高和管理效率提升降低的水平远远不能弥补人工费、税金上涨的空间，大量工程还在定额价格基础上降点、让利，承包商主要的保持成本水平的手段为以量差补价差	1. 高估冒算，催生腐败，从业人员职业风险增加； 2. 偷工减料，降低质量，隐患严重，事故频发； 3. 公司利润水平降低甚至严重亏损，发展后继乏力
机械费	透明	基本持平		
材料价格	透明	基本持平		
管理费	可竞争	按直接/间接费提取		
措施费	可竞争	按直接费计提		
规费	透明	按规定计提		
税金	透明	按法律计提，大幅度增加		
利润	可竞争	按规定计提		

14.6.2 如何通过 BIM 技术增收、减支，最终形成更高效益

（1）BIM 技术应用带来的管理透明化挑战。

工程量的透明化，使高估冒算的操作空间越来越小，风险越来越大；

工作关系的透明化，关系竞争力为主向能力竞争力为主转化；

价格体系和计价原则的透明化，限制了可竞争费用的空间，必须依靠 BIM 技术提升技术优势和管理优势，实现成本的降低；

文件管理的透明化，使就事论事做资料向形成完整证据链转化。

（2）在管理透明化状态下运用。

BIM 技术创造新的效益增长点；

利用精确的工程量计算和合理的价格组成，保证基本收入；

利用翔实完整的数据、资料，形成有效证据链，支持变更、签证、索赔；

利用准确的人工、机械、材料计划，降低资金沉淀，提高周转率、利用率；

加强现场质量、安全、进度和材料损耗实时控制及核算，降低非正常支出；

利用准确的资金预算，控制资金流量和流向，降低财务成本；

通过 BIM 技术应用，简化管理程序，减少交流环节，提前发现风险，避免错误决策。

14.6.3 如何预测、监控、分析、规避风险

（1）多算对比，实时监控，数据为准，如表 14-9 所示。

表 14-9 大维度关系

3大维度	算量·价·时间	合同条件	合同价格	施工计划	对应工程量	计算依据	数据来源		控制重点
							BIM	实际采集	
进度价格工程量	预算产值	●	●	●	●	总承包合同价格+进度计划+预算完成工程量	●		控制收入水平
	确认产值		●		●	合同价格+实际完成工程量		●	
	预算应收款	●	●	●	●	合同条件+确认产值	●		控制收款进度
	实际收款					财务/商务数据		●	
	预算支出	●	●	●	●	预算成本价格+进度计划+预算完成工程量	●		控制支出水平
	确认支出		●		●	结算成本价格+预算完成工程量		●	
	预算应付款	●	●	●	●	合同条件+进度计划+预算完成工程量	●		控制付款进度
	实际付款					财务/商务数据		●	
	预算现金流					策划融资渠道、方式、财务成本+预算应收、应付	●		控制财务成本，确保履约
	实际现金流					财务数据（实际融资渠道、方式、财务成本+实际支出）		●	
	预算资金流					预算应收款+预算应付款	●		控制资金流量，确保履约
	实际资金流					财务数据（实际收款+实际付款）		●	

（2）根据成本测算为项目制定合理的成本目标。

强制性的“一刀切”项目成本目标要求和风险抵押结合作用，造成项目两极分化严重，一旦项目出现成本目标无法实现时，往往出现项目故意隐瞒不报或提供虚假数据掩盖问题造成监控机制失效的现象，项目成本背离预期亏损比例，呈抛物线规律的亏损急

剧增加，使项目团队的职业风险和公司的成本风险增大。

公司应对项目成本目标进行合理测算和评估，并下达合理的成本目标。预算亏损项目，减亏也是盈利，而且在逆境中实现减亏目标的项目团队管理能力更强，更应获得表扬和机会。

根据项目现金流、资金流预测和监控结果，调整公司资金计划和组织现金流、资金流调配。真实合理的现金流、资金流、成本情况预期和监控，可为公司层面调动资金提供决策性依据。

例如，当项目成本背离预期且依靠现有团队无法改变时，即可及时采取措施，包括终止合同、调整人员、组织价格谈判等；当项目现金流、资金流实际运行状态和预期符合时，可以从公司层面正常进行资金调配；当项目现金流、资金流实际运行状态背离预期时，应及时查找原因、追责并落实改进措施；根据项目现金流、资金流预测和成本监控结果，适当计提利润和收紧流动资金，建立资金池并保证资金池资金流向优质项目，避免盲目投资造成损失。公司在项目实施过程中计提利润和收紧流动资金管理，形成资金池，应当建立在准确预算和跟踪控制项目运行状态的基础上。不能在项目预期和实际情况均不好的情况下盲目采取资金节流行为，造成项目运转不正常。计提的利润和暂扣的流动资金流向应根据项目的状态评估确定，确实存在短期资金流动性缺口，且有偿还能力和可能性的，才是短期流动资金的目的地。公司可根据项目实施状况优先选择支持优质项目；如果资金流向失去控制，不但收不到财务费用，连本金也收不回来，最终造成资金池枯竭。

（3）项目自身现金流、资金流准确预测和成本监控结果，对于项目降低财务费用、增加项目团队收益也会起到重要作用。

很多公司存在着与项目团队争利的情况，表面上项目按成本目标上缴一定比例的利润，但实际上由于公司利用强势地位，强制项目使用商票等融资手段，强制项目实施过程中利用审批流程控制项目资金在公司账户停留，强制项目在资金短缺时必须使用内部带息资金（利率高于银行贷款利率），利用项目的流动性资金贷款给项目并收取利息，造成项目财务成本增加，转移了项目利润，并造成项目团队的应得收益降低。

项目没有办法改变公司的决策，但可以自身进行调整适应这种状态，如根据现金流预测控制分包合同条件，权衡对分包利用价格差换时间差的可能性，与上缴财务费用进行对比，掌握主动权，保证项目的正现金流状态。

（4）项目不正确的信息传递可能造成严重后果。

很多项目存在这种情况，项目报公司产值、业主应付款与业主方确认产值、实际付款之间存在严重偏差，项目通常的理由是完成工作量核对、确权困难，业主方违反合同，公司没有办法判断项目传达的信息的准确性，一旦真实原因是项目对业主方高估冒算或提供给公司假的数据掩盖问题，公司基于不正确信息贸然对业主采取应对措施，如停工等，造成的影响和后果都不好。

项目应当和公司之间，有一个能够建立数据互信的平台，即使运用 BIM 技术产生的成果，也应通过独立机构检查确认其基础数据的真实性，并将此基础数据作为实施管理行为做出判断的基本依据，避免错误决策带来损失。

14.7 BIM 技术与企业管理的结合

14.7.1 如何通过 BIM 信息平台实现数据分析

通过 BIM 信息平台实现数据分析的过程如图 14-8 所示。

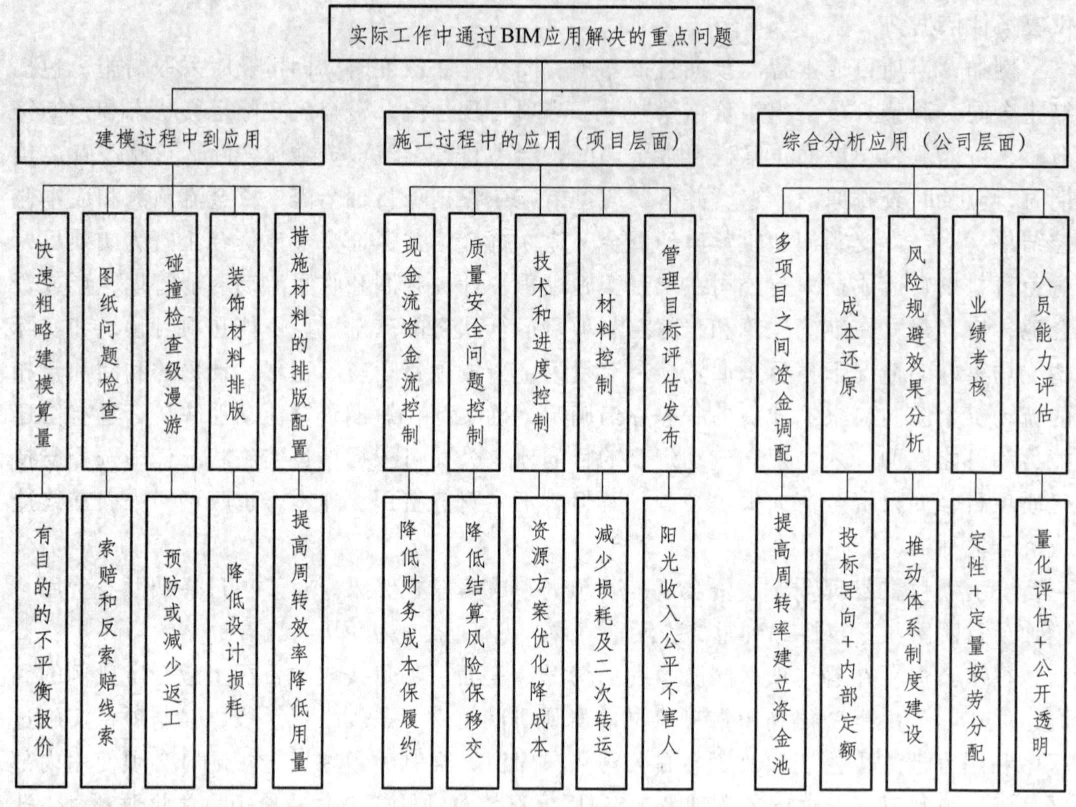

图 14-8 实际工作中通过 BIM 应用解决的重点问题

14.7.2 BIM 技术对企业管理的现实意义

（1）BIM 技术的基本应用点。

① 基于 BIM 技术的深化设计、纠错及优化；

② 基于 BIM 技术的 4D 施工模拟，包括施工平面组织、设备材料进场、施工工序等应用；

③ 基于 BIM 模型的机电综合管道优化排列及洞口留置；

④ 基于应用 BIM 模型的施工质量控制和施工重点难点的精度控制；

⑤ 基于 BIM 技术的施工现场安全、质量管理；

⑥ 基于 BIM 技术的现场工期管理；

⑦ 基于 BIM 技术的现金流检测和成本管理；

⑧ 文档的信息化管理，工程资料数据库建立，提交竣工模型。

（2）BIM 技术对企业管理的现实意义。

① 技术与经济管理的有机结合，实现管理目的；

② 全员成本意识的建立和管理过程的参与；

③ 宏观控制与微观管理的有效衔接；

④ 风险的预期、发现和规避措施的采用；

⑤ 考核体系的升级，从定性到定量；

⑥ 及时掌握真实状况，合理应对机遇。

14.8 如何开展 BIM 技术推广落地

14.8.1 BIM 技术推广的必要性

（1）BIM 技术推广核心是协同共享，因而是全员的，需要所有相关方、所有层次的人员的参与。应由专业人员建模，保证准确性，一般人员用模。如果模型做错了，所有后续的东西都是错的，无法达到管理目的。

（2）BIM 技术需要从项目起步，没有项目级应用谈不上企业级应用。企业级应用必须建立在大量的项目级应用样本基础上，因此项目级和企业级应用是必须经过的两个阶段，但只有达到企业级应用，其管理的规模效应才能够体现。

（3）BIM 技术是基于软件支持的全新管理理念，软件是理念实现的载体和手段。BIM 技术不是某一个软件，而是所有基于相同理念基础上的各种软件的组合应用和价值体现。

（4）建模是有难度的，需要经验和综合性较强的专业知识；而用模相对简单，只涉及某一方面的基本知识，易于掌握。因而应由专业人员建模。

（5）BIM 技术的核心是数据共享和交互，应用采用开放的系统，开放度可以根据需要控制。

（6）BIM 技术本身对所有阶段的应用者有其特定的价值，使用者在享受收益的同时，应有一定的付出。

（7）BIM 技术本身是创造价值的，从业人员适当的收费应当获得业界认同，费用水平应足以维持从业者自身发展的需求。

（8）BIM 的价值是可以量化的，目前不能量化是因为当前只应用到技术层面，没有进一步走到经济层面。

14.8.2 推动 BIM 技术落地的常见模式

推动 BIM 技术应用的前提条件如图 14-9 所示。

（1）强制推广模式。

此推广模式考虑了企业对所有新开工程统一计提 BIM 技术的推广费用，比例占合同额的 0.3% ~ 0.5%，由自有团队或外聘专业团队实施 BIM 技术应用，应用项目全员参与配合。此模式的优点在于推广速度快；缺点在于各相关方责任不够明确，推广深度往往受限。

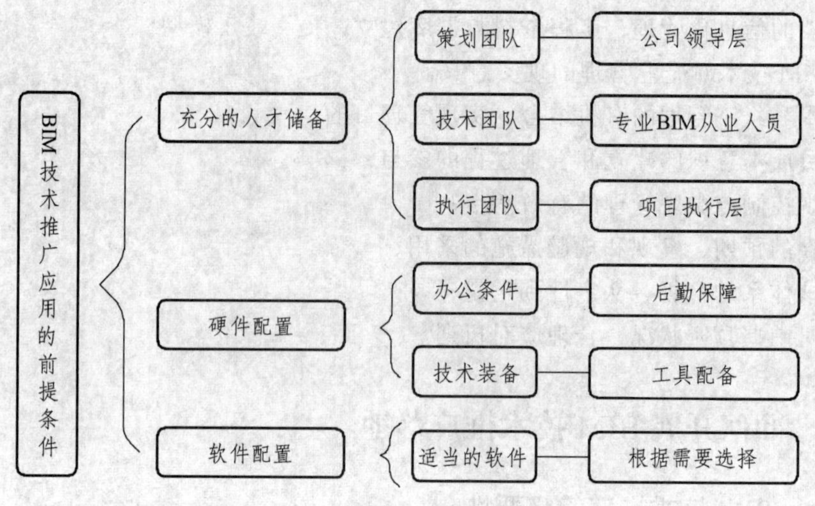

图 14-9　BIM 技术推广应用的前提条件

（2）独立核算推广模式。

此推广模式考虑了成立专门的组织机构负责 BIM 技术的推广。该机构实行独立核算，自负盈亏，风险抵押。企业提供初始软、硬件投入和提供流动资金及办公条件，该机构负责成本回收及盈利上缴。该机构和项目之间为双向自愿选择，有偿服务的模式。此模式的优点在于建立了自有资源条件，按市场规则运行；缺点在于上手较慢，人员素质要求相对较高。

（3）委托管理推广模式。

此模式为由外聘专业团队实施 BIM 技术的应用，包括租赁信息平台，由外聘单位实施 BIM 技术服务支持。此模式的优点在于上手快，见效快；缺点在于短期内无法形成自有技术力量。

参考文献

[1] 全国一级建造师执业资格考试用书编写委员会. 建设工程项目管理[M]. 4版. 北京：中国建筑工业出版社，2014.

[2] 丁士昭. 工程项目管理[M]. 2版. 北京：中国建筑工业出版社，2014.

[3] 陈群. 工程项目管理[M]. 4版. 北京：中国建筑工业出版社，2015.

[4] 全国一级建造师执业资格考试用书编写委员会. 建设工程项目管理[M]. 4版. 北京：中国建筑工业出版社，2016.

[5] 王宇静. 复杂工程项目进度控制的系统动力学仿真方法研究[M]. 北京：中国建筑工业出版社，2013.

[6] 卢谦. 建设工程项目招标投标和进度管理[M]. 北京：中国水利水电出版社，2013.

[7] 陈燕顺. 建筑工程项目施工组织与进度控制[M]. 2版. 北京：机械工业出版社，2013.

[8] 林密. 工程项目招投标与合同管理（土建类专业适用）[M]. 3版. 北京：中国建筑工业出版社，2013.

[9] 谭德庆. 工程项目招投标与合同管理[M]. 武汉：武汉大学出版社，2014.

[10] 肖时辉. 建设项目合同管理实务精讲与合同纠纷案例分析[M]. 上海：同济大学出版社，2015.

[11] 刘占省. BIM技术与施工项目管理[M]. 北京：中国电力出版社，2014.

[12] BIM工程技术人员专业技能培训用书编委会. BIM工程师专业技能培训教材：BIM建模应用技术[M]. 北京：中国建筑工业出版社，2016.

[13] 李恒. BIM工程师成才之路：Revit 2015中文版基础教程[M]. 北京：清华大学出版社，2015.

[14] 丁烈云. BIM应用·施工[M]. 上海：同济大学出版社，2015.

[15] 刘菲. 工程项目组织与管理[M]. 3版. 北京：中国计划出版社，2015.

[16] 陈宪. 工程项目组织与管理[M]. 北京：机械工业出版社，2013.

[17] 何清华. 大型复杂工程项目群管理协同与组织集成[M]. 北京：科学出版社，2014.

[18] 鲁贵卿. 工程项目成本管理实论[M]. 北京：中国建筑工业出版社，2015.

[19] 郭华良. 工程项目成本管理[M]. 武汉：华中科技大学出版社，2013.

[20] 唐菁菁. 建筑工程施工项目成本管理[M]. 2版. 北京：机械工业出版社，2013.

[21] 张军辉. 工程项目质量管理[M]. 北京：中国建筑工业出版社，2014.

[22] 杨青. 工程项目质量管理[M]. 2版. 北京：机械工业出版社，2014.

[23] 住房城乡建设部工程质量安全监管司．建设工程安全生产管理（修订版）[M]．北京：中国城市出版社，2014.
[24] 黄锐锋．安全管理·文明施工·基坑工程检查要点图解[M]．北京：中国建筑工业出版社，2015.
[25] 王海滨．工程项目施工安全管理[M]．北京：中国建筑工业出版社，2013.